中学生数学思维方法丛书

3 更换角度

冯跃峰 著

中国科学技术大学出版社

内 容 简 介

本书介绍了数学思维方法的一种形式:更换角度.其中许多内容都是本书首次提出的.比如,通性叠合、整体函数、个体思考、子集思考、间距思考、逆转程序、差异思考等,这是本书的特点之一.本书首次对"更换角度"进行比较完整而深入的研究,旨在对解题者在探索解题方法方面有所帮助.书中选用了一些数学原创题,这些问题难度适中而又生动有趣,有些问题还是第一次公开发表,这是本书的另一特点.此外,书中对每一个问题,并不是直接给出解答,而是详细分析如何发现其解法,这是本书的又一特点.

本书适合高等院校数学系师生、中学数学教师、中学生和数学爱好者阅读.

图书在版编目(CIP)数据

更换角度/冯跃峰著. —合肥:中国科学技术大学出版社,2016.4
(2024.4重印)
(中学生数学思维方法丛书)
ISBN 978-7-312-03874-7

Ⅰ.更… Ⅱ.冯… Ⅲ.中学数学课—教学参考资料 Ⅳ.G634.603

中国版本图书馆 CIP 数据核字(2016)第 023091 号

出版	中国科学技术大学出版社
	安徽省合肥市金寨路96号,230026
	http://press.ustc.edu.cn
	https://zgkxjsdxcbs.tmall.com
印刷	安徽省瑞隆印务有限公司
发行	中国科学技术大学出版社
开本	880 mm×1230 mm 1/32
印张	10.125
字数	264 千
版次	2016 年 4 月第 1 版
印次	2024 年 4 月第 4 次印刷
定价	28.00 元

序

问题是数学的心脏,学数学离不开解题.我国著名数学家华罗庚教授曾说过:如果你读一本数学书,却不做书中的习题,那就犹如入宝山而空手归.因此,如何解题,也就成为了一个千古话题.

国外曾流传着这样一则有趣的故事,说的是当时数学在欧几里得的推动下,逐渐成为人们生活中的一个时髦话题(这与当今社会截然相反),以至于托勒密一世也想赶这一时髦,学点数学.虽然托勒密一世见多识广,但在学数学上却很吃力.一天,他向欧几里得请教数学问题,听了半天,还是云里雾里不知所云,便忍不住向欧几里得要求道:"你能不能把问题讲得简单点呢?"欧几里得笑着回答:"很抱歉,数学无王者之路."欧几里得的意思是说,要想学好数学,就必须扎扎实实打好基础,没有捷径可走.后来人们常用这一故事讥讽那些凡事都想投机取巧之人.但从另一个角度想,托勒密一世的要求也未必过分,难道数学就只能是"神来之笔",不能让其思路来得更自然一些吗?

记得我少年时期上学,每逢学期初发新书的那个时刻是最令我兴奋的,书一到手,总是迫不及待地看看书中有哪些新的内容,一方面是受好奇心的驱使,另一方面也是想测试一下自己,看能不能不用老师教也能读懂书中的内容.但每每都是失望而终:尽管书中介绍的知识都弄明白了,书中的例题也读懂了,但一做书中的练习题,却还

i

是不会.为此,我曾非常苦恼,却又万思不得其解.后来上了大学,更是对课堂中老师那些"神来之笔"惊叹不已,严密的逻辑推理常常令我折服.但我未能理解的是,为什么会想到这么做呢?

20世纪中叶,美国数学教育家G. Polya的数学名著《怎样解题》风靡全球,该书使我受益匪浅.这并不是说,我从书中学到了"怎样解题",而是它引发了我对数学思维方法的思考.

实际上,数学解题是一项系统工程,有许许多多的因素影响着它的成败.本质的因素有知识、方法(指狭义的方法,即解决问题所使用的具体方法)、能力(指基本能力,即计算能力、推理能力、抽象能力、概括能力等)、经验等,由此构成解题基础;非本质的因素有兴趣、爱好、态度、习惯、情绪、意志、体质等,由此构成解题的主观状态;此外,还受时空、环境、工具的约束,这些构成了解题的客观条件.但是,具有扎实的解题基础,且有较好的客观条件,主观上也做了相应的努力,解题也不一定能获得成功.这是因为,数学中真正标准的、可以程序化的问题(像解一元二次方程)是很少的.解题中,要想把问题中的条件与结论沟通起来,光有雄厚的知识、灵活的方法和成功的解题经验是不够的.为了判断利用什么知识,选用什么方法,就必须对问题进行解剖、识别,对各种信息进行筛选、加工和组装,以创造利用知识、方法和经验的条件.这种复杂的、创造性的分析过程就是数学思维过程.这一过程能否顺利进行,取决于思维方法是否正确.因此,正确的思维方法亦是影响解题成败的重要因素之一.

经验不止一次地告诉我们:知识不足还可以补充,方法不够也可以积累,但若不善思考,即使再有知识和方法,不懂得如何运用它们解决问题,也是枉然.与此相反,掌握了正确的思维方法,知识就不再是孤立的,方法也不再是呆板的,它们都建立了有血有肉的联系,组成了生机勃勃的知识方法体系,数学思维活动也就充满了活力,得到了更完美的发挥与体现.

序

G. Polya 曾指出,解题的价值不是答案本身,而在于弄清"是怎样想到这个解法的","是什么促使你这样想、这样做的". 这实际上都属于数学思维方法的范畴. 所谓数学思维方法,就是在基本数学观念系统作用下进行思维活动的心理过程. 简单地说,数学思维方法就是找出已有的数学知识和新遇的数学问题之间联系的一种分析、探索方法. 在一般情况下,问题与知识的联系并非是显然的,即使有时能在问题中看到某些知识的"影子",但毕竟不是知识的原形,或是披上了"外衣",或是减少了条件,或是改变了结构,从而没有现成的知识、方法可用,这就是我在学生时代"为什么知识都明白了,例题也看懂了,还是不会做习题"的原因. 为了利用有关的知识和方法解题,就必须创造一定的"条件",这种创造条件的认识、探索过程,就是数学思维方法作用的过程.

但是,在当前数学解题教学中,由于"高考"指挥棒的影响,教师往往只注重学生对知识方法掌握的熟练程度,不少教师片面地强调基本知识和解决问题的具体方法的重要性,忽视思维方法方面的训练,造成学生解决一般问题的困难. 为了克服这一困难,各种各样的、非本质的、庞杂零乱的具体解题技巧统统被视为规律,成为教师谆谆告诫的教学重点,学生解题也就试图通过记忆、模仿来补偿思维能力的不足,利用胡猜乱碰代替有根据、有目的的探索. 这不仅不能提高学生的解题能力,而且对于系统数学知识的学习,对于数学思维结构的健康发展都是不利的.

数学思维方法通常又表现为一种解题的思维模式. 例如,G. Polya 就在《怎样解题》中列出了一张著名的解题表. 容许我们大胆断言,任何一种解题模式均不可能囊括人们在解题过程中表现出来的各种思维特征,诸如观察、识别、猜想、尝试、回忆、比较、直觉、顿悟、联想、类比、归纳、演绎、想象、反例、一般化、特殊化等. 这些思维特征充满解题过程中的各个环节,要想用一个模式来概括,那就像用

数以千计的思维元件来构造一个复杂而庞大的解题机器.这在理论上也许是可行的,但在实际应用中却很不方便,难以被人们接受.更何况数学问题形形色色,任何一个模式都未必能适用所有的数学问题.因此,究竟如何解题,其核心内容还是学会如何思考.有鉴于此,笔者想到写这样一套关于数学思维方法的丛书.

本丛书也不可能穷尽所有的数学思维方法,只是选用一些典型的思维方法为代表做些介绍.这些方法,或是作者原创发现,或是作者从一个全新的角度对其进行了较为深入的分析与阐述.

囿于水平,书中观点可能片面武断,错误难免,敬请读者不吝指正.

冯跃峰

2015年1月

目　录

序 ·· (i)

1 整体思考 ··· (001)
1.1 整体估计 ··· (001)
1.2 通性叠合 ··· (021)
1.3 整体性质 ··· (042)
1.4 整体函数 ··· (064)
习题 1 ··· (075)
习题 1 解答 ··· (081)

2 局部思考 ··· (111)
2.1 个体思考 ··· (111)
2.2 子集思考 ··· (130)
2.3 间距思考 ··· (149)
习题 2 ··· (167)
习题 2 解答 ··· (172)

3 反面思考 ··· (192)
3.1 考察条件的反面 ·· (192)
3.2 考察目标的反面 ·· (201)
3.3 反面剔除 ··· (217)
习题 3 ··· (222)
习题 3 解答 ··· (223)

4 逆向思考 …………………………………………… (230)
- 4.1 逆推 ……………………………………………… (230)
- 4.2 逆命题 …………………………………………… (245)
- 4.3 逆转程序 ………………………………………… (255)
- 习题 4 ………………………………………………… (259)
- 习题 4 解答 …………………………………………… (261)

5 差异思考 …………………………………………… (271)
- 5.1 数值差异 ………………………………………… (271)
- 5.2 元素差异 ………………………………………… (276)
- 5.3 结构差异 ………………………………………… (281)
- 习题 5 ………………………………………………… (298)
- 习题 5 解答 …………………………………………… (301)

1 整体思考

研究问题的前提,是对研究对象进行观察,而观察的前提,则是选择一定的观察角度.在数学解题中,由题给条件的引导,自然会生成一个观察相关对象的角度,但有时候,从这个角度考虑问题,很难使问题获解.此时,我们需要更换角度,从另一个角度重新审视我们面临的问题,由此发现问题隐含的特点,使问题获解.

本章介绍更换角度的一种方式:整体思考.所谓整体思考,就是从全局的角度观察事物,将题中所有对象视为一个整体,从总体上把握问题的特征.

常见的整体思考方式有:整体估计、通性叠合、整体性质、整体函数等.

1.1 整体估计

假定我们需要研究某个对象的取值或变化范围,我们可将其放入若干个同类对象中,从整体上估计这若干个对象的取值或变化范围,由此得到所需要的结论.

其中,与所研究对象同类的若干对象有时候是题中已经给定的一些对象,而有时候却需要我们自己去构造与所研究对象同类的若干对象.

更换角度

例1 手表上的时针和分针从某次重合开始到下一次重合为止,共经历了多长时间?

分析与解 这是一个相当简单的问题,列方程就可解决.但它有一个非常漂亮的无需动笔就可得出答案而且不超过小学生知识水平的解法.其基本想法是:如果仅考察一个这样的时间段(时针和分针从某次重合开始到下一次重合),则难以计算其经历的时间是多长;若考察多个这样的时间段,从整体上计算这些时间段的总体时间,则问题便迎刃而解.

多少个这样的时间段凑成的整体才易于计算总体时间呢?这显然是 12 个小时后,此时时针与分针又重合在一起,其间分针比时针多跑 11 圈.

又分针每追上时针一次则多跑一圈,从而分针共追上时针 11 次,于是每次经历的时间是 $\dfrac{12}{11}$ 小时.

尽管上述解答非常简单,但其技巧性还是很强的,关键是要自行构造若干个"同类对象".

例2 用 100 种颜色对 100×100 方格棋盘的每个单位小方格染色,使每一个格染其中一种颜色,且每种颜色染 100 个格.试证:棋盘中存在一行或一列,其中至少含有 10 种不同颜色的方格.(2006 年北欧数学奥林匹克试题)

分析与证明 基本想法是采用整体估计,因为每行每列都有一个颜色种数,可将各行各列的颜色种数相加,然后证明这 200 个数的和不小于 2 000 即可.

设第 i 行颜色种数为 R_i,第 j 列颜色种数为 C_j ($1 \leqslant i, j \leqslant 100$),令

$$S = (R_1 + R_2 + \cdots + R_{100}) + (C_1 + C_2 + \cdots + C_{100}).$$

现在考虑如何利用条件"每种颜色染 100 个格".为此,考察任意

一种颜色 i，需要考虑 i 色在哪些格中出现.

对 $i=1,2,\cdots,100$，记颜色 i 在 r_i 个行中出现，在 c_i 个列中出现.

对给定的 i，颜色 i 只出现在 r_i 个行中，又只出现在 c_i 个列中，从而颜色 i 只出现在 r_i 个行与 c_i 个列交叉的 r_ic_i 个格中（其他行和列全是无色格，见图 1.1），于是

$$r_ic_i \geqslant 100 \quad (i=1,2,\cdots,100).$$

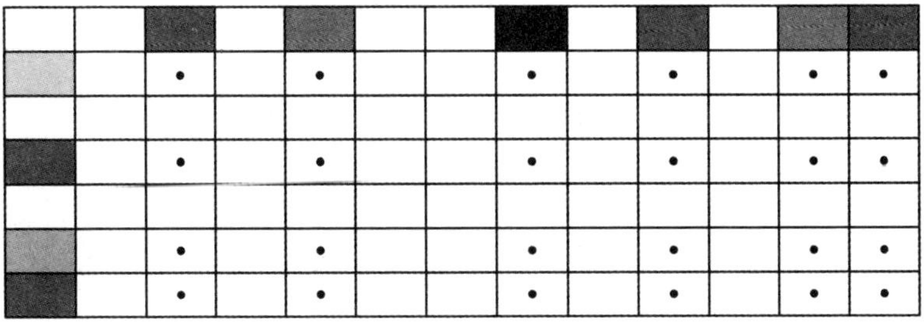

图 1.1

现在建立 S 与 r_ic_i 的联系. 注意 S 的定义，可知 S 是各颜色出现的行次数与列次数的总和，于是

$$S = (r_1+r_2+\cdots+r_{100}) + (c_1+c_2+\cdots+c_{100}).$$

由于

$$r_i+c_i \geqslant 2\sqrt{r_ic_i} \geqslant 2\sqrt{100} = 20,$$

所以 $S \geqslant 100 \cdot 20 = 2\,000$，即

$$(R_1+R_2+\cdots+R_{100}) + (C_1+C_2+\cdots+C_{100}) \geqslant 2\,000.$$

从而在 $R_1,R_2,\cdots,R_{100},C_1,C_2,\cdots,C_{100}$ 中，至少有一个不小于 10，命题获证.

例 3 上下放着两个同心圆盘，每个圆盘都被划分为 n 个全等的扇形. 上面一个圆盘的每个扇形内分别填上实数 $a_1,a_2,\cdots,a_n$，下面一个圆盘的各个扇形分别填上实数 $b_1,b_2,\cdots,b_n$，且满足 a_1+a_2

$+\cdots+a_n>0, b_1+b_2+\cdots+b_n>0$. 求证:可以旋转扇形到适当的位置,使得上下重合的两个扇形所填的数的积的和为正.

分析与证明 解题目标是要证明有那样的"适当位置",从个体上看,一下难以发现哪个位置才是合适位置,但我们可从整体上考虑所有可能的位置. 每一个位置都对应一个"和",从总体上估计这些和即可. 于是,令

$$S_1 = a_1b_1 + a_2b_2 + \cdots + a_nb_n,$$
$$S_2 = a_1b_2 + a_2b_3 + \cdots + a_nb_1,$$
$$\cdots,$$
$$S_n = a_1b_n + a_2b_1 + \cdots + a_nb_{n-1},$$

则

$$S = S_1 + S_2 + \cdots + S_n = a_1\sum_{i=1}^n b_i + a_2\sum_{i=1}^n b_i + \cdots + a_n\sum_{i=1}^n b_i$$
$$= \sum_{i=1}^n a_i \sum_{i=1}^n b_i > 0,$$

所以至少有一个 $S_i>0$,命题获证.

例 4 将一张纸的一面划分为 3 个区域,分别染上 3 种不同的颜色,每个区域染一种颜色,然后将纸的另一面任意划分为 3 个区域. 求证:可以将这一面的 3 个区域分别染上这 3 种颜色,每个区域染一种颜色,使得这张纸上至少有三分之一的部分两面染的颜色相同.
(2007 年拉脱维亚数学奥林匹克决赛第三轮试题)

分析与证明 虽然我们不能判断另一面如何染色才能合乎要求,但可以从整体的角度考虑另一面所有可能的染色方式,证明其中有一种染色方式合乎要求. 这只需对每一种染色方法,计算两面同色的区域面积,证明其中有一种染色方式,使"两面同色的区域面积" S_i (第 i 种染色方式中"两面同色的区域面积")不少于整个纸面积的三分之一.

由于各个区域的划分并不确定,从而很难从个体上计算每个染色方式中"两面同色的区域面积"S_i 是多少.但从整体上,我们可以计算所有染色方式中"两面同色的区域面积"的总和 $S = S_1 + S_2 + \cdots + S_t$(假设共有 t 种染色方式).

先考虑共有多少种不同的染色方法.设已经染上颜色的一面的 3 个区域分别为 A, B, C,另一面的 3 个区域分别为 a, b, c.考察区域 a 的染色,有 3 种方法,b 染与 a 不同的颜色,有 2 种方法,余下 c 只有一种染色方法,从而另一面的 3 个区域有 6 种染色方法.

设第 i 种染色方式中"两面同色的区域面积"为 S_i($i = 1, 2, \cdots, 6$),令

$$S = S_1 + S_2 + \cdots + S_6.$$

利用整体估计,我们只需证明

$$S \geqslant 6 \cdot \frac{1}{3} S_{纸} = 2 S_{纸}.$$

用 $aA, aB, aC, bA, bB, bC, cA, cB, cC$ 分别表示两字母所代表的区域的重叠区域,考察重叠区域 aA 面积 S_{aA} 对 S 的贡献,假定 aA 两面颜色相同时共在 k 种染色方式中出现,则 S_{aA} 对 S 的贡献为 $k S_{aA}$.

设 aA 两面颜色相同,此时区域 a 应染与区域 A 相同的颜色,只有一种染色方法,而 b 染与 a 不同的颜色,有 2 种方法,余下 c 只有 1 种染色方法,从而 a, A 同色的染色方法有 2 种,这表明,区域 aA 两面同色的情形在所有染色方法中出现 2 次.

同样可知,其他重叠区域两面同色的情形在所有染色方法中出现 2 次.

于是,所有染色方法中,各重叠区域两面同色的面积和为

$$S = 2(S_{aA} + S_{aB} + S_{aC} + S_{bA} + S_{bB} + S_{bC} + S_{cA} + S_{cB} + S_{cC})$$
$$= 2 S_{纸},$$

即

$$S_1 + S_2 + \cdots + S_6 = 2S_{纸},$$

所以,由平均值原理,至少有一种染色方法,使得两面颜色相同的重叠部分的面积

$$S_i \geqslant \frac{1}{6} \cdot 2S_{纸} = \frac{1}{3}S_{纸}.$$

综上所述,命题获证.

例 5 在 6×6 方格表中,已按某种方式填入了数 $1,2,\cdots,36$,每个方格填一个数.证明:可以删去一行和一列,使剩下的 25 个数的和为偶数.(1992 年圣彼得堡数学竞赛试题)

分析与证明 因为 $S = 1 + 2 + \cdots + 36$ 为偶数,从而应使删去的数的和为偶数.

设第 i 行数的和为 a_i,第 j 列数的和为 b_j,而第 i 行与第 j 列交叉位置上的数为 x_{ij}.我们只需证明:存在 i,j,使 $a_i + b_j - x_{ij}$ 为偶数.

一个充分条件是 a_i, b_j, x_{ij} 都为偶数,以此为标准进行分类讨论.

(1) 若 $a_1, a_2, \cdots, a_6$ 及 $b_1, b_2, \cdots, b_6$ 都是偶数,那么,任取一个偶数 x_{ij},则 $a_i + b_j - x_{ij}$ 为偶数,去掉第 i 行与第 j 列即可.

(2) 若 $a_1, a_2, \cdots, a_6$ 及 $b_1, b_2, \cdots, b_6$ 中存在奇数,不妨设 a_1 为奇数,我们可以考虑去掉第一行.

那么,去掉哪一列呢?假定去掉第 j 列,则要求 $a_1 + b_j - x_{1j}$ 为偶数,也就是使 $y_j = b_j - x_{1j}$ 为奇数.

是否存在合乎条件的 j 呢?注意到 j 可取 $1,2,3,4,5,6$,可利用整体估计,考虑和

$$\sum_{j=1}^{6} y_j = S - a_1.$$

因为 a_1 为奇数,S 为偶数,所以 $\sum_{j=1}^{6} y_j = S - a_1$ 为奇数,从而必

定有一个 j，使 y_j 为奇数，即 $a_1 + b_j - x_{1j}$ 为偶数. 于是，去掉第 1 行与第 j 列即可.

综上所述，命题获证.

另证 设棋盘中第 i 行、第 j 列的数为 x_{ij}，第 i 行各数的和为 a_i（$1 \leqslant i \leqslant 6$），第 j 列各数的和为 b_j（$1 \leqslant j \leqslant 6$）.

因为 $S = 1 + 2 + \cdots + 36$ 为偶数，从而应使删去的数的和为偶数. 我们先去掉第一行，有以下情况：

(1) 若 a_1 为奇数，由于 S 为偶数，从而剩下 5×6 棋盘 M' 中各数的和为奇数. 由于 M' 有偶数列，不能每列的和都为奇数（否则和为偶数），从而 M' 中必定有一列的和为奇数，去掉这一列，剩下各数的和为偶数，结论成立.

(2) 若 a_1 为偶数，由于 S 为偶数，从而剩下 5×6 棋盘 M' 中各数的和为偶数，这时需要去掉一个和为偶数的列，但这样的列未必存在：因为 M' 有偶数列，有可能每列的和都为奇数.

对比(1)和(2)，发现：如果去掉的是"和为奇数"的行，则结论成立；由对称性，当存在"和为奇数"的列时，结论也成立.

当所有行、列的和都为偶数时，假定去掉第 i 行、第 j 列，由于剩下的数为 $S - a_i - b_j + x_{ij}$，而 S 为偶数，于是只需 $a_i + b_j - x_{ij}$ 为偶数. 又 a_i，b_j 都是偶数，从而只需 x_{ij} 为偶数，取 $x_{ij} = 2$ 即可，也就是说，去掉"2"所在的行和列即可.

注 后面这个证明可以将原问题推广到 $n \times n$ 的方格表.

例 6 在一张无限大的棋盘上，每个方格都填有一个实数. 给定两个平面图形，每个图形都由有限个方格组成. 图形可沿格线平移整数格. 已知：第一个图形 P 所在的任何位置盖住的数的和都为正. 求证：对于第二个图形 Q，必存在适当的位置，使 Q 盖住的数的和也为正.

分析与证明 此题难度并不大，但一些国际数学奥林匹克（IMO）金牌选手也没能解出它，关键原因在于没有想到整体处理的方法.

解题目标是找到图形 Q 的某个位置 Q_i,使
$$S(Q_i) > 0,$$
其中 $S(X)$ 表示图形 X 覆盖的格中各数的和.

采用整体估计:找若干个位置 $Q_1, Q_2, \cdots, Q_n$,其中 n 待定,使
$$S(Q_1) + S(Q_2) + \cdots + S(Q_n) > 0,$$
可用的条件有 $S(P_j) > 0$,由此想到:将 $Q_1 \cup Q_2 \cup \cdots \cup Q_n$ 的格重新组合,构成若干个 $P_j(j=1,2,\cdots,m)$,其中 m 待定,使
$$Q_1 \cup Q_2 \cup \cdots \cup Q_n = P_1 \cup P_2 \cup \cdots \cup P_m.$$

设图形 P 有 m 个格 $p_1, p_2, \cdots, p_m$,图形 Q 有 n 个格 $q_1, q_2, \cdots, q_n$. 平移图形 P,使格 p_1 与格 q_1 重合,记这时图形 P 的格 $p_1, p_2, \cdots, p_m$ 盖住的 m 个格依次为 $A_{11}, A_{12}, \cdots, A_{1m}$.

再平移图形 P,使格 p_1 与格 q_2 重合,记这时图形 P 的格 $p_1, p_2, \cdots, p_m$ 盖住的 m 个格依次为 $A_{21}, A_{22}, \cdots, A_{2m}$.

如此下去,最后使格 p_1 与格 q_n 重合,记这时图形 P 的格 $p_1, p_2, \cdots, p_m$ 盖住的 m 个格依次为 $A_{n1}, A_{n2}, \cdots, A_{nm}$.

考察格 $A_{11}, A_{21}, \cdots, A_{n1}$,它们都是第一个图形的格 p_1 在平移过程中盖住的格. 而 p_1 依次与 $q_1, q_2, \cdots, q_n$ 重合,从而 $A_{11}, A_{21}, \cdots, A_{n1}$ 构成图形 Q 的某个位置,即格 p_1 的轨迹构成图形 Q 的某个位置.

同理,由图形平移方法,知 $A_{12}, A_{22}, \cdots, A_{n2}; A_{13}, A_{23}, \cdots, A_{n3}; \cdots; A_{1m}, A_{2m}, \cdots, A_{nm}$ 都分别构成图形 Q 的某个位置(格 p_i 的轨迹),于是

$$\sum_{i=1}^{m}(A_{i1} + A_{i2} + \cdots + A_{in}) = \sum_{i=1}^{m}\sum_{j=1}^{n} A_{ij} = \sum_{j=1}^{n}\sum_{i=1}^{m} A_{ij}$$
$$= \sum_{j=1}^{n}(A_{1j} + A_{2j} + \cdots + A_{mj}) > 0.$$

所以,必存在一个位置,使 Q 盖住的数的和为正,命题获证.

1 整体思考

例7 给定正整数 n,p，其中 $3<p\leqslant\dfrac{n}{2}$，将正 n 边形的 p 个顶点染红色，其余顶点染蓝色. 证明：存在 2 个全等的至少有 $\left[\dfrac{p}{2}\right]+1$ 个顶点的多边形，其中一个的顶点全为红色，另一个的顶点全为蓝色.（1998 年印度数学奥林匹克试题）

分析与证明 为叙述问题方便，称至少有 $\left[\dfrac{p}{2}\right]+1$ 个顶点的多边形为"大多边形". 解题目标为找到 2 个全等的同色大多边形，其中一个为红色，另一个为蓝色.

注意到图中有一个红色顶点构成的 p 边形，记为 W_1，直观想法是考察 W_1 的所有子大多边形，它们都是红色的，从而可在与 W_1 全等的一些位置（旋转 W_1 而得到的位置）中找一个蓝色的子大多边形.

从反面考虑，如果找不到，则必然是 W_1 旋转的每一个位置中蓝点个数都不够 $\left[\dfrac{p}{2}\right]+1$，从而可利用"整体估计".

用反证法. 假定不存在满足题目要求的 2 个多边形，将 W_1 绕正 n 边形 W 的中心旋转 $n-1$ 次，每次的转角为 $\dfrac{2\pi}{n}$，依次得到的 p 边形分别记为 $W_2,W_3,\cdots,W_n$，其中 W_1 有 p 个红点.

对于其他 W_i，由假设，它们都至多有 $\left[\dfrac{p}{2}\right]$ 个蓝点（否则，W_i 至少有 $\left[\dfrac{p}{2}\right]+1$ 个蓝点，得到一个蓝色大多边形，它是 W_i 的子多边形，必与 W_1 的一个红子多边形全等，矛盾），从而至少有 $p-\left[\dfrac{p}{2}\right]$ 个红点，于是红点的个数至少为

$$(n-1)\left(\left[\dfrac{p}{2}\right]+1\right)+p,$$

但每个红点被计算 p 次(旋转中,每个红点有 p 次与 W_1 的某个点重合),所以红点的个数至少为

$$\frac{n-1}{p}\left(\left[\frac{p}{2}\right]+1\right)+1 > \frac{n-1}{p} \cdot \frac{p}{2}+1 = \frac{n+1}{2} > p,$$

与恰有 p 个红点矛盾.

综上所述,命题获证.

例 8 设 $x_1, x_2, \cdots, x_n$ 是给定的实数.试证:存在实数 x,使

$$\{x-x_1\}+\{x-x_2\}+\cdots+\{x-x_n\} \leqslant \frac{n-1}{2}.$$

分析与证明 设 $x=m+t, x_i=m_i+t_i (i=1,2,\cdots,n)$,其中 m, t 待定,$m, m_i \in \mathbf{Z}, 0 \leqslant t, t_i < 1$,则

$$\{x-x_1\}+\{x-x_2\}+\cdots+\{x-x_n\}$$
$$= \sum_{i=1}^{n}\{x-x_i\} = \sum_{i=1}^{n}\{m+t-(m_i+t_i)\}$$
$$= \sum_{i=1}^{n}\{t-t_i\} = \sum_{i=1}^{n}(t-t_i-[t-t_i]).$$

为了使上式结果变得简单,一种自然的想法是,期望取 t,使 $[t-t_i]=0$,即 $0 \leqslant t-t_i < 1$.因为 $0 \leqslant t, t_i < 1$,取

$$t \geqslant \max\{t_1, t_2, \cdots, t_n\},$$

则 $0 \leqslant t-t_i < 1, [t-t_i]=0$,于是

$$\{x-x_1\}+\{x-x_2\}+\cdots+\{x-x_n\} = \sum_{i=1}^{n}(t-t_i)$$
$$= nt-(t_1+t_2+\cdots+t_n),$$

这样,原不等式变为

$$nt-(t_1+t_2+\cdots+t_n) \leqslant \frac{n-1}{2},$$
$$t \leqslant \frac{n-1+2(t_1+t_2+\cdots+t_n)}{2n}.$$

于是,取 t 同时满足

$$\max\{t_1, t_2, \cdots, t_n\} \leqslant t \leqslant \frac{n-1+2(t_1+t_2+\cdots+t_n)}{2n} \quad \text{①}$$

即可,但这样的 t 未必存在.

实际上,原不等式为 $\sum_{i=1}^{n}\{t-t_i\} \leqslant \frac{n-1}{2}$,取 $n=2$, $t_1=0.1$, $t_2=0.9$,则若取 $t \geqslant \max\{t_1,t_2\} = 0.9$,则

$$\{t-t_1\} + \{t-t_2\} = \{0.9-0.1\} + \{0.9-0.9\}$$
$$= 0.8 > 0.5 = \frac{n-1}{2}.$$

由此可见,不能取到 t,使所有 $[t-t_i]=0$.

我们现在来寻找 t,使不等式 $\sum_{i=1}^{n}\{t-t_i\} \leqslant \frac{n-1}{2}$ 成立,不妨设 $t_1 \leqslant t_2 \leqslant \cdots \leqslant t_n$.

先看 $n=2$ 的特殊情形:取 $t_1=0.1$, $t_2=0.9$,则不等式为

$$\{t-0.1\} + \{t-0.9\} \leqslant 0.5,$$

此时,取 $t=0.1$ 即可,因为

$$\{0.1-0.1\} + \{0.1-0.9\} = \{-0.8\} = 0.2 \leqslant 0.5.$$

再取 $t_1=0.6$, $t_2=0.9$,则不等式为

$$\{t-0.6\} + \{t-0.9\} \leqslant 0.5,$$

此时,取 $t=0.9$ 即可,因为

$$\{0.9-0.6\} + \{0.9-0.9\} = \{0.3\} = 0.3 \leqslant 0.5.$$

由此可发现 $n=2$ 时 t 的一般取法:若 $t_2-t_1 \leqslant 0.5$,则取 $t=t_2$;若 $t_2-t_1 > 0.5$,则取 $t=t_1$.

再看 $n=3$ 的情形:取 $t_1=0.1$, $t_2=0.2$, $t_3=0.9$,则不等式为

$$\{t-0.1\} + \{t-0.2\} + \{t-0.9\} \leqslant 1,$$

此时,取 $t=0.2$ 即可,因为

$$\{0.2-0.1\} + \{0.2-0.2\} + \{0.2-0.9\} = 0.4 \leqslant 1.$$

再取 $t_1=0.1$, $t_2=0.8$, $t_3=0.9$,则不等式为

$$\{t-0.1\}+\{t-0.8\}+\{t-0.9\}\leqslant 1,$$

此时,取 $t=0.9$ 即可,因为

$$\{0.9-0.1\}+\{0.9-0.8\}+\{0.9-0.9\}=0.9\leqslant 1$$

(也可取 $t=0.1$).

这时,我们没有发现构造 t 的一般方法,但从整体上看,我们发现 t 存在于某几个数之中:$t\in\{t_1,t_2,t_3\}$.

也就是说,以下三个不等式中,至少有一个成立:

$$\{t_1-t_1\}+\{t_1-t_2\}+\{t_1-t_3\}\leqslant 1,$$
$$\{t_2-t_1\}+\{t_2-t_2\}+\{t_2-t_3\}\leqslant 1,$$
$$\{t_3-t_1\}+\{t_3-t_2\}+\{t_3-t_3\}\leqslant 1.$$

由此想到整体估计的方法,只需证明

$$(\{t_1-t_1\}+\{t_1-t_2\}+\{t_1-t_3\})+(\{t_2-t_1\}+\{t_2-t_2\}+\{t_2-t_3\})+(\{t_3-t_1\}+\{t_3-t_2\}+\{t_3-t_3\})\leqslant 3,$$

即

$$\{t_1-t_2\}+\{t_1-t_3\}+\{t_2-t_1\}+\{t_2-t_3\}+\{t_3-t_1\}+\{t_3-t_2\}\leqslant 3.$$

因为 $\{y\}+\{-y\}=0$ 或 1,从而 $\{y\}+\{-y\}\leqslant 1$,所以

$$\{t_1-t_2\}+\{t_2-t_1\}\leqslant 1,$$
$$\{t_1-t_3\}+\{t_3-t_1\}\leqslant 1,$$
$$\{t_2-t_3\}+\{t_3-t_2\}\leqslant 1,$$

相加即证.

从这里我们可以发现,最初无需分离整数部分,因为 $\{y\}+\{-y\}=0$ 或 1 对任何实数 y 成立.于是得到下面的证法:

记 $p_i=\{x_i-x_1\}+\{x_i-x_2\}+\cdots+\{x_i-x_n\}(i=1,2,\cdots,n)$,只需从整体上证明 n 个数 $p_1,p_2,\cdots,p_n$ 中存在一个不大于 $\dfrac{n-1}{2}$.

利用整体估计,考虑 $p_1,p_2,\cdots,p_n$ 的和,有

$$p_1 + p_2 + \cdots + p_n = \sum_{i=1}^{n}(\{x_i - x_1\} + \{x_i - x_2\} + \cdots + \{x_i - x_n\})$$

$$= \sum_{i=1}^{n}\sum_{j=1}^{n}\{x_i - x_j\}$$

$$= \sum_{1 \leqslant i < j \leqslant n}(\{x_i - x_j\} + \{x_j - x_i\}).$$

由定义可知,$\{y\} + \{-y\} \leqslant 1$,所以$\{x_i - x_j\} + \{x_j - x_i\} \leqslant 1$. 于是

$$p_1 + p_2 + \cdots + p_n = \sum_{1 \leqslant i < j \leqslant n}(\{x_i - x_j\} + \{x_j - x_i\})$$

$$\leqslant \sum_{1 \leqslant i < j \leqslant n} 1 = C_n^2 = \frac{n(n-1)}{2},$$

所以,由平均数原理,$p_1, p_2, \cdots, p_n$ 中存在一个不大于 $\frac{n-1}{2}$,命题获证.

例9 设 $f(z) = c_0 z^n + c_1 z^{n-1} + \cdots + c_{n-1} z + c_n$ 是 z 的 n 次复系数多项式,求证:存在复数 z_0,使 $|z_0| = 1$ 且 $|f(z_0)| \geqslant |c_0| + |c_n|$. (1994年中国数学奥林匹克试题)

分析与证明 为了找到复数 z_0,我们取 n 个复数 $\omega^k (k = 0, 1, \cdots, n-1)$,其中 $\omega = e^{\frac{2\pi i}{n}}$,从整体上考察 $\sum_{k=0}^{n-1} f(\omega^k)$,因为

$$f(\omega^k) = c_0(\omega^k)^n + c_1(\omega^k)^{n-1} + \cdots + c_{n-1}(\omega^k) + c_n,$$

而由单位根的性质,知

$$\sum_{k=0}^{n-1} \omega^{rk} = 0 (r = 1, 2, \cdots, n-1), \quad \omega^n = 1,$$

于是

$$\sum_{k=0}^{n-1} f(\omega^k) = n(c_0 + c_n), \quad \left|\sum_{k=0}^{n-1} f(\omega^k)\right| = n|c_0 + c_n|. \quad ①$$

由式①,必存在一个 $\omega^j (0 \leqslant j \leqslant n-1)$,使

$$|f(\omega^j)| \geqslant |c_0 + c_n|. \quad ②$$

式②与目标很接近,要实现目标,只需 c_0 与 c_n 同向,这在得到式①

之前引入旋转因子即可.

引入参数 $\beta(|\beta|=1)$,令
$$\alpha_k = \beta\omega^k \quad (k=0,1,\cdots,n-1),$$
其中 $\omega = e^{\frac{2\pi i}{n}}$. 利用 $\sum_{k=0}^{n-1}\omega^{rk} = 0 (r=1,2,\cdots,n-1), \omega^n = 1$,有
$$\sum_{k=0}^{n-1} f(\alpha_k) = n(\beta^n c_0 + c_n),$$
所以
$$\sum_{k=0}^{n-1}|f(\alpha_k)| \geqslant \left|\sum_{k=0}^{n-1}f(\alpha_k)\right| = n|\beta^n c_0 + c_n|.$$
取 $\beta^n c_0$ 与 c_n 同辐角,则
$$\sum_{k=0}^{n-1}|f(\alpha_k)| \geqslant n|\beta^n c_0 + c_n| = n(|\beta^n c_0| + |c_n|)$$
$$= n(|c_0| + |c_n|),$$
于是,必有一个 k,使
$$f(\alpha_k) \geqslant |c_0| + |c_n|.$$

例10 设 $f(x) = z^n + c_{n-1}z^{n-1} + \cdots + c_1 z + c_0$ 为实系数多项式,若 $|f(i)|<1$(i 为虚数单位),求证:存在实数 a,b,使 $f(a+bi) = 0$ 且 $(a^2+b^2+1)^2 < 4b^2 + 1$.(1989 年美国数学奥林匹克试题)

分析与证明 我们先看看结论中的不等式的实际意义:
$(a^2+b^2+1)^2 < 4b^2 + 1$
$\Leftrightarrow (a^2+b^2+1)^2 - 4b^2 < 1$
$\Leftrightarrow (a^2+b^2+2b+1)(a^2+b^2-2b+1) < 1$
$\Leftrightarrow (a^2+(b+1)^2)(a^2+(b-1)^2) < 1$
$\Leftrightarrow |a+(b+1)i|\cdot|a+(b-1)i| < 1$
$\Leftrightarrow |(a+bi)+i|\cdot|(a+bi)-i| < 1$ (凑条件中的"$a+bi$").

令 $z_0 = a+bi$,则
上式 $\Leftrightarrow |z_0+i|\cdot|z_0-i|<1.$ ①

于是,问题等价于证明:存在 $f(z)$ 的一个根 z_0 满足式①. 为此,可从整体上考虑所有的根,设出 $f(x)$ 的完全分解式:

$$f(x) = \prod_{j=1}^{s}(x - u_j)\prod_{k=1}^{t}(x - v_k)(x - \overline{v_k}) \quad (s + 2t = n),$$

其中 u_j 为实数,v_k 为虚数,那么

$$1 > |f(\mathrm{i})| = \prod_{j=1}^{s}|\mathrm{i} - u_j|\prod_{k=1}^{t}|\mathrm{i} - v_k| \cdot |\mathrm{i} - \overline{v_k}|$$

$$\geq \prod_{k=1}^{t}|\mathrm{i} - v_k| \cdot |\mathrm{i} - \overline{v_k}|,$$

于是,必存在 r,使

$$|\mathrm{i} - v_r| \cdot |\mathrm{i} - \overline{v_r}| < 1, \quad |\mathrm{i} - v_r| \cdot |\overline{-\mathrm{i} - \overline{v_r}}| < 1,$$

$$|\mathrm{i} - v_r| \cdot |\overline{\mathrm{i} + v_r}| < 1, \quad |\mathrm{i} - v_r| \cdot |\mathrm{i} + v_r| < 1.$$

因此,令 $z_0 = v_r$,命题获证.

例 11 在 2×5 的棋盘的每个方格中填入一个整数,使第一行填的数依次为 $0,1,2,3,4$,而第二行所填的整数恰好是它上面格的那个整数在第二行中出现的次数,问有多少种不同的填法?

分析与解 设第二行填的数依次为 a_0, a_1, a_2, a_3, a_4,其中 a_i 是整数 i 在第二行中出现的次数.

如何求 a_i?先从整体考虑:不管 a_0, a_1, a_2, a_3, a_4 分别是什么数,都有

$$S = a_0 + a_1 + a_2 + a_3 + a_4 = 5,$$

这是因为第二行共有 5 个格,$0,1,2,3,4$ 在第二行中共出现 5 次.

现在考虑 a_4,即讨论 4 出现几次. 如果 4 至少出现 1 次,则其余的数的和为 1,问题易解.

因为 $4 + 4 > 5$,所以 $a_4 \leq 1$. 若 $a_4 = 1$,即 4 出现 1 次,此时,还有某个数 $j (j \neq 4)$ 使 $a_j = 4$(图 1.2).

但 $2, 3$ 都不能出现 4 次,否则 $S > 8$,所以要么 $a_0 = 4$,此时第二

行没有 4 个 0,矛盾;要么 $a_1=4$,此时第二行填 4 个 1,1 个 4,有 $S>5$,矛盾.

0	1	2	3	4
				1

图 1.2

所以 $a_4=0$.

现在再考虑 a_3,即讨论 3 出现几次.因为 $3+3>5$,所以 $a_3\leqslant 1$.若 $a_3=1$,则 3 出现 1 次,还有某个数 $j(j\neq 3,4)$ 使 $a_j=3$(图 1.3).

0	1	2	3	4
			1	0

图 1.3

但 2 不能出现 3 次,否则 $S>8$,所以要么 $a_0=3$,此时第二行没有 3 个 0,1 个 1,1 个 3,而 $0+0+0+1+3=4<5$,矛盾;要么 $a_1=3$,此时第二行填 3 个 1,1 个 3,$S>5$,矛盾.

所以 $a_3=0$.

现在再考虑 a_2,即讨论 2 出现几次.因为 $2+2+2>5$,所以 $a_2\leqslant 2$.若 $a_2=2$,则 2 出现 2 次,还有某个 $a_j=2$(图 1.4).

0	1	2	3	4
		2	0	0

图 1.4

但 1 已不能出现 2 次,所以 $a_0=2$,此时 $a_1=1$ 合乎条件(图 1.5).

0	1	2	3	4
2	1	2	0	0

图 1.5

若 $a_2=1$,则 2 出现 1 次(图 1.6).

0	1	2	3	4
		1	0	0

图 1.6

此时,若 2 填在第一格,则第二格无论填什么数都与 1 出现的次数矛盾.若 2 填在第二格,则第一格填 1,但 $1+2+1=4<5$,矛盾.

综上所述,只有 $a_2=2$ 合乎条件,即 2,1,2,0,0 是唯一的解.

例 12 设 $z_1, z_2, \cdots, z_n$ 为复数,$|z_1|=|z_2|=\cdots=|z_n|=1$,求证:
$$\max_{|z|=1} \prod_{k=1}^{n} |z-z_k| \geqslant 2,$$
当且仅当 $z_1, z_2, \cdots, z_n$ 是一个正 n 边形的顶点时等号成立.(《美国数学杂志》1996 年 3 月号问题 853)

分析与证明 设 $P(z)=\prod_{k=1}^{n}|z-z_k|$,将 $z_1, z_2, \cdots, z_n$ 及 z 同乘以一个模为 1 的复数,不会改变 $\max_{|z|=1}\prod_{k=1}^{n}|z-z_k|$ 的值,从而不妨设
$$P(0)=(-1)^n z_1 z_2 \cdots z_n = 1.$$
令
$$Q(z) = P(z) - z^n - 1,$$
则多项式 $Q(z)$ 要么是一个零多项式,要么其次数不大于 $n-1$.记
$$Q(z) = \sum_{j=0}^{n-1} a_j z^j, \quad \alpha = \mathrm{e}^{\frac{2\pi i}{n}}.$$
注意到对 $j=1,2,\cdots,n-1$,都有 $\sum_{k=0}^{n-1}\alpha^{jk}=0$,于是,从整体上估计:
$$\sum_{k=0}^{n-1} P(\alpha^k) = \sum_{k=0}^{n-1}(Q(\alpha^k)+\alpha^{kn}+1)$$

$$= \sum_{k=0}^{n-1}(Q(\alpha^k)+2) = \sum_{k=0}^{n-1}\left(\sum_{j=0}^{n-1}a_j(\alpha^k)^j+2\right)$$

$$= \sum_{j=0}^{n-1}\sum_{k=0}^{n-1}a_j\alpha^{kj} + \sum_{k=0}^{n-1}2 = 2n. \qquad ①$$

所以

$$\sum_{k=0}^{n-1}|P(\alpha^k)| \geqslant \left|\sum_{k=0}^{n-1}P(\alpha^k)\right| = |2n| = 2n,$$

故存在 α^k,使 $|P(\alpha^k)| \geqslant 2$,于是

$$\max_{|z|=1}\prod_{k=1}^{n}|z-z_k| = \max_{|z|=1}|P(\alpha^k)| \geqslant 2.$$

若等号成立,则对 $k=0,1,2,\cdots,n-1$,有 $P(\alpha^k)$ 同向,且 $|P(\alpha^k)|=2$. 再由式①,有 $P(\alpha^k)=2$,即 $Q(\alpha^k)=0$.

此时,若 $Q(z)$ 不是零多项式,则 $Q(z)$ 至多有 $n-1$ 个根,矛盾. 所以 $Q(z)$ 是零多项式,即 $P(z)=z^n+1$.

于是,$z_1,z_2,\cdots,z_n$ 为 $z^n=-1$ 的 n 个根,构成正 n 边形的顶点.

例 13 给定正整数 $n \geqslant 3$,设 $a_1,a_2,\cdots,a_n$ 是 $1,2,\cdots,n$ 的一个排列,令 $S_i=a_i+a_{i+1}+a_{i+2}(i=1,2,\cdots,n)$,其中规定 $a_{n+i}=a_i$,记 $s=\min\{S_1,S_2,\cdots,S_n\}$,求 s 的最大值.(原创题)

分析与解 本题没有彻底解决,下面介绍我们得到的初步结果,希望读者能将其彻底解决.

因为 $S_1,S_2,\cdots,S_n$ 的平均值为 $\dfrac{1}{n} \cdot \dfrac{3n(n+1)}{2} = \dfrac{3n+3}{2}$,我们猜想 s 的最大值为 $\left[\dfrac{3n+3}{2}\right]-1=\left[\dfrac{3n+1}{2}\right]$.

可以证明:对任何排列,一定有 $s \leqslant \left[\dfrac{3n+1}{2}\right]$. 证明如下:

(1) 当 n 为奇数时,结论是显然的,用反证法.

若所有的

$$S_i \geqslant \left[\frac{3n+1}{2}\right] + 1 = \frac{3n+1}{2} + 1 = \frac{3n+3}{2},$$

则

$$S_1 + S_2 + \cdots + S_n \geqslant n \cdot \frac{3n+3}{2} = \frac{3n(n+1)}{2}.$$

而每个数都出现在 3 个 S_i 中,所以

$$S_1 + S_2 + \cdots + S_n = 3(1 + 2 + \cdots + n) = \frac{3n(n+1)}{2}.$$

从而上述不等式等号成立,所以 $S_1 = S_2 = \cdots = S_n$,这与 $S_i \neq S_i + 1$ 矛盾.

(2) 当 n 为偶数时,令 $n = 2k$,我们要证明:一定有一个 $S_i \leqslant \left[\frac{3n+1}{2}\right] = 3k$.

用反证法. 假定存在一个排列 P,使所有 $S_i \geqslant 3k+1$($i = 1, 2, \cdots, n$).

首先发掘 S_i 的显然特征:对任何 $1 \leqslant i \leqslant n$,有

$$S_i \neq S_{i+1} \quad (\text{其中 } S_{n+1} = S_1). \qquad ①$$

实际上,若存在 $S_i = S_{i+1}$,不妨设

$$S_i = a_i + a_{i+1} + a_{i+2}, \quad S_{i+1} = a_{i+1} + a_{i+2} + a_{i+3},$$

则由

$$a_i + a_{i+1} + a_{i+2} = a_{i+1} + a_{i+2} + a_{i+3},$$

得 $a_i = a_{i+3}$,但各数是互异的,矛盾.

其次,从整体上考察 $S_1 + S_2 + \cdots + S_n$.

因为每个数都出现在 3 个 S_i 中,每个数被计算 3 次,从而

$$S_1 + S_2 + \cdots + S_n = 3(1 + 2 + \cdots + n)$$
$$= \frac{3n(n+1)}{2} = 3k(2k+1).$$

将 $(3k+1) \cdot 2k + k$ 归入 $S_1, S_2, \cdots, S_{2k}$,由平均值抽屉原理,必

定有一个 $i(1 \leqslant i \leqslant 2k)$，使 $S_i \geqslant \left[\dfrac{(3k+1) \cdot 2k + k}{2k}\right] + 1 = 3k + \dfrac{5}{2}$，我们称这样的 S_i 为"大抽屉".

注意到数字特征：$3k(2k+1) = (3k+1) \cdot 2k + k$，且每个 $S_i \geqslant 3k+1$，从而至多有 k 个大抽屉，于是至少有 k 个"小抽屉"（使 $S_i = 3k+1$ 的抽屉）.

但由式①，任何两个小抽屉 S_i 不相邻，至少要 k 个大抽屉将 k 个小抽屉隔开，于是恰有 k 个大抽屉.

再注意到 $3k(2k+1) = (3k+1) \cdot 2k + k$，从而 k 个大抽屉中的每一个都使 $S_i = 3k+2$，又 k 个小抽屉中的每一个都使 $S_i = 3k+1$，于是，$S_1, S_2, \cdots, S_{2k}$ 在圆周上是 $3k+1, 3k+2$ 交错排列.

不妨设 $a_1 + a_2 + a_3 = 3k+1$，$a_2 + a_3 + a_4 = 3k+2$，两式相减，得 $a_4 - a_1 = 1$.

利用对称性，我们有（找另一个含有 a_4 的等式）$a_4 + a_5 + a_6 = 3k+2$，$a_5 + a_6 + a_7 = 3k+1$，两式相减，得 $a_4 - a_7 = 1$.

比较两式，得 $a_1 = a_7$，但顶点上的数是互异的，矛盾.

遗留问题：是否存在 $1, 2, \cdots, n$ 的一个排列 $a_1, a_2, \cdots, a_n$，使 $s \geqslant \left[\dfrac{3n+1}{2}\right]$？

我们的结论如下：

(1) n 为奇数时结论可能不成立.

比如，$n = 7$ 时，$s_{max} = 11$，排列为 $1, 7, 3, 2, 6, 4, 5$ $(4+5+1 < 11)$. 可以证明 $n = 7$ 时不成立，此时 $s_{max} = 10$.

首先，$s \leqslant 10$.

否则，所有 $S_i \geqslant 11$，称 $1, 2, 3, 4$ 为小数，$5, 6, 7$ 为大数，由于大数比小数少，从而至少有 2 个小数相邻.

如果 $1, 2$ 相邻，由 $1+2+7 < 11$，知 $1, 2$ 旁边无法排数，矛盾.

如果 $1, 3$ 相邻，由 $1+3+7 = 11$，知 $1, 3$ 两旁都要排 7，矛盾.

如果 1,4 相邻,由 $1+4+5<11$,知 1,4 两旁分别排 6,7,此时,剩下的 3 个数 2,3,5 连续排,而 $2+3+5<11$,矛盾.

如果 2,3 相邻,由 $2+3+5<11$,知 2,3 两旁分别排 6,7,此时,剩下的 3 个数 1,4,5 连续排,而 $1+4+5<11$,矛盾.

如果 2,4 相邻,由 $2+4+3<11$,知 2,4 两旁都要排大数,而 1,3 不能相邻,1,3 之间只能排 7,于是 2,4 两旁分别排数 5,6.

若 1 与 2 之间都只间隔一个数,则 $1+7+2<11$,矛盾,所以 1 与 2 之间至少间隔两个数.于是 1 与 4 之间只间隔一个数,2 与 3 之间只间隔一个数,间隔它们的两个数为 5,6,但 $5+1+4<11,5+2+3<11$,矛盾.

当排列为 1,7,3,2,6,4,5 时,$s=10$.

综上所述,$s_{\max}=10$.

(2) 猜想 n 为偶数时结论成立.

$n=8$ 时,$s_{\max}=12$,排列为 1,8,3,2,7,4,5,6.

$n=9$ 时,$s_{\max}=14$,排列为 1,9,4,2,8,5,3,6,7.

$n=10$ 时,$s_{\max}=15$,排列为 1,10,4,2,9,5,3,7,6,8.

1.2 通性叠合

所谓"通性",就是一些对象共同具有的性质,它通常表现为一些等式或不等式,将这些等式或不等式叠合(相加或相乘)在一起,得到问题的整体性质,由此找到解题途径.

例 1 设 $M=\{1,2,\cdots,2015\}$,A 是 M 的子集,若对任何 a_i,$a_j \in A, a_i \neq a_j$,都能以 a_i, a_j 为边长唯一地确定一个等腰三角形,求 $|A|$ 的最大值.

分析与解 先改造条件,将其用数量关系来刻画:当两个正数 $a,b(a<b)$ 具有怎样的关系时,能唯一地确定一个以 a,b 为其两边

的等腰三角形?

显然,对 $a<b$,(a,b,b) 为等腰三角形,于是

a,b 确定唯一的等腰三角形 $\Leftrightarrow (a,a,b)$ 不是等腰三角形
$\Leftrightarrow a+a \leqslant b$
$\Leftrightarrow 2a \leqslant b$.

于是,题目条件变为:对任何 $a_i,a_j \in A$,$a_i<a_j$,都有 $2a_i \leqslant a_j$(通性).

尽管"$2a_i \leqslant a_j$"是 A 中任何二元组满足的性质,但我们只需取适当的二元组来构造间距性质,然后进行整体估计.

设 $A=\{a_1<a_2<\cdots<a_n\}$ 是一个合乎条件的集合,则由上述分析可知,对 $i=1,2,\cdots,n-1$,有

$$2a_i \leqslant a_{i+1} \quad (通性),$$

各个不等式相乘(叠合),得

$$2015 \geqslant a_n \geqslant 2^{n-1} a_1 \geqslant 2^{n-1},$$

所以 $n \leqslant 11$.

下面构造合乎条件的 A,从等号成立的条件入手,为了使 $|A|$ 尽可能大,应使间隙尽可能小,从而取 $a_{i+1}=2a_i$,得到如下构造:

$$A=\{1,2,4,\cdots,1024\},$$

此时,对任何 $a_i,a_j \in A$,令 $a_i=2^i$,$a_j=2^j$,有

$$2a_i = 2^{i+1} \leqslant 2^j = a_j,$$

从而以 a_i,a_j 只能作唯一的等腰三角形 (a_i,a_j,a_j),A 合乎条件.

综上所述,$|A|$ 的最大值为 11.

例 2 平面上给定 n 个不全共线的点,每个点处写上一个实数,如果一条直线通过两个或两个以上的点,则此线通过点处的数的和为零.证明:所有点处的数都为 0.

分析与证明 任取其中一个点 A,设 A 处放的数为 x.因为难以直接求出 x 的值,我们将其放入一个整体中估计.注意到条件"一条

至少通过两个已知点的直线上各数的和为零",从而想到考察过 A 的所有"两点线".

由点 A 与其他所有点连线,注意到 n 个点不全共线,至少连两条不同的直线,设这些直线为 $l_1, l_2, \cdots, l_t (t \geq 2)$.

记所有点的标数之和为 S,直线 $l_i (i = 1, 2, \cdots, t)$ 上的标数之和为 $S(l_i)$,则依条件,有
$$S(l_i) = 0 \quad (通性).$$
各式相加,得
$$0 = \sum_{i=1}^{t} S(l_i) = x \cdot (t - 1) + S, \qquad ①$$
其中注意点 A 在 t 条直线上,x 被计数 t 次,其他点都恰在其中一条直线上,恰被计数一次(图 1.7).由式①,得
$$x = \frac{S}{1 - t}.$$

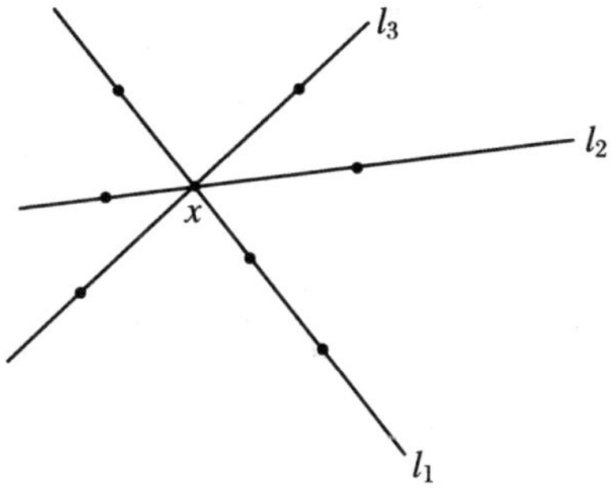

图 1.7

若 $S \neq 0$,由于 $1 - t < 0$,所以 $x \neq 0$,且 x 与 S 的符号相反,由 x 的任意性,所有数同号且不为 0,这与 l 上各数的和为 0 矛盾.

所以 $S = 0$,于是 $x = \frac{S}{1 - t} = 0$.由点 x 的任意性,结论成立.

有时候,"通性叠合"并不是将所有具有"通性"的全部对象叠合,而是只叠合其中的一部分对象.看下面的例子.

例3 设 A 是 $\mathbf{N}^*$ 的子集,对任何 $x,y \in A, x \neq y$,有 $|x-y| \geqslant \dfrac{xy}{25}$,求 $|A|$ 的最大值.(第 26 届 IMO 预选题)

分析与解 先改造条件:如何去掉条件中所含的绝对值符号? 将集合中的元素排序即可,不妨设 $A = \{a_1, a_2, \cdots, a_n\}$,其中 $a_1 < a_2 < \cdots < a_n$,则条件变为:对任何 $i<j$,有

$$a_j - a_i \geqslant \dfrac{a_j a_i}{25}.$$

特别地,取适当的二元组 (a_i, a_{i+1}),则由条件,有

$$a_{i+1} - a_i \geqslant \dfrac{a_i a_{i+1}}{25},$$

整理(变为熟悉的差分形式),得

$$\dfrac{1}{a_i} - \dfrac{1}{a_{i+1}} \geqslant \dfrac{1}{25} \quad (通性).$$

令 $i = 1, 2, \cdots, n-1$,将各个不等式相加(叠合),得

$$\dfrac{1}{a_1} - \dfrac{1}{a_n} \geqslant \dfrac{n-1}{25},$$

所以

$$n - 1 \leqslant 25\left(\dfrac{1}{a_1} - \dfrac{1}{a_n}\right) < 25 \cdot \dfrac{1}{a_1} \leqslant 25,$$

故 $n \leqslant 25$.

能否取到等号? 通过实验,n 不能达到 25,须改进估计,利用"部分叠合"的技巧即可.由

$$\sum_{i=2}^{n-1}\left(\dfrac{1}{a_i} - \dfrac{1}{a_{i+1}}\right) \geqslant \dfrac{n-2}{25},$$

得

$$n - 2 \leqslant 25\left(\dfrac{1}{a_2} - \dfrac{1}{a_n}\right) < 25 \cdot \dfrac{1}{a_2} \leqslant \dfrac{25}{2},$$

所以 $n \leqslant 14$.此结果优于上述结果,但仍不能取得等号.

一般地,有
$$\sum_{i=k}^{n-1}\left(\frac{1}{a_i}-\frac{1}{a_{i+1}}\right) \geqslant \frac{n-k}{25},$$
其中 k 待定,于是
$$n-k \leqslant 25\left(\frac{1}{a_k}-\frac{1}{a_n}\right) < 25 \cdot \frac{1}{a_k} \leqslant \frac{25}{k},$$
所以 $n < k + \frac{25}{k}$,故
$$n < \min\left\{k + \frac{25}{k}\right\} = 10 \quad \left(\text{因为 } k + \frac{25}{k} \geqslant 2\sqrt{k \cdot \frac{25}{k}} = 10\right),$$
由此得 $n \leqslant 9$(取 $k=5$ 达到这一估计).

我们猜想 $n \leqslant 9$ 是最好的估计.

下面证明存在合乎条件的 9 元子集 A,采用逐增构造:首先,当 $xy \leqslant 25$ 时,$\frac{xy}{25} \leqslant 1$,此时 $|x-y| \geqslant 1 \geqslant \frac{xy}{25}$,从而可取 $1,2,3,4,5 \in A$.

进而 $6 \notin A$,否则 $|6-5| < \frac{30}{25}$,不合条件.如此下去,发现可取 $7, 10, 17, 54 \in A$,得到如下构造:
$$A = \{1,2,3,4,5,7,10,17,54\}$$
为所求.

综上所述,$|A|$ 的最大值为 9.

例 4 求最大的正整数 A,使 $1, 2, \cdots, 100$ 的任何一个排列,都有 10 个连续项的和不小于 A.(第 22 届波兰数学竞赛试题)

分析与解 设 $a_1, a_2, \cdots, a_{100}$ 是 $1, 2, \cdots, 100$ 的一个排列,令 $A_i = a_i + a_{i+1} + \cdots + a_{i+9}$(连续 10 项的和),从整体上考察若干个这样的 A_i,则
$$A_1 = a_1 + a_2 + \cdots + a_{10},$$
$$A_{11} = a_{11} + a_{12} + \cdots + a_{20},$$
$$\cdots,$$

$$A_{91} = a_{91} + a_{92} + \cdots + a_{100},$$

注意到 $A_1 + A_{11} + \cdots + A_{91} = a_1 + a_2 + \cdots + a_{100} = 5\,050$，所以至少存在一个 $A_i \geqslant 505$，从而 $A = 505$ 合乎要求.

当 $A \geqslant 506$ 时，我们证明 A 不合乎要求，即存在 $1,2,\cdots,100$ 的一个排列，其中每 10 个连续项的和 A_i 都小于 A.

从等号条件入手构造：为了使对任何 i，有 $A_i \leqslant 505 < A$，取 $A_i = 505$，并将 A_i 中的数配对，每对的和为 101（大小搭配），得到如下排列：

$$(100,1,99,2,98,3,97,4,\cdots,51,50).$$

其中各项满足

$$a_{2i-1} = 101 - i \quad (i = 1,2,\cdots,50);$$
$$a_{2i} = i \quad (i = 1,2,\cdots,50).$$

所以

$$a_{2i-1} + a_{2i} = 101, \quad a_{2i} + a_{2i+1} = 100.$$

此时，可证明对任何 i，有 $A_i \leqslant 505 < A$.

实际上，当 i 为偶数时，令 $i = 2k$，则

$$A_{2k} = a_{2k} + a_{2k+1} + \cdots + a_{2k+9}$$
$$= (a_{2k} + a_{2k+1}) + (a_{2k+2} + a_{2k+3}) + \cdots + (a_{2k+8} + a_{2k+9})$$
$$= 100 \times 5 = 500 < A.$$

当 i 为奇数时，令 $i = 2k - 1$，则

$$A_{2k-1} = a_{2k-1} + a_{2k} + \cdots + a_{2k+8}$$
$$= (a_{2k-1} + a_{2k}) + (a_{2k+1} + a_{2k+2}) + \cdots + (a_{2k+7} + a_{2k+8})$$
$$= 101 \times 5 = 505 < A.$$

综上所述，$A_{\max} = 505$.

例 5 给定整数 $n \geqslant 3$，非零实数 $a_1, a_2, \cdots, a_n$ 满足：对 $1 \leqslant i \leqslant n$，$\dfrac{\sum\limits_{j=1}^{n} a_j - 2a_i - 2a_{i+1}}{a_i}$ 的值为常数（规定 $a_{n+1} = a_1$），试问：乘积

$\prod_{j=1}^{n} \sum_{\substack{i \ne j \\ 1 \le i \le n}} \dfrac{a_i}{a_j}$ 可为哪些值?

分析与解 令

$$\dfrac{\sum_{j=1}^{n} a_j - 2a_i - 2a_{i+1}}{a_i} = \dfrac{\sum_{j=1}^{n} a_j - 2a_{i+1}}{a_i} - 2 = k,$$

于是

$$\sum_{j=1}^{n} a_j - 2a_{i+1} = (k+2)a_i. \qquad ①$$

从整体上考虑,将式①两边对 i 求和,有

$$n\sum_{j=1}^{n} a_j - 2\sum_{i=1}^{n} a_{i+1} = (k+2)\sum_{i=1}^{n} a_i,$$

$$n\sum_{j=1}^{n} a_j = (k+4)\sum_{i=1}^{n} a_i,$$

所以 $\sum_{j=1}^{n} a_j = 0$ 或 $k = n - 4$.

当 $\sum_{j=1}^{n} a_j = 0$ 时,由式①有

$$\dfrac{a_{i+1}}{a_i} = -\dfrac{k+2}{2}, \qquad ②$$

$$1 = \prod_{j=1}^{n} \dfrac{a_{i+1}}{a_i} = \left(-\dfrac{k+2}{2}\right)^n, \qquad ③$$

所以 $-\dfrac{k+2}{2} = 1$ 或 -1. 而当 $-\dfrac{k+2}{2} = 1$ 时,由式②,有 $a_{i+1} = a_i$,这样,有

$$0 = \sum_{j=1}^{n} a_j = na_1,$$

故 $a_1 = 0$,矛盾. 所以 $-\dfrac{k+2}{2} = -1$,于是由式②,有 $a_{i+1} = -a_i$,再由式①,有 n 为偶数. 于是

$$\prod_{j=1}^{n} \sum_{\substack{i \neq j \\ 1 \leqslant i \leqslant n}} \frac{a_i}{a_j} = \prod_{j=1}^{n} \frac{\sum_{i=1}^{n} a_i - a_j}{a_j} = \prod_{j=1}^{n} \frac{-a_j}{a_j}$$

$$= \prod_{j=1}^{n} (-1) = (-1)^n = 1.$$

又 n 为偶数时,取 $a_1 = a_3 = \cdots = a_{n-1} = -a$, $\prod_{j=1}^{n} \sum_{\substack{i \neq j \\ 1 \leqslant i \leqslant n}} \frac{a_i}{a_j} = 1$,从而"1"是可以取到的一个值.

当 $\sum_{j=1}^{n} a_j \neq 0$ 时,有 $k = n - 4$. 由式①,有

$$\sum_{j=1}^{n} a_j - 2a_{i+1} = (n-2)a_i,$$

将 i 换作 $i+1$,有

$$\sum_{j=1}^{n} a_j - 2a_{i+2} = (n-2)a_{i+1}.$$

两式相减,有

$$2(a_{i+2} - a_{i+1}) = (2-n)(a_{i+1} - a_i). \qquad ④$$

若 $a_1 = a_2$,由式④,有 $a_1 = a_2 = \cdots = a_n$,此时

$$\prod_{j=1}^{n} \sum_{\substack{i \neq j \\ 1 \leqslant i \leqslant n}} \frac{a_i}{a_j} = \prod_{j=1}^{n} (n-1) \frac{a_i}{a_j} = \prod_{j=1}^{n} (n-1) = (n-1)^n.$$

又取 $a_1 = a_2 = \cdots = a_n = a \neq 0$,有

$$\prod_{j=1}^{n} \sum_{\substack{i \neq j \\ 1 \leqslant i \leqslant n}} \frac{a_i}{a_j} = (n-1)^n.$$

若 $a_1 \neq a_2$,由式④,有 a_i 互异,对式④两边求积,有

$$\prod_{j=1}^{n} 2(a_i - a_{i+1}) = \prod_{j=1}^{n} (2-n)(a_{i+1} - a_i),$$

所以 $2^n = (2-n)^n$,即 $\left(\frac{2-n}{2}\right)^n = 1$,故 $\frac{2-n}{2} = 1$ 或 -1,即 $n = 0$ 或 4.

1 整体思考

但 $n>0$,所以 $n=4$.将之代入式④,得 $a_1=a_3, a_2=a_4$.

反之,取 $a_1=a_3=a, a_2=a_4=b$,则

$$\prod_{j=1}^{4} \sum_{\substack{i \neq j \\ 1 \leqslant i \leqslant n}} \frac{a_i}{a_j} = \left(1+\frac{2b}{a}\right)^2 \left(1+\frac{2a}{b}\right)^2 = \left(5+2\left(\frac{b}{a}+\frac{a}{b}\right)\right)^2.$$

因为 $\frac{b}{a}, \frac{a}{b}$ 同号,所以

$$\left|\frac{b}{a}+\frac{a}{b}\right| = \left|\frac{b}{a}\right| + \left|\frac{a}{b}\right| = \left|\frac{b}{a}\right| + \left|\frac{a}{b}\right| \geqslant 2,$$

从而 $2\left(\frac{b}{a}+\frac{a}{b}\right)$ 可取到 $(-\infty,-4]$ 及 $[4,+\infty)$ 内的所有数,于是,

$5+2\left(\frac{b}{a}+\frac{a}{b}\right)$ 可取到 $(-\infty,1]$ 内的所有数.

由此可知,$\prod_{j=1}^{4} \sum_{\substack{i \neq j \\ 1 \leqslant i \leqslant n}} \frac{a_i}{a_j}$ 可取到所有非负实数.

综上所述,得:

当 n 为奇数时,$\prod_{j=1}^{n} \sum_{\substack{i \neq j \\ 1 \leqslant i \leqslant n}} \frac{a_i}{a_j}$ 有唯一取值,为 $(n-1)^n$;

当 n 为偶数且 $n \neq 4$ 时,$\prod_{j=1}^{n} \sum_{\substack{i \neq j \\ 1 \leqslant i \leqslant n}} \frac{a_i}{a_j}$ 有两个取值,分别为 $(n-1)^n$ 和 1;

当 $n=4$ 时,$\prod_{j=1}^{n} \sum_{\substack{i \neq j \\ 1 \leqslant i \leqslant n}} \frac{a_i}{a_j}$ 有无数个取值,即所有非负实数.

例 6 有 n 个人围着圆桌讨论某个数学问题,休息一段时间后,他们又围在圆桌旁继续讨论.如果不论如何安排座位,总有两个人,记为 x, y,在休息前后从 x 开始,按逆时针方向走到 y,跨过的人数是相等的.求所有合乎要求的正整数 n.(原创题)

分析与解 将 n 个位置按逆时针方向编号为 $1,2,3,\cdots,n$,设休息前坐在第 $i(1 \leqslant i \leqslant n)$ 号位置的人休息后坐在第 $t_i(1 \leqslant i \leqslant n)$ 号

位置,显然,从第 i 号位置按逆时针方向走到第 j 号位置,越过的位置数为 $j-i-1\pmod n$.

考察任意两个人 x,y,设他们在休息前分别在第 i 号位置与第 j 号位置,则休息后从 x 开始,按逆时针方向走到 y,跨过的人数是相等的,等价于 $i-j\equiv t_i-t_j\pmod n$.

由此可见,如果 n 不合乎要求,则对任何 $i,j(1\leqslant i<j\leqslant n)$,有

$i-j\not\equiv t_i-t_j\pmod n$ (通性),

$i-t_i\not\equiv t-t_j\pmod n$ (等式两边变成相同结构).

这表明,所有 $i-t_i(i=1,2,3,\cdots,n)$ 关于模 n 互不同余,即

$$1-t_1,\quad 2-t_2,\quad \cdots,\quad n-t_n$$

构成模 n 的完系,所以

$$(1-t_1)+(2-t_2)+\cdots+(n-t_n)\equiv 0+1+2+\cdots+(n-1)$$
$$=\frac{1}{2}n(n-1)\pmod n.$$

又

$$(1-t_1)+(2-t_2)+\cdots+(n-t_n)$$
$$\equiv (1+2+\cdots+n)-(t_1+t_2+\cdots+t_n)\equiv 0\pmod n,$$

所以 $\frac{1}{2}n(n-1)\equiv 0\pmod n$,于是 $n\mid\frac{1}{2}n(n-1)$,故 $2\mid n-1$,即 n 为奇数.

上述结果说明,如果 n 不合乎要求,则 n 为奇数,所以 n 为偶数时合乎要求.

反之,当 n 为奇数时,我们证明 n 不合乎要求.

我们需要构造休息前后的两种排列 A 和 B,使任何两个人休息前后坐在他们之间的人数是不同的.

令 $n=2k+1$,设排列 $A=(1,2,3,\cdots,2k+1)$,我们要构造排列 $B=(t_1,t_2,\cdots,t_{2k+1})$,使其具有性质 p:对任何 $1\leqslant i<j\leqslant n$,有 $i-j\not\equiv t_i-t_j\pmod n$.

从特例入手. 当 $k=1$ 时, $n=3$, 此时, 令 $B=(1,3,2)$ 即可.

当 $k=2$ 时, $n=5$, 此时, 不妨设 1 为"不动点", 即 1 第二次排列仍在 1 号位上(否则适当旋转即可), 则 1 的右侧不能是 2(否则 $2-1=2-1$, 不具有性质 p), 先考虑 1 的右侧为 3 的情形.

由于 3 的右侧不能是 4(否则 $4-3=3-2$, 不具有性质 p), 只有两种可能: $(1,3,2),(1,3,5)$, 分别在右边扩充 4, 5 及 2, 4, 得到两个合乎要求的构造: $(1,3,2,4,5)$ 及 $(1,3,5,2,4)$ (其他构造不具性质 p), 所以 $n=5$ 不合乎条件.

显然, 这两个构造以 $(1,3,5,2,4)$ 有明显的规律性: 奇数在前面递增排列, 偶数在后面递增排列.

由此可见, 一般地, 对奇数 n, 令 $B=(1,3,5,\cdots,n,2,4,6,\cdots,n-1)$, 我们证明排列 B 合乎要求.

考察任意两个人 $i,j (1\leqslant i<j\leqslant n)$, 休息后他们的位置序号分别为 a_i, a_j.

(1) 如果 i,j 都为奇数, 令 $i=2p-1, j=2q-1$, 则
$$j-i=(2q-1)-(2p-1)=2(q-p).$$
又 $2p-1, 2q-1$ 在新排列 B 中的序号为 $t_{2p-1}=p, t_{2q-1}=q$, 于是 $t_{2q-1}-t_{2p-1}=q-p$.

若 $j-i\equiv t_j-t_i \pmod{n}$, 则 $2(q-p)\equiv q-p \pmod{n}$, 即 $q-p\equiv 0\pmod{n}$.

由于 $1\leqslant i<j\leqslant n$, 有 $1\leqslant p<q<n$, 从而 $q-p\not\equiv 0\pmod{n}$, 矛盾.

(2) 如果 i,j 都为偶数, 令 $i=2p, j=2q$, 则 $j-i=2q-2p=2(q-p)$.

又 $2p, 2q$ 在新排列 B 中的序号为 $t_{2p}=\dfrac{n+1}{2}+p, t_{2q}=\dfrac{n+1}{2}+q$, 于是 $t_{2q}-t_{2p}=q-p$.

若 $j-i \equiv t_j - t_i \pmod{n}$，则 $2(q-p) \equiv q-p \pmod{n}$，即 $q-p \equiv 0 \pmod{n}$．

由于 $1 \leqslant i < j \leqslant n$，有 $1 \leqslant p < q < n$，从而 $q-p \not\equiv 0 \pmod{n}$，矛盾．

(3) 如果 i 为奇数，j 为偶数，令 $i=2p-1, j=2q$，则
$$j-i = 2q-(2p-1) = 2(q-p)+1.$$

又 $2p-1, 2q$ 在新排列 B 中的序号为 $t_{2p-1}=p, t_{2q}=\dfrac{n+1}{2}+q$，于是 $t_{2q}-t_{2p-1} = \dfrac{n+1}{2}+q-p$．

若 $j-i \equiv t_j - t_i \pmod{n}$，则
$$2(q-p)+1 \equiv \dfrac{n+1}{2}+q-p \pmod{n},$$
$$q-p \equiv \dfrac{n+1}{2}-1 = \dfrac{n-1}{2} \pmod{n},$$

所以 $2(q-p) \equiv n-1 \equiv -1 \pmod{n}$，即 $2(q-p)+1 \equiv 0 \pmod{n}$．

由 $1 \leqslant i < j \leqslant n$，得 $2q = j \leqslant n$，即 $q \leqslant \dfrac{n}{2}$，但 n 为奇数，所以 $q \leqslant \dfrac{n-1}{2}$，于是 $1 \leqslant p \leqslant q \leqslant \dfrac{n-1}{2}$，即 $2 \leqslant 2p \leqslant 2q \leqslant n-1$，所以 $0 \leqslant 2q-2p \leqslant n-3$，即 $1 \leqslant 2q-2p+1 \leqslant n-2$，从而 $2(q-p)+1 \not\equiv 0 \pmod{n}$，矛盾．

(4) 如果 i 为偶数，j 为奇数，令 $i=2p, j=2q-1$，则
$$j-i = 2q-1-2p = 2(q-p)-1.$$

又 $2p, 2q-1$ 在新排列 B 中的序号为 $t_{2p}=\dfrac{n+1}{2}+p, t_{2q-1}=q$，于是
$$t_{2q-1}-t_{2p} = q-\left(\dfrac{n+1}{2}+p\right) = -\dfrac{n+1}{2}+q-p.$$

若 $j-i \equiv t_j-t_i \pmod{n}$，则

$$2(q-p)-1 \equiv -\frac{n+1}{2}+q-p \pmod{n},$$

$$q-p \equiv 1-\frac{n+1}{2} \equiv -\frac{n-1}{2} \pmod{n},$$

所以 $2(q-p) \equiv 1-n \equiv 1 \pmod{n}$，即 $2(q-p)-1 \equiv 0 \pmod{n}$.

由 $1 \leqslant i < j \leqslant n$，得 $2q-1 = j \leqslant n$，即 $q \leqslant \frac{n+1}{2}$，于是 $1 \leqslant p < q \leqslant \frac{n+1}{2}$，即 $2 \leqslant 2p < 2q \leqslant n+1$，所以 $0 < 2q-2p \leqslant n-1$，即 $0 \leqslant 2q - 2p - 1 \leqslant n-2$，于是，只能是 $2(q-p)-1 = 0$，即 $2(q-p) = 1$，但此式左边为偶数，右边为奇数，矛盾.

综上所述，所有合乎条件的数为一切正偶数.

例7 设 X 是由正整数构成的集合，它的最小元为 1，最大元为 100，对任何 $x \in X (x > 1)$，都存在 $a, b \in X, a \leqslant b$，使 $x = a + b$，求 $|X|$ 的最小值.

分析与解 设 $X = \{a_1, a_2, \cdots, a_n\}$，且 $1 = a_1 < a_2 < \cdots < a_n = 100$，我们估计 a_k, a_{k-1} 间的间隙. 任取 $a_k \in X (k > 1)$，都存在 a_i, a_j，使

$$a_k = a_i + a_j,$$

其中 $a_i < a_k, a_j < a_k$，即（改为非严格不等式估计更精确）$a_i \leqslant a_{k-1}, a_j \leqslant a_{k-1}$，所以

$$a_k = a_i + a_j \leqslant a_{k-1} + a_{k-1} = 2a_{k-1} \quad (\text{通性}).$$

若对所有 k，有 $a_k = 2a_{k-1}$，则 X 中的所有数都是 2 的方幂，与 $100 \in X$ 矛盾. 于是存在某个正整数 k，使

$$a_k < 2a_{k-1} = a_{k-1} + a_{k-1},$$

这样

$$a_k \leqslant a_{k-1} + a_{k-2} \leqslant 2a_{k-2} + a_{k-2} = 3a_{k-2}.$$

利用上述找到的 k，将各个不等式叠合，有

$$100 = a_n \leqslant 2a_{n-1} \leqslant 4a_{n-2} \leqslant \cdots \leqslant 2^{n-k}a_k \leqslant 3 \times 2^{n-k}a_{k-2}$$
$$\leqslant 3 \times 2^{n-k+1}a_{k-3} \leqslant \cdots \leqslant 3 \times 2^{n-3}a_1 = 3 \times 2^{n-3},$$

所以 $n \geqslant 9$.

另一方面,当 $n=9$ 时,存在合乎条件的集合 X. 采用逐步递增构造:先取 $100 \in X$,为了使 X 最小,则应使间距尽可能大.

注意到 $a_k \leqslant 2a_{k-1}$,我们取 $a_k = 2a_{k-1}$(等比数列)进行尝试,可依次取 $50, 25 \in X$.

至此,不能继续取以前的间距. 注意到 $25 = 13 + 12$,所以取 $13, 12 \in X$. 如此下去,类似可取 $6, 3, 2, 1 \in X$,得到如下构造:

$$X = \{100, 50, 25, 13, 12, 6, 3, 2, 1\},$$

此时 X 合乎条件,$|X| = 9$.

综上所述,$|X|$ 的最小值为 9.

另解 设 $X = \{a_1, a_2, \cdots, a_n\}$,且 $1 = a_1 < a_2 < \cdots < a_n = 100$.

任取 $a_k \in X(k > 1)$,都存在 a_i, a_j,使

$$a_k = a_i + a_j,$$

其中 $a_i < a_k, a_j < a_k$,即 $a_i \leqslant a_{k-1}, a_j \leqslant a_{k-1}$,所以 $a_k = a_i + a_j \leqslant a_{k-1} + a_{k-1} = 2a_{k-1}$.

故(通性叠合)$100 = a_n \leqslant 2a_{n-1} \leqslant 4a_{n-2} \leqslant \cdots \leqslant 2^{n-1}a_1 = 2^{n-1}$,即 $n \geqslant 8$.

若 $n = 8$,则 $1 = a_1 < a_2 < \cdots < a_8 = 100$. 而由 $a_n \leqslant 2^{n-1}$,有 $a_6 \leqslant 2^5 = 32, a_7 \leqslant 2^6 = 64$. 因为 $100 \neq 64 + 64 = a_7 + a_7$,所以 $100 = a_8 \leqslant a_7 + a_6 \leqslant 64 + 32 = 96$,矛盾,所以 $n \geqslant 9$.

我们可将本题推广成下面的问题.

例8 设 $a_1 < a_2 < \cdots < a_n = 100$,其中 $a_1, a_2, \cdots, a_n$ 是正整数,若对任何 $i \geqslant 2$,都存在 $1 \leqslant p \leqslant q \leqslant r \leqslant i-1$,使 $a_i = a_p + a_q + a_r$,求 n 的最大、最小值.(原创题)

分析与解 先求 n 的最小值. 显然 $n \neq 1, 2$,所以 $n \geqslant 3$.

1 整体思考

又当 $n=3$ 时,取 $a_1=20, a_2=60, a_3=100$,则
$$a_2 = a_1 + a_1 + a_1, \quad a_3 = a_1 + a_1 + a_2,$$
所以 $n=3$ 合乎条件,故 n 的最小值为 3.

下面求 n 的最大值.

若 $a_1 \equiv 1 \pmod{2}$,则 $a_2 = 3a_1 \equiv 3 \equiv 1 \pmod{2}$.

设 $i \leqslant k (k \geqslant 2)$ 时,$a_k \equiv 1 \pmod{2}$,则由
$$a_{k+1} = a_p + a_q + a_r$$
(其中 $p \leqslant q \leqslant r \leqslant k$)及归纳假设
$$a_p \equiv 1 \pmod{2}, \quad a_q \equiv 1 \pmod{2}, \quad a_r \equiv 1 \pmod{2},$$
有
$$a_{k+1} = a_p + a_q + a_r \equiv 1+1+1 \equiv 1 \pmod{2},$$
所以对一切 $i=1,2,\cdots,n$,有 $a_i \equiv 1 \pmod{2}$,这与 $100 \equiv 0 \pmod{2}$ 矛盾.所以 $a_1 \equiv 0 \pmod{2}$,进而 $a_1 \equiv 0, 2 \pmod{4}$.

若 $a_1 \equiv 2 \pmod{4}$,则 $a_2 = 3a_1 \equiv 6 \equiv 2 \pmod{4}$.

设 $i \leqslant k (k \geqslant 2)$ 时,$a_k \equiv 2 \pmod{4}$,则由
$$a_{k+1} = a_p + a_q + a_r$$
(其中 $p \leqslant q \leqslant r \leqslant k$)及归纳假设
$$a_p \equiv 2 \pmod{4}, \quad a_q \equiv 2 \pmod{4}, \quad a_r \equiv 2 \pmod{4},$$
有
$$a_{k+1} = a_p + a_q + a_r \equiv 2+2+2 \equiv 2 \pmod{4},$$
所以对一切 $i=1,2,\cdots,n$,有 $a_i \equiv 2 \pmod{4}$,这与 $100 \equiv 0 \pmod{4}$ 矛盾.所以 $a_1 \equiv 0 \pmod{4}$,进而 $a_1 \equiv 0, 4 \pmod{8}$.

若 $a_1 \equiv 0 \pmod{8}$,则 $a_2 = 3a_1 \equiv 0 \pmod{8}$.

设 $i \leqslant k (k \geqslant 2)$ 时,$a_k \equiv 0 \pmod{8}$,则由
$$a_{k+1} = a_p + a_q + a_r$$
(其中 $p \leqslant q \leqslant r \leqslant k$)及归纳假设
$$a_p \equiv 0 \pmod{8}, \quad a_q \equiv 0 \pmod{8}, \quad a_r \equiv 0 \pmod{8},$$

有
$$a_{k+1} = a_p + a_q + a_r \equiv 0 + 0 + 0 \equiv 0 \pmod 8,$$
所以对一切 $i = 1, 2, \cdots, n$,有 $a_i \equiv 0 \pmod 8$,这与 $100 \equiv 4 \pmod 8$ 矛盾. 所以 $a_1 \equiv 4 \pmod 8$,进而 $a_1 \geqslant 4$.

因为 $a_1 \equiv 4 \pmod 8$,所以 $a_2 = 3a_1 \equiv 12 \equiv 4 \pmod 8$.

设 $i \leqslant k (k \geqslant 2)$ 时,$a_k \equiv 4 \pmod 8$,则由
$$a_{k+1} = a_p + a_q + a_r$$
(其中 $p \leqslant q \leqslant r \leqslant k$)及归纳假设
$$a_p \equiv 4 \pmod 8, \quad a_q \equiv 4 \pmod 8, \quad a_r \equiv 4 \pmod 8,$$
有
$$a_{k+1} = a_p + a_q + a_r \equiv 4 + 4 + 4 \equiv 4 \pmod 8,$$
所以对一切 $i = 1, 2, \cdots, n$,有 $a_i \equiv 4 \pmod 8$. 于是对 $i \geqslant 2$,有
$$a_i - a_{i-1} \equiv 0 \pmod 8, \quad a_i - a_{i-1} \geqslant 8, \quad a_i \geqslant a_{i-1} + 8 \quad (通性).$$
以上一些不等式叠合,得
$$a_n \geqslant a_{n-1} + 8 \geqslant a_{n-2} + 2 \times 8 \geqslant a_{n-3} + 3 \times 8 \geqslant \cdots$$
$$\geqslant a_1 + (n-1) \times 8 \geqslant 4 + (n-1) \times 8 = 8n - 4,$$
所以 $8n \leqslant a_n + 4 = 104$,即 $n \leqslant 13$.

又当 $n = 13$ 时,取 $a_i = 8i - 4 (i = 1, 2, \cdots, 13)$,则对 $i \geqslant 2$,有
$$a_i = a_{i-1} + 8 = a_{i-1} + a_1 + a_1,$$
所以 $n = 13$ 合乎条件,故 n 的最大值为 13.

综上所述,n 的最小值为 3,最大值为 13.

本题可进一步推广成如下的问题.

例 9 给定正整数 a,设 $a_1 < a_2 < \cdots < a_n = a$,其中 $a_1, a_2, \cdots, a_n$ 是正整数,$n > 1$. 若对任何 $i \geqslant 2$,都存在 $1 \leqslant p \leqslant q \leqslant r \leqslant i - 1$,使 $a_i = a_p + a_q + a_r$,求 n 的最大、最小值. (原创题)

分析与解 先求 n 的最大值. 对任意正整数 m,如果存在自然数 t,使

$m \equiv 0 \pmod{2^t}$ 且 $m \not\equiv 0 \pmod{2^{t+1}}$,
则称 2 在 m 中的指数为 t,记为 $\tau_2(m) = t$.

对于合乎条件的数列 $a_1, a_2, \cdots, a_n$,我们用数学归纳法证明:对 $i = 1, 2, \cdots, n$,有 $\tau_2(a_i) = \tau_2(a_1)$.

当 $i = 1$ 时,结论显然成立. 设当 $i \leqslant k (k \geqslant 1)$ 时结论成立,则当 $i = k+1$ 时,由题设条件,存在 $1 \leqslant p \leqslant q \leqslant r \leqslant k$,使
$$a_{k+1} = a_p + a_q + a_r.$$
由归纳假设可知
$$\tau_2(a_p) = \tau_2(a_q) = \tau_2(a_r) = \tau_2(a_1),$$
不妨设
$$a_p = b_p \cdot 2^t, \quad a_q = b_q \cdot 2^t, \quad a_r = b_r \cdot 2^t,$$
其中 b_p, b_q, b_r 为奇数,$t \in \mathbf{N}$,则
$$a_{k+1} = a_p + a_q + a_r = b_p \cdot 2^t + b_q \cdot 2^t + b_r \cdot 2^t$$
$$= (b_p + b_q + b_r) 2^t.$$
因为 b_p, b_q, b_r 为奇数,所以 $b_p + b_q + b_r$ 为奇数,故
$$\tau_2(a_{k+1}) = t = \tau_2(a_p) = \tau_2(a_1).$$
由归纳原理,结论成立.

因为 a 是给定的正整数,不妨设 $a = (2s+1) \cdot 2^t$,其中 $s, t \in \mathbf{N}$,由上面的讨论可知,若 $s = 0$,则 $a = 2^t$,只能数列各项都为 2^t,矛盾,此时数列不存在;若 $s > 0$,我们证明 n 的最大值为 $s+1$.

实际上,由上面的结论可知,对 $i = 1, 2, \cdots, n$,有
$$\tau_2(a_i) = \tau_2(a_n) = \tau_2(a) = t.$$
对 $i = 1, 2, \cdots, n-1$,设
$$a_i = b_i \cdot 2^t, \quad a_{i+1} = b_{i+1} \cdot 2^t,$$
其中 b_i, b_{i+1} 为奇数,则
$$a_{i+1} - a_i = b_{i+1} \cdot 2^t - b_i \cdot 2^t = (b_{i+1} - b_i) 2^t \geqslant 2 \cdot 2^t = 2^{t+1},$$
$$a_{i+1} \geqslant 2^{t+1} + a_i.$$

而由 $\tau_2(a_1) = t$，知 $a_1 \geq 2^t$，所以

$$(2s+1) \cdot 2^t = a_n \geq a_{n-1} + 2^{t+1} \geq a_{n-2} + 2 \times 2^{t+1}$$
$$\geq a_{n-3} + 3 \times 2^{t+1} \geq \cdots \geq a_1 + (n-1) \times 2^{t+1}$$
$$\geq 2^t + (n-1) \times 2^{t+1} = 2^t(2n-1),$$

故 $2n-1 \leq 2s+1$，即 $n \leq s+1$.

又当 $n = s+1$ 时，取 $a_i = (2i-1) \cdot 2^t (i = 1, 2, \cdots, s+1)$，则对 $i \geq 2$，有

$$a_i = a_{i-1} + 2^{t+1} = a_{i-1} + a_1 + a_1,$$

所以 $n = s+1$ 合乎条件，故 n 的最大值为 $s+1$.

下面求 n 的最小值.

(1) 当 $a \equiv 0 \pmod 3$ 时，n 的最小值为 2.

首先，因为 $a \equiv 0 \pmod 3$，令 $a = 3p$，取 $a_1 = p, a_2 = 3p = a$，有

$$a_2 = a_1 + a_1 + a_1,$$

所以 $n = 2$ 合乎条件. 又显然 $n \neq 1$，所以 $n \geq 2$，故 n 的最小值为 2.

(2) 当 $p = 5, 7$ 时，有 $a \equiv 0 \pmod p$，但 $a \not\equiv 0 \pmod 3$，则 n 的最小值为 3.

首先，当 $a \equiv 0 \pmod 5$ 时，令 $a = 5p$，取 $a_1 = p, a_2 = 3p, a_3 = 5p = a$，有

$$a_2 = a_1 + a_1 + a_1, \quad a_3 = a_1 + a_1 + a_2,$$

此时 $n = 3$ 合乎条件；

当 $a \equiv 0 \pmod 7$ 时，令 $a = 7p$，取 $a_1 = p, a_2 = 3p, a_3 = 7p = a$，有

$$a_2 = a_1 + a_1 + a_1, \quad a_3 = a_1 + a_2 + a_2,$$

此时 $n = 3$ 合乎条件；

又若 $n = 2$，则由题设条件，存在 $1 \leq p \leq q \leq r \leq 1$，使

$$a = a_2 = a_p + a_q + a_r = a_1 + a_1 + a_1 = 3a_1 \equiv 0 \pmod 3,$$

矛盾，所以 $n \geq 3$，故 n 的最小值为 3.

(3) 当 $p=11,13,17,19$ 时,$a\equiv 0\pmod{p}$,而当 $p=3,5,7$ 时,$a\not\equiv 0\pmod{p}$,则 n 的最小值为 4.

首先,当 $a\equiv 0\pmod{11}$ 时,令 $a=11p$,取 $a_1=p,a_2=3p,a_3=5p,a_4=11p=a$,有
$$a_2=a_1+a_1+a_1,\quad a_3=a_1+a_1+a_2,\quad a_4=a_2+a_2+a_3,$$
此时 $n=4$ 合乎条件.

当 $a\equiv 0\pmod{13}$ 时,令 $a=13p$,取 $a_1=p,a_2=3p,a_3=7p$,$a_4=13p=a$,有
$$a_2=a_1+a_1+a_1,\quad a_3=a_1+a_2+a_2,\quad a_4=a_2+a_2+a_3,$$
此时 $n=4$ 合乎条件.

当 $a\equiv 0\pmod{17}$ 时,令 $a=17p$,取 $a_1=p,a_2=3p,a_3=7p$,$a_4=17p=a$,有
$$a_2=a_1+a_1+a_1,\quad a_3=a_1+a_2+a_2,\quad a_4=a_2+a_3+a_3,$$
此时 $n=4$ 合乎条件.

当 $a\equiv 0\pmod{19}$ 时,令 $a=17p$,取 $a_1=p,a_2=3p,a_3=9p$,$a_4=19p=a$,有
$$a_2=a_1+a_1+a_1,\quad a_3=a_2+a_2+a_2,\quad a_4=a_1+a_3+a_3,$$
此时 $n=4$ 合乎条件.

又若 $n=2$,则同(2),$a=a_2=3a_1\equiv 0\pmod 3$,矛盾;若 $n=3$,则 $a=a_3$,令 $a_1=p$,则 $a_2=3a_1=3p$.

由题设条件,存在 $1\leqslant p\leqslant q\leqslant r\leqslant 2$,使 $a_3=a_p+a_q+a_r$.

若 $p=q=r$,则
$$a_3=a_p+a_q+a_r=3a_p\equiv 0\pmod 3,$$
矛盾,所以 $a_3=a_1+a_1+a_2$ 或 $a_3=a_1+a_2+a_2$.

若 $a_3=a_1+a_1+a_2$,则
$$a_3=a_1+a_1+a_2=p+p+3p=5p\equiv 0\pmod 5,$$
矛盾.

若 $a_3 = a_1 + a_2 + a_2$,则

$$a_3 = a_1 + a_2 + a_2 = p + 3p + 3p = 7p \equiv 0 \pmod{7},$$

矛盾.

所以 $n \geq 4$,故 n 的最小值为 4.

一般地,我们可提出如下的问题.

问题 设 $\{a_n\}$ 是严格递增的正整数序列,如果从第二项起,每一个项都可表示成该数列中某 r 个项(可以相同)的和,则称 $\{a_n\}$ 是 r-自分拆数列.对给定的正整数 r, n,求所有长为 n 的 r-自分拆数列.

该问题没有解决,但我们有如下简单结论:

结论 1 对任何长为 n 的 r-自分拆数列,其每一个项都是第一项的倍数.

该结论用数学归纳法易证.设 $a_1, a_2, \cdots, a_n$ 是一个长为 n 的 r-自分拆数列,令 $a_i = b_i \cdot a_1 (i = 1, 2, \cdots, n)$,则数列 $b_1, b_2, b_3, \cdots, b_n$ 也是长为 n 的 r-自分拆数列,其中 $b_1 = 1$.

我们称首项为 1 的 r-自分拆数列为本原 r-自分拆数列,显然,任何长为 n 的 r-自分拆数列都必定是由某个长为 n 的本原 r-自分拆数列各项同时乘以一个正整数而得到的,由此可见,我们只需求所有长为 n 的本原 r-自分拆数列.

结论 2 对于长为 n 的 r-自分拆数列 $a_1, a_2, \cdots, a_n$,若 r 为奇数,则 $\tau_2(a_i) = \tau_2(a_1)$,其中 $i = 1, 2, \cdots, n$.

当 $i = 1$ 时,结论显然成立.设当 $i \leq k (k \geq 1)$ 时结论成立,则当 $i = k+1$ 时,由题设条件,存在 $1 \leq i_1 \leq i_2 \leq \cdots \leq i_r \leq k$,使

$$a_{k+1} = a_{i_1} + a_{i_2} + \cdots + a_{i_r}.$$

由归纳假设可知

$$\tau_2(a_{i_1}) = \tau_2(a_{i_2}) = \tau_2(a_{i_r}) = \tau_2(a_1),$$

不妨设

1 整体思考

$$a_{i_1} = b_{i_1} \cdot 2^t, \quad a_{i_2} = b_{i_2} \cdot 2^t, \quad a_{i_r} = b_{i_r} \cdot 2^t,$$

其中 $b_{i_1}, b_{i_2}, \cdots, b_{i_r}$ 为奇数,$t \in \mathbf{N}$,则

$$a_{k+1} = a_{i_1} + a_{i_2} + \cdots + a_{i_r} = b_{i_1} \cdot 2^t + b_{i_2} \cdot 2^t + \cdots + b_{i_r} \cdot 2^t$$
$$= (b_{i_1} + b_{i_2} + \cdots + b_{i_r}) 2^t.$$

因为 $b_{i_1}, b_{i_2}, \cdots, b_{i_r}$ 为奇数,r 为奇数,所以 $b_{i_1} + b_{i_2} + \cdots + b_{i_r}$ 为奇数,故

$$\tau_2(a_{k+1}) = t = \tau_2(a_1),$$

由归纳原理,结论成立.

由结论 1 和结论 2 可知,若 r 为奇数,则本原 r-自分拆数列各项都是奇数.

结论 3 设 $a_1, a_2, \cdots, a_n$ 是一个长为 n 的 r-自分拆数列,其中 $n \geqslant 3$,则 $a_1, a_2, \cdots, a_{n-1}$ 是一个长为 $n-1$ 的 r-自分拆数列.

实际上,考察数列 $a_1, a_2, \cdots, a_{n-1}$ 中的任意一个项 $a_i (2 \leqslant i \leqslant n-1)$,依条件,$a_i$ 可表示成数列 $a_1, a_2, \cdots, a_n$ 中某 r 个项(可以相同)的和,因为 $a_n > a_i$,从而这 r 个项中一定没有项为 a_n,于是,a_i 可表示成数列 $a_1, a_2, \cdots, a_{n-1}$ 中某 r 个项(可以相同)的和,所以 $a_1, a_2, \cdots, a_{n-1}$ 是一个长为 $n-1$ 的 r-自分拆数列.

由此可见,长为 n 的 r-自分拆数列,只能在长为 $n-1$ 的 r-自分拆数列的末尾添加一个数而得到.

我们考察 $r = 3$ 时的特例,对某些确定的 n,求所有长为 n 的本原 3-自分拆数列.此时,数列的各项都是奇数.

(1) 当 $n = 3$ 时,因为 $a_1 = 1, a_2 = 3a_1 = 3$,而 a_3 有三种可能 5,7,9,所以得到所有长为 3 的本原 3-自分拆数列为

$$(1,3,5), \quad (1,3,7), \quad (1,3,9).$$

(2) 当 $n = 4$ 时,在每一个长为 3 的本原 3-自分拆数列后面适当添加一个项,即可得到长为 4 的本原 3-自分拆数列:

1,3,5,添加 $\{7,9,11,13,15\}$ 中任意一个项;

1,3,7,添加{9,11,13,15,17,21}中任意一个项；

1,3,9,添加{11,13,15,19,21,27}中任意一个项．

于是，长为4的本原3-自分拆数列共有 $5+6+6=17$ 个．

一般地，对任意的正整数 n，长为 n 的本原3-自分拆数列共有多少个？此外，若固定数列最大一个项为 a，对哪些正整数 n，存在长为 n 的本原3-自分拆数列？希望读者对这些问题都进行深入的探讨．

1.3 整体性质

所谓整体性质，就是各个对象的共同点，或者各对象在整体上表现出来的某种特点．把握问题的整体性质，常可使问题迎刃而解．

例1 计算

$$\frac{1-\dfrac{1}{2}+\dfrac{1}{3}-\dfrac{1}{4}+\cdots+\dfrac{1}{1\,997}-\dfrac{1}{1\,998}+\dfrac{1}{1\,999}}{\dfrac{1}{1+1\,999}+\dfrac{1}{2+2\,000}+\dfrac{1}{3+2\,001}+\cdots+\dfrac{1}{999+2\,997}+\dfrac{1}{1\,000+2\,998}}.$$

分析与解 先考察分子：$A = 1-\dfrac{1}{2}+\dfrac{1}{3}-\dfrac{1}{4}+\cdots+\dfrac{1}{1\,997}-\dfrac{1}{1\,998}+\dfrac{1}{1\,999}$．从整体上看，$A$ 的各个正项分母是连续正奇数，各个负项分母是连续正偶数，若将各个负项分母都提出公因子2，则各个负项分母是连续正整数，于是，可对 A 添加若干项，使 A 的各个正项分母是连续正整数，得到如下变形：

$$A = \left(1+\dfrac{1}{3}+\cdots+\dfrac{1}{1\,997}+\dfrac{1}{1\,999}\right)-\left(\dfrac{1}{2}+\dfrac{1}{4}+\cdots+\dfrac{1}{1\,998}\right)$$

$$= \left(1+\dfrac{1}{2}+\dfrac{1}{3}+\dfrac{1}{4}+\cdots+\dfrac{1}{1\,997}+\dfrac{1}{1\,998}+\dfrac{1}{1\,999}\right)$$

$$\quad -2\left(\dfrac{1}{2}+\dfrac{1}{4}+\cdots+\dfrac{1}{1\,998}\right)$$

$$= \left(1 + \frac{1}{2} + \frac{1}{3} + \frac{1}{4} + \cdots + \frac{1}{1\,997} + \frac{1}{1\,998} + \frac{1}{1\,999}\right)$$
$$\quad - \left(1 + \frac{1}{2} + \cdots + \frac{1}{999}\right)$$
$$= \frac{1}{1\,000} + \frac{1}{1\,001} + \frac{1}{1\,002} + \cdots + \frac{1}{1\,999}.$$

类似处理原式中的分母 B,有

$$B = \frac{1}{2\,000} + \frac{1}{2\,002} + \frac{1}{2\,004} + \cdots + \frac{1}{3\,998}$$
$$= \frac{1}{2}\left(\frac{1}{1\,000} + \frac{1}{1\,001} + \frac{1}{1\,002} + \cdots + \frac{1}{1\,999}\right),$$

所以,原式 $= \dfrac{A}{B} = \dfrac{1}{\frac{1}{2}} = 2.$

例2 将 1~1 001 的所有自然数按下述方式排列:

```
 1   2    3    4    5    6    7
 8   9   10   11   12   13   14
15  16   17   18   19   20   21
22  23   24   25   26   27   28
29  30   31   32   33   34   35
 ⋮   ⋮    ⋮    ⋮    ⋮    ⋮    ⋮
995 996  997  998  999 1 000 1 001
```

用一个 3×3 的正方形框住 9 个数. 能否使 9 个数的和是:
(1) 2 015;(2) 5 967;(3) 6 048?

如果能,请写出中心位置上的数以及它在哪一行哪一列. 如果不能,请说明理由.

分析与解 首先要考虑的是,如何表示一般的"3×3 的正方形框住的 9 个数".

将 3×3 的正方形框住的 9 个数分割为 3 行,则每一行是连续的

3个自然数.将3×3的正方形框住的9个数分割为3列,则每一列3个数成等差数列,公差为7.

于是,设中心位置上的数为n,则框住的9个数可表示为如下形式(图1.8).

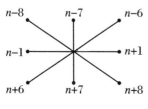

图1.8

从整体上考虑,这9个数的和为$9n$,是中间数n的9倍.

(1) 因为$2+0+1+5=8$不是9的倍数,所以9个数的和不能是2 015.

(2) 因为$5+9+6+7=27$是9的倍数,所以存在9个数的和为$5\ 967=9\times 663$,其中心位置的数是663.而$663\div 7=94\cdots 5$,所以663在第95行第5列.

(3) 因为$6+0+4+8=18$是9的倍数,所以存9个数的和为$6\ 048=9\times 672$,其中心位置的数是672.而$672\div 7=96$,所以672在第96行第7列.但此列上的数不能作为中心位置,所以9个数的和不能是6 048.

例3 当n为何值时,可以在正C_n^2边形的每个顶点上放置$1,2,\cdots,n$中的一个数,使每一对数$i,j(1\leqslant i<j\leqslant n)$,都可以找到多边形的一条边,此边两端点上填的数分别为i和j.(1963年全俄数学奥林匹克试题)

分析与解 考察整体性质,记各个顶点上放置的数的和为S.注意到每个数在各个顶点中出现多次,从而先应考虑每个数在各个顶点中出现的次数.

考察其中一个数i,含i的数对有$n-1$个,这$n-1$个数对必须在多边形的边上出现(但并不是至少出现$n-1$次).又每一个数i最多与它的两个相邻顶点上的数构成两个数对,从而每个数i至多出现在两个数对中,这样,数i在多边形中出现的次数不少于$\dfrac{n-1}{2}$.

(1) 若 n 为偶数,则每个数 i 至少出现 $\frac{n}{2}$ 次,这样,所填数的个数

$$S' \geqslant n \cdot \frac{n}{2} = \frac{n^2}{2} > C_n^2 \quad (\text{顶点的个数}),$$

矛盾.

(2) 若 n 为奇数,则任何数 i 至少出现 $\frac{n-1}{2}$ 次,这样,所填数的个数

$$S' \geqslant n \cdot \frac{n-1}{2} = C_n^2 \quad (\text{顶点的个数}).$$

而 n 边形恰有 C_n^2 个顶点,所以不等式等号成立,每个数 i 都恰好出现 $\frac{n-1}{2}$ 次.

此时,每个数对恰好出现一次,由此可以构造出合乎条件的编号.

采用等价构造:我们先把 n 个数 $1,2,\cdots,n$ 放好.对任何一个数对 i,j,连一条线段,此线段对应多边形的一条边,这些边依次连成一个圈.

由于 n 个数形成的边都恰好走一次,从而这个圈是 n 个顶点的图的欧拉圈.注意到 n 为奇数,每个点的度为偶数,所以欧拉圈存在,从而合乎条件的编号存在.

综上所述,当且仅当 n 为奇数时,存在合乎条件的编号.

例 4 设 n 为偶数,问:从下述数表中能否选取 n 个位置,它们互不同行,也不同列,且这 n 个位置上的数是 $1,2,\cdots,n$ 的一个排列?

$$\begin{matrix} 1, & 2, & 3, & \cdots, & n-1, & n \\ 2, & 3, & 4, & \cdots, & n, & 1 \\ 3, & 4, & 5, & \cdots, & 1, & 3 \\ & & \cdots\cdots & & & \\ n, & 1, & 2, & \cdots, & n-2, & n-1 \end{matrix}$$

分析与解 假设这样的 n 个位置存在,我们期望发现有关性质与规律,借以找到具体位置或导出矛盾.

如何表示所选定的 n 个位置？如果将第 i 行第 j 列位置上的数记为 $a_{i,j}$,则选取的 n 个数可表示为 $a_{1,i_1}, a_{2,i_2}, \cdots, a_{n,i_n}$,其中 $a_{1,i_1}, a_{2,i_2}, \cdots, a_{n,i_n}$ 及 $j_1, j_2, \cdots, j_n$ 都是 $1, 2, \cdots, n$ 的一个排列. 于是,所选定的 n 个位置的整体性质为

$$a_{1,i_1} + a_{2,i_2} + \cdots + a_{n,i_n} = 1 + 2 + \cdots + n, \qquad ①$$

$$j_1 + j_2 + \cdots + j_n = 1 + 2 + \cdots + n. \qquad ②$$

因为数表中相同的数码都在同一条对角线上,且第 i 条对角线上的数是 i(或 $i-n$),而第 i 条对角线的序号 i 是该对角线上的数的行号、列号之和减 1,即

$$a_{i,j} \equiv i + j - 1 \pmod{n},$$

所以由式①与式②,得

$$\begin{aligned}
1 + 2 + \cdots + n &= a_{1,i_1} + a_{2,i_2} + \cdots + a_{n,i_n} \\
&\equiv (1 + j_1) + (2 + j_2) + \cdots + (n + j_n) \\
&= (1 + 2 + \cdots + n) + (j_1 + j_2 + \cdots + j_n) \\
&= 2(1 + 2 + \cdots + n) \pmod{n},
\end{aligned}$$

所以 $\dfrac{n(n+1)}{2} \equiv 0 \pmod{n}$,进而 $2 \mid n+1$,矛盾.

例 5 考察分数 $A = \dfrac{29 \div 28 \div 27 \div \cdots \div 16}{15 \div 14 \div 13 \div \cdots \div 2}$,在其分子上,以任意方式添加括号,然后在其分母的相同位置,添加与分子相同形式的括号,若最后的值 A 是整数,求 A 的所有可能值.

分析与解 显然,从整体上看,无论怎样添加括号,A 总具有如下形式:

$$A = \frac{29 \cdot 28^{-1} \cdot 27^{a_1} \cdot 26^{a_2} \cdot \cdots \cdot 16^{a_{12}}}{15 \cdot 14^{-1} \cdot 13^{a_1} \cdot 12^{a_2} \cdot \cdots \cdot 2^{a_{12}}},$$

其中 $a_i = \pm 1$.

考察质数 $17, 19, 23$,它们只在分子中出现,为 $23^{a_5}, 19^{a_9}, 17^{a_{11}}$(分子中,底数与指数下标的和为 28),且只出现 1 次,所以由 $A \in \mathbf{N}$ 知,$a_5 = a_9 = a_{11} = 1$.

考察质数 $11, 13$,它们在分子、分母中各出现 1 次,分子中为 $26^{a_2}, 22^{a_6}$(分子中,底数与指数下标的和为 28),分母中为 $13^{a_1}, 11^{a_3}$(分母中,底数与指数下标的和为 14),由 $A \in \mathbf{N}$ 知,在分子中的幂次不小于分母中的幂次,所以 $a_2 \geqslant a_1, a_6 \geqslant a_3$.

考察质数 5,它们在分子中出现 2 次,在分母中出现 3 次,分子中为 $25^{a_3}, 20^{a_8}$(分子中,底数与指数下标的和为 28),分母中为 $15, 10^{a_4}, 5^{a_9}$(分母中,底数与指数下标的和为 14),由 $A \in \mathbf{N}$ 知,在分子中的幂次不小于分母中的幂次,所以 $2a_3 + a_8 \geqslant 1 + a_4 + a_9 = 2 + a_4 \geqslant 1$,即 $2a_3 \geqslant 1 - a_8 \geqslant 0$,故 $a_3 = 1$.

代入得 $a_8 \geqslant a_4$ 且 $a_6 \geqslant a_3 = 1$,所以 $a_6 = 1$.

同样考察质数 3,有
$$3a_1 + a_4 + a_7 + 2a_{10} \geqslant 1 + a_2 + 2a_5 + a_8 + a_{11}$$
$$= 1 + a_2 + 2 + a_8 + 1 = 4 + a_2 + a_8 \geqslant 2.$$

若 $a_1 = -1$,则左边 $\leqslant 1$,矛盾,所以 $a_1 = 1$,从而 $a_2 \geqslant a_1 = 1$,得 $a_2 = 1$.

代入得 $a_4 + a_7 + 2a_{10} \geqslant 2 + a_8 \geqslant 2 + a_4$,所以 $a_7 + 2a_{10} \geqslant 2$,故 $a_7 = a_{10} = 1$(因为都不能为 -1).

最后考察质数 2,有
$$-2 + a_2 + 3a_4 + a_6 + 2a_8 + a_{10} + 4a_{12}$$
$$\geqslant -1 + 2a_2 + a_4 + 3a_6 + a_8 + 2a_{10} + a_{12}.$$

而 $a_2 = a_6 = a_{10} = 1$,所以 $2a_4 + a_8 + 3a_{12} \geqslant 5$,故 $a_4 = a_8 = a_{12} = 1$(因为都不能为 -1).

综上所述,对 $1 \leqslant i \leqslant 12, a_i = 1$,从而 A 有唯一的整数值:

$$A = 2 \cdot 3 \cdot 17 \cdot 19 \cdot 23 \cdot 29$$
$$= \frac{29 \div ((\cdots(28 \div 27) \div 26) \div \cdots \div 16)}{15 \div ((\cdots(14 \div 13) \div 12) \div \cdots \div 2)}.$$

例 6 将 $1,2,3,\cdots,2n$ 平均分为两组:$a_1<a_2<\cdots<a_n$ 及 $b_1>b_2>\cdots>b_n$,求证:对任何分法,都有 $|a_1-b_1|+|a_2-b_2|+\cdots+|a_n-b_n|=n^2$.(第19届全苏数学奥林匹克试题)

分析与证明 对任何一种分组:$a_1<a_2<\cdots<a_n$ 及 $b_1>b_2>\cdots>b_n$,记
$$f=|a_1-b_1|+|a_2-b_2|+\cdots+|a_n-b_n|.$$
为了将绝对值符号去掉,可设 $x_i=\max\{a_i,b_i\}$,$y_i=\min\{a_i,b_i\}$($i=1,2,\cdots,n$),则
$$f=(x_1+x_2+\cdots+x_n)-(y_1+y_2+\cdots+y_n).$$

下面证明对任何 $i=1,2,\cdots,n$,a_i 与 b_i 中至少有一个大于 n.

实际上,考察整体性质:对每个给定的 $i(1\leqslant i\leqslant n)$,有
$$a_1,\ a_2,\ \cdots,\ a_i,\ b_i,\ b_{i+1},\ \cdots,\ b_n$$
是 $1,2,3,\cdots,2n$ 中的 $n+1$ 个互异的数,其中至少有一个数不小于 $n+1$,所以
$$x_i=\max\{a_1,a_2,\cdots,a_i,b_i,b_{i+1},\cdots,b_n\}$$
$$=\max\{a_i,b_i\}\geqslant n+1>n.$$

注意到另一个整体性质:$1,2,3,\cdots,2n$ 中恰有 n 个数大于 n,于是,$x_1,x_2,\cdots,x_n$ 是 $n+1,n+2,\cdots,2n$ 的一个排列,进而 $y_1,y_2,\cdots,y_n$ 是 $1,2,3,\cdots,n$ 的一个排列,所以
$$f=(x_1+x_2+\cdots+x_n)-(y_1+y_2+\cdots+y_n)$$
$$=(n+1)+(n+2)+\cdots+2n-(1+2+3+\cdots+n)$$
$$=n^2.$$

综上所述,命题获证.

例 7 设 $a_1,a_2,\cdots,a_n$ 是 $1,2,\cdots,n$ 的一个排列,求

$$S_n = |a_1 - 1| + |a_2 - 2| + \cdots + |a_n - n|$$

的最大值.

分析与解 显然,解题的关键是解脱绝对值符号.注意到 $|a_i - i|$ 去掉绝对值符号后只有两个结果:等于 $a_i - i$ 或 $i - a_i$,而这两个结果却有一个共同点:i 与 a_i 前面的系数一个为正,另一个为负.因此,具有这样的整体性质:和式各项解脱绝对值符号后,其负号的个数不变.这样一来,不论 $a_1, a_2, \cdots, a_n$ 如何排列,去掉绝对值符号后,和式中均有 n 个负号.所以

$$S_n \leqslant n + n + (n-1) + (n-1) + \cdots$$
$$+ \left[\frac{n+3}{2}\right] + \left[\frac{n+3}{2}\right] - \left[\frac{n+1}{2}\right] - \left[\frac{n+1}{2}\right] - \cdots - 1 - 1$$
$$= 2\left(n + (n-1) + \cdots + \left[\frac{n+3}{2}\right]\right)$$
$$\quad - 2\left(\left[\frac{n+1}{2}\right] + \left[\frac{n-1}{2}\right] + \cdots + 2 + 1\right)$$
$$= \left[\frac{n^2}{2}\right].$$

又当

$$(a_1, a_2, \cdots, a_n) = (n, n-1, n-2, \cdots, 2, 1)$$

时,$S_n = \left[\dfrac{n^2}{2}\right]$.

所以 S_n 的最大值为 $\left[\dfrac{n^2}{2}\right]$.

例8 已知 a, b 是互质的正整数,满足 $a + b = 2\,005$,用 $[x]$ 表示实数 x 的整数部分,并记

$$A = \left[\frac{2\,005 \times 1}{a}\right] + \left[\frac{2\,005 \times 2}{a}\right] + \cdots + \left[\frac{2\,005 \times a}{a}\right],$$
$$B = \left[\frac{2\,005 \times 1}{b}\right] + \left[\frac{2\,005 \times 2}{b}\right] + \cdots + \left[\frac{2\,005 \times b}{b}\right],$$

求 $A + B$ 的值.

分析与解 先看特殊情形,取 $a=5, b=6$,则

$$A = \left[\frac{11\times 1}{5}\right]+\left[\frac{11\times 2}{5}\right]+\left[\frac{11\times 3}{5}\right]+\left[\frac{11\times 4}{5}\right]+\left[\frac{11\times 5}{5}\right]$$
$$= 2+4+6+8+11,$$
$$B = \left[\frac{11\times 1}{6}\right]+\left[\frac{11\times 2}{6}\right]+\left[\frac{11\times 3}{6}\right]+\left[\frac{11\times 4}{6}\right]+\left[\frac{11\times 5}{6}\right]$$
$$+\left[\frac{11\times 6}{6}\right]$$
$$= 1+3+5+7+9+11,$$
$$A+B = 1+2+3+4+5+\cdots+9+11+11.$$

再取 $a=3, b=8$,则

$$A = \left[\frac{11\times 1}{3}\right]+\left[\frac{11\times 2}{3}\right]+\left[\frac{11\times 3}{3}\right] = 3+7+11,$$
$$B = \left[\frac{11\times 1}{8}\right]+\left[\frac{11\times 2}{8}\right]+\left[\frac{11\times 3}{8}\right]+\left[\frac{11\times 4}{8}\right]+\left[\frac{11\times 5}{8}\right]$$
$$+\left[\frac{11\times 6}{8}\right]+\left[\frac{11\times 7}{8}\right]+\left[\frac{11\times 8}{8}\right]$$
$$= 1+2+4+5+6+8+9+11,$$
$$A+B = 1+2+3+4+5+\cdots+9+11+11.$$

显然,分别看 A, B,则没有规律,但从整体上看 $A+B$,却有规律.

一般地,对任意的正整数 $k \leqslant a$, $t \leqslant b$, $\left[\frac{2\,005\times k}{a}\right]$ 及 $\left[\frac{2\,005\times t}{b}\right]$ 一共有 2 005 个数,除每类最后一个数都是 2 005 外,其余 2 003 个数恰好是 $1,2,\cdots,2\,003$ 的一个排列.

首先,对任何 $1 \leqslant k < a < 2\,005$,有

$$1 < \frac{2\,005\times k}{a} \leqslant \frac{2\,005\times (a-1)}{a}$$
$$= 2\,005 - \frac{2\,005}{a} \leqslant 2\,005 - \frac{2\,005}{2\,004} < 2\,004,$$

所以 $\left[\dfrac{2\,005\times k}{a}\right]\in\{1,2,\cdots,2\,003\}$.

同理，$\left[\dfrac{2\,005\times t}{b}\right]\in\{1,2,\cdots,2\,003\}$.

其次，对任何 $1\leqslant i<j<a$，因为

$$\dfrac{2\,005\times j}{a}-\dfrac{2\,005\times i}{a}=\dfrac{2\,005\times(j-i)}{a}\geqslant\dfrac{2\,005\times 1}{a}>1,$$

所以 $\left[\dfrac{2\,005\times i}{a}\right]\neq\left[\dfrac{2\,005\times j}{a}\right]$.

同理，对任何 $1\leqslant i<j<b$，$\left[\dfrac{2\,005\times i}{b}\right]\neq\left[\dfrac{2\,005\times j}{b}\right]$.

下面证明对任何 $k\,(1\leqslant k<a)$，$t\,(1\leqslant t<b)$，有 $\left[\dfrac{2\,005\times k}{a}\right]\neq\left[\dfrac{2\,005\times t}{b}\right]$.

先证明：$\dfrac{2\,005\times k}{a}\neq\dfrac{2\,005\times t}{b}\Leftrightarrow at\neq bk$.

反设 $at=bk$，则 $b\mid at$，但 $(a,b)=1$，所以 $b\mid t$，但 $b<t$，所以 $b=1$.

同理，$a=1$，矛盾.

由此可见，若存在整数 k,t，使 $\left[\dfrac{2\,005\times k}{a}\right]=\left[\dfrac{2\,005\times t}{b}\right]$，则不妨设

$$n\leqslant\dfrac{2\,005\times k}{a}<\dfrac{2\,005\times t}{b}<n+1,$$

那么

$$2\,005k\geqslant na,\quad 2\,005t>nb,$$

相加得

$$2\,005(k+t)>n(a+b),\quad 即\quad k+t>n;$$

类似地

$$2\,005k<(n+1)a,\quad 2\,005t<(n+1)b,$$

相加得

$2005(k+t) < (n+1)(a+b)$，即 $k+t < n+1$.

所以 $n < k+t < n+1$，但 $k+t$ 为整数，矛盾.

综上所述，$\left[\dfrac{2005 \times k}{a}\right](k=1,2,\cdots,a-1)$ 及 $\left[\dfrac{2005 \times t}{b}\right](t=1,2,\cdots,b-1)$ 是 $\{1,2,\cdots,2003\}$ 中的 $a-1+b-1 = 2005-2 = 2003$ 个互异的整数，从而它们是 $1,2,\cdots,2003$ 的一个排列. 故

$A + B = (1+2+\cdots+2003) + 2005 + 2005 = 2011016.$

注 我们还发现了本题的一个非常巧妙的解答，它用到如下一个显然的事实：

如果 $a,b \notin \mathbf{Z}, a+b \in \mathbf{Z}$，则 $[a]+[b] = a+b-1$. 特别地，如果 $a \notin \mathbf{Z}, 0 < b < 1, a+b \in \mathbf{Z}$，则 $[a] = a+b-1$.

由上述事实，有

$$A = \sum_{k=1}^{a}\left[\dfrac{2005k}{a}\right] = 2005 + \sum_{k=1}^{a-1}\left[\dfrac{2005k}{a}\right]$$

$$= 2005 + \dfrac{1}{2}\sum_{k=1}^{a-1}\left(\left[\dfrac{2005k}{a}\right] + \left[\dfrac{2005(a-k)}{a}\right]\right)$$

$$= 2005 + \dfrac{1}{2}\sum_{k=1}^{a-1}\left(\dfrac{2005k + 2005(a-k)}{a} - 1\right)$$

$$= 2005 + \dfrac{1}{2}\sum_{k=1}^{a-1} 2004 = 2005 + 1002(a-1),$$

同理，$B = 2005 + 1002(b-1)$，所以

$A + B = 4010 + 1002(a+b-2)$

$\qquad = 4010 + 1002 \cdot 2003 = 2011016.$

例9 设 n 个集合 $S_1, S_2, \cdots, S_n$ 的元素都由自然数组成，x_i 为 S_i 的所有元素的和，求证：若对某个正整数 $k(1 < k < n)$，有

$$\sum_{i=1}^{n} x_i < \dfrac{1}{k+1}\left(\dfrac{kn(n+1)(2n+1)}{6} - \dfrac{(k+1)^2 n(n+1)}{2}\right),$$

则存在下标 i,j,t,l(至少有三个互不相同),使 $x_i + x_j = x_t + x_l$.
(2002 年 IMO 中国国家集训队测试题)

分析与证明 用反证法. 若对任意 $i,j,t,l \in \{1,2,\cdots,n\}$ (至少有三个互不相同),均有 $x_i + x_j \neq x_t + x_l$,则可证明对任何 $k(1 < k < n)$,有

$$\sum_{i=1}^{n} x_i \geqslant \frac{1}{k+1}\left(k\frac{n(n+1)(2n+1)}{6} - (k+1)^2 \frac{n(n+1)}{2}\right).$$

实际上,不妨设 $x_1 \leqslant x_2 \leqslant \cdots \leqslant x_n$,对任意 $m,k(k < m \leqslant n)$,考虑

$$x_{i+1} - x_i \quad (i = 1,2,\cdots,m-1),$$
$$x_{i+2} - x_i \quad (i = 1,2,\cdots,m-2),$$
$$\cdots,$$
$$x_{i+k} - x_i \quad (i = 1,2,\cdots,m-k).$$

由假设 $x_j - x_i (1 \leqslant i < j \leqslant m)$ 互不相等,且 $x_i \geqslant 0$,从整体上考虑这些数的总和,有

$$M = \sum_{i=1}^{m-1}(x_{i+1} - x_i) + \sum_{i=1}^{m-2}(x_{i+2} - x_i) + \cdots + \sum_{i=1}^{m-k}(x_{i+k} - x_i)$$

$$\geqslant 0 + 1 + 2 + 3 + \cdots + \left(\frac{(2m-1-k)k}{2}\right)$$

$$= \frac{(2m-1-k)k}{2}\left(\frac{(2m-1)k}{2} - 1\right) \cdot \frac{1}{2}$$

$$\geqslant \frac{1}{2}m^2 k^2 - \frac{1}{2}k(k(k+1)+1)m.$$

另一方面,有

$$M = \sum_{i=1}^{m-1}(x_{i+1} - x_i) + \sum_{i=1}^{m-2}(x_{i+2} - x_i) + \cdots + \sum_{i=1}^{m-k}(x_{i+k} - x_i)$$

$$= (x_m - x_1) + (x_m + x_{m-1} - x_2 - x_1) + \cdots$$
$$\quad + (x_m + x_{m-1} + \cdots + x_{m-k+1} - x_k - x_{k-1} - \cdots - x_1)$$

$$\leqslant k x_m + (k-1)x_{m-1} + \cdots + x_{m-k+1}$$

$$\leqslant kx_m + (k-1)x_m + \cdots + x_m = \frac{k(k+1)}{2}x_m,$$

$$\frac{k(k+1)}{2}x_m \geqslant \frac{1}{2}m^2k^2 - \frac{1}{2}k(k(k+1)+1)m,$$

$$x_m \geqslant \frac{k}{k+1}m^2 - \frac{k(k+1)+1}{k+1}m$$

$$\geqslant \frac{k}{k+1}m^2 - (k+1)m \quad (k < m \leqslant n).$$

显然,当 $1 \leqslant m \leqslant k$ 时上式也成立.因此

$$\sum_{i=1}^n x_i \geqslant \frac{k}{k+1}\sum_{i=1}^n i^2 - (k+1)\sum_{i=1}^n i$$

$$= \frac{1}{k+1}\left(k\frac{n(n+1)(2n+1)}{6} - (k+1)^2\frac{n(n+1)}{2}\right)$$

对 $1 < k < n$ 成立,矛盾.

例 10 求 n 的可能取值,使 $n \times n$ 棋盘上可放 n 枚棋且每行每列每条 $45°$ 及 $135°$ 对角线上都至多有一枚棋.

(1)认为棋盘只有 n 条 $45°(135°)$ 对角线,即将第 $n+i$ 条对角线与第 i 条对角线看作是同一条对角线;

(2)认为棋盘上有 $2n-1$ 条 $45°(135°)$ 对角线.

(《美国数学月刊》1994 年 7 月号问题 613)

分析与解 (1)设第 i 行放的棋在 $f(i)$ 列,并将此棋记为 $(i, f(i))$(注意我们没有把棋所在的格记为 $(x_1, y_1), (x_2, y_2), \cdots, (x_n, y_n)$),那么,每一列有一枚棋等价于 $f(1), f(2), \cdots, f(n)$ 构成模 n 的完系;

每条 $45°$ 对角线上有一枚棋等价于 $f(1)+1, f(2)+2, \cdots, f(n)+n$ 构成模 n 的完系(因棋 (x, y) 所在的 $45°$ 对角线的编号为 $x+y-1$);

每条 $135°$ 对角线上有一枚棋等价于 $f(1)-1, f(2)-2, \cdots, f(n)-n$ 构成模 n 的完系(因棋 (x, y) 所在的 $135°$ 对角线的编号为 $x-y$

$+n)$.

考虑整体性质:由于 $f(i)-i(i=1,2,\cdots,n)$ 构成模 n 的完系,有

$$\sum_{i=1}^{n}(f(i)-i) \equiv \sum_{i=1}^{n} i \equiv \frac{n(n+1)}{2} \pmod{n}.$$

又

$$\sum_{i=1}^{n}(f(i)-i) = \sum_{i=1}^{n}f(i) - \sum_{i=1}^{n}i \equiv \sum_{i=1}^{n}i - \sum_{i=1}^{n}i \equiv 0 \pmod{n},$$

所以 $\frac{n(n+1)}{2} \equiv 0 \pmod{n}$,$\frac{n+1}{2} \in \mathbf{Z}$,即 n 为奇数.此外

$$\sum_{i=1}^{n}(f(i)-i)^2 + \sum_{i=1}^{n}(f(i)+i)^2$$

$$\equiv \sum_{i=1}^{n}(f(i))^2 + \sum_{i=1}^{n}i^2 + \sum_{i=1}^{n}(f(i))^2 + \sum_{i=1}^{n}i^2$$

$$\equiv 4\sum_{i=1}^{n}i^2 \pmod{n}.$$

又由于 $f(i)-i, f(i)+i(i=1,2,\cdots,n)$ 都构成模 n 的完系,有

$$\sum_{i=1}^{n}(f(i)-i)^2 + \sum_{i=1}^{n}(f(i)+i)^2 \equiv \sum_{i=1}^{n}i^2 + \sum_{i=1}^{n}i^2$$

$$\equiv 2\sum_{i=1}^{n}i^2 \pmod{n},$$

所以 $4\sum_{i=1}^{n}i^2 \equiv 2\sum_{i=1}^{n}i^2$,移项,得 $2\sum_{i=1}^{n}i^2 \equiv 0 \pmod{n}$.

注意到 $(2,n)=1$,所以有 $\sum_{i=1}^{n}i^2 \equiv 0$,即 $\frac{1}{6}n(n+1)(2n+1) \equiv 0 \pmod{n}$,故 $\frac{1}{3}(n+1)(2n+1) \in \mathbf{N}$.

若 $n=3k(k \in \mathbf{N})$,则

$$\frac{1}{3}(n+1)(2n+1) = \frac{1}{3}(3k+1)(6k+1) = 6k^2+3k+\frac{1}{3},$$

非整数,矛盾.所以,$3 \nmid n$,即$(3, n) = 1$.

又$(2, n) = 1$,所以$(6, n) = 1$.

反之,若$(6, n) = 1$,令$f(k) = 2k \pmod{n}$,则$\{f(k)\}$,$\{f(k) - k\}$,$\{f(k) + k\}$分别为$\{2k\}$,$\{k\}$,$\{3k\}$.

由于$\{k\}$构成模n的完系,$(2, n) = 1$,$(3, n) = 1$,所以$\{2k\}$,$\{3k\}$亦构成模n的完系,从而$(k, 2k)$是合乎条件的布子方法.

综上可知,所求的n是一切与6互质的自然数.

(2)当$n = 2$时,显然不存在合乎条件的布子方法(简称不能布子).

当$n = 3$时,考察第一行的布子,只有两种情况,这两种情况都不符合条件,故也不能布子.

设$n > 3$,分情况讨论.

(ⅰ)若$n = 6m + 1$或$6m + 5$,则$(n, 6) = 1$,由(1)可知,可以布子.

(ⅱ)若$n = 6m$或$6m + 4$,先构造$(n + 1) \times (n + 1)$的棋盘,由于$(n + 1, 6) = 1$,则$(k, 2k)(1 \leqslant k \leqslant n + 1)$是合乎条件的布子,其中$(k, 2k)$表示格$k, 2k$中放一枚棋,下标按模$n + 1$理解.

由于$(n + 1, 2(n + 1))$位于第$n + 1$行第$n + 1$列,从而该行该列均只有一枚棋,去掉第$n + 1$行第$n + 1$列,剩下n行n列,没有棋同行同列同对角线,是合乎条件的布子.

(ⅲ)若$n = 6m + 2$,令

$$f(k) = 2k + \frac{n - 1}{2} \pmod{n} \quad (0 \leqslant k \leqslant \frac{n - 1}{2}),$$

$$f(k) = n - 1 - f(n - 1 - k) \quad (\frac{n}{2} \leqslant k \leqslant n - 1),$$

则$(k, f(k))$是合乎条件的布子.

(ⅳ)若$n = 6m + 3$,先按(ⅲ)中作$(k, f(k))$的布子($1 \leqslant k \leqslant 6m + 2$),由于$f(k) \neq k$,从而可增加第$6m + 3$行第$6m + 3$列,并在

$(6m+3, 6m+3)$ 布一子,即得到 $n \times n$ 的布子.

故所求的 n 的可能取值为大于 3 的一切自然数.

例 11 整系数二次三项式 $ax^2 + bx + c$ 在连续 p 个整点处的值都是平方数(p 为质数且 $p \geqslant 5$),求证:$p \mid b^2 - 4ac$.(1992 年独联体数学奥林匹克试题)

分析与证明 (1) 若 $p \mid a$,则只需证 $p \mid b$(此时必有 $p \mid b^2 - 4ac$).

反设 $p \nmid b$,则 $(p, b) = 1$,当 x 遍取 p 个连续的整数时,$bx + c$ 通过模 p 的完系.

又 $p \mid a$,有 $ax^2 + bx + c \equiv bx + c \pmod{p}$,从而 $ax^2 + bx + c$ 通过模 p 的完系.

但 $ax^2 + bx + c$ 都为完全平方数,从而 $ax^2 + bx + c$ 是模 p 的平方剩余.

注意到模 p 只有 $\dfrac{p-1}{2}$ 个非零平方剩余,所以 $p \leqslant 1 + \dfrac{p-1}{2}$,即 $p \leqslant 1$,矛盾.

(2) 设 $p \nmid a$,此时又分如下两种情况:

(ⅰ)若 $p \mid b$,则只需证 $p \mid c$(此时必有 $p \mid b^2 - 4ac$).

首先注意到
$$ax^2 + c \equiv ay^2 + c \pmod{p} \iff x \equiv y \text{ 或 } x \equiv -y \pmod{p}.$$
①

在题设的 p 个连续整数中取连续 $\dfrac{p+1}{2}$ 个整数,构成一个集合 A,使 A 中任何两个数不满足式①,那么,x 取遍这些整数时,$ax^2 + c$ 两两不同余(在模 p 的意义下,下同),从而这 $\dfrac{p+1}{2}$ 个值分别与 $0^2, 1^2, 2^2, \cdots, \left(\dfrac{p-1}{2}\right)^2$ 同余.

从整体上考察它们的和,得

$$\sum_{j=1}^{\frac{p-1}{2}} j^2 = \sum_{x, x \in A}(ax^2+c) = a\sum_{x, x\in A} x^2 + c \cdot \frac{p+1}{2}. \quad ②$$

但

$$\sum_{j=1}^{\frac{p-1}{2}} j^2 \equiv \sum_{x, x\in A} x^2 \equiv 0 \pmod{p},$$

则由式②得

$$c \cdot \frac{p+1}{2} \equiv 0 \pmod{p}, \quad 即 \quad c(p+1) \equiv 0 \pmod{p}.$$

又$(p, p+1)=1$,所以$p|c$,结论成立.

(ii) 若$p\nmid b$,则由$p\nmid a$,$p\nmid b$,有$p\nmid ab$,所以$p\nmid 4ab$,即$(p, 4ab)=1$. 所以当x取遍模p的完系时,$4abx$构成模p的完系,于是存在自然数a',使$4aba' \equiv 1 \pmod{p}$.

注意到对任何常数r,二次式$a(x+r)^2+b(x+r)+c$与ax^2+bx+c有相同的判别式b^2-4ac,于是可考察二次函数$a(x+2ba')^2+b(x+2ba')+c$,它与二次函数ax^2+bx+c有相同的判别式b^2-4ac.

由于$2ba'$为整数,所以$x+2ba'$取连续p个整数值,等价于x取连续p个整数值,于是$ax^2+(4aa'b+b)x+4b^2a'^2+2b^2a'+c$亦合乎题设条件,但此时$4aa'b+b \equiv b+1$.

若$p|b+1$,则$p|4aa'b+b$. 由(i)知,结论成立.

若$p\nmid b+1$,则继续上述过程,必可找到整数r,使$p|b+r$,从而结论亦成立,证毕.

另证 当$p|a$时,同上面的方法证之.

当$p\nmid a$时,设ax^2+bx+c在连续p个整数x_i处的值为平方数$m_i(1\leq i \leq p)$,则

$$ax_i^2+bx_i+c = m_i^2, \quad 4a^2x_i^2+4abx_i+4ac = 4am_i^2,$$

所以
$$(2ax_i + b)^2 + 4ac - b^2 = 4am_i^2. \qquad ③$$

于是,集合 $\{2ax_i + b\}$ 中有 $t = \dfrac{p+1}{2}$ 个数,设为 $2ax_1 + b$, $2ax_2 + b$, $\cdots$, $2ax_t + b$, 使它们除以 p 的余数分别为 $0, 1, 2, \cdots, \dfrac{p-1}{2}$, 从而

$$(2ax_1 + b)^2, \quad (2ax_2 + b)^2, \quad \cdots, \quad (2ax_t + b)^2$$

除以 p 的余数分别为

$$0, \quad 1, \quad 2^2, \quad \cdots, \quad \left(\dfrac{p-1}{2}\right)^2. \qquad ④$$

所以,对任何 $1 \leqslant i < j \leqslant t$, 有
$$(2ax_i + b)^2 \not\equiv (2ax_j + b)^2 \pmod{p}.$$

这样,由式③有
$$4am_i^2 = (2ax_i + b)^2 + 4ac - b^2$$
$$\equiv (2ax_j + b)^2 + 4ac - b^2 = 4am_j^2 \pmod{p}.$$

于是,$m_i^2 \not\equiv m_j^2 \pmod{p}$, 即 $m_1^2, m_2^2, \cdots, m_t^2$ 组成模 p 的所有二次剩余,所以

$$\sum_{i=1}^{t} m_i^2 \equiv 0 + 1 + 2^2 + \cdots + \left(\dfrac{p-1}{2}\right)^2 = \dfrac{p}{6} \cdot \dfrac{p-1}{2} \cdot \dfrac{p+1}{2},$$

$$6 \sum_{i=1}^{t} m_i^2 \equiv p \cdot \dfrac{p-1}{2} \cdot \dfrac{p+1}{2}.$$

但 $(p, 6) = 1$, 故 $p \mid \sum_{i=1}^{t} m_i^2$.

结合式④同样知,$p \mid \sum_{i=1}^{t} (2ax_i + b)^2$. 于是,对式③求和得

$$p \mid \sum_{i=1}^{t} (4ac - b^2) = t(4ac - b^2) = \dfrac{p+1}{2}(4ac - b^2).$$

注意到 $\left(p, \dfrac{p+1}{2}\right)=1$，所以 $p \mid 4ac-b^2$，证毕．

例 12 设 $A=\{1,2,3,4,5,6\}$，$B=\{7,8,9,\cdots,n\}$，在 A 中取三个数，在 B 中取两个数，组成含有五个元素的集合 $A_i(i=1,2,\cdots,20)$，使得 $|A_i \cap A_j| \leqslant 2$，$1 \leqslant i < j \leqslant 20$，求 n 的最小值．（2002 年 IMO 中国国家集训队选拔赛试题）

分析与解 本题实际上是求 $|B|$ 的最小值．显然，考察整体性质：B 中元素在各个子集 $A_i(i=1,2,\cdots,20)$ 中出现的总次数为 $2 \times 20 = 40$，要知道 B 中至少有多少个元素，只需知道 B 中每个元素在各个子集 $A_i(i=1,2,\cdots,20)$ 中至多出现多少次．

我们先证明：B 中每个元素在各个子集 $A_i(i=1,2,\cdots,20)$ 中至多出现 4 次．

实际上，如若不然，假定 B 中某个元素 b 在各个子集 $A_i(i=1,2,\cdots,20)$ 中出现 $k(k>4)$ 次，考察含 b 的 k 个子集，它们共含有 A 中的 $3k>12$ 个元素，于是，由抽屉原理，A 中至少有一个元素，设为 a，在这 k 个子集中出现三次．

设这三个同时含有 a,b 的子集合为 P,Q,R，则 $A\backslash\{a\}$ 中的五个元素在 P,Q,R 中共出现 $2 \times 3 = 6$ 次，于是必有一个元素 c 出现两次，这样便得到两个同时含有 a,b,c 的子集，与条件 $|A_i \cap A_j| \leqslant 2$ 矛盾．

由上面的分析可知，B 中每个元素在各个子集 $A_i(i=1,2,\cdots,20)$ 中至多出现四次，而 B 中元素在各个子集 $A_i(i=1,2,\cdots,20)$ 中出现的总次数是 $2 \times 20 = 40$，于是

$$|B| \geqslant \dfrac{40}{4} = 10,$$

所以 $n \geqslant 10 + 6 = 16$．

最后，当 $n=16$ 时，存在合乎题目条件的 20 个集合：

$\{1,2,3,7,8\}$, $\{1,2,4,12,14\}$, $\{1,2,5,15,16\}$,
$\{1,2,6,9,10\}$, $\{1,3,4,10,11\}$, $\{1,3,5,13,14\}$,
$\{1,3,6,12,15\}$, $\{1,4,5,7,9\}$, $\{1,4,6,13,16\}$,
$\{1,5,6,8,11\}$, $\{2,3,4,13,15\}$, $\{2,3,5,9,11\}$,
$\{2,3,6,14,16\}$, $\{2,4,5,8,10\}$, $\{2,4,6,7,11\}$,
$\{2,5,6,12,13\}$, $\{3,4,5,12,16\}$, $\{3,4,6,8,9\}$,
$\{3,5,6,7,10\}$, $\{4,5,6,14,15\}$.

综上所述,n 的最小值是 16.

例 13 给定自然数 r,求所有自然数 k,使 $X_k = \{6r^2, 6r^2+1, \cdots, 6r^2+k\}$ 可以划分为三个子集 A, B, C,满足 $S(A) = S(B) = S(C)$. (原创题)

分析与解 设 $X_k = \{6r^2, 6r^2+1, \cdots, 6r^2+k\}$ 可以划分为三个子集 A, B, C,满足 $S(A) = S(B) = S(C)$,则

$$S(X) = S(A) + S(B) + S(C) = 3S(A),$$

所以

$$3 \mid S(X) = 6(k+1)r^2 + \frac{1}{2}k(k+1),$$

而 3 为质数,于是 $3 \mid k$ 或 $3 \mid k+1$,故

$$k = 3p \text{ 或 } k = 3p - 1 \quad (p \in \mathbf{N}^*).$$

若 $k = 3p$,则

$$S(X) = 6r^2(3p+1) + \frac{(1+3p) \cdot 3p}{2},$$

$$S(A) = \frac{1}{3}S(X) = 2r^2(3p+1) + \frac{(1+3p) \cdot p}{2}.$$

不妨设 $|A| \geqslant |B| \geqslant |C|$,则

$$|A| \geqslant \frac{1}{3}|X| = \frac{1}{3}(3p+1), \quad |A| \geqslant p+1.$$

于是

$$S(A) \geqslant 6r^2 + (6r^2+1) + (6r^2+2) + \cdots + (6r^2+p)$$
$$= 6r^2(p+1) + \frac{(1+p) \cdot p}{2},$$

所以

$$2r^2(3p+1) + \frac{(1+3p) \cdot p}{2}$$
$$= S(A) \geqslant 6r^2(p+1) + \frac{(1+p) \cdot p}{2},$$
$$2(6r^2p + 2r^2) + p + 3p^2 \geqslant 2(6r^2p + 6r^2) + p^2 + p,$$
$$p \geqslant 2r.$$

若 $k = 3p-1$,则由 $|X_k| = k+1 > 3$,得 $p > 1$.所以

$$k = 3p-1 (p \geqslant 2, p \in \mathbf{N}) \quad \text{或} \quad k = 3p (p \geqslant 2r, p \in \mathbf{N}).$$

反之,设 $k = 3p-1(p \geqslant 2, p \in \mathbf{N})$ 或 $k = 3p(p \geqslant 2r, p \in \mathbf{N})$,我们证明:$X_k = \{6r^2, 6r^2+1, \cdots, 6r^2+k\}$ 可以划分为三个子集 A, B, C,满足:$S(A) = S(B) = S(C)$.

分情况讨论如下:

当 $k = 3p-1(p \geqslant 2, p \in \mathbf{N})$ 时,$|X_k| = 3p$,此时 X_k 可进行均匀等和划分,使 $|A| = |B| = |C| = p$.

实际上,若 p 为偶数,将 $6r^2, 6r^2+1, \cdots, 6r^2+k$ 两两配对,使每一个对中两数之和为 $12r^2+k$,然后每 $\frac{p}{2}$ 个对构成一个集合,记为 A, B, C,则 $S(A) = S(B) = S(C)$.

若 p 为奇数,将 $6r^2+8, 6r^2+9, \cdots, 6r^2+k$ 两两配对,使每一个对中两数之和为 $12r^2+k+8$,然后每 $\frac{p-3}{2}$ 个对构成一个集合,记为 A_1, B_1, C_1,则 $S(A_1) = S(B_1) = S(C_1)$.

令 $A_2 = \{6r^2, 6r^2+5, 6r^2+8\}$,$B_2 = \{6r^2+1, 6r^2+3, 6r^2+9\}$,$C_2 = \{6r^2+2, 6r^2+4, 6r^2+7\}$,则 $S(A_2) = S(B_2) = S(C_2)$.

1 整体思考

于是,令 $A = A_1 \cup A_2, B = B_1 \cup B_2, C = C_1 \cup C_2$,则 $S(A) = S(B) = S(C)$.

当 $k = 3p(p \geqslant 2r, p \in \mathbf{N})$ 时,采用递归构造(因为每连续六个正整数可以 3-等和划分):

(1) 若 $p = 2r$,则 $k = 3p = 6r$,此时
$$X_k = \{6r^2, 6r^2+1, \cdots, 6r^2+6r\},$$
$$S(A) = 12r^3 + 8r^2 + r = r(12r^2 + 8r + 1).$$

我们先构造 $2r$ 对数,使每对数的和为 $12r^2 + 8r + 1$,取其中 r 对数构成集合 A,另 r 对数构成集合 B:

$6r^2 + 6r,\quad 6r^2 + 6r - 1,\quad 6r^2 + 6r - 2,\quad \cdots,\quad 6r^2 + 4r + 1,$

$6r^2 + 2r + 1,\quad 6r^2 + 2r + 2,\quad 6r^2 + 2r + 3,\quad \cdots,\quad 6r^2 + 4r.$

令 $A_i = \{6r^2 + 2r + i, 6r^2 + 6r - i + 1\}(i = 1, 2, \cdots, 2r)$,则
$$A = A_1 \cup A_2 \cup \cdots \cup A_r,$$
$$B = A_{r+1} \cup A_{r+2} \cup \cdots \cup A_{2r},$$
$$C = X \backslash (A \cup B),$$
则 $S(A) = S(B) = S(C)$.

(2) 当 $p = 2r + 1$ 时,$k = 3p = 6r + 3$,此时
$$X_k = \{6r^2, 6r^2+1, \cdots, 6r^2+6r+3\},$$
$$S(A) = 12r^3 + 14r^2 + 7r + 2$$
$$= r(12r^2 + 8r + 1) + (6r^2 + 6r + 2).$$

我们构造 $2r$ 对数,使每对数的和为 $12r^2 + 8r + 1$,取其中 r 对数构成集合 A',另 r 对数构成集合 B',然后适当调整,使集合中的数增加 $6r^2 + 6r + 2$:

$6r^2 + 6r,\quad 6r^2 + 6r - 1,\quad 6r^2 + 6r - 2,\quad \cdots,\quad 6r^2 + 4r + 1,$

$6r^2 + 2r + 1,\quad 6r^2 + 2r + 2,\quad 6r^2 + 2r + 3,\quad \cdots,\quad 6r^2 + 4r.$

令 $A_i = \{6r^2 + 2r + i, 6r^2 + 6r - i + 1\}(i = 1, 2, \cdots, 2r)$,则
$$A = A_2 \cup A_3 \cup \cdots \cup A_r \cup \{6r^2 + 6r, 6r^2 + 2r, 6r^2 + 6r + 3\}$$

(在 A_1 中使 $6r^2+2r+1$ 减少 1,并添加 $6r^2+6r+3$),

$B = A_{r+1} \bigcup A_{r+2} \bigcup \cdots \bigcup A_{2r} \bigcup \{6r^2+6r+2\}$,

$C = X \backslash (A \bigcup B)$,

则 $S(A) = S(B) = S(C)$.

此外,假设 X_k 可以划分为 A_k, B_k, C_k,使 $S(A_k) = S(B_k) = S(C_k)$,则令

$$A_{k+1} = A_k \bigcup \{6r^2+k+1, 6r^2+k+6\},$$
$$B_{k+1} = B_k \bigcup \{6r^2+k+2, 6r^2+k+5\},$$
$$C_{k+1} = C_k \bigcup \{6r^2+k+3, 6r^2+k+4\},$$

有

$$S(A_{k+1}) = S(B_{k+1}) = S(C_{k+1}),$$

即 X_{k+6} 可以划分为 $A_{k+1}, B_{k+1}, C_{k+1}$,使 $S(A_{k+1}) = S(B_{k+1}) = S(C_{k+1})$.

于是对所有 $k = 3p (p \geqslant 2r, p \in \mathbf{N})$,$X_k$ 都可等和划分.

综上所述,$k = 3p-1 (p \geqslant 2, p \in \mathbf{N})$ 或 $k = 3p (p \geqslant 2r, p \in \mathbf{N})$ 为所求.

整体函数

如果一个整体的特征可用一个函数来刻画,我们则称这个函数为整体函数,因此,整体函数是整体性质的一种特殊形式.

构造整体函数,能给问题的讨论带来许多方便.

例 1 正方形 $ABCD$ 被分割为 $n \times n$ 的方格表(称为 $n \times n$ 棋盘),将这些方格的顶点染红、蓝二色之一,使 A, B, C, D 中两个为红色,两个为蓝色,其他点任意染色.求证:恰有三个顶点同色的方格的个数必为偶数.

分析与证明 关键是如何描述"恰有三个顶点同色的方格"的特

征. 想象将红点标上数 a, 蓝点标上数 b, 使合乎条件的格对应 A 类数, 而不合乎条件的格对应 B 类数.

如何确定 A,B 两个类? 注意如下事实:

恰有三个顶点同色 $\Leftrightarrow$ 一红三蓝或一蓝三红

$\Leftrightarrow$ 奇数个顶点同色.

于是, 有两种方法确定 A,B 两个类: 一是 A 类为奇数、B 类为偶数, 此时取 $a=0, b=1$; 二是 A 类为正数、B 类为负数, 此时取 $a=1, b=-1$.

方法 1 将红点标上数 0, 蓝点标上数 1, 对每一个方格, 记方格的四个顶点的标数的和为方格的特征值. 显然:

一个方格恰有三个顶点同色 $\Leftrightarrow$ 方格的特征值为奇数(1 或 3).

定义整体函数: $M=$ 所有方格的特征值之和.

设 A,B,C,D 的标数分别为 a,b,c,d, 则这些数在 M 中各出现一次.

对于正方形边界上非 A,B,C,D 的点, 它们在 M 中都出现两次, 而其他的点在 M 中都出现四次, 所以

$$M = a+b+c+d+2P+4Q = 0+0+1+1+2P+4Q$$

为偶数.

于是, 特征值为奇数的方格的个数为偶数, 即恰有三个顶点同色的方格有偶数个, 命题获证.

方法 2 将红点标上数 1, 蓝点标上数 -1, 对每一个方格, 记方格的四个顶点的标数的积为它的特征值. 显然:

一个方格恰有三个顶点同色 $\Leftrightarrow$ 方格的特征值为 -1.

定义整体函数: $M=$ 所有方格的特征值之积.

设 A,B,C,D 的标数分别为 a,b,c,d, 这些数在 M 中出现一次.

对于正方形边界上非 A,B,C,D 的点, 它们在 M 中都出现两

次,而其他的点在 M 中都出现四次,所以

$$M = abcd \cdot P^2 \cdot Q^4 = 1 \cdot 1 \cdot (-1) \cdot (-1) \cdot 1 \cdot 1 = 1.$$

于是,特征值为 -1 的方格的个数为偶数,即恰有三个顶点同色的方格有偶数个,命题获证.

如果称恰有三个顶点同色的方格为奇格,否则为偶格,那么,改变一个方格的一个顶点的颜色,则这个方格改变奇偶性.由此,我们又可定义如下的整体函数:$S=$ 棋盘中所有奇格的总个数.

(1) 对于正方形边界上非 A,B,C,D 的点 P,它同时属于两个方格.

如果这两个方格一奇一偶,改变点 P 的颜色后,它们仍为一奇一偶.

如果这两个方格同为奇,改变点 P 的颜色后,它们变成同为偶.

如果这两个方格同为偶,改变点 P 的颜色后,它们变成同为奇.

因此,改变点 P 的颜色,奇格个数增加 $0,2,-2$ 个,于是 S 的奇偶性不变.

(2) 对于正方形内部的点 P,它同时属于四个方格.

如果这四个方格二奇二偶,改变点 P 的颜色后,它们仍为二奇二偶.

如果这四个方格一奇三偶,改变点 P 的颜色后,它们变为三奇一偶.

如果这四个方格三奇一偶,改变点 P 的颜色后,它们变为一奇三偶.

如果这四个方格同为奇,改变点 P 的颜色后,它们变成同为偶.

如果这四个方格同为偶,改变点 P 的颜色后,它们变成同为奇.

因此,改变点 P 的颜色,奇格个数增加 $0,2,-2,4,-4$ 个,于是 S 奇偶性不变.

综上所述,不论哪种情况,改变 A,B,C,D 外任何一点的颜色,

整体函数 S 的奇偶性不变.

如果棋盘中有蓝点,则将其中一个蓝点改变为红点.如果改变后仍有蓝点,则继续这一过程,直至没有蓝点,此时,$S = 0$.

因为这时的状态与最初的状态的整体函数具有相同的奇偶性,所以最初状态中奇格个数为偶数.

例 2 一种单人玩的纸牌游戏有 mn 张一面是白、一面是黑的牌,在一张 $m \times n$ 的矩形棋盘上玩.开始时,矩形棋盘的 $mn-1$ 个方格内都放着白面朝上的牌,只有一角上的小方格内放着黑面朝上的牌.在每一次操作中,我们可以拿掉一张黑面朝上的牌,并将与这张牌所在的方格相邻(有公共边)的方格内的牌全部翻转.求所有的正整数对 (m,n),使所有的牌都能从棋盘中拿掉.(第 39 届 IMO 预选题)

分析与解 先将问题数学化,用数量来刻画问题的特征.考察问题的目标:"求 (m,n),使所有牌都能拿掉",而可用的条件有如下两个:

条件 1:可以拿掉一张黑面朝上的牌,由此可见,牌拿掉的前一刻是黑牌.

条件 2:矩形棋盘的 $mn-1$ 个方格内都放着白面朝上的牌,于是有 $mn-1$ 张牌由白变黑,结合条件 1,这些牌都必须翻转奇数次.

至此,便可想到引入这样的字母、数值来刻画问题的特征:设 mn 张牌为 $a_0, a_1, a_2, \cdots, a_{mn-1}$,当所有的牌都被拿走时,牌 a_i ($i = 0, 1, 2, \cdots, mn-1$) 翻转的次数仍用 a_i 表示,其中 $a_0 = 0$,而 $a_1, a_2, \cdots, a_{mn-1}$ 都是奇数.

注意上述特征中"$a_1, a_2, \cdots, a_{mn-1}$ 都是奇数",但具体是什么数并不确定,从而想到考察它们的整体性质.定义整体函数,令

$$S = a_1 + a_2 + \cdots + a_{mn-1}.$$

要求出所有的正整数对 (m,n),可先建立关于"下标"m,n 的

等式 $f(m,n)=0$,如何将上述整体函数转化为关于"下标"的等式?由此想到建立关系 $a_i=f(i)$,但由题给条件,这一关系难以建立,从而转向建立广义关系 $a_i\equiv f(i)\pmod{p}$.

选择 $p=2$,我们有
$$S = a_1 + a_2 + \cdots + a_{mn-1} \equiv mn - 1 \pmod{2}.$$

现在,我们从另一个角度计算 S.注意到我们还有条件(将与这张牌相邻的牌全部翻转)没有用上.每拿走一张牌,翻转多少张牌并不确定,但每次都是翻转与某牌相邻的牌,如果将某张牌与其相邻的牌捆绑构成一个新对象——对子,则每次翻转都是翻转对子中的一张牌,由此发现,每个对子恰对应一个翻转次数,所以,整体函数 S 就是所有对子的个数.

实际上,考察操作的特征:每拿走一张牌,可能产生 $1,2,3,4$ 个翻转次数(次数不确定,是因有一些空格),但若将每两张相邻的牌称为一个对子,则一张牌被翻转,必须是它所在的某个对子中的一张牌被拿走,它才被翻转,于是,所有翻转次数都是由对子贡献的;反之,对任何一个对子,只有在它第一次拿走牌时才翻转该对子中的一张牌(第二次拿走牌时该对子中的另一张牌已拿走),产生一个翻转次数.所以,对子的个数与所有牌翻转的总次数一一对应,所有对子的个数就是所有牌翻转的总次数,即
$$S = m(n-1) + n(m-1).$$
所以
$$m(n-1) + n(m-1) \equiv mn - 1 \pmod{2},$$
$$(m-1)(n-1) \equiv 0 \pmod{2},$$
故 $m-1, n-1$ 中至少有一个为偶数,即 m,n 中至少有一个为奇数.

反之,若 m,n 中至少有一个为奇数,不妨设 n 为奇数.

当 $m=1$ 时,从左至右,依次将每张牌拿走即可.

当 $m=2$ 时(图 1.9),先从左至右,依次将第一行的每张牌拿走(图中圆圈表示没有牌的空格),则第二行变得全黑.

再将第二行的第 $1,3,5,\cdots,n$ 张牌拿走(图 1.10),则剩下的牌仍变得全黑且互不相邻,从而都可拿走.

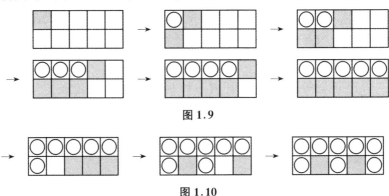

图 1.9

图 1.10

当 $m\geqslant 3$ 时,从左至右,依次将第一行的每张牌拿走,则第二行变得全黑,再按上述方法拿走第二行,则第三行变得全黑,又按上述方法拿走第三行,如此下去,直至所有牌被拿走.

综上所述,所有合乎条件的正整数对 (m,n) 满足:m,n 中至少有一个为奇数.

例 3 某个国家有 n 个机场,由 k 家航空公司提供航线服务,有些机场之间有直飞航线(直飞航线是双向的,既可以从 A 到 B,也可以从 B 到 A),如果两个机场之间没有直飞航线,则可通过转机从一个机场到达另一个机场.

(1)为了连接这 n 个机场,需要 $n-1$ 条航线(你可以利用这一结论而无需证明),由于经常有航空公司倒闭,所以各航空公司在飞行航线方面需密切合作.试问:为了保证任何一家航空公司倒闭时,都能使剩下的航线服务能从一个机场到达任何另一个机场,则这些航空公司一共至少提供多少条直飞航线?

(2)当 $n=7,k=5$ 时,为了保证任何两家航空公司同时倒闭时,

都能使剩下的航线服务能从一个机场到达任何另一个机场,则这些航空公司又一共至少提供多少条直飞航线?

分析与解 用 n 个点表示 n 个机场,当且仅当两个机场之间有一条直飞航线时,将这两个点用一条边连接,得到一个简单图 G.

用 k 种不同的颜色将 G 的边染色(每条边恰染 k 种颜色中的一种),使第 $i(i=1,2,\cdots,k)$ 家航空公司提供的航线对应的边染第 i 色.

(1) 问题等价于:去掉任何一种颜色的边后(对应航空公司倒闭),剩下的图仍是连通的,问 G 至少有多少条边.

设第 $i(i=1,2,\cdots,k)$ 家航空公司提供了 a_i 条直飞航线,定义整体函数:
$$S = a_1 + a_2 + \cdots + a_k,$$
则当第 i 家航空公司倒闭时,各航空公司可提供服务的直飞航线的条数为 $S-a_i$,由图的连通性,有
$$S - a_i \geqslant n-1.$$
所以
$$\sum_{i=1}^{k}(S-a_i) \geqslant \sum_{i=1}^{k}(n-1) = k(n-1),$$
$$kS - S \geqslant k(n-1),$$
故
$$S \geqslant \frac{k(n-1)}{k-1}.$$
但 S 是整数,所以
$$S \geqslant \left[\frac{k(n-1)+k-2}{k-1}\right] = \left[\frac{kn-2}{k-1}\right].$$

反之,我们证明 $S = \left[\frac{kn-2}{k-1}\right]$ 合乎条件,即存在一个 n 阶图 G,使 $\|G\| = \left[\frac{kn-2}{k-1}\right]$,并可将 G 的边 k-染色(每条边恰染 k 种颜色

1 整体思考

中的一种),使去掉任何一种颜色的边后(对应航空公司倒闭),剩下的图仍是连通的.

对 n 归纳(跨度为 $k-1$). 当 $n=1,2,\cdots,k-1$ 时,$n<k$,此时

$$S = \left[\frac{kn-2}{k-1}\right] = n + \left[\frac{n-2}{k-1}\right] = n,$$

构造一个长为 n 的圈,将其边 k-染色,使 n 条边互不同色(由于 $n<k$,这是可能的),这样,任意去掉一种颜色边,则至多去掉一条边,剩下的图仍是连通的,结论成立.

设当 $n=r$(其中 $r \geqslant k-1$)时结论成立,考虑 $n=r+k-1$ 的情形.

取定 n 点中的 r 个点 $A_1, A_2, \cdots, A_r$,由归纳假设,存在一个以 $A_1, A_2, \cdots, A_r$ 为顶点、有 $\left[\frac{kn-2}{k-1}\right]$ 条边的 n 阶图 G,可按要求对其边 k-染色,设这 k 种颜色为 $1,2,\cdots,k$.

取 G 中一点 A_1 及 G 外的另 $k-1$ 个点 $B_1, B_2, \cdots, B_{k-1}$,连边 $B_{i-1}B_i$($i=1,2,\cdots,k$,其中 $B_0 = B_k = A_1$),得到图 G'(图 1.11),则

$$\|G'\| = \|G\| + k = \left[\frac{kn-2}{k-1}\right] + k = \left[\frac{k(n+k-1)-2}{k-1}\right],$$

将边 $B_{i-1}B_i$ 染第 i 色,下面只需证明染色合乎要求.

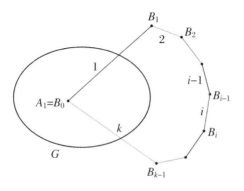

图 1.11

实际上,假定去掉第 $i(i=1,2,\cdots,k)$ 种颜色的边,考虑 G' 中的任意两点 A,B.

如果 $A,B \in V(G_n)$,则由归纳假设,A,B 连通.

如果 $A,B \in V(G_{n+k-1} \setminus G_n) = \{B_1, B_2, \cdots, B_{k-1}\}$,则因为 $B_0 = A_1, B_1, B_2, \cdots, B_{k-1}$ 组成一个长为 k 的圈,每种颜色的边各出现一次,于是该圈中只去掉了一条边,A,B 连通.

如果 $A \in V(G_n), B \in \{B_1, B_2, \cdots, B_{k-1}\}$,则因为 $A, A_1 \in V(G_n)$,由归纳假设,A 与 A_1 连通(或 $A = A_1$),又 B 通过链($B_i, B_{i+1}, \cdots, B_{k-1}, B_0, B_1, B_2, \cdots, B_{i-2}, B_{i-1}$)与 A_1 连通,从而 A,B 连通.

所以当 $n = r+k-1$ 时结论成立,故这些航空公司一共至少提供 $\left[\dfrac{kn-2}{k-1}\right]$ 条直飞航线.

我们也可以直接进行分块构造:选定一个城市作为"中心",再构造若干个长为 k 的圈,圈的各条边互不同色,这样,任意去掉一种颜色的边,每个圈变成链仍连通.现在,让每个圈都通过中心,则去掉一种颜色边后,各个链都借助中心连通,得到如下构造.

设一个城市为 A,将其余 $n-1$ 个城市中每 $k-1$ 个城市作为一个组,分为 r 组(最后一个组可能不足 $k-1$ 个城市),其中

$$r = \left[\dfrac{(n-1)+(k-2)}{k-1}\right] = \left[\dfrac{n+k-3}{k-1}\right].$$

设第 $i(1 \leqslant i \leqslant r)$ 个组有 $t_i(t_i \leqslant k-1)$ 个城市,$t_1 + t_2 + \cdots + t_r = n-1$,并设这 t_i 个城市为 $B_{i1}, B_{i2}, \cdots, B_{i,k-1}$(图1.12),构造圈 $A, B_{i1}, B_{i2}, \cdots, B_{i,k-1}$,将圈的边 k-染色,使圈的各条边互不同色,第 $j(1 \leqslant j \leqslant k)$ 色的边代表第 j 个航空公司提供的航线.

我们证明,该图合乎要求.首先,图中的边数

$$e = \sum_{i=1}^{r}(t_i + 1) = \sum_{i=1}^{r} t_i + r$$

$$= (n-1) + \left[\frac{n+k-3}{k-1}\right] = \left[\frac{kn-2}{k-1}\right].$$

此外,去掉一种颜色的边,考察任意两个点 P,Q,如果 P,Q 属于同一组,则该组中的圈只去掉一条边,P,Q 有链相连.如果 P,Q 属于不同两组,则 P,Q 都与 A 有链相连,所以图仍然连通.

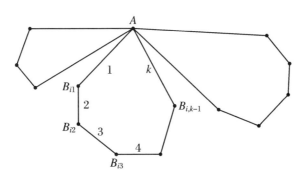

图 1.12

(2) 当 $n=7, k=5$ 时,当第 i,j 两家航空公司倒闭时,可提供服务的直飞航线的条数为 $S-a_i-a_j$,于是 $S-a_i-a_j \geqslant n-1$,所以

$$\sum_{1\leqslant i<j\leqslant k}(S-a_i-a_j) \geqslant \sum_{1\leqslant i<j\leqslant k}(n-1) = C_k^2(n-1),$$

$$C_k^2(n-1) \leqslant C_k^2 S - \sum_{1\leqslant i<j\leqslant k}(a_i+a_j) = C_k^2 S - (k-1)\sum_{i=1}^k a_i$$

$$= C_k^2 S - (k-1)S = \frac{1}{2}(k-1)(k-2)S,$$

故 $S \geqslant \frac{k(n-1)}{k-2} = \frac{30}{3} = 10$. 但等号不能达到,需另找估计.

更换角度:如果某个机场只有两条直飞航线与其连通,则这两条航线所属航空公司倒闭时,该机场无法到达,从而每个机场都至少有 3 条直飞航线与其连通,于是至少有 $3 \cdot 7 = 21$ 条直飞航线.但每条直飞航线同时属于两个机场,被计算两次,所以

$$S \geqslant \frac{21}{2}.$$

但 S 是整数,所以 $S \geqslant 11$.

当 $S=11$ 时,设 5 家航空公司提供航线的代号为 1,2,3,4,5,我们要构造 11 条边的 5 种颜色的图,使去掉任何两种颜色的边仍连通.

采用以简驭繁的策略,想象构造一个七边形,然后添加 4 条对角线,但这一构造没有成功,读者可作进一步的尝试.最后,通过逐步调整,得到如图 1.13 所示的 11 条直飞航线合乎要求.

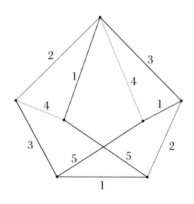

图 1.13

综上所述,所有这些航空公司一共至少提供 11 条直飞航线.

探索:一般地,设有 n 个机场,由 k 家航空公司提供航线服务,若要保证有 $r(r<k)$ 家航空公司倒闭时,各机场仍是连通的,记这些航空公司一共至少提供 $f(n,k,r)$ 条直飞航线,求 $f(n,k,r)$. 以上我们求得

$$f(n,k,1) = \left[\frac{kn-2}{k-1}\right], \quad f(7,5,2) = 11.$$

此外,一个显然的结论是

$$f(n,k,k-1) = k(n-1),$$

此时,每个航空公司都提供同样的 $n-1$ 条航线即可.如果要求任何两家航空公司都没有公共的航线,则需要讨论 K_n 在什么条件下可以分解为 k 棵没有公共边的 n 阶树.显然,其必要条件是 $k(n-1) \leqslant C_n^2$,解得 $k \leqslant \dfrac{n}{2}$.

比如,当 n 为偶数时,$k = \dfrac{n}{2}$ 合乎要求.实际上,设 n 个点构成正 n 边形,将图 1.14 中的树绕正 n 边形的中心旋转 $k-1$ 次,每次旋转角度为 $\dfrac{2\pi}{k}$,则得到的 k 棵树合乎要求.

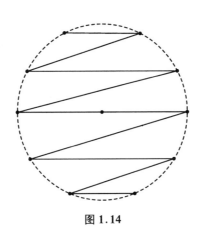

图 1.14

习 题 1

1. 能否将 $1,2,\cdots,10$ 排成一列,使得每相邻三个数的和都不大于 15？(1992 年圣彼得堡数学竞赛试题)

2. 是否存在一个平方数,它是由 2 013 个 1 和若干个 0 组成的正整数？

3. 能否将 $1,2,\cdots,33$ 分成 11 组,使每组三个数,且每组中有两个数的和等于该组中另一个数？

4. 在圆形钟面的周围均匀写上数 $1,2,\cdots,12$,将钟面的中心固定在黑板上,并在黑板上对应每个数的位置写上数 0.然后转动圆盘,停止时每个数总是与黑板上的一个数对应,把钟面上的数加到它对应的黑板上的数上去.问:经过若干次转动之后,能否使黑板上的数都变为 2005? 试说明理由.

5. 设 m, n, p 都是正整数,求证:$\dfrac{m}{n+p}, \dfrac{n}{p+m}, \dfrac{p}{m+n}$ 中至多有一个不小于 1.

6. 在六张纸片的正面分别写上 $1,2,3,4,5,6$,然后打乱顺序,将纸片翻转过来,在它们的反面也随意写上 $1,2,3,4,5,6$.现计算每张纸片上两面两个数字的差的绝对值,得到六个数.证明:这六个数中必定有两个数相等.

7. 设 $a_1, a_2, \cdots, a_8$ 是 8 个互异的整数,$\overline{a}$ 是这 8 个数的算术平均值.若 r 是方程 $(x-a_1)(x-a_2)\cdots(x-a_8)+1980=0$ 的整数根,求证:$r = \overline{a} \pm 2$.

8. 将 2005×2005 的方格棋盘的每个单位小方格染黑、白二色之一,使得每个 2×2 的正方形中都有奇数个黑格.

(1) 试证:棋盘 4 个角的 4 个方格中有偶数个黑格;

(2) 试问:共有多少不同的染色方法?

(2005 年瑞典数学奥林匹克试题)

9. 设 $a_1, a_2, \cdots, a_{2n+1}$ 是 $1,2,3,\cdots,2n+1$ 的一个排列,求证:$A = (1+a_1)(2+a_2)\cdots(2n+1+a_{2n+1})$ 是一个偶数.

10. 用 $0,1,2,\cdots,9$ 组成能被 11 整除的不含重复数字的十位数,求其中的最大者与最小者.

11. 在一个正方体的各顶点都标上 1 或 -1,然后每个面上都标一个数,使它等于这个面上 4 个顶点处的数的积.试问:所标的 14 个数的和可否为 0?

12. 设 n 为奇数,在 $n \times n$ 的方格棋盘中,每个方格都填入 1 或 -1,设第 i 行各数的积为 A_i $(i=1,2,\cdots,n)$,第 j 列各数的积为 B_j $(j=1,2,\cdots,n)$. 试问: $A_1+A_2+\cdots+A_n+B_1+B_2+\cdots+B_n$ 可否为 0?

13. 若 x_1,x_2,x_3,x_4,x_5 为互不相等的正奇数,满足
$$(2\,005-x_1)(2\,005-x_2)(2\,005-x_3)(2\,005-x_4)(2\,005-x_5)=24^2,$$
求 $x_1^2+x_2^2+x_3^2+x_4^2+x_5^2$ 的末位数字.

14. 是否存在三个实数 a,b,c,同时满足下列三个不等式:
$$|a|<|b-c|,\quad |b|<|c-a|,\quad |c|<|a-b|?$$

15. 是否存在四个正实数,使得它们两两的乘积为 2,3,5,6,10,16?(2011 年北约 13 校自主招生试题)

16. 已知 $a_1+a_2+\cdots+a_{2013}=0$ 且 $|a_1-2a_2|=|a_2-2a_3|=\cdots=|a_{2012}-2a_{2013}|=|a_{2013}-2a_1|$,试证: $a_1=a_2=a_3=\cdots=a_{2013}=0$.(2013 年清华大学自主招生试题)

17. 设 $a_1,a_2,\cdots,a_{2n}$ 是 $1,2,\cdots,2n$ 的一个排列,求证:存在 i,j,使 $a_i+i\equiv a_j+j \pmod{2n}$.

18. 设 $k>1$ 且 k 为自然数,能否在 $k \times k$ 棋盘中填入数 $1,2,\cdots,k^2$,使每行每列的和都为 2 的方幂?(1989 年列宁格勒数学奥林匹克试题)

19. 长为 n(即 n 段)的闭折线的所有顶点构成一个正 n(n 为偶数)边形,求证:此闭折线一定有两条边是平行的.(《美国数学杂志》1993 年 1 月号问题 36)

20. 将编号为 $1,2,\cdots,9$ 的九个小球随机地放置在圆周的九个等分点上,每个等分点各有一个小球. 设圆周上所有相邻两球号码之差的绝对值之和为 S,求使 S 达到最小值的放法的概率. 其中,如果某种放法经旋转或镜面反射后可与另一种放法重合,则认为是相同

的放法.(2005年全国高中数学联赛试题)

21. 设$n>1$且n是奇数,$k_1,k_2,\cdots,k_n$是给定的整数,对于$1,2,\cdots,n$的一个排列$a=(a_1,a_2,\cdots,a_n)$,记$S(a)=\sum_{i=1}^{n}k_ia_i$.求证:存在两个排列$b,c,b\neq c$,使得$S(b)-S(c)$被$n!$整除.

22. 设n个互不相同的有理数中,任意两个不同的数的积都是整数,求证:任意$k(2\leqslant k\leqslant n)$个不同的数的积也都是整数.

23. 在8×8的国际象棋盘中放8枚棋子,使得每行每列各有1枚棋子,求证:棋盘的黑格上所放的棋子数为偶数.

24. 试证:(1) 在平面图中,存在点A,使$d(A)\leqslant 5$且$e\leqslant 3v-6$,其中v,e,f分别表示图中的顶点数、边数、面数;

(2) 在外平面图中,存在点A,使$d(A)\leqslant 2$且$e\leqslant 2v-3$,$f\leqslant v-1$.

25. 设P是凸n边形$A_1A_2\cdots A_n$内任意一点,求证:存在两个相邻的顶点A_i,A_{i+1},使$\angle PA_iA_{i+1}<\dfrac{\pi}{2}$.

26. 试证:凸多边形不可能分割为有限个凹四边形.

27. 在正方体的每个顶点上标上互异的自然数,每个顶点标一个数.再在它的每条棱上标上它的两个端点的标数的最大公约数.是否有可能使顶点上各数的和等于棱上各数的和?(第22届俄罗斯数学奥林匹克试题)

28. 设n为给定的正整数,求最大的正整数k,使得存在三个由非负整数组成的k元集$A=\{x_1,x_2,\cdots,x_k\}$,$B=\{y_1,y_2,\cdots,y_k\}$和$C=\{z_1,z_2,\cdots,z_k\}$满足:对任意$1\leqslant j\leqslant k$,都有$x_j+y_j+z_j=n$.(2008年中国西部数学奥林匹克试题)

29. 试确定具有如下性质的最大自然数A:把从$1\,001$到$2\,000$的所有自然数任作一个排列,都可从中找到连续的10个项,它们的和不小于A.(第一届台北地区数学奥林匹克试题)

30. 一副牌共有 $2n+1$ 张,其中有一张为王,此外标号为 $1,2,\cdots,n$ 的牌各两张,把这 $2n+1$ 张牌排成一行,使王在中间,且对每个 $k(1\leqslant k\leqslant n)$,两个 k 之间恰有 $k-1$ 张牌.试问:当 $n<11$ 时,对哪些自然数 n,上述安排是可能的?(1992 年加拿大数学奥林匹克试题)

31. 在 $(2n+1)\times(2n+1)$ 数表中,每个数 $a_{ij}=1$ 或 -1,且每列恰有一个 -1,记 P_{ij} 为第 i 行和第 j 列所有数的乘积.试证:
$$\sum_{1\leqslant i<j\leqslant 2n+1} P_{ij} \neq 1.$$

32. 设自然数 $n\geqslant 2$,将 $(4n-3)\times(4n-3)$ 方格表中每个方格都染红、蓝二色之一,证明或否定:S 中一定有 $2\times n$ 的子表,其中所有方格同色(所谓 $k\times l$ 子表是由 S 中 k 行 l 列相交得出的 kl 个方格).

33. 设 $(a_{ij})_{n\times n}$ 是实方阵,$M>0$,对任何 $x_1,x_2,\cdots,x_n\in\{-1,1\}$,都有
$$\sum_{j=1}^{n} |a_{j1}x_1+a_{j2}x_2+\cdots+a_{jn}x_n| \leqslant M.$$
求证:$|a_{11}|+|a_{22}|+\cdots+|a_{nn}|\leqslant M$.

34. 设 $f=z^n+a_{n-1}z^{n-1}+a_{n-2}z^{n-2}+\cdots+a_1z+a_0$ 为复系数多项式.求证:存在复数 z_0,使 $|z_0|=1$ 且 $|f(z_0)|\geqslant 1$.

35. 设集合 A 和 B 都是由正整数组成的集合,$|A|=10$,$|B|=9$,并且集合 A 满足如下条件:若 $x,y,u,v\in A$,$x+y=u+v$,则 $\{x,y\}=\{u,v\}$(即 A 中不同数对的"和"不同).令 $A+B=\{a+b|a\in A,b\in B\}$,求证:$|A+B|\geqslant 50$(其中 $|X|$ 表示集合 X 的元素个数).(2005 年全国高中数学联赛福建赛区预选赛试题)

36. 设 T 为所有 n 元数组 $(x_1,x_2,\cdots,x_n)$ 的集合,$x_i=0,1(i=1,2,\cdots,n)$,$n=2k-1$,$k\geqslant 6$,$k\in\mathbf{Z}$,对于 T 中的 $x=(x_1,x_2,\cdots,x_n)$ 与 $y=(y_1,y_2,\cdots,y_n)$,令 $d(x,y)$ 为满足 $x_j\neq y_j(1\leqslant j\leqslant n)$ 的 j

个数,特别地,$d(x,x)=0$,设有一个 T 的具有 2^k 个元素的子集 S,具有以下性质:对 T 的任何一个元素 x,S 中有唯一的元素 y(x 不同于 y)满足 $d(x,y)\leqslant 3$,求 n 的值.

37. 设 k,n 为给定的整数,$n>k\geqslant 2$. 对任意 n 元的数集 P,作 P 的所有 k 元子集的元素和,记这些和组成的集合为 Q,集合 Q 中元素个数是 C_Q,求 C_Q 的最大值.(2009 年全国高中数学联赛江苏赛区复赛试题)

38. 设 A 是一个 3×9 的方格表,在每一个小方格内各填一个正整数. 称 A 中的一个 $m\times n$($1\leqslant m\leqslant 3, 1\leqslant n\leqslant 9$)方格表为"好矩形",它的所有数的和为 10 的倍数. 称 A 中的一个 1×1 的小方格为"坏格",它不包含于任何一个"好矩形". 求 A 中"坏格"个数的最大值.(2011 年全国高中数学联赛试题)

39. 设 m,n 是整数,$m>n\geqslant 2$,$S=\{1,2,\cdots,m\}$,$T=\{a_1,a_2,\cdots,a_n\}$ 是 S 的一个子集. 已知 T 中的任两个数都不能同时整除 S 中的任何一个数,求证:$\dfrac{1}{a_1}+\dfrac{1}{a_2}+\cdots+\dfrac{1}{a_n}<\dfrac{m+n}{m}$.(2005 年中国女子数学奥林匹克试题)

40. 给定 $k,n\in \mathbf{N}^*$,$2\leqslant k\leqslant n$,$S=\{a_1,a_2,\cdots,a_k\}$(其中 $a_1<\cdots<a_k$)是 $X=\{1,2,\cdots,n\}$ 的任一子集,求 $M=\max\limits_{S}(\min\limits_{1\leqslant i\leqslant k-1}(a_{i+1}-a_i))$.

41. 设集合 $M=\{1,2,\cdots,3n\}$ 的三元子集族 $A_i=\{x_i,y_i,z_i\}$($i=1,2,\cdots,n$),满足 $A_1\bigcup A_2\bigcup\cdots\bigcup A_n=M$,记 $s_i=x_i+y_i+z_i$,求所有的整数 n,使对任意 i,j($1\leqslant i\neq j\leqslant n$),$s_i=s_j$.(2008 年中国女子数学奥林匹克试题)

42. 设 $A=\{a_1,a_2,\cdots,a_n\}$,$B=\{b_1,b_2,\cdots,b_n\}$ 为两个正整数集合,且 $|A\cap B|=1$,$C=\{A$ 的所有二元子集$\}\bigcup\{B$ 的所有二元子集$\}$,函数 $f:A\bigcup B\to\{0,1,2,\cdots,2C_n^2\}$ 的一个单射. 对任意 $\{x,y\}\in C$,称数 $|f(x)-f(y)|$ 为 $\{x,y\}$ 的一个"标号". 证明:当 $n\geqslant 6$ 时,C

中至少有两个元素的"标号"相同.(2003 年 IMO 中国国家集训队测试题)

习题 1 解答

1. 不能.

用反证法.假设可按要求排列为 $a_1,a_2,\cdots,a_{10}$,则
$$a_1 + a_2 + a_3 \leqslant 15,$$
$$a_2 + a_3 + a_4 \leqslant 15,$$
$$\cdots,$$
$$a_{10} + a_1 + a_2 \leqslant 15,$$

各式相加得
$$3(a_1 + a_2 + \cdots + a_{10}) \leqslant 150,$$
所以 $a_1 + a_2 + \cdots + a_{10} \leqslant 50$.但 $a_1 + a_2 + \cdots + a_{10} = 1 + 2 + \cdots + 10 = 55$,矛盾.

2. 先假设存在这样的数是平方数 $a^2 = \overline{a_1 a_2 \cdots a_n}$,其中 $a_1, a_2, \cdots, a_n$ 是 2 013 个 1 和若干个 0 的一个排列.

整体思考:考察所有数字的和 $a_1 + a_2 + \cdots + a_n = 1 + 1 + \cdots + 1 = 2\,013$,而 $2 + 0 + 1 + 3 = 6$ 是 3 的倍数,所以 $3|2\,013$,进而 $3|a^2$.

注意 3 是质数,由 $3|a^2$,得 $3|a$,进而 $9|a^2$,于是 $9|2\,013$,矛盾.

综上所述,合乎要求的平方数不存在.

3. 假定可按要求分组,设第 i 组的三个数为 a_i, b_i, c_i,且 $a_i + b_i = c_i (i = 1, 2, \cdots, 11)$,则 $a_i + b_i + c_i = 2c_i$ 为偶数.这表明每组的三个数的和为偶数,从而所有数的和为偶数.

但 $1 + 2 + \cdots + 33 = 17 \cdot 33$ 为奇数,矛盾.

故不能按要求分组.

4. 考察每次转动后,黑板上的各数的和.设第 i 次转动后黑板上的各数的和为 S_i,则 $S_0 = 0, S_i = S_{i-1} + (1 + 2 + \cdots + 12) = S_{i-1} +$

78,所以 $S_k = 78k$. 这表明,黑板上的数的和总是 78 的倍数.

由于 $2\,005 + 2\,005 + \cdots + 2\,005 = 2\,005 \times 12$ 不是 78 的倍数,所以目标状态不能实现.

5. 假设其中至少有两个不小于 1,不妨设 $\dfrac{m}{n+p} \geqslant 1, \dfrac{n}{p+m} \geqslant 1$,则

$$m \geqslant n + p, \quad n \geqslant p + m,$$

两式相加,得

$$m + n \geqslant n + p + m + p,$$

即 $0 \geqslant 2p$,与 p 是正整数矛盾.

6. 设六张纸片的反面写上的数分别为 $a_1, a_2, \cdots, a_6$,则 $a_1, a_2, \cdots, a_6$ 是 $1, 2, \cdots, 6$ 的一个排列,每张纸上两个数的差的绝对值分别为 $|a_1 - 1|, |a_2 - 2|, \cdots, |a_6 - 6|$.

因为对 $i = 1, 2, \cdots, 6$,有 $0 \leqslant |a_i - i| \leqslant 6 - 1 = 5$,如果 $|a_1 - 1|, |a_2 - 2|, \cdots, |a_6 - 6|$ 中任何两个都不相等,则它们是 $0, 1, 2, 3, 4, 5$ 的一个排列,于是

$$|a_1 - 1| + |a_2 - 2| + \cdots + |a_6 - 6| = 0 + 1 + 2 + 3 + 4 + 5$$
$$= 15. \qquad ①$$

又

$$|a_1 - 1| + |a_2 - 2| + \cdots + |a_6 - 6|$$
$$\equiv (a_1 - 1) + (a_2 - 2) + \cdots + (a_6 - 6)$$
$$= (a_1 + a_2 + \cdots + a_6) - (1 + 2 + \cdots + 6) = 0 \,(\bmod 2),$$

这与式①矛盾,故 $|a_1 - 1|, |a_2 - 2|, \cdots, |a_6 - 6|$ 中必有两个相等.

7. 目标 $r = \dfrac{1}{8}(a_1 + a_2 + \cdots + a_8) \pm 2$,即 $a_1 + a_2 + \cdots + a_8 = 8r \pm 16$,也即

$$(r - a_1) + (r - a_2) + \cdots + (r - a_8) = \pm 16.$$

将 r 代入方程,得 $(r - a_1)(r - a_2) \cdots (r - a_8) + 1\,980 = 0$,所以

1 整体思考

$$(r-a_1)(r-a_2)\cdots(r-a_8) = -1980.$$

从整体上考察 $r-a_1,r-a_2,\cdots,r-a_8$ 的取值的特征,发现 $(r-a_1) \cdot (r-a_2)\cdots(r-a_8)$ 是八个互异的因数的积,应将 -1980 分解成八个互异的因数的积:因为

$$\begin{aligned}
-1980 &= -2^2 \cdot 3^2 \cdot 5 \cdot 11 \\
&= 2 \cdot (-2) \cdot 3 \cdot (-3) \cdot 5 \cdot 11 \cdot 1 \cdot (-1) \\
&= 2 \cdot (-2) \cdot 3 \cdot (-3) \cdot (-5) \cdot (-11) \cdot 1 \cdot (-1),
\end{aligned}$$

而 $r-a_1,r-a_2,\cdots,r-a_8$ 互异,所以 $r-a_1,r-a_2,\cdots,r-a_8$ 是 $1,-1,2,-2,3,-3,5,11$ 或 $1,-1,2,-2,3,-3,-5,-11$ 的一个排列. 故

$$\sum(r-a_i) = (1-1)+(2-2)+(3-3)+5+11$$

或

$$(1-1)+(2-2)+(3-3)+(-5)+(-11),$$

即 $8r - 8\overline{a} = \pm 16$,命题获证.

8. (1) 设各个 2×2 的正方形中黑格个数的和为 S.

一方面,因为 2005×2005 的方格棋盘共有偶数(2004^2)个 2×2 的正方形(右下角方格只能在去掉第一行第一列的 2004×2004 的子棋盘中选取),从而 S 是偶数个奇数相加,所以 S 是偶数.

另一方面,设棋盘 4 个角的 4 个方格中有 x 个黑格,棋盘 4 条边的方格中除 4 个角外有 y 个黑格,内部的方格有 z 个,则 $S = x + 2y + 4z$,这是因为角上的黑格只属于一个 2×2 正方形,边上除 4 个角的黑格属于 2 个 2×2 正方形,内部的黑格属于 4 个 2×2 正方形. 所以 $x + 2y + 4z$ 为偶数,从而 x 为偶数.

(2) 染色方法由第一行和第一列的染色完全确定.

实际上,考察格 a_{22},因为以格 a_{22} 为右下角的一个 2×2 正方形已有 3 个方格被染色,它的颜色由这 3 个已染色方格唯一确定,而且一定可以染色(即不会使某个 2×2 正方形有 2 个黑格,这是因为含

有 a_{22} 的一个其他的 2×2 正方形至少还有一个方格未染色).如此下去,依次考察格 $a_{23},a_{24},\cdots$,其染色都唯一确定,从而第二行的染色唯一确定.进而可知第 $3,4,\cdots,2\,005$ 行的染色唯一确定.

由于第一行第一列的方格都可以任意染色,共有 $4\,009$ 个方格,所以共有 $2^{4\,009}$ 种染色方法.

9. $a_1,a_2,\cdots,a_{2n+1}$ 是 $1,2,3,\cdots,2n+1$ 的一个排列,所以 $a_1+a_2+\cdots+a_{2n+1}=1+2+3+\cdots+2n+1$,于是 $(1+a_1)+(2+a_2)+\cdots+(2n+1+a_{2n+1})=2(1+2+3+\cdots+2n+1)$ 为偶数,于是 $1+a_1,2+a_2,\cdots,2n+1+a_{2n+1}$ 中有偶数个奇数,但一共有 $2n+1$(奇数)个数,从而有奇数个偶数,于是 $1+a_1,2+a_2,\cdots,2n+1+a_{2n+1}$ 中至少有一个偶数,故 A 是偶数.

另证:假设 $A=(1+a_1)(2+a_2)\cdots(2n+1+a_{2n+1})$ 是奇数,则 $1+a_1,2+a_2,\cdots,2n+1+a_{2n+1}$ 都是奇数,所以 $a_1,a_3,\cdots,a_{2n+1}$ 这 $n+1$ 个数都是偶数,但 $a_1,a_2,\cdots,a_{2n+1}$ 是 $1,2,\cdots,2n+1$ 的一个排列,其中只有 n 个偶数,矛盾.故 A 是偶数.

10. 设题设的十位数为 $A=\overline{x_1x_2\cdots x_{10}}$,令 $x=x_1+x_3+x_5+x_7+x_9,y=x_2+x_4+x_6+x_8+x_{10}$(被 11 整除的专用替换),则 $11\mid x-y$.

下面估计 $x-y$ 的范围:

因 $0+1+2+3+4\leqslant x,y\leqslant 5+6+7+8+9$,即 $10\leqslant x,y\leqslant 35$,所以 $|x-y|=0,11,22$.

x,y 还满足其他条件吗?如何利用 $x_1,x_2,x_3,\cdots,x_{10}$ 是 $0,1,2,\cdots,9$ 的一个排列?

因为 $x_1,x_2,x_3,\cdots,x_{10}$ 是 $0,1,2,\cdots,9$ 的一个排列,所以 $x_1+x_2+\cdots+x_{10}=45$,即 $x+y=45$.而 $x-y$ 与 $x+y$ 同奇偶,于是 $x-y$ 是奇数,所以 $x-y=\pm 11$.

解得 $(x,y)=(28,17)$ 或 $(17,28)$.

(1) 先求最大值. 自然想法：让前几位尽可能大.

如果让前面六位都最大，即 $A = \overline{987654x_7x_8x_9x_{10}}$，则 $x = 9 + 7 + 5 + x_3 + x_1 \geqslant 17, y = 8 + 6 + 4 + x_2 + x_0 \geqslant 17$，与 $(x, y) = (28, 17)$ 或 $(17, 28)$ 矛盾，所以最多前面五个数字都是最大数.

设 $A = \overline{98765x_6x_7\cdots x_{10}}$，则 $x = 9 + 7 + 5 + x_7 + x_9 \geqslant 21 + 1 + 0 = 22 > 17$，所以 $x = 28, y = 17$，即 $9 + 7 + 5 + x_7 + x_9 = 28, 8 + 6 + x_6 + x_8 + x_{10} = 17$，所以 $x_7 + x_9 = 7, x_6 + x_8 + x_{10} = 3$.

但 $x_6 + x_8 + x_{10} \geqslant 0 + 1 + 2 = 3$，由此可见 x_6, x_8, x_{10} 是 $0, 1, 2$ 的一个排列，从而 x_7, x_9 是 $3, 4$ 的一个排列，此时 $A \leqslant 9\ 876\ 524\ 130$.

若 $\overline{x_1x_2x_3x_4} \neq 9\ 876$，则 $A \leqslant 9\ 875\ 999\ 999 < 9\ 876\ 524\ 130$.

综上所述，$A_{\max} = 9\ 876\ 524\ 130$.

(2) 再求最小值. 自然想法：让前几位尽可能小.

若 $\overline{x_1x_2x_3x_4} = 1\ 023$，即 $A = \overline{1023x_5x_6\cdots x_{10}}$，此时 $x = 1 + 2 + x_5 + x_7 + x_9 \leqslant 1 + 2 + 7 + 8 + 9 = 27$，所以 $x = 17, y = 28$，即 $1 + 2 + x_5 + x_7 + x_9 = 17, 0 + 3 + x_6 + x_8 + x_{10} = 28$，所以 $x_5 + x_7 + x_9 = 14, x_6 + x_8 + x_{10} = 25$. 但 $x_6 + x_8 + x_{10} \leqslant 7 + 8 + 9 = 24$，矛盾.

若 $\overline{x_1x_2x_3x_4} = 1\ 024$，即 $A = \overline{1024x_5x_6\cdots x_{10}}$，此时 $x = 1 + 2 + x_5 + x_7 + x_9 \leqslant 1 + 2 + 7 + 8 + 9 = 27$，所以 $x = 17, y = 28$，即 $1 + 2 + x_5 + x_7 + x_9 = 17, 0 + 4 + x_6 + x_8 + x_{10} = 28$，所以 $x_5 + x_7 + x_9 = 14, x_6 + x_8 + x_{10} = 24$. 但 $x_6 + x_8 + x_{10} \leqslant 7 + 8 + 9 = 24$，所以 x_6, x_8, x_{10} 是 $7, 8, 9$ 的一个排列. 从而 x_5, x_7, x_9 是 $3, 5, 6$ 的一个排列. 故 $A \geqslant 1\ 024\ 375\ 869$.

若 $\overline{x_1x_2x_3x_4} \neq 1\ 023, 1\ 024$，则
$$A \geqslant 1\ 025\ 000\ 000 > 1\ 024\ 375\ 869.$$

综上所述，$A_{\min} = 1\ 024\ 375\ 869$.

11. 设 6 个面上所标的 6 个数分别为 $a_1, a_2, \cdots, a_6$，而 8 个顶点上所标的 8 个数分别为 $b_1, b_2, \cdots, b_8$，假定能按要求标数，则

$$(a_1 + a_2 + \cdots + a_6) + (b_1 + b_2 + \cdots + b_8) = 0,$$

于是 $a_1, a_2, \cdots, a_6, b_1, b_2, \cdots, b_8$ 这 14 个数中有 7 个 1 和 7 个 -1, 它们的积

$$(a_1 a_2 \cdots a_6)(b_1 b_2 \cdots b_8) = (-1)^7 = -1. \quad ①$$

又 $a_1, a_2, \cdots, a_6$ 中的每个数都是 $b_1, b_2, \cdots, b_8$ 中 4 个数的积,考察 $A = a_1 a_2 \cdots a_6$,由于每个顶点是 3 个面的公共顶点,从而 $b_1, b_2, \cdots, b_8$ 中每个数都在 $A = a_1 a_2 \cdots a_6$ 中计算了 3 次,即 $A = a_1 a_2 \cdots a_6 = (b_1 b_2 \cdots b_8)^3$,于是

$$(a_1 a_2 \cdots a_6)(b_1 b_2 \cdots b_8) = (b_1 b_2 \cdots b_8)^3 (b_1 b_2 \cdots b_8)$$
$$= (b_1 b_2 \cdots b_8)^4 = 1,$$

这与式①矛盾!

12. 设表中各数的积为 x,则 $A_1 A_2 \cdots A_n = B_1 B_2 \cdots B_n = x$,显然 $A_1, A_2, \cdots, A_n, B_1, B_2, \cdots, B_n$ 及 x 都是 1 或 -1,于是 $(A_1 A_2 \cdots A_n) \cdot (B_1 B_2 \cdots B_n) = x^2 = 1$,所以 $A_1, A_2, \cdots, A_n, B_1, B_2, \cdots, B_n$ 中 -1 的个数为偶数.

若 $A_1 + A_2 + \cdots + A_n + B_1 + B_2 + \cdots + B_n = 0$,则 $A_1, A_2, \cdots, A_n, B_1, B_2, \cdots, B_n$ 中 1 与 -1 的个数相等,都为 n,但 n 为奇数,矛盾.

故 $A_1 + A_2 + \cdots + A_n + B_1 + B_2 + \cdots + B_n \neq 0$.

13. 因为 x_1, x_2, x_3, x_4, x_5 为互不相等的正奇数,所以 $2005 - x_1, 2005 - x_2, 2005 - x_3, 2005 - x_4, 2005 - x_5$ 为互不相等的偶数.

又 24^2 分解为 5 个互不相等的偶数的积只有唯一的方式:$24^2 = 2 \cdot (-2) \cdot 4 \cdot 6 \cdot (-6)$,所以

$$(2005 - x_1)^2 + (2005 - x_2)^2 + (2005 - x_3)^2$$
$$+ (2005 - x_4)^2 + (2005 - x_5)^2$$
$$= 2^2 + (-2)^2 + 4^2 + 6^2 + (-6)^2 = 96,$$

故

$$(5-x_1)^2 + (5-x_2)^2 + (5-x_3)^2 + (5-x_4)^2 + (5-x_5)^2$$
$$\equiv 6 \pmod{10},$$

即
$$x_1^2 + x_2^2 + x_3^2 + x_4^2 + x_5^2 - 50(x_1 + x_2 + x_3 + x_4 + x_5) + 125$$
$$\equiv 6 \pmod{10},$$

所以
$$x_1^2 + x_2^2 + x_3^2 + x_4^2 + x_5^2 + 5 \equiv 6 \pmod{10},$$

即
$$x_1^2 + x_2^2 + x_3^2 + x_4^2 + x_5^2 \equiv 1 \pmod{10},$$

故 $x_1^2 + x_2^2 + x_3^2 + x_4^2 + x_5^2$ 的末位数字为 1.

14. 不存在.

用反证法.假定存在三个实数 a,b,c,同时满足 $|a|<|b-c|$,$|b|<|c-a|$,$|c|<|a-b|$,那么,由 $|a|<|b-c|$,得 $a^2<(b-c)^2$,所以 $(b-c)^2-a^2>0$,即
$$(b-c+a)(b-c-a)>0.$$

同理
$$(c-a+b)(c-a-b)>0, \quad (a-b+c)(a-b-c)>0.$$

整体思考,将三个不等式相乘,得
$$(b-c+a)(b-c-a)(c-a+b)(c-a-b)$$
$$\cdot (a-b+c)(a-b-c) > 0.$$

但
$$(b-c+a)(b-c-a)(c-a+b)(c-a-b)$$
$$\cdot (a-b+c)(a-b-c)$$
$$= -(b-c+a)^2(b-c-a)^2(c-a+b)^2 \leqslant 0,$$

矛盾.

15. 设存在四个正实数 a,b,c,d 使得它们两两的乘积为 $2,3,5,6,10,16$,则 ab,ac,ad,bc,bd,cd 是 $2,3,5,6,10,16$ 的一个排

列,考察这些数的积,有 $(abcd)^3 = 2 \cdot 3 \cdot 5 \cdot 6 \cdot 10 \cdot 16$,所以 $(ab) \cdot (cd) = 4\sqrt[3]{450}$,注意 ab, cd 是 $2,3,5,6,10,16$ 中的两个数,其积为有理数,矛盾,所以假设不成立,故不存在四个正实数,使得它们两两的乘积为 $2,3,5,6,10,16$.

16. 从整体上考察各绝对值符号中的数的和(以构造 $a_1 + a_2 + \cdots + a_{2013}$),发现

$$(a_1 - 2a_2) + (a_2 - 2a_3) + \cdots + (a_{2012} - 2a_{2013}) + (a_{2013} - 2a_1)$$
$$= 0. \qquad ①$$

不妨设

$$|a_1 - 2a_2| = |a_2 - 2a_3| = \cdots = |a_{2012} - 2a_{2013}|$$
$$= |a_{2013} - 2a_1| = t. \qquad ②$$

并设式①中恰有 $k(0 \leqslant k \leqslant 2013)$ 个项为正,则式①可写为 $kt - (2013 - k)t = 0$,即 $(2k - 2013)t = 0$.又 $2k$ 为偶数,显然 $2k - 2013 \neq 0$,所以 $t = 0$,代入式②,有

$$a_1 = 2a_2, \quad a_2 = 2a_3, \quad \cdots, \quad a_{2012} = 2a_{2013}, \quad a_{2013} = 2a_1,$$

各式相乘,得 $a_1 = 2^{2013} a_1$,所以 $a_1 = 0$,同理,$a_i = 0(i = 1, 2, \cdots, 2013)$.

17. 易知,$a_1 + a_2 + \cdots + a_{2n} = 1 + 2 + \cdots + 2n$.再构造目标中的 $a_i + i(i = 1, 2, \cdots, 2n)$,将上式变为

$$(a_1 + 1) + (a_2 + 2) + \cdots + (a_{2n} + 2n) = 2(1 + 2 + \cdots + 2n).$$

对上述等式进行模分析,一方面,有

$$(a_1 + 1) + (a_2 + 2) + \cdots + (a_{2n} + 2n) = 2(1 + 2 + \cdots + 2n)$$
$$\equiv 0 \pmod{2n}.$$

另一方面,若结论不成立,则 $a_1 + 1, a_2 + 2, \cdots, a_{2n} + 2n$ 构成模 $2n$ 的完系,所以

$$(a_1 + 1) + (a_2 + 2) + \cdots + (a_{2n} + 2n)$$
$$\equiv 1 + 2 + \cdots + 2n = n(2n + 1) \not\equiv 0 \pmod{2n},$$

矛盾.

18. 不可能.

假设可以按要求填入,设 k 个行和分别为 $2^{t_1}, 2^{t_2}, \cdots, 2^{t_k}$,不妨设 $2^{t_1} \leqslant 2^{t_2} \leqslant \cdots \leqslant 2^{t_k}$,考察整体性质,有

$$2^{t_1} + 2^{t_2} + \cdots + 2^{t_k} = 1 + 2 + \cdots + k^2 = \frac{k^2(k^2+1)}{2}.$$

对上式进行因数分析,有

$$2^{t_1} \left| \frac{k^2(k^2+1)}{2} \right. . \qquad ①$$

(1) 若 k 为奇数,则 $\frac{k^2(k^2+1)}{2}$ 亦为奇数,与式①矛盾.

(2) 若 k 为偶数,则 k^2+1 为奇数,$(2^{t_1}, k^2+1) = 1$,所以 $2^{t_1} \left| \frac{k^2}{2} \right.$,故 $2^{t_1} \leqslant \frac{k^2}{2}$. 但 $2^{t_1} \geqslant 1 + 2 + \cdots + k = \frac{k(k+1)}{2} > \frac{k^2}{2}$,矛盾.

19. 记正 n 边形为 $A_1 A_2 \cdots A_n$,显然

$$A_i A_j \,/\!/\, A_k A_t \iff \angle A_i O A_t = \angle A_k O A_j$$

(其中 O 为正 n 边形的中心)

$$\iff i - t \equiv k - j \pmod{n}$$

$$\iff i + j \equiv k + t \pmod{n}.$$

反设闭折线 $A_{i_1} A_{i_2} \cdots A_{i_n} A_{i_1}$ 的任何两条边不平行,那么,由以上分析可知,$i_1 + i_2, i_2 + i_3, \cdots, i_n + i_1$ 构成模 n 的完系.于是

$$(i_1 + i_2) + (i_2 + i_3) + \cdots + (i_n + i_1) \equiv 1 + 2 + \cdots + n$$
$$= \frac{n(n+1)}{2} \pmod{n}.$$

另一方面,有

$$(i_1 + i_2) + (i_2 + i_3) + \cdots + (i_n + i_1)$$
$$= 2(i_1 + i_2 + \cdots + i_n) \equiv 2(1 + 2 + \cdots + n)$$
$$= n(n+1) \equiv 0 \pmod{n},$$

所以 $n(n+1) \equiv 0 \pmod{n}$.

令 $n = 2k$,有 $0 \equiv k(2k+1) = 2k^2 + k \equiv k \pmod{2k}$,矛盾.

20. 因为只有有限种放法,使 S 最小的放法一定存在,我们称这样的放法为"好放法". 考察任意一个放法:$1, a_1, a_2, \cdots, a_m, 9, b_n, b_{n-1}, \cdots, b_1$,其中 $m + n = 7, m, n \in \mathbf{N}$. 此时,由 $|x| \geqslant x$,有

$$S = (|a_1 - 1| + |a_2 - a_1| + \cdots + |9 - a_m|)$$
$$+ (|9 - b_n| + |b_n - b_{n-1}| + \cdots + |b_1 - 1|)$$
$$\geqslant ((a_1 - 1) + (a_2 - a_1) + \cdots + (a_m - a_{m-1}) + (9 - a_m))$$
$$+ ((9 - b_n) + (b_n - b_{n-1}) + \cdots + (b_1 - 1))$$
$$= (9 - 1) + (9 - 1) = 16(\text{常数}),$$

其中,当且仅当 $a_1 < a_2 < \cdots < a_m$ 且 $b_1 < b_2 < \cdots < b_n$ 时等号成立.

于是,当且仅当 $a_1 < a_2 < \cdots < a_m$ 且 $b_1 < b_2 < \cdots < b_n$ 时,其放法为好放法.

对给定的 m,选取 $a_1, a_2, \cdots, a_m$ 有 C_7^m 种方法,而将其按 $a_1 < a_2 < \cdots < a_m$ 的顺序排列在圆周上 1 与 9 之间的位置,有唯一方法,注意到 $m = 0, 1, 2, \cdots, 7$,从而选取和排列 $a_1, a_2, \cdots, a_m$ 有 $C_7^0 + C_7^1 + C_7^2 + \cdots + C_7^7 = 2^7$ 种方法.

当选定了 $a_1, a_2, \cdots, a_m$ 后,$b_1, b_2, \cdots, b_n$ 也唯一确定,且按 $b_1 < b_2 < \cdots < b_n$ 的顺序排列也唯一确定,从而好的放数方法共有 2^7 种.

但由镜面对称,可知每种方法被计算两次,从而不同的好放法共有 2^6 种.

考察所有放法,将九个数作圆排列有 $8!$ 种,由镜面对称,可知每种方法被计算两次,从而所有放法共有 $\dfrac{8!}{2}$ 种. 故所求概率为 $\dfrac{2^7}{8!} = \dfrac{2^4}{7!} = \dfrac{1}{315}$.

1 整体思考

21. 如果结论不成立,那么当 a 取遍所有 $n!$ 个排列时,$S(a)$ $(\bmod n!)$ 的余数取遍 $1,2,\cdots,n!$. 当 a 取遍所有 $n!$ 个排列时,$S(a)$ 的总和记为 $\sum S(j)$,那么 $\sum S(j) \equiv 1 + 2 + \cdots + n! \equiv \dfrac{n! \times (n!+1)}{2} (\bmod n!)$.

又由于 n 为大于 1 的奇数,所以 $n!$ 是偶数,故

$$\sum S(j) \equiv \dfrac{n!}{2} (\bmod n!). \qquad ①$$

另一方面,$\sum S(j)$ 中 k_1 的系数是由 $(n-1)!$ 个 1,$(n-1)!$ 个 2,$\cdots$,$(n-1)!$ 个 n 组成的,所以 $\sum S(j)$ 中 k_1 的系数为

$$(n-1)!(1+2+\cdots+n) = \dfrac{(n+1)n!}{2}.$$

同理,$k_2,k_3,\cdots,k_n$ 的系数也都是 $\dfrac{(n+1)n!}{2}$,所以

$$\sum S(j) = \dfrac{(n+1)n!}{2}(k_1 + k_2 + \cdots + k_n).$$

但是 n 是大于 1 的奇数,所以 $n+1$ 是偶数,于是

$$\sum S(j) \equiv 0 (\bmod n!). \qquad ②$$

式①与式②矛盾,所以一定存在 $b,c,b \neq c$,使得

$$n! \mid S(b) - S(c).$$

22. 设 n 个互不相同的有理数为 $a_1, a_2, \cdots, a_n$,对其中任意 k 个数 $a_1, a_2, \cdots, a_k$,记 $F = a_1 a_2 \cdots a_k$,考察 $A = \prod\limits_{1 \leqslant i < j \leqslant k}(a_i a_j)$ 以及 a_i 在 A 中出现的次数,由于 a_i 与 $a_j (j \neq i)$ 构成 $k-1$ 个对子,于是 a_i 在 A 中出现 $k-1$ 次,所以

$$A = \prod_{1 \leqslant i < j \leqslant k}(a_i a_j) = (a_1 a_2 \cdots a_k)^{k-1} = F^{k-1},$$

故

$$F^{k-1} = \prod_{1 \leqslant i < j \leqslant k}(a_i a_j) \in \mathbf{Z}.$$

这表明,F 是首项为 1 的整系数多项式 $x^{k-1} - \prod_{1 \leqslant i < j \leqslant k}(a_i a_j)$ 的根,但 $F \in \mathbf{Q}$,从而 $F \in \mathbf{Z}$.

23. 记第 i 行第 j 列的格为 (i,j),不妨设格 $(1,1)$ 是白色,那么,当且仅当 $i+j$ 为奇数时,格 (i,j) 为黑格.

设棋子所在格为 $(i_1, j_1), (i_2, j_2), \cdots, (i_8, j_8)$(也可设为 $(1, j_1), (2, j_2), \cdots, (8, j_8)$),依题意,$i_1, i_2, \cdots, i_8$ 与 $j_1, j_2, \cdots, j_8$ 都是 $1, 2, \cdots, 8$ 的一个排列,所以 $\sum(i_k + j_k) = 2(1 + 2 + \cdots + 8)$ 为偶数,于是 $i_k + j_k (k = 1, 2, \cdots, 8)$ 中有偶数个奇数,即放棋子的黑格有奇数个.

24. (1) 在 G 中增加一些边,使 G 剖分成一些三角形得到 G'.

设 $|G| = n$,G 的凸包有 m 个顶点,内部有 $r(0 \leqslant r \leqslant n-3)$ 个顶点,则 $m + r = n$.

计算各个小三角形的内角和的总和 S(得到小三角形个数):从点出发,内部 r 个顶点对 S 的贡献为 $r \cdot 360°$,边界上 m 个顶点对 S 的贡献为 $(m-2) \cdot 180°$,所以 $S = r \cdot 360° + (m-2) \cdot 180°$.

而从三角形出发,每个三角形对 S 的贡献为 $180°$,设有 k 个小三角形,则 $S = k \cdot 180°$,于是共有 $k = (m-2) + 2r$ 个小三角形(或者计算增量,每增加一个点增加两个小三角形).

因为图中共有 $(m-2) + 2r$ 个三角形,有 $3(m-2) + 6r = 3m - 6 + 6r$ 条边,但除外围 m 条边外,其余边都是两个三角形的公共边,于是

$$\|G'\| = \frac{3m - 6 + 6r + m}{2} = \frac{1}{2}(3n + 3r + m - 6)$$

$$= \frac{1}{2}(4n + 2r - 6) \leqslant \frac{1}{2}(4n + 2(n-3) - 6)$$

$$= 3n - 6.$$

所以$\|G\| \leqslant \|G'\| \leqslant 3n-6$,即$e \leqslant 3v-6$.

由此可知,G的所有顶点的度的和$S \leqslant 2(3v-6) = 6v-12$,于是存在点$A$,使$d(A) \leqslant \frac{1}{v}(6v-12) < 6$,即$d(A) \leqslant 5$.

另证:因为每个面都至少有3条边,于是至少共有$3f$条边,而每条边至多算2次,所以$e \geqslant \frac{3f}{2}$,即$f \leqslant \frac{2e}{3}$.代入欧拉公式$v+f-e=2$,得$2+e-v = f \leqslant \frac{2e}{3}$,解得$e \leqslant 3v-6$.由此可知,$G$的所有顶点的度的和$S \leqslant 2(3v-6) = 6v-12$,于是存在点$A$,使$d(A) \leqslant \frac{1}{v}(6v-12) < 6$.

(2) 在G中增加一些边,使G剖分成一些三角形得到G'.

设$|G|=v$,则G'中共有$v-2$个三角形,从而有$v-3$条对角线,所以
$$\|G'\| = v(外部边) + (v-3)(内部边) = 2v-3,$$
故$\|G\| \leqslant \|G'\| = 2v-3$,即
$$e \leqslant 2v-3. \qquad ①$$

其次,在G'的剖分中,有$v-2$个三角形,但凸v边形有v条边,每条边都属于其中一个三角形,从而必有一个三角形含有凸v边形的两条边,这两条边必定是凸v边形的两条相邻边,否则三角形有4个顶点,矛盾.

设这两条相邻边为AB, AC,从而B,C相连,所以点A不引出对角线,于是$d(A) \leqslant 2$.最后,将$v+f-e=2$代入式①,得$v+f-2 \leqslant 2v-3$,所以$f \leqslant v-1$.

另证:在G中增加一些边,使G剖分成一些三角形得到G',则G'中含有$v-2$个三角形,于是
$$f' = 1(外部面) + (v-2)(内部面) = v-1,$$

所以 $f \leqslant f' = v - 1$.

将 $f \leqslant v - 1$ 代入 $v + f - e = 2$,得 $e \leqslant 2v - 3$.

25. 用反证法.假设命题不成立,即对所有的 $i = 1, 2, \cdots, n$,有 $\angle PA_i A_{i+1} \geqslant \dfrac{\pi}{2}$,考察 $\triangle PA_i A_{i+1}$,$\angle PA_i A_{i+1}$ 是最大内角,有 $PA_{i+1} > PA_i$.

令 $i = 1, 2, \cdots, n$,将得到的 n 个不等式相乘,得 $1 > 1$,矛盾.

26. 在凹四边形中,恰有一个内角 α 大于 $180°$,定义它的有向内角为 $\alpha - 360°$.对于小于 $180°$ 的内角,它对应的有向内角为它本身.

这样,对任何凹四边形 $ABCD$,不妨设 $\angle A > 180°$,则此四边形的有向内角和为

$$(\angle A - 360°) + \angle B + \angle C + \angle D$$
$$= (\angle A + \angle B + \angle C + \angle D) - 360° = 0°.$$

若凸 m 边形分割为 n 个凹四边形,考察 n 个凹四边形的有向内角和的总和 S.由上述结论可知,$S = 0$.

另一方面,考虑所有凹四边形的顶点对 S 的贡献.

(1)若顶点是凸 m 边形的顶点,它的贡献就是凸 m 边形的一个内角,于是,这类顶点对 S 的总贡献是 $(m - 2)180°$.

(2)若顶点在凸 m 边形或其他凹四边形的边界上,但不与凸 m 边形及其他凹四边形的顶点重合,这样的顶点对应的顶角小于 $180°$,且每个顶点处的顶角和为 $180°$.

于是,设有 s 个这样的顶点,它们对 S 的总贡献为 $s \times 180°$ ($s \geqslant 0$).

(3)若顶点位于凸 m 边形的内部.

(ⅰ)若顶点引出的所有顶角都小于 $180°$,则它对 S 的贡献为 $360°$,设有 t 个这样的顶点,则它们对 S 的总贡献为 $t \times 360°$

$(t \geqslant 0)$.

（ii）若顶点引出的所有顶角中有大于180°者,则至多有一个大于180°.不妨设 $\beta > 180°$,它对 S 的贡献为 $\beta - 360°$,又该顶点引出的其他顶角的和为 $360° - \beta$,于是,该顶点对 S 的贡献为 0.于是

$$S = (m-2) \times 180° + s \times 180° + t \times 360°$$
$$\geqslant (m-2) \times 180° \geqslant 180°,$$

矛盾,证毕.

27. 不能.

设 a, b 为自然数,$a > b$,则 $(a, b) \leqslant b$ 且 $(a, b) \leqslant \dfrac{a}{2}$.

因此,当 $a \neq b$ 时,有

$$(a, b) \leqslant \min\left\{\dfrac{a}{2}, b\right\} \leqslant \dfrac{1}{3}\left(\dfrac{a}{2} + \dfrac{a}{2} + b\right) = \dfrac{1}{3}(a+b).$$

由正方体的 12 条棱组成 12 个这样的不等式,于是我们得出:当且仅当 $(a, b) = \dfrac{1}{3}(a+b)$ 时,满足问题条件的等式成立,这时 $a = 2b$.

设棱 AB 的端点 A 标数 x,B 标数 $2x$,考察从顶点 A 出发的另外两条棱 AC, AD,则端点 C, D 都不能标数 $2x$,由上述结论,C, D 都应标数 $\dfrac{x}{2}$,从而它们的标数相等,矛盾.

28. 由条件可知

$$kn \geqslant \sum_{i=1}^{k}(x_i + y_i + z_i) \geqslant 3\sum_{i=0}^{k-1} i = \dfrac{3k(k-1)}{2},$$

因此 $k \leqslant \left[\dfrac{2n}{3}\right] + 1$.

下面给出 $k = \left[\dfrac{2n}{3}\right] + 1$ 的例子.

若 $n=3m$，对 $1\leqslant j\leqslant m+1$，令 $x_j=j-1$，$y_j=m+j-1$，$z_j=2m-2j+2$；对 $m+2\leqslant j\leqslant 2m+1$，令 $x_j=j-1$，$y_j=j-m-2$，$z_j=4m-2j+3$ 即可.

若 $n=3m+1$，对 $1\leqslant j\leqslant m$，令 $x_j=j-1$，$y_j=m+j$，$z_j=2m-2j+2$；对 $m+1\leqslant j\leqslant 2m$，令 $x_j=j+1$，$y_j=j-m-1$，$z_j=4m+1-2j$；而 $x_{2m+1}=m$，$y_{2m+1}=2m+1$，$z_{2m+1}=0$ 即可.

若 $n=3m+2$，对 $1\leqslant j\leqslant m+1$，令 $x_j=j-1$，$y_j=m+j$，$z_j=2m-2j+3$；对 $m+2\leqslant j\leqslant 2m+1$，令 $x_j=j$，$y_j=j-m-2$，$z_j=4m-2j+4$；而 $x_{2m+2}=2m+2$，$y_{2m+2}=m$，$z_{2m+2}=0$ 即可.

综上可知，k 的最大值为 $\left[\dfrac{2n}{3}\right]+1$.

29. 设 $a_1,a_2,\cdots,a_{1000}$ 是 $1001,1002,\cdots,2000$ 的一个排列，令 $S_i=a_i+a_{i+1}+\cdots+a_{i+9}(i=1,2,\cdots,991)$，则
$$S_1+S_{11}+S_{21}+\cdots+S_{991}=a_1+a_2+\cdots+a_{1000}$$
$$=1\,500\,500.$$

于是，$S_1,S_{11},\cdots,S_{991}$ 中至少有一个 S_i，使 $S_i\geqslant 15\,005$，从而 $A_{\max}\geqslant 15\,005$.

另外，存在一个合乎条件的排列，使 $A=15\,005$，此排列如下：

2 000	1 999	1 998	1 997	$\cdots$	1 901
1 001	1 002	1 003	1 004	$\cdots$	1 100
1 900	1 899	1 898	1 897	$\cdots$	1 801
1 101	1 102	1 103	1 104	$\cdots$	1 200
1 800	1 799	1 798	1 796	$\cdots$	1 701
1 201	1 202	1 203	1 204	$\cdots$	1 300
1 700	1 699	1 698	1 697	$\cdots$	1 601
1 301	1 302	1 303	1 304	$\cdots$	1 400
1 600	1 599	1 598	1 597	$\cdots$	1 501
1 401	1 402	1 403	1 404	$\cdots$	1 500

此排列的第 1,3,5,7,9 行的数依次排成一个长为 500、公差为 -1 的等差数列,第 2,4,6,8,10 行的数依次排成一个长为 500、公差为 1 的等差数列.

此表中,当 k 为偶数时,第 $j+1$ 列前 $10-k$ 项的和等于第 j 列前 $10-k$ 项的和,此时 $S=15\,005$.

当 k 为奇数时,第 $j+1$ 列前 $10-k$ 项的和小于第 j 列前 $10-k$ 项的和,此时 $S<15\,005$.

于是,当 $A>15\,005$ 时,不存在连续的 10 个项,其和为 A,所以 A 的最大值为 $15\,005$.

30. 将 $2n+1$ 张牌的一个排列从左至右叫作第 $1,2,\cdots,2n+1$ 号位. 对每个 k ($1\leqslant k\leqslant n$),设左边的那个 k 在第 a_k 号位,右边的那个 k 在第 b_k 号位,则 $a_k+k=b_k$,即 $(a_k+b_k)-2a_k=k$. 所以

$$\sum_{k=1}^{n}(a_k+b_k)-2\sum_{k=1}^{n}a_k=\sum_{k=1}^{n}k. \qquad ①$$

由于 $\sum_{k=1}^{n}(a_k+b_k)$ 是除第 $n+1$ 号位(王所在的位置)以外的所有位号之和,因此

$$\sum_{k=1}^{n}(a_k+b_k)=(1+2+\cdots+2n+1)-(n+1)=2n(n+1).$$

代入式①,得

$$2\sum_{k=1}^{n}a_k=2n(n+1)-\frac{1}{2}n(n+1)=\frac{3}{2}n(n+1).$$

所以 $\frac{3}{2}n(n+1)$ 为偶数.

当 $n<11$ 时,只有 $n=3,4,7,8$ 合乎条件.

又当 $n=3,4,7,8$ 时,存在合乎条件的排法如下:

113 王 232, 1134 王 3242, 1136734 王 5647252,

58411547 王 86232736.

故 $n=3,4,7,8$.

31. 由于 $a_{ij} = \pm 1$，从而 $P_{ij} = \pm 1$.

又共有 $(2n+1) \times (2n+1)$ 个 P_{ij}，若 $\sum_{1 \leqslant i < j \leqslant 2n+1} P_{ij} = 1$，则取值为 1 的 P_{ij} 比取值为 -1 的多一个，于是共有 $\frac{1}{2}((2n+1) \times (2n+1) - 1)$ $= 2n(n+1)$ (偶数) 个 P_{ij} 为 -1，所以

$$\prod_{1 \leqslant i < j \leqslant 2n+1} P_{ij} = (-1)^{2n(n+1)} = 1.$$

但表中每一个 -1 都属于 $2 \times (2n+1) - 1 = 4n+1$ 个 P_{ij}（比如，$a_{11} = -1$，则 a_{11} 属于 $P_{11}, P_{12}, \cdots, P_{1,2n+1}, P_{21}, P_{31}, P_{2n+1,1}$），从而每一个 -1 在 $\prod_{1 \leqslant i < j \leqslant 2n+1} P_{ij}$ 中出现 $4n+1$ 次，于是，$2n+1$ 个 -1 在 $\prod_{1 \leqslant i < j \leqslant 2n+1} P_{ij}$ 中出现 $(4n+1) \times (2n+1)$ 次，所以

$$\prod_{1 \leqslant i < j \leqslant 2n+1} P_{ij} = (-1)^{(4n+1) \times (2n+1)} = -1,$$

矛盾．

32. 结论是肯定的．证明如下：

在二色 $(4n-3) \times (4n-3)$ 棋盘中，必有一色含有 $\left[\frac{(4n-3)^2}{2}\right] + 1 = \frac{(4n-3)^2 + 1}{2}$ 个方格，设为红色，令 $X = \{1, 2, \cdots, 4n-3\}$ 为 $4n-3$ 个列的序号的集合，令 A_i 为第 i 行所有红格所在列的序号的集合，则

$$\sum_{i=1}^{4n-3} |A_i| \geqslant \frac{(4n-3)^2 + 1}{2}.$$

不妨设 $\sum_{i=1}^{4n-3} |A_i| = \frac{(4n-3)^2 + 1}{2}$（否则去掉棋盘中若干个格），我们只需证明：存在 i, j，使 $|A_i \cap A_j| \geqslant n$.

设第 i 行有 m_i 个红格，则

$$\sum_{i=1}^{4n-3} m_i = \sum_{i=1}^{4n-3} |A_i| = \frac{(4n-3)^2 + 1}{2}.$$

故

$$\sum_{1\leqslant i<j\leqslant 4n-3} |A_i \cap A_j|$$

$$= \sum_{i=1}^{4n-3} C_{m_i}^2 = \frac{1}{2}\left(\sum_{i=1}^{4n-3} m_i^2 - \sum_{i=1}^{4n-3} m_i\right) \geqslant \frac{1}{2}\left[\frac{\left(\sum_{i=1}^{4n-3} m_i\right)^2}{4n-3} - \sum_{i=1}^{4n-3} m_i\right]$$

$$= \frac{1}{2} \cdot \frac{\sum_{i=1}^{4n-3} m_i \left(\sum_{i=1}^{4n-3} m_i - 4n + 3\right)}{4n-3}$$

$$= \frac{1}{2} \cdot \frac{\frac{(4n-3)^2+1}{2}\left[\frac{(4n-3)^2+1}{2} - 4n + 3\right]}{4n-3}$$

$$> \frac{1}{2(4n-3)} \cdot \frac{(4n-3)^2}{2} \cdot \frac{(4n-4)^2}{2}$$

$$= \frac{1}{2}(4n-3)(4n-4)(n-1) = (n-1)C_{4n-3}^2.$$

所以,存在 i,j,使 $|A_i \cap A_j| > n-1$,即 $|A_i \cap A_j| \geqslant n$,命题获证.

33. 由题意得

$$2^n M \geqslant 2^n \cdot \sum_{j=1}^{n} |a_{j1}x_1 + a_{j2}x_2 + \cdots + a_{jn}x_n|$$

$$= \sum_{x_1,x_2,\cdots,x_n} 1 \cdot \sum_{j=1}^{n} |a_{j1}x_1 + a_{j2}x_2 + \cdots + a_{jn}x_n|$$

$(x_i = 1 \text{ 或 } -1)$

$$= \sum_{j=1}^{n} \sum |a_{j1}x_1 + a_{j2}x_2 + \cdots + a_{jn}x_n|$$

$$= \sum_{j=1}^{n} \sum_{x_j=1} |a_{j1}x_1 + a_{j2}x_2 + \cdots + a_{jn}x_n|$$

$$+ \sum_{j=1}^{n} \sum_{x_j=-1} |a_{j1}x_1 + a_{j2}x_2 + \cdots + a_{jn}x_n|$$

$$= \sum_{j=1}^{n} \sum | a_{j1}x_1 + \cdots + a_{j,j-1}x_{j-1} + a_{jj} + a_{j,j+1}x_{j+1} + \cdots + a_{jn}x_n |$$

（内面的和对数组 $x_1, x_2, \cdots, x_{j-1}, x_{j+1}, \cdots, x_n$ 进行）

$$+ \sum_{j=1}^{n} \sum | a_{j1}x_1 + \cdots + a_{j,j-1}x_{j-1} - a_{jj} + a_{j,j+1}x_{j+1} + \cdots + a_{jn}x_n |$$

（内面的和对数组 $x_1, x_2, \cdots, x_{j-1}, x_{j+1}, \cdots, x_n$ 进行）

$$= \sum_{j=1}^{n} \sum (|A| + |B|)$$

（其中 $A = a_{j1}x_1 + \cdots + a_{j,j-1}x_{j-1} + a_{jj} + a_{j,j+1}x_{j+1} + \cdots + a_{jn}x_n$，
$B = a_{j1}x_1 + \cdots + a_{j,j-1}x_{j-1} - a_{jj} + a_{j,j+1}x_{j+1} + \cdots + a_{jn}x_n$）

$$\geqslant \sum_{j=1}^{n} \sum (|A - B|) = \sum_{j=1}^{n} \sum |2a_{jj}|$$

（内面的和对数组 $x_1, x_2, \cdots, x_{j-1}, x_{j+1}, \cdots, x_n$ 进行）

$$= \sum_{j=1}^{n} 2^{n-1} \sum |2a_{jj}| = 2^n \sum_{j=1}^{n} |a_{jj}|,$$

所以 $\sum_{j=1}^{n} |a_{jj}| \leqslant M$.

34. 令 $p(z) = zf(z)$，并设 $\omega_0 = 1, \omega_1, \omega_2, \cdots, \omega_n$ 是 1 的所有 $n+1$ 次单位根，其中 $\omega_k = \omega_1^k (k = 0, 1, 2, \cdots, n)$.

当 $(n+1) \nmid t$ 时，$\omega_1^t \neq 1$，于是

$$\sum_{k=0}^{n} \omega_k^t = \sum_{k=0}^{n} \omega_1^{kt} = \frac{1 - (\omega_1^t)^{n+1}}{1 - \omega_1^t} = \frac{1 - (\omega_1^{n+1})^t}{1 - \omega_1^t} = 0.$$

这样

$$p(\omega_k) = \omega_k f(\omega_k) = \omega_k^{n+1} + \sum_{k=0}^{n} \sum_{j=1}^{n} a_{j-1} \omega_k^j,$$

所以

$$\sum_{k=0}^{n} p(\omega_k) = \sum_{k=0}^{n} \omega_k^{n+1} + \sum_{k=0}^{n} \sum_{j=1}^{n} a_{j-1} \omega_k^j$$

$$= \sum_{k=0}^{n} \omega_k^{n+1} + \sum_{j=1}^{n} a_{j-1} \Big(\sum_{k=0}^{n} \omega_k^j \Big) = \sum_{k=0}^{n} \omega_k^{n+1}$$

$$= \sum_{k=0}^{n} 1 = n+1.$$

故

$$\sum_{k=0}^{n} |p(\omega_k)| \geqslant \Big| \sum_{k=0}^{n} p(\omega_k) \Big| = n+1.$$

于是，存在 ω_t，使 $|p(\omega_t)| \geqslant 1$，即 $|\omega_k f(\omega_k)| \geqslant 1$. 又 $|\omega_t| = 1$，所以 $|f(\omega_t)| \geqslant 1$. 令 $z_0 = \omega_t$，命题获证.

另证：设 $\omega_0 = 1, \omega_1, \omega_2, \cdots, \omega_{n-1}$ 是 1 的所有 n 次单位根，其中 $\omega_k = \omega_1^k (k = 0, 1, 2, \cdots, n-1)$. 令 $z_k = t\omega_k$，其中 t 为待定常数，$|t| = 1$（直接考察 $f(z_k)$，思路更自然）. 这样，$|z_k| = |t\omega_k| = 1$，我们只需证明：存在 ω_k，使 $|t\omega_k| = 1$，$|f(t\omega_k)| \geqslant 1$.

当 $n \nmid j$ 时，$\omega_1^j \neq 1$，于是

$$\sum_{k=0}^{n-1} \omega_k^j = \sum_{k=0}^{n-1} \omega_1^{kj} = \frac{1-(\omega_1^j)^n}{1-\omega_1^j} = \frac{1-(\omega_1^n)^j}{1-\omega_1^j} = 0.$$

这样

$$\sum_{k=0}^{n-1} f(t\omega_k) = \sum_{k=0}^{n-1} \sum_{j=0}^{n} a_j (t\omega_k)^j \quad (\text{其中 } a_n = 1)$$

$$= \sum_{k=0}^{n-1} \Big(\sum_{j=1}^{n-1} a_j (t\omega_k)^j + a_0 + t^n \Big)$$

$$= \sum_{j=1}^{n-1} a_j t^j \sum_{k=0}^{n-1} \omega_k^j + na_0 + nt^n = na_0 + nt^n.$$

取 t 满足 t^n 与 a_0 同向：当 a_0 为 0 时，t 可为任何模等于 1 的数；当 $a_0 \neq 0$ 时，取 $\arg t = \dfrac{\arg a_0}{n}$，这样

$$\sum_{k=0}^{n-1} |f(t\omega_k)| \geqslant \Big| \sum_{k=0}^{n-1} f(t\omega_k) \Big| = |na_0 + nt^n|$$

$$= n|a_0| + n|t^n| \geqslant n|t^n| = n.$$

于是,存在 ω_t,使 $|f(t\omega_t)| \geqslant 1$. 又 $|\omega_t| = 1, |t| = 1$,所以 $|t\omega_t| = 1$. 令 $z_0 = t\omega_t$,命题获证.

35. 考虑一般的情形,设 $|A| = m, |B| = n, A + B = \{s_1, s_2, \cdots, s_k\}$,对任意的 $1 \leqslant i \leqslant k$,设 s_i 有 $f(i)$ 种方式表示为 $a + b$ 的形式,其中 $a \in A, b \in B$,即

$$s_i = a_{i1} + b_{i1} = a_{i2} + b_{i2} = \cdots = a_{if(i)} + b_{if(i)},$$

则显然有

$$f(1) + f(2) + \cdots + f(k) = mn.$$

对任意的 $1 \leqslant r < t \leqslant f(i)$,考虑集合 $\{b_{ir}, b_{it}\}$,则有 $C_{f(i)}^2$ 个这样的集合,对于 $i = 1, 2, \cdots, k$,共有 $C_{f(1)}^2 + C_{f(2)}^2 + \cdots + C_{f(k)}^2$ 个集合,下面证明这些集合是两两不同的.

若不然,则存在 $1 \leqslant i < j \leqslant k$ 及 $b_r, b_t \in B (r \neq t)$ 使得 $s_i = x + b_r = u + b_t, s_j = v + b_r = y + b_t$,其中 $x, y, u, v \in A$,从而 $x + y = u + v$,由题设知 $\{x, y\} = \{u, v\}$,若 $x = u, y = v$,则 $b_r = b_t$,不可能;若 $x = v, y = u$,则 $s_i = s_j$,不可能. 从而 $C_{f(1)}^2 + C_{f(2)}^2 + \cdots + C_{f(k)}^2 \leqslant C_n^2$,即

$$((f(1))^2 + (f(2))^2 + \cdots + (f(k))^2) - (f(1) + f(2) + \cdots + f(k)) \leqslant n^2 - n.$$

由柯西(Cauchy)不等式,有

$$(f(1))^2 + (f(2))^2 + \cdots + (f(k))^2 \geqslant \frac{1}{k}(f(1) + f(2) + \cdots + f(k))^2 = \frac{1}{k}m^2n^2,$$

所以 $\frac{1}{k}m^2n^2 - mn \leqslant n^2 - n$,即 $k \geqslant \frac{m^2n}{m+n-1}$. 当 $m = 10, n = 9$ 时,有

$$k \geqslant \frac{m^2n}{m+n-1} = \frac{100 \times 9}{10+9-1} = 50.$$

1 整体思考

另证：考虑一般的情形，设 $|A|=m$，$|B|=n$，记 $A=\{a_1,a_2,\cdots,a_m\}$，$B=\{b_1,b_2,\cdots,b_n\}$，构造如下数阵，它们由 mn 个元素构成，这些元素（去掉重复元素）恰好组成了集合 $A+B$.

$$\begin{array}{cccc} a_1+b_1 & a_1+b_2 & \cdots & a_1+b_n \\ a_2+b_1 & a_2+b_2 & \cdots & a_2+b_n \\ \vdots & \vdots & & \vdots \\ a_m+b_1 & a_m+b_2 & \cdots & a_m+b_n \end{array}$$

观察数阵，可以得到如下结论：

(1) 每一行的任意两个数不相等，每一列的任意两个数也不相等.

不然，假设第 $k(1\leqslant k\leqslant m)$ 行的第 $s(1\leqslant s\leqslant n)$ 列与第 $t(1\leqslant t\leqslant n$ 且 $t\neq s)$ 列的两个数相等，则由 $a_k+b_s=a_k+b_t$，得到 $b_s=b_t$，这与集合 B 中元素的互异性矛盾；同样，假设第 $t(1\leqslant t\leqslant n)$ 列的第 $k(1\leqslant k\leqslant m)$ 行与第 $l(1\leqslant l\leqslant m$ 且 $k\neq l)$ 行的两个数相等，则由 $a_k+b_t=a_l+b_t$，得到 $a_k=a_l$，这与集合 A 中元素的互异性矛盾.

(2) 任意两列至多有一对相等的数.

不然，假设第 $s(1\leqslant s\leqslant n)$ 列与第 $t(1\leqslant t\leqslant n$ 且 $t\neq s)$ 列有两对数分别相等，由(1)知，它们不能同在一行，分别设为第 k,l,p,q 行（其中 $1\leqslant k,l,p,q\leqslant m$ 且 k,l,p,q 互不相等），则由 $a_k+b_s=a_l+b_t$，$a_p+b_s=a_q+b_t$，得 $a_k+b_s+a_q+b_t=a_l+b_t+a_p+b_s$，即 $a_k+a_q=a_l+a_p$，由已知得 $\{a_k,a_q\}=\{a_l,a_p\}$，从而 $\begin{cases}a_k=a_l\\a_p=a_q\end{cases}$ 或 $\begin{cases}a_k=a_p\\a_q=a_l\end{cases}$，这均与 A 中元素的互异性矛盾.

(3) 当 $m\geqslant n\geqslant 2$ 时，$|A+B|\geqslant mn-C_n^2$.

事实上，当 $m\geqslant n\geqslant 2$ 时，由(1)和(2)可知，上述数阵每一行的任意两个数不相等，每一列的任意两个数也不相等，任意两列至多有一

对相等的数,而且这一对数不能在同一行,因此数阵中所有重复的数至多有 C_n^2 对,所以 $|A+B| \geqslant mn - C_n^2$.

特别地,当 $m=10, n=9$ 时,$|A+B| \geqslant mn - C_n^2 = 10 \times 9 - \frac{1}{2} \times 9 \times 8 = 54$,这个结论比原结论 $|A+B| \geqslant 50$ 要强.

36. 先证明 S 中任意两个不同元素 x, y 满足 $d(x,y) > 3$. 否则存在两个 x, y 使得 $d(x,y) \leqslant 3$,不妨设最多 $x_1, y_1; x_2, y_2; x_3, y_3$ 这三组不同,先取 T 中的元素 $z = (x_1, y_2, x_3, \cdots)$,省略的部分与元素 x, y 的相同,则 $d(z,y) \leqslant 3, d(z,x) \leqslant 3$,与条件中的唯一性矛盾.

一方面,将 S 中的每个元素的分量改变 0 个、1 个、2 个、3 个后都是 T 中的元素,所以 $2^n \geqslant 2^k (C_n^0 + C_n^1 + C_n^2 + C_n^3)$;另一方面,设与 S 中元素 y_1 对应的 T 中元素的集合为 T_1,能够与 S 中的元素 y 满足 $d(x,y) \leqslant 3$ 的全部元素 x 也只能是由元素 y 改变 0 个、1 个、2 个、3 个分量而得到,故

$$|T_1| \leqslant C_n^0 + C_n^1 + C_n^2 + C_n^3,$$

同理

$$|T_2| \leqslant C_n^0 + C_n^1 + C_n^2 + C_n^3,$$

$$\cdots,$$

$$|T_{2^k}| \leqslant C_n^0 + C_n^1 + C_n^2 + C_n^3,$$

从而

$$|T| = |T_1| + |T_2| + \cdots + |T_{2^k}|$$
$$\leqslant 2^k (C_n^0 + C_n^1 + C_n^2 + C_n^3).$$

所以 $2^n = 2^k (C_n^0 + C_n^1 + C_n^2 + C_n^3)$,即

$$3 \cdot 2^{k-2} = k(2k^2 - 3k + 4).$$ ①

若 3 不能整除 k,则 $k = 2^m$,由于 $k \geqslant 6, m \geqslant 3$,从而 $2k^2 - 3k + 4$ 是 4 的倍数,但不是 8 的倍数,故 $2k^2 - 3k + 4 = 12$,但此方程无整数

解. 于是 $k = 3t = 3 \cdot 2^q, q \geqslant 1$, 方程①可化为
$$2^{3t-2} = t(18t^2 - 9t + 4). \qquad ②$$

若 $q \geqslant 3$, 则 $18t^2 - 9t + 4 \equiv 4 \pmod{8}$; $3 \cdot 2^q - q - 2 = 3(1+1)^q - q - 2 > 4$, 故 $3 \cdot 2^q - q - 2 \equiv 0 \pmod{8}$, 方程②无整数解. 所以 $q = 1, 2$, 分别代入方程②, 解得 $t = 4, k = 12, n = 23$.

37. C_Q 的最大值为 C_n^k.

因 P 共有 C_n^k 个 k 元子集, 故显然有 $C_Q \leqslant C_n^k$.

下面我们指出, 对集合 $P = \{2, 2^2, \cdots, 2^n\}$, 相应的 C_Q 等于 C_n^k, 即 P 的任意两个不同的 k 元子集的元素之和不相等. 从而 C_Q 的最大值为 C_n^k.

事实上, 若上述的集合 P 有两个不同的 k 元子集 $A = \{2^{r_1}, 2^{r_2}, \cdots, 2^{r_k}\}$, $B = \{2^{s_1}, 2^{s_2}, \cdots, 2^{s_k}\}$, 使得 A 与 B 的元素之和相等, 则
$$2^{r_1} + 2^{r_2} + \cdots + 2^{r_k} = 2^{s_1} + 2^{s_2} + \cdots + 2^{s_k} = M. \qquad ①$$

因式①可视为正整数 M 的二进制表示, 由于 r_i 互不相同, s_i 互不相同, 故由正整数的二进制表示的唯一性, 我们由式①推出, 集合 $\{r_1, r_2, \cdots, r_k\}$ 必须与 $\{s_1, s_2, \cdots, s_k\}$ 相同, 从而子集 $A = B$, 矛盾.

综上所述, C_Q 的最大值为 C_n^k.

38. 首先证明 A 中"坏格"不多于 25 个. 用反证法. 假设结论不成立, 则方格表 A 中至多有一个小方格不是"坏格". 由表格的对称性, 不妨假设此时第一行都是"坏格". 设方格表 A 第 i 列从上到下填的数依次为 $a_i, b_i, c_i (i = 1, 2, \cdots, 9)$. 记 $S_k = \sum_{i=1}^{k} a_i$, $T_k = \sum_{i=1}^{k} (b_i + c_i) (k = 0, 1, 2, \cdots, 9)$, 这里 $S_0 = T_0 = 0$. 我们证明: 三组数 $S_0, S_1, \cdots, S_9$; $T_0, T_1, \cdots, T_9$ 及 $S_0 + T_0, S_1 + T_1, \cdots, S_9 + T_9$ 都是

模 10 的完全剩余系.

事实上,假如存在 $m, n, 0 \leqslant m < n \leqslant 9$,使 $S_m \equiv S_n \pmod{10}$,则 $\sum_{i=m+1}^{n} a_i = S_n - S_m \equiv 0 \pmod{10}$,即第一行的第 $m+1$ 至第 n 列组成一个"好矩形",与第一行都是"坏格"矛盾. 又假如存在 $m, n (0 \leqslant m < n \leqslant 9)$,使 $T_m \equiv T_n \pmod{10}$,则 $\sum_{i=m+1}^{n}(b_i + c_i) = T_n - T_m \equiv 0 \pmod{10}$,即第二行至第三行、第 $m+1$ 列至第 n 列组成一个"好矩形",从而至少有 2 个小方格不是"坏格",矛盾. 类似地,也不存在 $m, n (0 \leqslant m < n \leqslant 9)$,使 $S_m + T_m \equiv S_n + T_n \pmod{10}$. 因此上述断言得证. 于是

$$\sum_{k=0}^{9} S_k \equiv \sum_{k=0}^{9} T_k \equiv \sum_{k=0}^{9}(S_k + T_k) \equiv 0 + 1 + 2 + \cdots + 9$$
$$\equiv 5 \pmod{10}.$$

另一方面

$$\sum_{k=0}^{9}(S_k + T_k) \equiv \sum_{k=0}^{9} S_k + \sum_{k=0}^{9} T_k \equiv 5 + 5 \equiv 0 \pmod{10},$$

与上式矛盾!故假设不成立,即"坏格"不可能多于 25 个.

另一方面,构造如下一个 3×9 的方格表(图 1.15),可验证每个不填 10 的小方格都是"坏格",此时有 25 个"坏格".

1	1	1	2	1	1	1	1	10
1	1	1	1	1	1	1	1	1
1	1	1	10	1	1	1	1	2

图 1.15

综上所述,"坏格"个数的最大值是 25.

39. 题给条件表明,不存在数 $x \in S$,使 x 既被 a_i 整除,又被 a_j 整除,这可理解为 S 若干个具有某种性质的子集中任两个不相交,于是可构造这样的 n 个子集:

$$T_i = \{x \mid x \in S, a_i \mid x\} = \{S \text{ 中被 } a_i \text{ 整除的数}\}$$
$$= \left\{a_i, 2a_i, \cdots, \left[\frac{m}{a_i}\right]a_i\right\} \quad (i = 1, 2, \cdots, n).$$

由于 T 中任意两个数都不能同时整除 S 中的一个数,所以当 $i \neq j$ 时,$T_i \cap T_j = \varnothing$,于是 $\sum_{i=1}^{n} |T_i| \leqslant |S| = m$(各部分之和不超过整体). 显然,由 T_i 的定义,有 $|T_i| = \left[\frac{m}{a_i}\right]$,于是

$$\sum_{i=1}^{n} \left[\frac{m}{a_i}\right] = \sum_{i=1}^{n} |T_i| \leqslant |S| = m.$$

又因为 $\frac{m}{a_i} < \left[\frac{m}{a_i}\right] + 1$,所以

$$\sum_{i=1}^{n} \frac{m}{a_i} < \sum_{i=1}^{n} \left(\left[\frac{m}{a_i}\right] + 1\right) = \sum_{i=1}^{n} \left[\frac{m}{a_i}\right] + \sum_{i=1}^{n} 1 \leqslant m + n,$$

即

$$m \sum \frac{1}{a_i} = \sum_{i=1}^{n} \frac{m}{a_i} < m + n,$$

故 $\sum_{i=1}^{n} \frac{1}{a_i} < \frac{m+n}{m}$.

40. 由题意得

$$\min_{1 \leqslant i \leqslant k-1}(a_{i+1} - a_i) \leqslant \frac{1}{k-1} \sum_{i=1}^{k-1}(a_{i+1} - a_i) = \frac{a_k - a_1}{k-1} \leqslant \frac{n-1}{k-1}.$$

又 $a_i \in X$ 且 $a_{i+1} > a_i$,于是 $a_{i+1} - a_i \in \mathbf{N}$,所以

$$\min_{1 \leqslant i \leqslant k-1}(a_{i+1} - a_i) \leqslant \left[\frac{n-1}{k-1}\right],$$

故

$$M = \max_{S}(\min_{1 \leqslant i \leqslant k-1}(a_{i+1} - a_i)) \leqslant \left[\frac{n-1}{k-1}\right].$$

其次,记 $\left[\frac{n-1}{k-1}\right] = r$,令 $S = \{1, r+1, 2r+1, 3r+1, \cdots, (k-1)r+1\}$,由于

$$(k-1)r + 1 = (k-1)\left[\frac{n-1}{k-1}\right] + 1$$

$$\leq (k-1)\frac{n-1}{k-1} + 1 = n,$$

所以 $S \subseteq X$,此时 $a_{i+1} - a_i = \left[\frac{n-1}{k-1}\right](1 \leq i \leq k-1)$,所以

$$\min_{1 \leq i \leq k-1}(a_{i+1} - a_i) = \left[\frac{n-1}{k-1}\right],$$

故

$$M = \max_S(\min_{1 \leq i \leq k-1}(a_{i+1} - a_i)) = \left[\frac{n-1}{k-1}\right],$$

即 $M = \left[\frac{n-1}{k-1}\right]$.

41. 首先,$n \mid 1 + 2 + 3 + \cdots + 3n$,即 $n \mid \frac{3n(3n+1)}{2} \Rightarrow 2 \mid 3n+1$,所以 n 为奇数.

又当 n 为奇数时(令 $n = 2k+1$,采用错 k 位排列即可),可将 1,2,3,$\cdots$,$2n$ 每两个一组,分成 n 个组,每组两数之和可以排成一个公差为 1 的等差数列:

$$1 + \left(n + \frac{n+1}{2}\right), 3 + \left(n + \frac{n-1}{2}\right), \cdots, n + (n+1);$$

$$2 + 2n, 4 + (2n-1), \cdots, (n-1) + \left(n + \frac{n+3}{2}\right).$$

其通项公式为

$$a_k = \begin{cases} 2k - 1 + \left(n + \frac{n+1}{2} + 1 - k\right) & \left(1 \leq k \leq \frac{n+1}{2}\right), \\ (1 - n + 2(k-1)) + \left(2n + \frac{n+1}{2} - (k-1)\right) & \left(\frac{n+3}{2} \leq k \leq n\right). \end{cases}$$

易知 $a_k + 3n + 1 - k = \frac{9n+3}{2}$ 为一常数,故如下 n 组数每组三个数之和均相等:

$\left\{1, n+\dfrac{n+1}{2}, 3n\right\}$, $\left\{3, n+\dfrac{n-1}{2}, 3n-1\right\}$, $\cdots$,

$\left\{n, n+1, 3n+1-\dfrac{n+1}{2}\right\}$;

$\left\{2, 2n, 3n+1-\dfrac{n+3}{2}\right\}$, $\cdots$, $\left\{n-1, n+\dfrac{n+3}{2}, 2n+1\right\}$.

当 n 为奇数时,依次取上述数组为 $A_1, A_2, \cdots, A_n$,则其为满足题设的三元子集族.故 n 为所有的奇数.

42. 设 $x_i = f(a_i), y_i = f(b_i), A' = \{x_1, x_2, \cdots, x_n\}, B' = \{y_1, y_2, \cdots, y_n\}$,则由 $|A \cap B| = 1$ 且 f 是单射,知 $|A' \cap B'| = 1$,而 $|C| = 2C_n^2$,可设 $0 = x_1 < x_2 < \cdots < x_n = 2C_n^2, 0 \leqslant y_1 < y_2 < \cdots < y_n \leqslant 2C_n^2$,考虑如下部分"标号"之和:

$$L_n = \sum_{i=1}^{n-1}(x_{i+1} - x_i) + \sum_{i=1}^{n-2}(x_{i+2} - x_i)$$
$$+ \sum_{i=1}^{n-1}(y_{i+1} - y_i) + \sum_{i=1}^{n-2}(y_{i+2} - y_i).$$

反设各"标号"互不相同,则

$$L_n \geqslant 1 + 2 + 3 + \cdots + (4n-6) = 8n^2 - 22n + 15.$$

又

$$L_n = 2(x_n - x_1) + (x_{n-1} - x_2) + 2(y_n - y_1) + (y_{n-1} - y_2)$$
$$= 2x_n + y_n + y_n + x_{n-1} + y_{n-1} - 2y_1 - x_2 - y_2 - 2x_1,$$

并注意到 $x_1 = 0, x_n = 2C_n^2$.

若 $y_1 = 0$,则 $y_n \leqslant 2C_n^2 - 1$ 且 x_{n-1}, y_{n-1}, y_n 互异,故

$$x_{n-1} + y_{n-1} + y_n \leqslant 6C_n^2 - 6 \quad 且 \quad x_2 + y_2 \geqslant 3,$$

于是

$$L_n \leqslant 4C_n^2 + 2C_n^2 - 1 + 6C_n^2 - 6 - 3 = 6n^2 - 6n - 10.$$

若 $y_1 \neq 0$ 且 $x_{n-1}, x_n, y_{n-1}, y_n$ 互异,则由 $x_2 + y_3 \geqslant 3, y_n \leqslant 2C_n^2 - 1, x_{n-1} + y_{n-1} + y_n \leqslant 6C_n^2 - 6$,同样有

$$L_n \leq 4C_n^2 + 2C_n^2 - 1 + 6C_n^2 - 6 - 3 = 6n^2 - 6n - 10.$$

若 $y_1 \neq 0$,但 $x_{n-1}, x_n, y_{n-1}, y_n$ 中有两数相同,则 y_1, x_2, y_2 互异,于是

$$2y_1 + y_2 + y_3 \geq y_1 + 1 + 2 + 3 \geq 7,$$

故

$$L_n \leq 4C_n^2 + 4C_n^2 + 2C_n^2 - 1 + 2C_n^2 - 2 - 7$$
$$= 6n^2 - 6n - 10,$$

从而 $8n^2 - 22n + 15 \leq 6n^2 - 6n - 10$,即 $2n^2 - 16n + 25 \leq 0$,但

$$2n^2 - 16n + 25 = 2(n-4)^2 - 7 \geq 1 > 0 \quad (n \geq 6),$$

矛盾!故原题得证.

2 局部思考

本章介绍更换角度的一种方式:局部思考.所谓局部思考,就是从整个对象的某个局部出发,研究该局部中相关元素的某些性质,由此把握问题的特征.

常见的局部思考方式有:个体思考、子集思考、间距思考等.

2.1 个体思考

所谓个体思考,就是考察题目涉及的各个对象中的某一个特殊对象,研究其具有的性质或与题中其他对象之间的关系,由此找到解题途径.

如何选取一个特定的对象?它通常有如下几种形式:一是"通式"对象,即题中所有对象的代表项;二是"苛刻"对象,即最难满足题目要求的对象;三是"好好"对象,即最易满足题目要求的对象或由其能确定最多其他对象性质的对象.

例1 如图 2.1 所示,将一个 $3\times 3\times 3$ 的大立方体分割为 27 个 $1\times 1\times 1$ 的单位立方体,显然,横向、竖向及侧向各切两刀即可完成分割.现在假定每次切割后允许将切得的

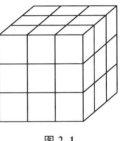

图 2.1

几何体进行重叠,然后再切,问能否用更少的刀数来完成切割?

分析与解 如果我们着眼于一个大立方体如何切成 27 个小立方体,则问题较难获解.

现在调整一下注意力,先不考虑如何切,只考虑切得的 27 个小立方体中,是否有最难切出的小立方体?

这样一思考,便可抓住问题的关键:考察位于大立方体中心的那个小立方体,它的 6 个面都是新切出来的,又每刀只能切出一个面,故无论怎样切,都至少要 6 刀.

例 2 某班有 28 个学生,共坐 14 张双人课桌.每隔一段时间,老师更换一次学生的座位,规定每两个同学最多同坐一次.问按这种要求,老师最多能排出多少种不同的座次表?请简述理由.(原创题)

分析与解 设所有不同座次表的种数为 S,则关于 S 的不等式估计是很容易的,从个体入手即可.

考察某个学生 A 在座次表中出现的可能性,他最多与其余 27 人各同坐一次,从而 $S \leqslant 27$.

要构造 27 张不同的座次表绝非易事,但我们仍可从局部入手. 将 28 个学生编号为 $1, 2, \cdots, 28$,考察个体:编号为 28 的学生,他在 27 张座次表中只能分别与 $1, 2, \cdots, 27$ 号学生同坐一张双人桌.

称 28 与 $i(1 \leqslant i \leqslant 27)$ 同坐一张双人桌的座次表为第 i 张座次表,由此想到,能否通过某种操作,由第 i 张座次表得到第 $i+1$ 张座次表?

注意到"i"变到"$i+1$"时增加了 1,而 28 保持不变,于是,不难想到,对第 i 张座次表,若将除 28 外的所有数都增加 1(其中的数按模 27 理解),是否就得到第 $i+1$ 张座次表?

为了便于证明上述构造的正确性,我们借助几何直观,想象以 28 为旋转中心的一个旋转:将 $1, 2, \cdots, 27$ 均匀排列在一个圆周上,28 排在圆心处,将 28 与 1 用一条线段相连,表示 28 与 1 同坐一张双人桌.此外,当 $i+j=29$ 时,将 i 与 j 用一条线段相连,得到一个合乎要求的座次表(图 2.2).

将这个图形绕圆心旋转 26 次,每次旋转的角度为 $\dfrac{360°}{27}$,每一次旋转代表一次座位更换,则一共得到 27 张不同的座次表.

现在,我们证明这 27 张不同的座次表合乎要求.

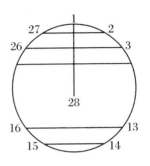

图 2.2

实际上,第 i($i=1,2,\cdots,27$)张座次表是含有线段 A_iA_{28} 的座次表(简称为座次表 i),在座次表 i 中,除线段 A_iA_{28} 外,其他的线段都与线段 A_iA_{28} 垂直.

考察任意两张座次表 i 和 j($1 \leqslant i < j \leqslant 27$),由于 27 是奇数,所以第 i 张座次表中的 A_iA_{28} 与第 j 张座次表中的 A_jA_{28} 互不相同且不共线.

考察第 i 张座次表中的任意一条线段 A_pA_q($1 \leqslant p < q \leqslant 28$),第 j 张座次表中的任意一条线段 A_sA_t($1 \leqslant s < t \leqslant 28$),如果 $A_pA_q = A_sA_t$,则有以下情况:

(1) $q=28$,此时由 $A_pA_q = A_sA_t$ 知,必有 $t=28$,于是 $A_pA_q = A_iA_{28}$,$A_sA_t = A_jA_{28}$,所以 $i=j$,矛盾.

(2) $1 \leqslant q \leqslant 27$,此时由 $A_pA_q = A_sA_t$ 知,必有 $1 \leqslant t \leqslant 27$,因为 $A_pA_q \perp A_iA_{28}$,$A_sA_t \perp A_jA_{28}$,又 $A_pA_q = A_sA_t$,于是 A_iA_{28},A_jA_{28} 共线,矛盾.

综上所述,最多能排出 27 张不同的座次表.

例 3 设 $m > 2014$,$n > 2014$,将 $1,2,\cdots,mn$ 填入 $m \times n$ 棋盘(由 m 行 n 列方格构成)的方格中,每个方格填一个数.如果一

个方格中填的数大于它所在行至少 2 014 个方格内所填的数,且大于它所在列至少 2 014 个方格内所填的数,则称这个方格为"优格". 设棋盘中优格个数的最大值为 $f(m,n)$, 试求 $f(m,n)$ 的解析式. (原创题)

分析与解 为叙述问题方便,如果一个方格中填的数大于它所在行(列)至少 2 014 个方格内所填的数,则称此格是行(列)优的.

设棋盘中优格个数为 S, 我们要建立关于 S 的一个不等式 $S \leqslant ?$.

从个体突破:对棋盘的任何一列,恰有 $m-2\,014$ 个格是列优的(该列中较大的 $m-2\,014$ 个数所在的格为列优格),但这些格未必是行优的,所以每一列至多有 $m-2\,014$ 个优格. 于是
$$S \leqslant (m-2\,014)n.$$
由对称性,同样有
$$S \leqslant (n-2\,014)m.$$
所以
$$S \leqslant \min\{(m-2\,014)n,(n-2\,014)m\}.$$

另一方面,由对称性,不妨设 $m \leqslant n$, 则
$$\min\{(m-2\,014)n,(n-2\,014)m\} = (m-2\,014)n.$$

对 $i=1,2,\cdots,m$, 将棋盘的第 i 列的第 $i, i+1, \cdots, i+2\,013$(大于 m 时取模 m 的余数)个格染红色;

对 $j=m+1,m+2,\cdots,n$, 将棋盘的第 j 列的前 2 014 个格染红色, 棋盘的其余格染白色.

将 $1,2,\cdots,2\,014n$ 填入各红格中, 其余的数填入白格中, 则此棋盘中有 $(m-2\,014)n$ 个优格(图 2.3).

实际上, 前 m 列构成的 $m \times m$ 棋盘的每一行每一列都恰有 2 014 个红格, 而后面的 $n-m$ 列中的每一列都恰有 2 014 个红格, 于是, 整个棋盘的每一行都至少有 2 014 个红格, 每一列都恰有 2 014 个红格, 而每个白格中的数都大于每个红格中的数, 于是所有白格都是

优格.

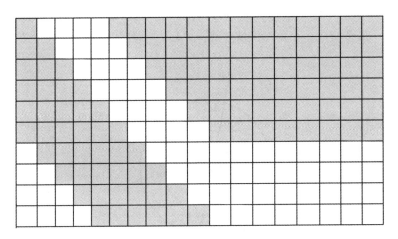

图 2.3

因为红格个数为 $2\,014n$,所以白格个数为 $mn-2\,014n=(m-2\,014)n$,故

$$S=(m-2\,014)n=\min\{(m-2\,014)n,(n-2\,014)m\}.$$

综上所述,对任何 $m\geqslant 2\,014,n\geqslant 2\,014$,有

$$f(m,n)=\min\{(m-2\,014)n,(n-2\,014)m\}.$$

例 4 平面上 $n(n\geqslant 3)$ 条不共点的直线将平面划分为若干块,记含有 2 条边的区域的个数为 F_2,求 F_2 的最大值.(原创题)

分析与解 作一充分大的圆 O,使直线交成的所有交点都在圆 O 内,设圆 O 与 n 条直线的交点按逆时针方向依次为 $A_1,A_2,\cdots,A_{2n}$.

从个体出发,记与圆交于 A_i 的直线为 $a_i(1\leqslant i\leqslant n)$,它与圆的另一个交点分别为 A_{n+i}(因为每条直线与其他 $n-1$ 条都相交,其两侧各有 $n-1$ 个点),我们证明 a_i 与 a_{i+1} 最多交成一个角形区域.

设 a_i 与 a_{i+1} 的交点为 P,因为 $n(n\geqslant 3)$ 条直线不共点,必存在不过 P 的直线 a 与 a_i,a_{i+1} 同时相交,设交点为 Q,R(图 2.4).

不妨设点 Q 在射线 PA_i 上,注意到 a 不穿过弧 A_iA_{i+1},从而点 R 在射线 PA_{i+1} 上,所以 a 同时与射线 PA_i,PA_{i+1} 相交,从而 a_i 与 a_{i+1} 最多交成一个角形区域 $\angle A_{n+i}PA_{n+i+1}$,所以 $F_2 \leqslant n$.

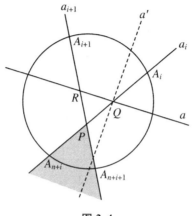

图 2.4

其次,如图 2.5 所示,作 n 条直线 $a_0, a_1, \cdots, a_{n-1}$ 交于同一点 P,再将其中一条直线 a_0 平移到 a_n,使 a_n 不过点 P,则 n 条直线 $a_1, a_2, \cdots, a_n$ 划分的平面块中,有 $F_2 = n$,故 F_2 的最大值为 n.

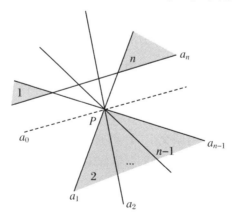

图 2.5

遗留问题:对于任何3条都不共点的$n(n \geq 3)$条直线,将平面划分为若干块,记含有2条边的区域的个数为F_2,则F_2的个数是否为常数3?希望读者进一步探讨.

例5 对于平面上若干条直线,如果某两条直线相交所成的某个角的内部没有其他直线穿过,则称这个角包含的区域为角形区域.试问:平面上正n边形的n条边所在的直线共交成多少个角形区域?(原创题)

分析与解 设凸n边形为$A_1, A_2, \cdots, A_n$,边$A_i A_{i+1}$($i = 1, 2, \cdots, n$,规定$A_{n+1} = A_1$)所在的直线记为a_i.

当n为奇数时,令$n = 2k+1$,我们先从个体a_1入手,证明恰有一个以a_1, a_{k+1}为边界的角形区域.

设a_1与a_{k+1}相交于点P,形成的四个区域分别记为Ⅰ,Ⅱ,Ⅲ,Ⅳ(图2.6).

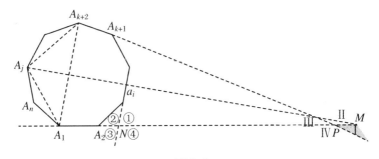

图 2.6

因为$A_1 A_2 \cdots A_n$是凸n边形,多边形必位于直线$A_1 P$的同侧,也必位于直线$A_{k+2} P$的同侧,从而边$A_i A_{i+1}$($i = 2, 3, \cdots, k$)都在$\triangle A_1 P A_{k+2}$内.

直线a_i($i = 2, 3, \cdots, k$)必与$\triangle A_1 P A_{k+2}$的边界交于两点,又$A_1 A_2 \cdots A_n$是凸多边形,从而直线a_i($i = 2, 3, \cdots, k$)不与线段$A_1 A_{k+2}$相交(否则分隔点A_1, A_{k+2}),所以直线a_i($i = 2, 3, \cdots, k$)与

a_1, a_{k+1} 的交点都在线段 PA_2, PA_{k+1} 上,于是直线 a_i 不穿过区域 I (图 2.6).

如果直线 $a_j(j=k+2, k+3, \cdots, n)$ 穿过区域 I,设其与区域 I 的边界的一个交点为 M,则 $A_j M$ 位于 $\angle A_1 A_j A_{k+2}$ 内,从而直线 a_j 分隔点 A_1, A_{k+2},这与 $A_1 A_2 \cdots A_n$ 是凸多边形矛盾.

于是,所有直线 $a_i(i=1,2,\cdots,n)$ 都不穿过区域 I,所以区域 I 是角形区域.

又直线 a_2 穿过区域 II、III,直线 a_k 穿过区域 IV,所以恰有一个以 a_1, a_{k+1} 为边界的角形区域.

由对称性,恰有一个以 a_1, a_{k+2} 为边界的角形区域.

对于直线 $a_i(i=1,2,\cdots,k)$,设 a_i 与 a_1 相交于点 N,形成的四个区域分别记为①、②、③、④,则 N 在线段 $A_2 P$ 上.

此时,直线 a_2 穿过区域②、③,直线 a_k 穿过区域①、④,于是不存在以 $a_1, a_i(i=1,2,\cdots,k)$ 为边界的角形区域.

由对称性,不存在以 $a_1, a_j(j=k+3, k+4, \cdots, n)$ 为边界的角形区域.

由上面的讨论可知,恰存在两个以 a_1 为边界的角形区域.

由对称性,也恰存在两个以 $a_i(i=1,2,\cdots,n)$ 为边界的角形区域,于是共有 $2n$ 个角形区域.

又每个角形区域含有两条直线边界,被计算两次,所以角形区域的个数为 n.

当 n 为偶数时,令 $n=2k$,类似可以证明,直线 a_1 恰与 a_k,a_{k+2} 构成两个角形区域,从而角形区域的个数也为 n.

例 6 设一个有色 4×4 方格棋盘的每个格的颜色互不相同,今在每个方格中都填上数 0 或 1,使任何两个相邻格中的数的积都为 0,问有多少种不同的填数方法?(2007 年韩国数学奥林匹克试题)

分析与解 首先注意这样一个事实:当某个方格填数为 1 时,则它的所有邻格填的数都是0,这样一来,由一个填有1的方格可得到许多格的填数,从而解题可以从某个填1的格(个体)开始.

再注意到位于中间的格邻格最多,从而可讨论四个中间格填有多少个1.显然,四个中间格至多填两个1(否则至少有两个1相邻,矛盾),所以要分三种情况讨论.

如果四个中间格中没有1,则周围12个格构成一个圈,其任何相邻两个格中至少有一个0.由此可见,要先证明如下的引理.

引理 1 如果 n 个方格构成一个圈,在每个方格中都填上数0或1,使任何两个相邻格中的数的积都为0,则不同的填数方法数为 $b_n = F_{n+1} + F_{n-1}$.

采用递归方法.取定其中一个方格,如果这个方格填数0,则剩下 $n-1$ 个方格,但这 $n-1$ 个方格并不构成一个圈(被已填0的方格隔开),而是构成一个列,所以,要解决引理1,需要先证明如下的引理.

引理 2 如果 n 个方格构成一个列,在每个方格中都填上数0或1,使任何两个相邻格中的数的积都为0,则不同的填数方法数 $a_n = F_{n+2}$,其中 $F_1 = F_2 = 1, F_n = F_{n-1} + F_{n-2}$ 为斐波那契数列.

引理2的证明:采用递归方法.考察第一个方格,如果这个方格填数0,则剩下的 $n-1$ 个方格有 a_{n-1} 种填数方法.如果这个方格填数1,则它的邻格必定填数0,剩下的 $n-2$ 个方格有 a_{n-2} 种填数方法.所以 $a_n = a_{n-1} + a_{n-2}$.又 $a_1 = 2 = a_3, a_2 = 3 = a_5$,故 $a_n = F_{n+2}$.

引理1的证明:采用递归方法.取定其中一个方格,如果这个方格填数0,则剩下的 $n-1$ 个方格构成一个列,有 a_{n-1} 种填数方法.如果这个方格填数1,则它的两个邻格都填数0,剩下的 $n-3$ 个方格构成一个列,有 a_{n-3} 种填数方法.所以 $b_n = a_{n-1} + a_{n-3} = F_{n+1} + F_{n-1}$.

解答原题 (1)如果四个中间格中没有1,则周围十二个格构成一个圈,其任何相邻格中至少一个0,由引理1,有 $b_{12} = F_{13} + F_{11} =$

$233+89=322$ 种填法.

（2）如果四个中间格中有一个 1，三个 0，则一个 1 有四种填法，对其中任意一种填法，填 1 的格有两个邻格未填数，这两个邻格只能填 0，这两个新填入的 0 夹着的公共邻格可填 0 或 1，有两种填法，周围其余九个格构成一个列，其任何相邻两个格中至少一个 0，由引理 2，有 $a_9=F_{11}=89$ 种填法，于是此时共有 $2 \cdot 89 \cdot 4=712$ 种填法.

（3）如果四个中间格中有两个 1，两个 0，则两个 1 有两种填法（填入对角），对其中任意一种填法，填 1 的两个格各有两个邻格未填数，这两个邻格只能填 0，这两个新填入的 0 夹着的公共邻格可填 0 或 1，有两种填法，周围其余六个格构成两个长为 3 的列，其任何相邻两个格中至少一个 0，由引理 2，每个列有 $a_3=F_5=5$ 种填法，于是此时共有 $2^2 \cdot 5^2 \cdot 2=200$ 种填法.

综上所述，共有 $322+712+200=1\ 234$ 种填法.

探索：$n \times n$ 方格棋盘有多少种填数方法？

例 7 如图 2.7 所示，$\odot O$ 是 $\triangle ABC$ 的内切圆，点 D,E,F 分别是 BC,CA,AB 上的切点，DD_1,EE_1,FF_1 都是 $\odot O$ 的直径，求证：直线 AD_1,BE_1,CF_1 共点.（《数学通报》2002 年第 10～11 期数学问题解答栏 1396 题）

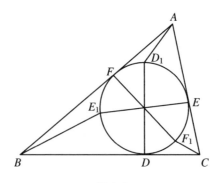

图 2.7

2 局部思考

分析与证明 因为 AD_1, BE_1, CF_1 是 $\triangle ABC$ 三内角的分角线（未必平分），从而想到塞瓦(Ceva)定理角元形式，只需证明：$\dfrac{\sin \angle 1}{\sin \angle 2} \cdot \dfrac{\sin \angle 3}{\sin \angle 4} \cdot \dfrac{\sin \angle 5}{\sin \angle 6} = 1$（图 2.8）.

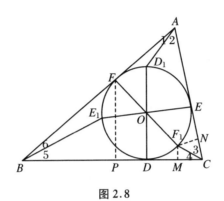

图 2.8

考察个体：$\dfrac{\sin \angle 3}{\sin \angle 4}$，为了计算 $\sin \angle 3, \sin \angle 4$，可分别以其为内角构造直角三角形，于是，作 $F_1M \perp BC$ 于点 M，作 $F_1N \perp CA$ 于点 N，则

$$\dfrac{\sin \angle 3}{\sin \angle 4} = \dfrac{F_1N}{F_1M} \quad （约去了公共边 F_1C）.$$

考察 F_1M，向边界转移与原始线段发生关系. 利用对径点将 F_1 转移到 F，作 $FP \perp BC$ 于点 P，而点 O 是 FF_1 的中点，从而 OD 是构造梯形中位线.

$$FP = BF\sin \angle B = \dfrac{c+a-b}{2}\sin \angle B \quad （切线长），$$

$$F_1M = 2OD - FP \quad （梯形中位线）$$

$$= 2r - BF\sin \angle B = 2r - \dfrac{c+a-b}{2}\sin \angle B \quad （切线长）$$

$$= \dfrac{2\Delta}{p} - (p-b) \cdot \dfrac{2\Delta}{ac} = 2\Delta\left(\dfrac{1}{p} - \dfrac{p-b}{ac}\right)$$

$$= 2\Delta \cdot \frac{ac - p^2 + pb}{pac} = 2\Delta \cdot \frac{ac - p^2 + p(2p - a - c)}{pac}$$

$$= 2\Delta \cdot \frac{(p-a)(p-c)}{pac} \quad (在 BC 边上).$$

同理（A,B 交换，AC 与 BC 交换，即 b,a 交换）

$$F_1 R_3 = 2\Delta \cdot \frac{(p-b)(p-c)}{pbc} \quad (在 AC 边上),$$

所以

$$\frac{\sin \angle 3}{\sin \angle 4} = \frac{F_1 N}{F_1 M} = \frac{(p-b)(p-c)pac}{(p-a)(p-c)pbc} = \frac{(p-b)a}{(p-a)b},$$

轮换相乘即证.

例 8 设点 X,Y,Z 在 $\triangle ABC$ 外，使得 $\angle YAC = \angle ZAB = \alpha$，$\angle ZBA = \angle XBC = \beta$，$\angle XCB = \angle YCA = \gamma$. 求证：$AX,BY,CZ$ 交于一点.

分析与证明 目标是要证 AX,BY,CZ 交于一点，而条件给出的是角度信息，从而想到利用角元形式的塞瓦定理.

设 $\angle CAX = \alpha_1, \angle BAX = \alpha_2, \angle ABY = \beta_1, \angle CBY = \beta_2, \angle BCZ = \gamma_1, \angle ACZ = \gamma_2$，而 $\triangle ABC$ 三内角用 $\angle A, \angle B, \angle C$ 表示（图 2.9），则目标变为

$$\frac{\sin \alpha_1}{\sin \alpha_2} \cdot \frac{\sin \beta_1}{\sin \beta_2} \cdot \frac{\sin \gamma_1}{\sin \gamma_2} = 1.$$

研究个体：$\dfrac{\sin \alpha_1}{\sin \alpha_2}$.

先遵循常规思路：α_1, α_2 分别在 $\triangle ACX$ 和 $\triangle ABX$ 中，想到考察

$$S_{\triangle ACX} = \frac{1}{2} AC \cdot AX \sin \alpha_1, \quad S_{\triangle ABX} = \frac{1}{2} AB \cdot AX \sin \alpha_2,$$

于是，两式相除，得

$$\frac{\sin \alpha_1}{\sin \alpha_2} = \frac{S_{\triangle ACX}}{S_{\triangle ABX}} \cdot \frac{AB}{AC},$$

2 局部思考

其中 AB, AC 可充当"元",而 $S_{\triangle ACX}, S_{\triangle ABX}$ 则不能充当"元",因为有六个这样的面积,非"三元循环比".

对个体 $\dfrac{S_{\triangle ACX}}{S_{\triangle ABX}}$ 进行修正,有两种修正途径:

一是从起点开始修正(不用面积公式,改用正弦定理);

二是在中途进行修正,将面积 $S_{\triangle ACX}, S_{\triangle ABX}$ 再用 $\triangle ABC$ 的边表示(更换夹角,以免约去 α_1, α_2).

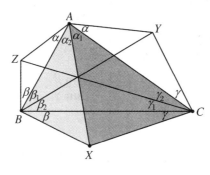

图 2.9

修正方案 1:采用正弦定理,得

$$\frac{\sin \alpha_2}{\sin (\angle B + \beta)} = \frac{BX}{AX} \quad (A, B, C \text{ 可轮换}, \alpha, \beta, \gamma \text{ 可轮换}),$$

$$\frac{\sin \alpha_1}{\sin (\angle C + \gamma)} = \frac{CX}{AX},$$

两式相除,得

$$\frac{\sin \alpha_1}{\sin \alpha_2} \cdot \frac{\sin (\angle B + \beta)}{\sin (\angle C + \gamma)} = \frac{CX}{BX} = (\triangle BXC \text{ 中正弦定理}) \frac{\sin \beta}{\sin \gamma}$$

(BX, CX 不可三元轮换,但能换成可三元轮换的量 $\sin \beta, \sin \alpha$),
于是

$$\frac{\sin \alpha_1}{\sin \alpha_2} = \frac{\sin \beta}{\sin \gamma} \cdot \frac{\sin (C + \gamma)}{\sin (B + \beta)} \quad (\text{两个"循环比"}).$$

轮换相乘,得 $\dfrac{\sin \alpha_1}{\sin \alpha_2} \cdot \dfrac{\sin \beta_1}{\sin \beta_2} \cdot \dfrac{\sin \gamma_1}{\sin \gamma_2} = 1$,故 AX, BY, CZ 交于一点.

修正方案 2：将面积 $S_{\triangle ACX}$，$S_{\triangle ABX}$ 再用 $\triangle ABC$ 的边表示（更换夹角，以免约去 α_1，α_2），得

$$S_{\triangle ACX} = \frac{1}{2}AC \cdot CX\sin(\angle C + \gamma),$$

$$S_{\triangle ABX} = \frac{1}{2}AB \cdot BX\sin(\angle B + \beta),$$

于是

$$\frac{\sin\alpha_1}{\sin\alpha_2} = \frac{S_{\triangle ACX}}{S_{\triangle ABX}} \cdot \frac{AB}{AC} = \frac{AC \cdot CX\sin(\angle C + \gamma)}{AB \cdot BX\sin(\angle B + \beta)} \cdot \frac{AB}{AC}$$

$$= \frac{CX\sin(\angle C + \gamma)}{BX\sin(\angle B + \beta)}$$

$$= (\triangle BXC \text{ 中正弦定理}) \frac{\sin\beta}{\sin\gamma} \cdot \frac{\sin(\angle C + \gamma)}{\sin(\angle B + \beta)}$$

（两个"循环比"），

轮换相乘，得 $\dfrac{\sin\alpha_1}{\sin\alpha_2} \cdot \dfrac{\sin\beta_1}{\sin\beta_2} \cdot \dfrac{\sin\gamma_1}{\sin\gamma_2} = 1$，故 AX，BY，CZ 交于一点.

另证 设 AX 交 BC 于点 D，BY 交 CA 于点 E，CZ 交 AB 于点 F（图 2.10），则目标变为

$$\frac{AF}{FB} \cdot \frac{BD}{DC} \cdot \frac{CE}{EA} = 1.$$

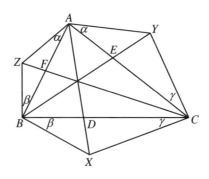

图 2.10

研究个体:$\dfrac{BD}{DC}$. 显然

$$\dfrac{BD}{DC} = \dfrac{S_{\triangle ABX}}{S_{\triangle ACX}}(共边\ AX) = \dfrac{AB \cdot BX\sin\angle ABX}{AC \cdot CX\sin\angle ACX}$$

$$= \dfrac{AB \cdot \sin\gamma\sin(\angle B + \beta)}{AC \cdot \sin\beta\sin(\angle C + \gamma)},$$

同理

$$\dfrac{CE}{EA} = \dfrac{BC \cdot \sin\alpha\sin(\angle C + \gamma)}{AB \cdot \sin\gamma\sin(\angle A + \alpha)},$$

$$\dfrac{AF}{FB} = \dfrac{CA \cdot \sin\beta\sin(\angle A + \alpha)}{BC \cdot \sin\alpha\sin(\angle B + \beta)},$$

三式相乘即证.

例 9 如图 2.11 所示,设 $C(I)$ 是以 $\triangle ABC$ 的内心为圆心的一个圆,点 D, E, F 分别是从 I 出发垂直于边 BC, CA, AB 的直线与圆 I 的交点. 求证: AD, BE, CF 三线共点.

分析与证明 AD, BE, CF 都在 $\triangle ABC$ 中,但不是截线,从而想到将其延长然后利用塞瓦定理(虽然涉及圆,但三角形的内角不是圆周角,不用角元形式).

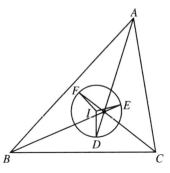

图 2.11

设 AD 与 BC 交于点 A_1, BE 与 AC 交于点 B_1, CF 与 AB 交于点 C_1(图 2.12),则只需证明

$$\dfrac{AC_1}{C_1B} \cdot \dfrac{BA_1}{A_1C} \cdot \dfrac{CB_1}{B_1A} = 1.$$

由塞瓦定理的证明方法,想到寻找三个图形的面积 S_1, S_2, S_3,使

$$\dfrac{AC_1}{C_1B} \cdot \dfrac{BA_1}{A_1C} \cdot \dfrac{CB_1}{B_1A} = \dfrac{S_1}{S_2} \cdot \dfrac{S_2}{S_3} \cdot \dfrac{S_3}{S_1}.$$

考察个体: $\dfrac{BA_1}{A_1C}$, 虽然发现 $\dfrac{BA_1}{A_1C} = \dfrac{S_{\triangle ABD}}{S_{\triangle CAD}}$, 但 $S_{\triangle ABD}, S_{\triangle CAD}$ 都不能充当 S_1, S_2, 因为类似的面积共有六个,非"三元". 进而观察,这两个面积合并所得的凹四边形 $ABDC$ 的面积 $S_{四边形 ABDC}$ 倒可以充当 S_1, 因为它的代号轮换依次得到两个类似的面积 $S_{四边形 BCEA}, S_{四边形 CAFB}$.

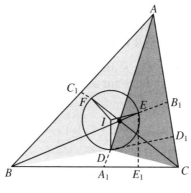

图 2.12

于是猜想有

$$\dfrac{AC_1}{C_1B} \cdot \dfrac{BA_1}{A_1C} \cdot \dfrac{CB_1}{B_1A} = f\left(\dfrac{S_{四边形 ABDC}}{S_{四边形 BCEA}} \cdot \dfrac{S_{四边形 BCEA}}{S_{四边形 CAFB}} \cdot \dfrac{S_{四边形 CAFB}}{S_{四边形 ABDC}}\right).$$

但我们不能确定具体等式,于是可逐步将左边的比向 $S_{四边形 ABDC}$, $S_{四边形 BCEA}, S_{四边形 CAFB}$ 转化.

考察局部 $\dfrac{BA_1}{A_1C}$, 可以发现 $\dfrac{BA_1}{A_1C} = \dfrac{S_{\triangle ABD}}{S_{\triangle CAD}}$, 所以 $S_{\triangle ABD} = \dfrac{BA_1}{A_1C} \cdot S_{\triangle CAD}$.

两边同时加上 $S_{\triangle CAD}$(扩充为 $S_{四边形 ABDC}$), 得 $S_{四边形 ABDC} = \left(\dfrac{BA_1}{A_1C} + 1\right) \cdot S_{\triangle CAD} = \dfrac{BC}{A_1C} \cdot S_{\triangle CAD}$.

现在只需将 $S_{\triangle CAD}$ 用有关线段表示,这以 AC 为底计算面积即可:

过点 D 作 $DD_1 \perp AC$ 于点 D_1,$S_{\triangle CAD} = \frac{1}{2} AC \cdot DD_1$,代入上式,得

$$S_{四边形 ABDC} = \frac{BC}{A_1 C} \cdot S_{\triangle CAD} = \frac{BC \cdot AC \cdot DD_1}{2 A_1 C}.$$

同样有(A,B 交换,D,E 交换),$S_{四边形 BCEA} = \frac{BC \cdot AC \cdot EE_1}{2 CB_1}$,其中 $EE_1 \perp BC$ 于点 E_1.

这样,$\frac{S_{四边形 ABDC}}{S_{四边形 BCEA}} = \frac{DD_1 \cdot CB_1}{CA_1 \cdot EE_1}$,但 $\frac{DD_1}{EE_1}$ 轮换后有六个变元,不是三元循环比.

于是,考虑能否去掉 $\frac{DD_1}{EE_1}$,经思考,发现 $\frac{DD_1}{EE_1}$ 确实可以去掉(利用内心条件,得 $\frac{DD_1}{EE_1} = 1$).

实际上,点 I 为内心,所以 CA,CB 关于 CI 对称(又 $ID \perp BC$,$IE \perp AC$,$ID = IE$),点 D,E 关于 CI 对称(又 $DD_1 \perp AC$ 于点 D_1,$EE_1 \perp BC$ 于点 E_1),DD_1,EE_1 关于 CI 对称,所以 $DD_1 = EE_1$,于是 $\frac{S_{四边形 ABDC}}{S_{四边形 BCEA}} = \frac{CB_1}{CA_1}$. 同样可得 $\frac{S_{四边形 BCEA}}{S_{四边形 CAFB}} = \frac{AC_1}{AB_1}$,$\frac{S_{四边形 CAFB}}{S_{四边形 ABDC}} = \frac{BA_1}{BC_1}$.

三式相乘,得 $\frac{CB_1}{CA_1} \cdot \frac{AC_1}{AB_1} \cdot \frac{BA_1}{BC_1} = 1$,即

$$\frac{AC_1}{C_1 B} \cdot \frac{BA_1}{A_1 C} \cdot \frac{CB_1}{B_1 A} = 1.$$

于是 AA_1,BB_1,CC_1 共点,即 AD,BE,CF 共点.

另证 设 AD 与 BC 交于点 A_1,BE 与 AC 交于点 B_1,CF 与 AB 交于点 C_1(图 2.13),则只需证明 $\frac{AC_1}{C_1 B} \cdot \frac{BA_1}{A_1 C} \cdot \frac{CB_1}{B_1 A} = 1$.

$$\frac{BA_1}{A_1 C} = \frac{S_{\triangle ABD}}{S_{\triangle CAD}} = \frac{AB \cdot BD \sin \angle ABD}{AC \cdot CD \sin \angle ACD}$$

(注意选择的夹角为 $\angle ABD$,$\angle ACD$).

同理

$$\frac{CB_1}{B_1A} = \frac{BC \cdot CE\sin\angle BCE}{BA \cdot AE\sin\angle BAE}, \quad \frac{AC_1}{C_1B} = \frac{CA \cdot AF\sin\angle CAF}{CB \cdot BF\sin\angle CBF},$$

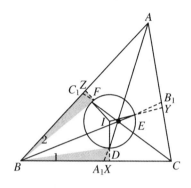

图 2.13

所以

$$\frac{AC_1}{C_1B} \cdot \frac{BA_1}{A_1C} \cdot \frac{CB_1}{B_1A}$$

$$= \frac{AB \cdot BD\sin\angle ABD}{AC \cdot CD\sin\angle ACD} \cdot \frac{BC \cdot CE\sin\angle BCE}{BA \cdot AE\sin\angle BAE} \cdot \frac{CA \cdot AF\sin\angle CAF}{CB \cdot BF\sin\angle CBF}$$

$$= \frac{BD\sin\angle ABD}{CD\sin\angle ACD} \cdot \frac{CE\sin\angle BCE}{AE\sin\angle BAE} \cdot \frac{AF\sin\angle CAF}{BF\sin\angle CBF}.$$

设 ID 交 BC 于点 X, IE 交 CA 于点 Y, IF 交 AB 于点 Z, 则由角平分线 BI 的性质, $BX = BZ$, $IX = IZ$, 进而 $DX = DZ$, 从而 $\text{Rt}\triangle BXD \cong \text{Rt}\triangle BZF$, 于是 $BD = BF$, $\angle 1 = \angle 2$, 进而 $\angle ABD = \angle CBF$. 同理 $CD = CE$, $AE = AF$, $\angle BCE = \angle ACD$, $\angle CAF = \angle BAE$, 代入上式, 得

$$\frac{AC_1}{C_1B} \cdot \frac{BA_1}{A_1C} \cdot \frac{CB_1}{B_1A} = 1.$$

例 10 如图 2.14 所示, 已知 $\triangle ABC$ 的内切圆切边 BC, CA, AB 于点 D, E, F, 又点 P 是 $\triangle ABC$ 内任意一点, 作直线 PA, 交内切圆于两点, 其中靠近 A 的一点为 X, 类似定义点 Y, Z. 求证: DX, EY, FZ

交于一点.

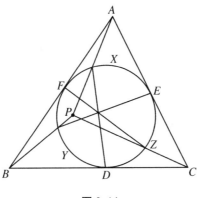

图 2.14

分析与证明 因为 DX,EY,FZ 分别是 $\triangle DEF$ 的顶点引出的三条直线,于是想到在 $\triangle DEF$ 中塞瓦定理的角元形式(因为点 X,Y,Z 不在其边上).

设 $\angle FDX = \alpha_1, \angle XDE = \alpha_2, \angle DEY = \alpha_3, \angle YEF = \alpha_4, \angle EFZ = \alpha_5, \angle ZFD = \alpha_6, \angle BAP = \beta_1, \angle PAC = \beta_2, \angle ACP = \beta_3, \angle PCB = \beta_4, \angle CBP = \beta_5, \angle PBA = \beta_6$(图 2.15).

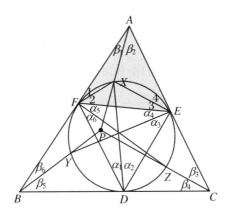

图 2.15

目标：$\dfrac{\sin\alpha_1}{\sin\alpha_2}\cdot\dfrac{\sin\alpha_3}{\sin\alpha_4}\cdot\dfrac{\sin\alpha_5}{\sin\alpha_6}=1$，条件：$\dfrac{\sin\beta_1}{\sin\beta_2}\cdot\dfrac{\sin\beta_3}{\sin\beta_4}\cdot\dfrac{\sin\beta_5}{\sin\beta_6}=1$（因为 PA，PB，PC 共点）．

如何建立目标与条件的联系？考察个体：$\dfrac{\sin\alpha_1}{\sin\alpha_2}$，发现 α_1，α_2 可利用圆的性质转移到与条件中的量 β_1，β_2 在同一个 $\triangle AFE$ 中．

$\alpha_1=\angle 3$（同弧）$=\angle 1$（弦切角），$\quad\alpha_2=\angle 2=\angle 4$．

而在 $\triangle AEF$ 中，因为 AX，EX，FX 交于一点，于是

$$\dfrac{\sin\beta_1}{\sin\beta_2}\cdot\dfrac{\sin\alpha_2}{\sin\alpha_1}\cdot\dfrac{\sin\alpha_2}{\sin\alpha_1}=1,$$

所以

$$\dfrac{\sin\alpha_1}{\sin\alpha_2}=\sqrt{\dfrac{\sin\beta_1}{\sin\beta_2}}.$$

同理

$$\dfrac{\sin\alpha_3}{\sin\alpha_4}=\sqrt{\dfrac{\sin\beta_3}{\sin\beta_4}},\quad\dfrac{\sin\alpha_5}{\sin\alpha_6}=\sqrt{\dfrac{\sin\beta_5}{\sin\beta_6}}.$$

三式相乘得

$$\dfrac{\sin\alpha_1}{\sin\alpha_2}\cdot\dfrac{\sin\alpha_3}{\sin\alpha_4}\cdot\dfrac{\sin\alpha_5}{\sin\alpha_6}=\sqrt{\dfrac{\sin\beta_1}{\sin\beta_2}}\cdot\sqrt{\dfrac{\sin\beta_3}{\sin\beta_4}}\cdot\sqrt{\dfrac{\sin\beta_5}{\sin\beta_6}}.$$

又 AP，BP，CP 交于一点，有 $\dfrac{\sin\beta_1}{\sin\beta_2}\cdot\dfrac{\sin\beta_3}{\sin\beta_4}\cdot\dfrac{\sin\beta_5}{\sin\beta_6}=1$，于是 $\dfrac{\sin\alpha_1}{\sin\alpha_2}\cdot\dfrac{\sin\alpha_3}{\sin\alpha_4}\cdot\dfrac{\sin\alpha_5}{\sin\alpha_6}=1$，由塞瓦定理的角元形式知，$DX$，$EY$，$FZ$ 交于一点．

2.2 子集思考

所谓子集思考，就是考察题目涉及的各个对象中的部分对象，研究其具有的性质或与题中其他对象之间的关系，由此把握问题的特征，找到解题途径．

2 局部思考

如何选取部分对象？它通常有如下几种形式：一是"轮换"对象，即由所取的部分对象轮换，可得到所有对象；二是"腹地"对象，即位于所有对象存在域中央的一些对象；三是"边界"对象，即位于所有对象存在域边界的一些对象；四是具有某种特殊关系的对象.

例1 设 a,b,c 为正数，求证：
$$(a+b-c)(b+c-a)(c+a-b) \leqslant abc.$$

分析与证明 从局部入手，考察不等式左边两个因式的积：$(a+b-c)(b+c-a)$（子集），想到如下的二元不等式：
$$(a+b-c)(b+c-a) \leqslant \left(\frac{(a+b-c)+(b+c-a)}{2}\right)^2$$
$$= b^2. \qquad ①$$

由此轮换，得到三个不等式，将其相乘得
$$(a+b-c)^2(b+c-a)^2(c+a-b)^2 \leqslant (abc)^2.$$

于是
$$|(a+b-c)(b+c-a)(c+a-b)| \leqslant abc,$$

故
$$(a+b-c)(b+c-a)(c+a-b) \leqslant abc.$$

以上证明有一个不易发现的漏洞：不等式①轮换，得到三个不等式，但它们未必能相乘，因为我们不能保证 $a+b-c, b+c-a, c+a-b$ 都为正数，需要分类讨论.

由对称性，不妨设 $a \leqslant b \leqslant c$，则 $b+c-a > 0, c+a-b > 0$.

如果 $a+b-c > 0$，则由上面的证明，不等式成立；如果 $a+b-c \leqslant 0$，则
$$(a+b-c)(b+c-a)(c+a-b) \leqslant 0 < abc,$$
不等式显然成立.

例2 设 a,b,c 为正数，求证：
$$\frac{1}{a}+\frac{1}{b}+\frac{1}{c} \leqslant \frac{a^8+b^8+c^8}{a^3b^3c^3}.$$

分析与证明 不等式先变形为

$$a^8 + b^8 + c^8 \geqslant a^3 b^3 c^3 \left(\frac{1}{a} + \frac{1}{b} + \frac{1}{c}\right).$$

从局部入手,考察不等式左边两项的和 $a^8 + b^8$(子集),想到证明如下的二元不等式:

$$a^8 + b^8 \geqslant 2a^4 b^4.$$

轮换相加,得

$$a^8 + b^8 + c^8 \geqslant a^4 b^4 + b^4 c^4 + c^4 a^4.$$

又从局部入手,考察不等式右边两项的和 $a^4 b^4 + b^4 c^4$(子集),想到证明如下的二元不等式:

$$a^4 b^4 + b^4 c^4 \geqslant 2(a^2 b^2)(b^2 c^2) = 2a^2 b^4 c^2.$$

轮换相加,得

$$a^4 b^4 + b^4 c^4 + c^4 a^4 \geqslant a^2 b^2 c^2 (a^2 + b^2 + c^2),$$

所以

$$a^8 + b^8 + c^8 \geqslant a^2 b^2 c^2 (a^2 + b^2 + c^2) \geqslant a^2 b^2 c^2 (ab + bc + ca)$$
$$= a^3 b^3 c^3 \left(\frac{1}{a} + \frac{1}{b} + \frac{1}{c}\right).$$

例3 设 $x, y, z \geqslant 0, x + y + z = 3$,求证:$\sqrt{x} + \sqrt{y} + \sqrt{z} \geqslant xy + yz + zx$.(原创题)

分析与证明 先去掉根号,令 $\sqrt{x} = a, \sqrt{y} = b, \sqrt{z} = c$,则 $x = a^2, y = b^2, z = c^2$,原不等式变为 $a + b + c \geqslant a^2 b^2 + b^2 c^2 + c^2 a^2$,其中 $a^2 + b^2 + c^2 = 3$,即

$$2(a + b + c) \geqslant 2(a^2 b^2 + b^2 c^2 + c^2 a^2),$$

所以

$$2(a + b + c) + a^4 + b^4 + c^4 \geqslant (a^2 + b^2 + c^2)^2,$$

故

$$(2a + a^4) + (2b + b^4) + (2c + c^4) \geqslant (a^2 + b^2 + c^2)^2.$$

2 局部思考

从局部入手,有
$$2a + a^4 = a(2+a^3) = a(1+1+a^3) \geqslant 3a^2$$
$$= (a^2+b^2+c^2)a^2,$$
轮换相加即证.

例 4 在一张无限大的棋盘上,每个方格任填一个实数,求证:棋盘上必有一个方格内的数,不大于它的所有相连格(与其有公共顶点)中至少 4 个方格内的数.

分析与证明 本题使不少解题者受挫,但本题难度并不大,只需考察棋盘的一个局部即可获解.

对于棋盘上任意一个数,如果它不大于它的所有邻格中至少 4 个方格内的数,则称该数为好数.

题目的实质是要证至少有一个好数,为了叙述方便,我们采用反证法.

假定存在一种填数方法,使棋盘中没有好数.

任取其中一个 4×4 的子棋盘,设此棋盘中所填的数为 $a_1 \leqslant a_2 \leqslant \cdots \leqslant a_{16}$(越小的数越有可能是好数,从而先将数排序).

考察其中最小的数 a_1 所在的位置,因为 a_1 不是好数,从而 a_1 只能在 4×4 棋盘的一个角上,否则 a_1 的周围至少有五个邻格,但 a_1 最小,它不大于这五个格中的数,矛盾.

同样依次考虑 a_2, a_3, a_4,可知它们也只能在棋盘的角上(图 2.16).

至此,a_5 无法填入,矛盾,从而任何填数方法中都至少有一个好数,证毕.

有趣的是,对任何自然数 n,本题的结论在 $3 \times n$ 棋盘中不成立(图 2.17).

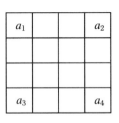

图 2.16

本题是一道国外竞赛题,它实质上就是一个 4×4 棋盘问题,也许命题者觉得 4×4 棋盘太容易,就改成了

"无限大"棋盘,将原题蒙上了一层神秘的面纱.这一改动,还真的使不少人中招!

例5 在 5×5 的方格棋盘内的一个格中填入一个数 -1,其余的格填数 1,每次操作是任取一个 $k\times k(2\leqslant k\leqslant 5)$ 的正方形,将其中的所有数都变号,问:-1 填入哪一格才能通过适当的有限次操作,使棋盘中所有数都变为 1?(第 25 届全苏数学奥林匹克试题)

分析与解 解题的关键是构造一个子集:它由表中若干个格构成(图 2.18),将子集中的每个格都染红色,操作中红格内各数的积不变(改变偶数个符号).

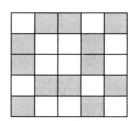

图 2.17　　　　　　图 2.18

实际上,对任何一个 $k\times k(2\leqslant k\leqslant 5)$ 的正方形,必含有偶数个红格,每次改变偶数个红格的符号,从而红格内各数的积不变.

如果有一个红格填 -1,则各红格的积始终为 -1,不可能全部变为 1,于是,所有红格都不能填 -1.

将上述子集旋转 $90°,180°,270°$,得到另外的红格集,-1 也不能放入这些红格中,这些红格集的并包含了除中心以外的所有方格.

由此可见,-1 最多能放在中心这一个方格中.

当中心方格放 -1 时,先全变成 -1:取左上的 3×3 正方形进行操作(图 2.19),再取右下的 3×3 正方形进行操作,又先取左下的 2

×2正方形进行操作,最后取右上的 2×2 正方形进行操作,最后取 5×5 正方形进行操作,则所有数都变为1.

$$\begin{bmatrix} 1 & 1 & 1 & 1 & 1 \\ 1 & 1 & 1 & 1 & 1 \\ 1 & 1 & -1 & 1 & 1 \\ 1 & 1 & 1 & 1 & 1 \\ 1 & 1 & 1 & 1 & 1 \end{bmatrix} \to \begin{bmatrix} -1 & -1 & -1 & 1 & 1 \\ -1 & -1 & -1 & 1 & 1 \\ -1 & -1 & 1 & 1 & 1 \\ 1 & 1 & 1 & 1 & 1 \\ 1 & 1 & 1 & 1 & 1 \end{bmatrix}$$

$$\to \begin{bmatrix} -1 & -1 & -1 & 1 & 1 \\ -1 & -1 & -1 & 1 & 1 \\ -1 & -1 & -1 & -1 & -1 \\ 1 & 1 & 1 & -1 & -1 \\ 1 & 1 & 1 & -1 & -1 \end{bmatrix}$$

$$\to \begin{bmatrix} -1 & -1 & -1 & -1 & -1 \\ -1 & -1 & -1 & -1 & -1 \\ -1 & -1 & -1 & -1 & -1 \\ -1 & -1 & -1 & -1 & -1 \\ -1 & -1 & -1 & -1 & -1 \end{bmatrix} \to \begin{bmatrix} 1 & 1 & 1 & 1 & 1 \\ 1 & 1 & 1 & 1 & 1 \\ 1 & 1 & 1 & 1 & 1 \\ 1 & 1 & 1 & 1 & 1 \\ 1 & 1 & 1 & 1 & 1 \end{bmatrix}.$$

图 2.19

例 6 在 9×9 的正方形棋盘的每个格中任意填一个数 a_i($a_i^2=1$),然后进行如下的操作:每个格同时换作它的邻格(具有公共边的格)内各数(不包括本身)的积,能否对任何填数,都能适当进行有限次操作,使表中的数都变为1?(1992年中国数学奥林匹克试题)

分析与解 解题的关键是发现如图 2.20 所示的一个 4×4 正方形在操作下是不变的(只要发现其中一个正方形即可).

然后,在 9×9 数表中取定一个上述的 4×4 数表 A,将其放在棋盘的左上角上(图 2.21),在 9×9 表中的其他各个未填数的格中都填入1(中间一个十字路架填1后相当于棋盘的边界),再将 A 沿中间填1的列作对称,变为 A_1,又将 A 及 A_1 沿中间填1的行作对称,分

别变为 A_2, A_3,则得到一个 9×9 的数表,此表在题给操作下不变.

图 2.20

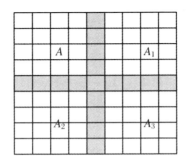

图 2.21

对 A 中任何一个格 x,它在操作下不变(注意,还要保证"十字架"中的数不变,从而本题要构造任何一个含有 -1 的不变子棋盘,而与它相邻的数永远是 1 即可,要利用对称性),对 A 以外的一个格 x,要么它恰有两个邻格为 -1,要么它没有邻格为 -1,从而 x 在操作下不变.

另解 将 9×9 数表中的第一行交错地填 $-1, 1, -1, 1, \cdots, -1, 1, -1$,其余各格都填数 1,我们证明,此 9×9 数表在操作下具有如下性质:

每一行的数要么都是 1,要么是与第一行完全相同.

我们称第一行这样的行为奇异行.

考察操作中哪些行变为奇异行,用 $(i_1, i_2, \cdots, i_k)$ 表示第 $i_1, i_2, \cdots, i_k$ 行为奇异行,其余的行都为 1 的状态,则按操作规则,有

(1)→(2)→(1,3)→(4)→(3,5)→(2,6)→(1,3,5,7)
→(8)→(7,9)→(6)→(5,7)→(4,8)→(3,5,7,9)→(2).

由于操作中的奇异行周期性出现,所以,操作目标状态不能达到.

例7 已知一个 $n×n×n$ 正方体是由 n^3 个单位正方体(简称为"格")构成的,对于其中任意两个格 A,B,如果它们有一个公共面,或者存在格 C,使 A,B 与 C 都有公共面,则称格 A,B 是临近的.现将 $n×n×n$ 正方体的每个格都染 r 种颜色之一,使得任何两个临近的格都不同色,求 r 的最小值.(原创题)

分析与解 当 $n=1$ 时,显然 r 的最小值为1.

当 $n=2$ 时,考察局部:同一层的四个格,它们是两两临近的,所以 $r \geqslant 4$.

又如图2.22所示,用四种颜色染色合乎要求,从而 r 的最小值为4.

当 $n \geqslant 3$ 时,考察局部:取其中一个 $3×3×3$ 的正方体,它的中心一格与六个格有公共面,从而这七个格两两临近,所以 $r \geqslant 7$.

下面证明,可以将每个格都染七种颜色之一,使得任何两个临近的格不同色.

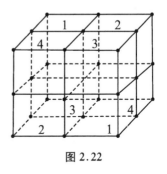

图 2.22

对每一个格 A,将 A 及与 A 有公共面的所有格构成的集合用 $F(A)$ 表示.我们只需证明,存在一种染色方式,使对任何格 A,都有 $F(A)$ 中的任何两个格不同色.这是因为对任何两个临近的格 A,B,都一定存在格 C(有可能 $C=A$),使 A,B 同时属于集合 $F(C)$.

将格 A 用 $A(x,y,z)$ 表示,其中 x,y,z 分别表示格 A 位于正方体第 x 层中的第 y 行、第 z 列.

显然,对任意两个格 $A(x_1,y_1,z_1)$, $B(x_2,y_2,z_2)$,当且仅当
$$|x_1-x_2|+|y_1-y_2|+|z_1-z_2|=1$$
时,A 与 B 有公共面.考察格 $A(x,y,z)$,与它有公共面的格至多有六个:

$A_1(x-1,y,z)$, $A_2(x+1,y,z)$, $A_3(x,y-1,z)$,

$A_4(x,y+1,z)$, $A_5(x,y,z-1)$, $A_6(x,y,z+1)$.

令 $f(A)=x+2y+3z$,则

$f(A_1)=x+2y+3z-1$, $f(A_2)=x+2y+3z+1$,

$f(A_3)=x+2y+3z-2$, $f(A_4)=x+2y+3z+2$,

$f(A_5)=x+2y+3z-3$, $f(A_6)=x+2y+3z+3$.

注意到 $f(A),f(A_1),\cdots,f(A_6)$ 是 7 个连续的整数,它们属于模 7 的不同剩余类,由此可见,将满足 $f(A)\equiv i\pmod{7}$ 的格 $A(x,y,z)$ 染第 $i(i=1,2,\cdots,7)$ 色,可使 $F(A)$ 中的任何两格都不同色.

所以,当 $n\geqslant 3$ 时,r 的最小值为 7.

综上所述,$r_{\min}=\begin{cases} n^2 & (n\leqslant 2); \\ 7 & (n\geqslant 3). \end{cases}$

一般地,对 k 维空间的所有整点集合 $X=\{(x_1,x_2,\cdots,x_k)\mid x_1,x_2,\cdots,x_k\in\mathbf{Z}\}$,每个点染 r 种颜色之一,使任何两个临近的点不同色,则 $r_{\min}=2k+1$.

实际上,因为 $0\cdot(\pm 1),1\cdot(\pm 1),2\cdot(\pm 1),\cdots,k\cdot(\pm 1)$ 是 $2k+1$ 个连续的整数,令
$$f(x_1,x_2,\cdots,x_k)=x_1+2x_2+\cdots+kx_k,$$
则 $A(x_1,x_2,\cdots,x_k)$ 及 A 的 $2k$ 个邻点(共 $2k+1$ 个点)对应的函数值分属模 $2k+1$ 的不同剩余类,于是,将满足 $f(A)\equiv i\pmod{2k+1}$ 的格 $A(x_1,x_2,\cdots,x_k)$ 染第 $i(i=1,2,\cdots,k)$ 色,可使 $F(A)$ 中的任何两格都不同色.

例 8 在 $n\times n$ 棋盘上放 r 枚棋,使每一行、每一列、每条 45°和

135° 对角线上都至少有 1 枚棋,求 r 的最小值.

分析与解 r 的最小值 $r_n = \begin{cases} 2n+1 & (n \text{ 为奇数}); \\ 2n & (n \text{ 为偶数}). \end{cases}$

我们希望找到一些位置,使之非放棋不可,由此得到不等式估计.

一个显然的事实是:若某两条线相交,则只需在其交点处放 1 枚棋,若两条线不相交,则这两条线上要分别放 1 枚棋,于是,我们立足于找到若干条两两不相交的线,而且这样的线越多越好(最大坏子集).

我们先看看特殊情况.

当 $n=2$ 时,显然可以找到 4 条两两不相交的对角线,于是至少要放 4 枚棋.所以 $r \geq 4$.另外,$r=4$ 是可能的,即每个格中放 1 枚棋,故 $r_2 = 4$.

当 $n=3$ 时,同样可以找到 4 条两两互不相交的对角线,将它们看作一个子集 P,则 P 中至少要放 4 枚棋.

另外,A,B,C,D 四格可以连成 6 条线(图 2.23),这 6 条线看作另一个子集 M,M 中的 6 条线的任何一条上都要有 1 枚棋.

注意到这些线有公共点,从而不必放 6 枚棋.显然,不论棋子放在这 6 条线所通过的哪 个格上,每枚棋最多同时在 M 中的 3 条线上,从而至少要在 M 中放 2 枚棋.

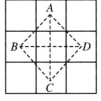

图 2.23

但 M 中放 2 枚棋是不够的,实际上,若 M 中只放 2 枚棋,则每枚棋都分别同时在 M 中的 3 条线上,而且这 2 枚棋不能有公共占住的线

(即 2 枚棋不在同一条线上),这是不可能的,因为 M 中的线通过的格中,任何两个格都至少位于其中的同一条线上,矛盾.

所以,M 中至少要放 3 枚棋,于是 $r \geq 4+3 = 7$.

另外，$r=7$ 是可能的（图 2.24），故 $r_3=7$.

进一步，我们有 $r_4=8$（8 条互不相交的对角线）；$r_5=11$（8 条互不相交的对角线，另外，A,B,C,D 四个格所连成的 6 条线段中至少放 3 枚棋）.

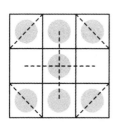

图 2.24

由此推广到一般情况，便可得到 $r_n=\begin{cases}2n+1 & (n\text{ 为奇数})\\ 2n & (n\text{ 为偶数})\end{cases}$.

实际上，当 n 为偶数时，可以作出 $2n$ 条互不相交的对角线，所以 $r\geqslant 2n$.

当 n 为奇数时，可以作出 $2(n-1)$ 条互不相交的对角线.另外，A,B,C,D 四个格所连成的 6 条线段中至少放 3 枚棋，所以 $r\geqslant 2(n-1)+3=2n+1$.

最后，如图 2.25 和图 2.26 所示，$r=2n$（n 为偶数）和 $r=2n+1$（n 为奇数）都是可能的.

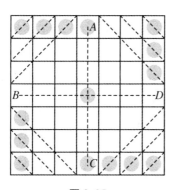

图 2.25

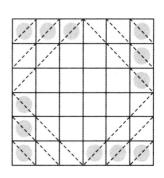

图 2.26

例 9 将 n 阶完全图的顶点和边染色，使得同一顶点引出的边的颜色互不相同，且每个顶点的颜色与该顶点引出的边的颜色也不相同，问至少需要多少种不同的颜色？（2007 年意大利国家队选拔考试题）

2 局部思考

分析与解 设 n 阶完全图的顶点分别为 $A_1, A_2, \cdots, A_n$，考察局部：顶点 A_1 及其引出的 $n-1$ 条边，要使它们的颜色互不相同，其颜色种数不少于 n（必要条件），由此可见，要使染色合乎要求，其颜色种数不少于 n。

下面证明：n 种颜色是可行的。

设 n 种颜色为 $1, 2, \cdots, n$，其染色方法要求对任何顶点 $A_i (1 \leqslant i \leqslant n)$ 及其引出的 $n-1$ 条边，它们的颜色的标号是 $1, 2, \cdots, n$ 的一个排列，从而构成模 n 的完系。

注意到连续 n 个自然数是模 n 的一个完系，从而想到这样的染色方法。

对任何顶点 $A_i (1 \leqslant i \leqslant n)$，它引出的 $n-1$ 条边可表示为 $A_i A_j$ ($j = i+1, i+2, \cdots, i+n-1$)，其中下标按模 n 理解，即大于 n 的数换成关于模 n 的正余数。

注意到 $i, i+1, i+2, \cdots, i+n-1$ 构成模 n 的一个完系，将每个数都加上 i，它们仍构成模 n 的一个完系，于是，将顶点 A_i 染 $i+i$ 号色，边 $A_i A_j$ 染 $i+j$ 号色 ($j = i+1, i+2, \cdots, i+n-1$，其中的数都按模 n 理解)，此时 n 个颜色的编号分别为 $2i, 2i+1, 2i+2, \cdots, 2i+n-1$，所以颜色互不相同，这样的染色显然合乎要求。

综上所述，至少需要 n 种不同的颜色。

例 10 已知圆周上依次有 n 个点 $A_1, A_2, \cdots, A_n$，将任意两点所连的线段染红色或蓝色，满足：对任意不同的 $i, j \in \{1, 2, \cdots, n\}$，$A_i A_j$ 为红色等价于 $A_{i+1} A_{j+1}$ 为蓝色。

(1) 求满足条件的 n；

(2) 试证：对任意两点 A_i, A_j ($i, j \in \{1, 2, \cdots, n\}$)，都存在连接它们的不超过三条边组成的红色路。

(2006 年澳大利亚数学奥林匹克试题)

分析与解 (1) 很容易，只需考察一个局部：圆内接 n 边形

$A_1A_2\cdots A_n$ 的 n 条边即可.

如果 A_iA_{i+1} 为蓝色,则依染色要求,有 $A_{i+1}A_{i+2}$ 为红色,于是,圆内接 n 边形 $A_1A_2\cdots A_n$ 一定有一条红色边.不妨设 A_1A_2 为红色,则依染色要求,有 A_2A_3 为蓝色,A_3A_4 为红色,如此下去,n 边形 $A_1A_2\cdots A_n$ 任何两条相邻边异色,从而 n 为偶数.

反之,若 n 为偶数,令 $n=2k$.

采用局部扩展策略:先染好 n 边形 $A_1A_2\cdots A_n$ 的 n 条边,此时相间染色即可.

此外,对于跨度为 2 的对角线 $A_iA_{i+2}(i=1,2,\cdots,2k)$,当 i 为奇数时,将对角线 A_iA_{i+2} 染红色;当 i 为偶数时,将对角线 A_iA_{i+2} 染蓝色.

如此下去,发现染色方法:对于跨度为 $r(1\leqslant r\leqslant k)$ 的对角线 $A_iA_{i+r}(i=1,2,\cdots,2k)$,当 i 为奇数时,将对角线 A_iA_{i+r} 染红色;当 i 为偶数时,将对角线 A_iA_{i+r} 染蓝色,则染色合乎要求.

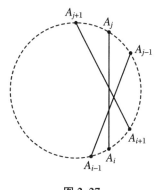

图 2.27

或者:设圆周上 n 个点均匀分布,对每条边规定一个方向,使从起点按逆时针方向的劣弧走到其终点(跨度 $r\leqslant k$),则将起点为奇下标的边染红色,其余染蓝色即可(图 2.27).

所以,所求 n 为一切大于 2 的偶数.

以上是根据原解答整理,但它存在漏洞,你发现了吗?

——取 $n=6$ 即可发现漏洞.实际上,当 n 为偶数时,令 $n=2k$.此时,跨度为 k 的对角线 $d_i=A_iA_{i+k}(i=1,2,\cdots,2k)$ 并没有 $2k$ 条,只有 k 条,是因 $d_i=A_iA_{i+k}$ 与 $d_{i+k}=A_{i+k}A_{i+2k}$ 是同一条对角线.若 k 为奇数,则只有奇数条跨度为 k 的对角线,无法相间染色.

这表明,n 为偶数的条件是不充分的. 为了找到更强的条件,我们还需要考察另一个局部(子集):所有跨度为 k 的对角线,如前述,这样的对角线有 k 条. 如果两条跨度为 k 的对角线的端点在圆周上相邻,则称这两条对角线是相邻的,那么 k 条跨度为 k 的对角线由其相邻性构成一个"圈"(图论上的意义). 依题意,任何两条相邻的跨度为 k 的对角线不同色,从而 k 为偶数,所以 n 为 4 的倍数.

当 n 为 4 的倍数时,令 $n=4k$,则所有跨度为 $i(i<2k)$ 的对角线有 $4k$ 条,从而可以相间染色;所有跨度为 $2k$ 的对角线有 $2k$ 条,也可以相间染色. 于是 $n=4k$ 合乎要求.

(2) 考虑任意两个顶点 A_i, A_j,如果边 A_iA_j 为红色,则然.

下面设 A_iA_j 为蓝色(图 2.28),依染色规则,$A_{i+1}A_{j+1}$ 为红色,$A_{i-1}A_{j-1}$ 为红色.

如果边 $A_{i-1}A_i, A_{j-1}A_j$ 都为红色,则有红色路:$A_i \to A_{i-1} \to A_{j-1} \to A_j$,结论成立,下面设边 $A_{i-1}A_i, A_{j-1}A_j$ 不都为红色,由对称性,不妨设 A_iA_{i+1}, A_jA_{j+1} 不都为红色.

又相邻边 $A_{i-1}A_i, A_iA_{i+1}$ 异色,不妨设 $A_{i-1}A_i$ 为红色,则由染色规则,A_iA_{i+1} 为蓝色.

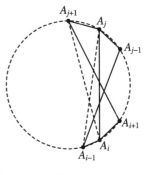

图 2.28

而由假设,$A_{i-1}A_i, A_{j-1}A_j$ 不都为红色,从而 $A_{j-1}A_j$ 为蓝色,进而由染色规则,A_jA_{j+1} 为红色.

最后,若 $A_{i-1}A_j$ 为红色,则有红色路:$A_i \to A_{i-1} \to A_j$,结论成立.

若 $A_{i-1}A_j$ 为蓝色,则 A_iA_{j+1} 为红色,有红色路:$A_i \to A_{j+1} \to A_j$,结论成立.

例 11 设 $n \geqslant 2$,将 $1, 2, \cdots, n^2$ 随机地填入 $n \times n$ 棋盘,每个方格一个数. 对于同一行或同一列中任意两个数,计算较大的数与较小的数的比,所有大于1的比值中的最小者称为这种排列的"特征值".对所有排列,求"特征值"的最大值.(第40届IMO预选题)

分析与解 对任意一个排列A,设其特征值为$c(A)$,考察排列中的$n+1$个最大数$n^2, n^2-1, n^2-2, \cdots, n^2-n$,其中必有两个数,设为$a, b$,位于棋盘的同一行;也必有两个数,设为$c, d$,位于棋盘的同一列.

显然,$\{a, b\} \neq \{c, d\}$,从而$\{a, b\}, \{c, d\}$中至少有一个不是$\{n^2, n^2-n\}$,不妨设$\{a, b\} \neq \{n^2, n^2-n\}$且$a < b$,那么,或者$a > n^2 - n$,或者$b < n^2$. 所以:

或者 $\quad \dfrac{b}{a} \leqslant \dfrac{n^2}{n^2-n+1} = \dfrac{n^2(n+1)}{n^3+1} < \dfrac{n^2(n+1)}{n^3} = \dfrac{n+1}{n}$,

或者 $\quad \dfrac{b}{a} \leqslant \dfrac{n^2-1}{n^2-n} = \dfrac{n+1}{n}$,

故 $c(A) \leqslant \dfrac{n+1}{n}$.

另一方面,采用下面的方式填数,有$c(A) = \dfrac{n+1}{n}$.

首先,将$1, 2, \cdots, n$依次填在主对角线上(图2.29),然后,每行填n个数,使之从左到右构成公差为n的等差数列(各数按模n^2理解:每个数取模n^2的最小正剩余).

1	$n+1$	$2n+1$	$3n+1$	$\cdots$	n^2-n+1
$2-n$	2	$n+2$	$2n+2$	$\cdots$	n^2-2n+1
$3-2n$	$3-n$	3	$3+n$	$\cdots$	n^2-3n+1
				$\cdots$	
				$\cdots$	
				$\cdots$	n

图2.29

如图 2.30 所示.

1	$n+1$	$2n+1$	$3n+1$	$\cdots$	n^2-n+1
n^2-n+2	2	$n+2$	$2n+2$	$\cdots$	n^2-2n+1
n^2-2n+3	n^2-n+3	3	$3+n$	$\cdots$	n^2-3n+1
				$\cdots$	
				$\cdots$	
				$\cdots$	n

图 2.30

我们证明这种构造,使 $c(A)=\dfrac{n+1}{n}$.

实际上,对于同一行中的两个数 a,b,不妨设 $b=a+kn$,注意到最大的 n 个数 $n^2,n^2-1,n^2-2,\cdots,n^2-n+1$ 在不同的行,从而 $a\leqslant n^2-n$. 于是

$$\frac{b}{a}=1+\frac{kn}{a}\geqslant 1+\frac{n}{a}\geqslant 1+\frac{n}{n^2-n}=\frac{n^2}{n^2-n}>\frac{n+1}{n}.$$

对于同在第 j 列中的两个数 $x,y(x<y)$,当 $j=1,2,\cdots,n-2$ 时,该列的数从小到大排列为 $j,j-1+n,j-2+2n,\cdots,1+(j-1)n,n+jn,\cdots,j+1+(n-1)n$,其中前 j 项、后 $n-j$ 项都是公差为 $n-1$ 的等差数列,第 $j+1$ 项与第 j 项的差为 $2n-1$,于是

$$\frac{y}{x}\geqslant\frac{j+1+(n-1)n}{j+2+(n-2)n}\geqslant\frac{n+1}{n}\quad(\text{等号在 }j=n-2\text{ 时成立}).$$

当 $j=n-1$ 时,$\dfrac{y}{x}\geqslant\dfrac{n-1}{n-2}>\dfrac{n+1}{n}$.

当 $j=n$ 时,第 n 列是公差为 $d=n-1$ 的等差数列,于是

$$\frac{y}{x}=\frac{1+id}{1+kd}\geqslant\frac{1+nd}{1+(k+n-i)d}\geqslant\frac{1+nd}{1+(n-1)d}$$
$$=\frac{n^2-n+1}{n^2-2n+2}\geqslant\frac{n+1}{n}.$$

综上所述,$c(A)_{\max}=\dfrac{n+1}{n}$.

例12 在$n\times n(n\geqslant 3)$棋盘中,将某r个方格染红色,其余方格染白色.规定:如果某个白格至少与两个红格相邻(具有公共边),则将此格染红色.如果还有这样的白格则染色继续进行.若不论怎样选取最初r个格染红色,都不能通过上述操作使棋盘中所有格都染红色,求r的最大值.

分析与解 先考虑两个红格在棋盘上如何分布,才能染红尽可能多的格.想象一种特殊情形:棋盘上只有两个红格.此时,如果两个红格没有公共顶点,则当且仅当它们同行(列)且它们之间恰有一个其他格时,可以将位于它们之间的格染红.如果两个红格有两个公共顶点,即具有公共边时,则无法染红任何的其他格.如果两个红格有一个公共顶点,则可染红两个其他格.由此可见,当两个红格按对角方式分布时,能染红的格最多.

由此发现,当$r\geqslant n$时,对最初的棋盘,可取其对角线上的n个方格全为红格,按题中的染色规则,可使棋盘的格全染红,矛盾,所以$r\leqslant n-1$.

下面证明$r=n-1$合乎条件,即不论怎样选取最初$n-1$个格染红色,都不能通过上述操作使棋盘中所有格都染红色.

局部思考:考察红色区域的边界,显然,最初的$n-1$个红色方格形成的红色区域边界的总长不大于$4n-4$.

又每新染一个红色格,此格在染色前至少有两条红色边,这两条边为原红色区域的边界.此格染红后,最多增加两条红色边,但原来两条红色边不再在新红色区域的边界上,所以红色区域边界上红色边的总长度不增.

注意到所有格都染红色后红色区域边界的总长度为$4n>4n-4$,故目标状态不能实现.

综上所述，r 的最大值为 $n-1$.

另解 将某个白格 A 染红时，设它的邻格中有 k 个为红格，记为 $A_1, A_2, \cdots, A_k (k \geqslant 2)$，将 A 与 $A_i (1 \leqslant i \leqslant k)$ 的中心都用一条线段连接.

依染色规则，每染一个红格，至少连 2 条线段，反设棋盘中的格全部染红，则 $n^2 - r$ 个白格全染红，至少连 $2(n^2 - r)$ 条线段.

另一方面，每一行(列)至多连 $n-1$ 条线段，所以线段的条数不多于 $n(n-1) + n(n-1) = 2n(n-1)$，即 $2(n^2 - r) \leqslant 2n(n-1)$，解得 $r \geqslant n$，与 $r = n-1$ 矛盾.

注 第二种解法不需要通过构造来发现问题的答案.

例13 求证：在凸四边形 $ABCD$ 中，$AC \cdot BD \leqslant AB \cdot CD + AD \cdot BC$，等号当且仅当 A, B, C, D 共圆时成立.（托勒密定理）

分析与证明 局部思考：先考虑如何构造 $AB \cdot CD$，我们期望通过比例式 $\dfrac{AB}{?} = \dfrac{?}{CD}$ 来产生 $AB \cdot CD = ? \cdot ?$.

为此，考察分别以 AB, CD 为一边的两个三角形 $\triangle ABC$ 与 $\triangle ACD$，我们期望将其中一个三角形割补成与另一个三角形相似.

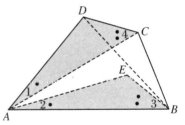

图 2.31

如图 2.31 所示，对角线 AC 分 $\angle A$ 为两部分，不妨设 $\angle CAB > \angle CAD$，在 $\angle CAB$ 内作射线 EA，使 $\angle 2 = \angle 1$，在射线 EA 上取点 E，使 $\angle 3 = \angle 4$（并不要求点 E 在四边形 $ABCD$ 内），则 $\triangle ACD \sim \triangle ABE$，所以 $\dfrac{AB}{AC} = \dfrac{BE}{CD} = \dfrac{AE}{AD}$.

由 $\dfrac{AB}{AC} = \dfrac{BE}{CD}$，得

$$AB \cdot CD = AC \cdot BE \quad (\text{构造目标中的 } AB \cdot CD). \qquad ①$$

此外,由"两边夹角"可得另一对相似三角形.

由 $\dfrac{AB}{AC} = \dfrac{AE}{AD}$ 且 $\angle CAB = \angle DAE$,得 $\triangle ACB \backsim \triangle ADE$(图2.32).

于是 $\dfrac{BC}{DE} = \dfrac{AB}{AE} = \dfrac{AC}{AD}$,有

$$BC \cdot AD = AC \cdot ED \quad (\text{构造目标中的 } BC \cdot AD). \quad ②$$

① + ②,得

$$AB \cdot CD + AD \cdot BC = AC(BE + ED)$$
$$\geqslant AC \cdot BD.$$

等号当且仅当点 E 在 BD 上时成立,此时 $\angle ABD = \angle 3 = \angle 4$,即 A,B,C,D 共圆.

例 14 如图 2.33 所示,设 D,E,F 分别是 $\triangle ABC$ 的边 BC、CA、AB 上的点,BE 与 CF 交于点 P,CF 与 AD 交于点 Q,AD 与 BE 交于点 R. 若 $\dfrac{AQ}{QD} = \dfrac{BR}{RE} = \dfrac{CP}{PF}$,求证:

$$\dfrac{AF}{FB} \cdot \dfrac{BD}{DC} + \dfrac{AF}{FB} = \dfrac{BD}{DC} \cdot \dfrac{CE}{EA} + \dfrac{BD}{DC} = \dfrac{CE}{EA} \cdot \dfrac{AF}{FB} + \dfrac{CE}{EA}.$$

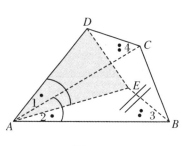

图 2.32

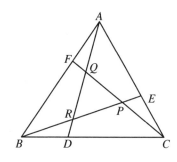

图 2.33

分析与证明 本题的目标非常复杂,但具有对称性,从而可从局部突破.

考察 $\dfrac{AF}{FB} \cdot \dfrac{BD}{DC} + \dfrac{AF}{FB}$,发现公因式 $\dfrac{AF}{FB}$,于是

$$\frac{AF}{FB} \cdot \frac{BD}{DC} + \frac{AF}{FB} = \frac{AF}{FB}\left(\frac{BD}{DC} + 1\right) = \frac{AF}{FB} \cdot \frac{BD + DC}{DC} = \frac{AF}{FB} \cdot \frac{BC}{DC}.$$

观察目标中的比 $\frac{AF}{FB}$，$\frac{BC}{DC}$ 及条件中的比 $\frac{AQ}{QD}$，发现相应的"点分线段"为点 F 分 AB、点 C 分 BD、点 Q 分 AD，由此构造梅氏线 CQF 截 $\triangle ABD$，问题迎刃而解.

因为 $\triangle ABD$ 被直线 CF 所截，由梅涅劳斯定理，有 $\frac{AF}{FB} \cdot \frac{BC}{CD} \cdot \frac{DQ}{QA} = 1$，于是 $\frac{AF}{FB} \cdot \frac{BC}{CD} = \frac{QA}{DQ}$.

因为 $\triangle BCE$ 被直线 AD 所截，由梅涅劳斯定理，有 $\frac{BD}{DC} \cdot \frac{CA}{AE} \cdot \frac{ER}{RB} = 1$，于是 $\frac{BD}{DC} \cdot \frac{CA}{AE} = \frac{RB}{ER}$.

因为 $\triangle CAF$ 被直线 BE 所截，由梅涅劳斯定理，有 $\frac{CE}{EA} \cdot \frac{AB}{BF} \cdot \frac{FP}{PC} = 1$，于是 $\frac{CE}{EA} \cdot \frac{AB}{BF} = \frac{PC}{FP}$.

而 $\frac{AQ}{QD} = \frac{BR}{RE} = \frac{CP}{PF}$，故

$$\frac{CE}{EA} \cdot \frac{AF}{FB} + \frac{CE}{EA} = \frac{BD}{DC} \cdot \frac{CE}{EA} + \frac{BD}{DC} = \frac{AF}{FB} \cdot \frac{BD}{DC} + \frac{AF}{FB}.$$

2.3 间距思考

所谓间距思考，就是考察具有确定顺序的一系列对象中相邻两个对象的特定指标的差.

研究"间距"，通常有如下几种形式：一是任取一个"间距"，讨论它的取值范围，由此得到相关量的估计；二是考察每一个"间距"，所有"间距"按照原来的序列的顺序构成一个新的序列，我们称为"间距序列"或"差分序列". 通过讨论"间距序列"的性质，探索解题途径.

例1 设 n 为正整数,$X=\{1,2,3,\cdots,n\}$,A 是 X 的子集,且对任何 $x<y<z,x,y,z\in A$,都存在一个三角形三边的长分别为 x,y,z,求 $|A|$ 的最大值.(原创题)

分析与解 设 A 合乎条件,令 $A=\{a_1,a_2,\cdots,a_t\}$,其中 $a_1<a_2<\cdots<a_t\leqslant n$,则 $|A|=t$,下面估计 t.

考察间距,由于 $a_1,a_2,\cdots,a_t$ 是正整数,且 $a_1<a_2<\cdots<a_t\leqslant n$,所以 $a_{i+1}\geqslant a_i+1$,迭代,得
$$a_t\geqslant a_{t-1}+1\geqslant a_{t-2}+2\geqslant\cdots\geqslant a_2+(t-2)\geqslant a_1+(t-1),$$
于是
$$t\leqslant a_t-a_1+1.$$

再研究条件:对任何 $1\leqslant i<j<k\leqslant t$,$a_i,a_j,a_k$ 构成三角形,即 $a_i+a_j>a_k$,这等价于
$$a_1+a_2>a_t.$$

综合上述两个结果,有
$$a_1+a_2>a_t\geqslant a_1+(t-1),$$
所以 $t<a_2+1$.

下面只需估计 a_2,复制前面的迭代过程(至 a_2 为止),有
$$n\geqslant a_t\geqslant a_{t-1}+1\geqslant a_{t-2}+2\geqslant\cdots\geqslant a_2+(t-2),$$
由此得
$$a_2\leqslant n-t+2.$$
代入上式,得
$$t<a_2+1\leqslant n-t+2+1=n-t+3,$$
$$2t<n+3,\quad t\leqslant\frac{n+2}{2}.$$

但 $t\in\mathbf{Z}$,所以 $t\leqslant\left[\dfrac{n+2}{2}\right]$.

其次,若 $n=2k$,则令 $A=\{k,k+1,k+2,\cdots,2k\}$,此时

$$|A| = k+1 = \frac{n}{2}+1 = \frac{n+2}{2} = \left[\frac{n+2}{2}\right].$$

若 $n = 2k+1$,则令 $A = \{k+1, k+2, \cdots, 2k+1\}$,此时

$$|A| = k+1 = \frac{n-1}{2}+1 = \frac{n+1}{2} = \left[\frac{n+2}{2}\right].$$

(可合并为 $A = \left\{\left[\frac{n+1}{2}\right], \left[\frac{n+1}{2}\right]+1, \left[\frac{n+1}{2}\right]+2, \cdots, n\right\}$.)

综上所述,$|A|$ 的最大值为 $\left[\frac{n+2}{2}\right]$.

另解 (1)当 n 为奇数时,令 $A = \left\{\frac{n}{2}, \frac{n}{2}+1, \frac{n}{2}+2, \cdots, n\right\}$,则由 $\frac{n}{2}+\left(\frac{n}{2}+1\right) > n$,知 A 合乎条件,此时 $|A| = \frac{n}{2}+1 = \left[\frac{n+2}{2}\right]$.

另一方面,设 A 是合乎条件的集合,若 $|A| \geqslant \frac{n}{2}+2$,则取 A 中 $\frac{n}{2}+2$ 个数:

$$a_1, \quad a_2, \quad \cdots, \quad a_{\frac{n}{2}+2},$$

其中 $a_1 < a_2 < \cdots < a_{\frac{n}{2}+2} \leqslant n$. 因为 $a_{\frac{n}{2}+2} \leqslant n$,所以

$$a_1 \leqslant a_2 - 1 \leqslant a_3 - 2 \leqslant \cdots$$
$$\leqslant a_{\frac{n}{2}+2} - \left(\frac{n}{2}+1\right) \leqslant n - \left(\frac{n}{2}+1\right) = \frac{n}{2}-1,$$

故

$$a_{\frac{n}{2}+2} - a_2 = (a_{\frac{n}{2}+2} - a_{\frac{n}{2}+1}) + (a_{\frac{n}{2}+1} - a_{\frac{n}{2}}) + \cdots + (a_3 - a_2)$$
$$\geqslant 1 + 1 + \cdots + 1 = \frac{n}{2} > \frac{n}{2} - 1 = a_1,$$

从而 $a_1, a_2, a_{\frac{n}{2}+2}$ 不构成三角形,矛盾.

所以 $|A|$ 的最大值为 $\frac{n}{2}+1 = \left[\frac{n+2}{2}\right]$.

(2)当 n 为偶数时,令 $A = \left\{\frac{n+1}{2}, \frac{n+1}{2}+1, \frac{n+1}{2}+2, \cdots, n\right\}$,

则由 $\frac{n+1}{2} + \left(\frac{n+1}{2}+1\right) > n$,知 A 合乎条件,此时 $|A| = \frac{n+1}{2}$.

另一方面,设 A 是合乎条件的集合,若 $|A| \geqslant \frac{n+1}{2}+1 = \frac{n+3}{2}$,则取 A 中 $\frac{n+3}{2}$ 个数:

$$a_1, \quad a_2, \quad \cdots, \quad a_{\frac{n+3}{2}},$$

其中 $a_1 < a_2 < \cdots < a_{\frac{n+3}{2}} \leqslant n$. 因为 $a_{\frac{n+3}{2}} \leqslant n$,所以

$$a_1 \leqslant a_2 - 1 \leqslant a_3 - 2 \leqslant \cdots$$
$$\leqslant a_{\frac{n+3}{2}} - \frac{n+1}{2} \leqslant n - \frac{n+1}{2} = \frac{n-1}{2},$$

故

$$a_{\frac{n+3}{2}} - a_2 = \left(a_{\frac{n+3}{2}} - a_{\frac{n+1}{2}}\right) + \left(a_{\frac{n+1}{2}} - a_{\frac{n-1}{2}}\right) + \cdots + (a_3 - a_2)$$
$$\geqslant 1 + 1 + \cdots + 1 = \frac{n-1}{2} \geqslant a_1,$$

从而 $a_1, a_2, a_{\frac{n+3}{2}}$ 不构成三角形,矛盾.

综上所述,$|A|$ 的最大值为 $\left[\frac{n+2}{2}\right]$.

例 2 给定整数 $n \geqslant 3$. 试证:集合 $X = \{1, 2, \cdots, n^2 - n\}$ 能写成两个不相交的非空子集的并,使得每一个子集均不包含 n 个元素 $a_1, a_2, \cdots, a_n$,其中 $a_1 < a_2 < \cdots < a_n$,满足 $a_k \leqslant \frac{a_{k-1} + a_{k+1}}{2}$ ($k = 2, 3, \cdots, n-1$). (2008 年中国数学奥林匹克试题)

分析与证明 先理解题中的关键条件:$a_k \leqslant \frac{a_{k-1} + a_{k+1}}{2}$,类比到等差中项,可将其变形为

$$a_k - a_{k-1} \leqslant a_{k+1} - a_k \quad (k = 2, 3, \cdots, n-1). \qquad ①$$

于是,如果存在满足式①的 n 个元素 $a_1, a_2, \cdots, a_n$,其中 $a_1 < a_2 < \cdots < a_n$,则 $a_1, a_2, \cdots, a_n$ 实质上就是一个间距递增的序列.

这样一来,我们只需找到集合 S, T,使 $S \cap T = \varnothing$,$S \cup T = X$,且

S,T 都不包含长为 n 的间距递增的序列.

假定已经找到了合乎要求的 S,T,在 S 中任取 n 个元素 $a_1,a_2,\cdots,a_n$,其中 $a_1<a_2<\cdots<a_n$,我们需要证明该数列不满足条件式①,也就是说,数列 $a_1,a_2,\cdots,a_n$ 中必有连续的三个项 $a_{k-1},a_k,a_{k+1}(k\geqslant 2$,以保证 a_{k-1} 有意义),使得 $a_k-a_{k-1}>a_{k+1}-a_k$.

采用分割法,期望找到 A 及 a_{k-1},a_k,a_{k+1},使
$$a_k-a_{k-1}>A \quad \text{且} \quad a_{k+1}-a_k<A. \qquad ②$$

首先考虑 $a_{k+1}-a_k<A$,为了便于进行估计间距,我们将 S 分拆成若干个子集的并 $S=S_1\cup S_2\cup\cdots\cup S_p$,其中每个 S_i 都是由若干个连续正整数组成的集合,记为 $S_i=\{x_i,x_i+1,\cdots,x_i+r_i\}$.

由于 S 中不含长为 n 的间距递增的序列,于是要求 $|S_i|\leqslant n-1$ $(1\leqslant i\leqslant p)$.

假定满足式②的 a_{k-1},a_k,a_{k+1} 已找到,为了便于进行估计间距,限定 a_k,a_{k+1} 属于同一个子集 S_i,那么,显然有 $a_{k+1}-a_k\leqslant x_i+r_i-x_i=r_i$.

下面只需找到 a_{k-1},使 $a_k-a_{k-1}>A$,这就要求 a_{k-1} 尽可能小,注意到 $a_{k-1}<a_k$,有 $a_{k-1}\in S_1\cup S_2\cup\cdots\cup S_{i-1}$(其中假定 $S_1,S_2,\cdots,S_p$ 中的元素是由小到大划分的,即 S_1 中的元素都小于 S_2 中的元素等),这里,为了使 S_{i-1} 有意义(即 S_i 的前面还有子集),需要限定 $i\geqslant 2$,此时 $a_{k-1}\leqslant x_{i-1}+r_{i-1}$.

于是 $a_k-a_{k-1}\geqslant x_i-(x_{i-1}+r_{i-1})$.

为了满足式②,只需 $x_i-(x_{i-1}+r_{i-1})>r_i$,即
$$x_i-x_{i-1}>r_i+r_{i-1}=|S_i|+|S_{i-1}|-2. \qquad ③$$

上述推理有一个前提:需要 $a_k,a_{k+1}(k\geqslant 2)$ 属于同一个子集 $S_i(2\leqslant i\leqslant p)$,即要求 $a_2,a_3,\cdots,a_n$ 中必定有两个数属于某个 S_i,且 S_i 不是 S_1.

为了使 a_k,a_{k+1} 不同时属于 S_1,取 $|S_1|=1$ 即可.

为了使 $a_2, a_3, \cdots, a_n$ 中必定有两个数属于某个 $S_i (2 \leq i \leq p)$,由抽屉原理,只要 $p - 1 < n - 1$,即 $p \leq n - 1$,特别地,可取 $p = n - 1$.

但当 a_k, a_{k+1} 属于同一个子集时,未必属于上述特别指定的 $S_i (i \geq 2)$,为了解决这一点,我们让 a_k, a_{k+1} 同属于任意一个子集 $S_i (2 \leq i \leq n - 1)$ 都能得出上面的结论,即让式③对任意 $i \geq 2$ 都成立.

于是,我们需要构造 $S_i = \{x_i, x_i + 1, \cdots, x_i + r_i\} (i = 1, 2, \cdots, n - 1)$,使对任意 $i > 1$,都有 $x_i - x_{i-1} > r_i + r_{i-1} = |S_i| + |S_{i-1}| - 2$,且 $|S_1| = 1, |S_i| \leq n - 1$.

对称地,我们需要构造 $T_i = \{y_i, y_i + 1, \cdots, y_i + t_i\} (i = 1, 2, \cdots, n - 1)$,使对任意 $i > 1$,都有 $y_i - y_{i-1} > t_i + t_{i-1} = |T_i| + |T_{i-1}| - 2$,且 $|T_1| = 1, |T_i| \leq n - 1$.

为了使不等式容易成立,可取 $|S_i| = |T_i| (1 \leq i \leq n - 1)$.

此外,注意到
$$\sum_{i=1}^{n-1} |S_i| + \sum_{i=1}^{n-1} |T_i| = n^2 - n = 2(1 + 2 + \cdots + (n-1))$$
及 $|S_1| = 1, |T_1| = 1$,可取 $|S_i| = |T_i| = i (1 \leq i \leq n - 1)$.

于是 $S_1 = \{1\}, T_1 = \{2\}, S_2 = \{3, 4\}, T_2 = \{5, 6\}, S_3 = \{7, 8, 9\}, T_3 = \{10, 11, 12\}, \cdots$.

一般地,记 $S_k = \{k^2 - k + 1, k^2 - k + 2, \cdots, k^2\}, T_k = \{k^2 + 1, k^2 + 2, \cdots, k^2 + k\} (k = 1, 3, \cdots, n - 1)$,令 $S = \bigcup_{k=1}^{n-1} S_k$,$T = \bigcup_{k=1}^{n-1} T_k$.

我们证明 S, T 是满足题目要求的两个子集.

首先,显然有 $S \cap T = \varnothing, S \cup T = X$.

其次,在 S 中任取 n 个元素 $a_1, a_2, \cdots, a_n$,其中 $a_1 < a_2 < \cdots$

$<a_n$.

若 $a_2 \in S_1$,而 $|S_1|=1$,则 $a_1 \notin S_1$,从而 $a_1 \notin S$,矛盾,所以 $a_2 \notin S_1$.

于是 $a_2,a_3,\cdots,a_n \in S_2 \cup S_3 \cup \cdots \cup S_{n-1}$.

由抽屉原理,必有某个 $S_j(1<j<n)$ 中含有其中至少两个数,设其最小的一个为 a_k,则 $a_k,a_{k+1} \in S_j$,且 $a_{k-1} \in S_1 \cup S_2 \cup \cdots \cup S_{j-1}$.

由 $a_k,a_{k+1} \in S_j$,得 $a_{k+1}-a_k \leqslant j^2-(j^2-j+1)=j-1$.

由 $a_{k-1} \in S_1 \cup S_2 \cup \cdots \cup S_{j-1}$,$a_k \in S_j$,得 $a_k-a_{k-1} \geqslant (j^2-j+1)-(j-1)^2=j$.

所以 $a_k-a_{k-1}>a_{k+1}-a_k$,即 $a_k>\dfrac{a_{k-1}+a_{k+1}}{2}$,故 $a_1,a_2,\cdots,a_n$ 不满足条件 $a_k \leqslant \dfrac{a_{k-1}+a_{k+1}}{2}$.

于是,S 中不存在满足题设的 n 个元素.

同样可证,T 中亦不存在这样的 n 个元素,故 S,T 为满足题中要求的两个子集.

注 上述解答中,S_i,T_i 的构造有很多方法,上述构造最简单.此外,其中较简单的是基本均匀构造(各 $|S_i|$,$|T_i|$ 尽可能相等).

因为除 $|S_1|=1$,$|T_1|=1$ 外,还有 n^2-n-2 个元素,有 $2n-4$ 个集合.

注意到 $n^2-n-2=(n+1)(n-2)=(2n-4) \cdot \dfrac{n+1}{2}$,于是,若 n 为奇数,则可令 $|S_i|=|T_i|=\dfrac{n+1}{2}(i=2,3,\cdots,n-1)$.

此时,显然有 $|S_1|=1$,$|T_1|=1$,$|S_i| \leqslant n-1$,$|T_i| \leqslant n-1$.

此外

$$x_i-x_{i-1}=|S_{i-1}|+|T_{i-1}|=|S_{i-1}|+|S_i|$$
$$>|S_i|+|S_{i-1}|-2,$$

$$y_i - y_{i-1} = |T_{i-1}| + |S_i| = |T_{i-1}| + |T_i|$$
$$> |T_{i-1}| + |T_i| - 2,$$

从而构造合乎条件.

若 n 为偶数,则可令 $|S_i| = \dfrac{n}{2}, |T_i| = \dfrac{n}{2} + 1 (i = 2, 3, \cdots, n-1)$.

此时,显然有 $|S_1| = 1, |T_1| = 1, |S_i| \leqslant n-1, |T_i| \leqslant n-1$.

此外

$$x_i - x_{i-1} = |S_{i-1}| + |T_{i-1}| = |S_{i-1}| + |S_i| + 1$$
$$> |S_i| + |S_{i-1}| - 2,$$
$$y_i - y_{i-1} = |T_{i-1}| + |S_i| = |T_{i-1}| + |T_i| - 1$$
$$> |T_{i-1}| + |T_i| - 2,$$

从而构造合乎条件.

例 3 设 $f_1(x) = x + [\sqrt[k]{x}]$,其中 k 是大于 1 的正整数,$f_n(x) = f_1(f_{n-1}(x))(n \geqslant 2)$,求证:对每一个确定的正整数 m,数列 $\{f_n(m)\}$ 中至少包含一个整数的 k 次方.

分析与证明 对任意正整数 m,不妨设 $A^k \leqslant m < (A+1)^k$, $A \in \mathbf{N}^*$,令

$$m = A^k + b \quad (0 \leqslant b < (A+1)^k - A^k),$$

则 $f_1(m) = A^k + b + A$.

若仍有 $A^k \leqslant f_1(m) < (A+1)^k$,则 $f_2(m) = A^k + b + 2A$,所以
$$f_2(m) - f_1(m) = A.$$

由此可见,若正整数 m 满足 $A^k \leqslant m < (A+1)^k$,则

$$f(f(m)) - f(m) = A. \qquad ①$$

反复进行 f 迭代,由于每一次 f 迭代的间距 $f_{i+1}(m) - f_i(m) = A \geqslant 1$,所以必存在 $a_1 \in \mathbf{N}^*$,使得 $f_{a_1}(m) \geqslant (A+1)^k$,且 $f_{a_1-1}(m) < (A+1)^k$,即

$$(A+1)^k \leqslant f_{a_1}(m) < A + (A+1)^k. \qquad ②$$

令
$$f_{a_1}(m) = (A+1)^k + p \quad (p \in \mathbf{N}).$$

若 $p=0$,则命题获证.

若 $p \neq 0$,则由式②知 $0 < p < A$,且
$$(A+1)^k \leqslant f_{a_1}(m) < (A+2)^k. \qquad ③$$

再对 $f_{a_1}(m)$ 进行 f 迭代,利用结论式①可知,在式③的限定下每次 f 迭代的间距为 $A+1$,于是必存在 $a_2 \in \mathbf{N}^*, a_2 > a_1$,使得 $f_{a_2-1}(m) < (A+2)^k$,且 $f_{a_2}(m) \geqslant (A+2)^k$,即
$$(A+2)^k \leqslant f_{a_2}(m) < (A+1) + (A+2)^k.$$

设
$$f_{a_2}(m) = (A+2)^k + q \quad (q \in \mathbf{N}).$$

若 $q=0$,则命题获证.

若 $q \neq 0$,则 $0 < q < A+1$,且注意到 $f_{a_2}(m) \equiv f_{a_1}(m) \pmod{A+1}$(因每次 f 迭代的间距为 $A+1$),有
$$(A+2)^k + q \equiv (A+1)^k + p,$$

所以 $q \equiv p-1 \pmod{A+1}$,但 $0 < p, q < A+1$,因此 $p-1 = q$,于是
$$f_{a_2}(m) = (A+2)^k + (p-1).$$

上式表明,从 $f_{a_1}(m) = (A+1)^k + p$ 到 $f_{a_2}(m) = (A+2)^k + (p-1)$,使"底" $A+1$ 增加 1(变为 $A+2$),且使"尾" p 减少 1(变为 $p-1$).

令 $g(x) = f_{a_2-a_1}(x)$,则
$$g_1(f_{a_1}(m)) = (A+2)^k + (p-1),$$
$$g_2(f_{a_1}(m)) = (A+3)^k + (p-2),$$
$$\cdots,$$
$$g_p(f_{a_1}(m)) = (A+p+1)^k + (p-p) = (A+p+1)^k.$$

证毕.

另证 因为 j^k 之后的第一个 k 次方为
$$(j+1)^k = j^k + C_k^1 j^{k-1} + \cdots + C_k^{k-1} j + 1,$$
而对每个 m,必存在 j,使 $j^k \leqslant m < (j+1)^k$,于是可将 m 表示成
$$m = j^k + \alpha j + \beta,$$
其中 $j, \alpha, \beta \in \mathbf{Z}$,且 $0 \leqslant \alpha \leqslant C_k^1 j^{k-2} + \cdots + C_k^{k-1} = t, 0 \leqslant \beta < j$.

此时,不难知道,$[m^{\frac{1}{k}}] = j$,我们称 β 为 m 的"尾数".

(1) 当 $\alpha = 0, 0 < \beta < j$ 时,$m = j^k + \beta$,于是
$$f_1(m) = j^k + \beta + j,$$
$$f_2(m) = j^k + j + \beta + j = j^k + 2j + \beta,$$
$$\cdots.$$
当 $r = C_k^1 j^{k-2} + \cdots + C_k^{k-1} = t$ 时,有
$$f_r(m) = j^k + C_k^1 j^{k-1} + \cdots + C_k^{k-1} j + 1 + (\beta - 1)$$
$$= (j+1)^k + (\beta - 1).$$
所以,$f_r(m)$ 要么是一个 k 次方($\beta = 1$),要么是比 m 的尾数少 1 的数($\beta > 1$),继续下去,必定存在一个 s,使得 $f_s(m)$ 为 k 次方.

(2) 当 $0 < \alpha \leqslant t, 0 \leqslant \beta < j$ 时,$m = j^k + \alpha j + \beta$,于是
$$f_1(m) = j^k + \alpha j + \beta + j,$$
$$f_2(m) = j^k + (\alpha + 1)j + \beta,$$
$$\cdots.$$
当 $r = C_k^1 j^{k-2} + \cdots + C_k^{k-1} - \alpha = t - \alpha$ 时,有
$$f_r(m) = j^k + C_k^1 j^{k-1} + \cdots + C_k^{k-1} j + \beta.$$
若 $\beta = 1$,则 $f_r(m) = (j+1)^k$;

若 $\beta \geqslant 2$,则 $f_r(m) = (j+1)^k + \beta - 1$,化归为(1);

若 $\beta = 0$,则
$$f_{r+1}(m) = f_r(m) + [f_r(m)^{\frac{1}{k}}]$$
$$= (j+1)^k - 1 + ((j^k + C_k^1 j^{k-1} + \cdots + C_k^{k-1} j)^{\frac{1}{k}})$$

$$= (j+1)^k + (j-1).$$

若 $j=1$,则结论成立;

若 $j>1$,则 $f_{r+1}(m) = (j+1)^k + (j-1)$ 是(1)中的"m 型"数,由(1),结论成立.

(3) 当 $\alpha = \beta = 0$ 时,$m = j^k$,$f_1(m) = j^k + j$ 是(1)中的"m 型"数,由(1),结论成立.

例4 求出所有的正实数 a,使得存在正整数 n 及 n 个互不相交的无限集合 $A_1, A_2, \cdots, A_n$ 满足 $A_1 \cup A_2 \cup \cdots \cup A_n = \mathbf{N}$,而且对于每个 A_i 中的任意两数 $b > c$,都有 $b - c \geqslant a^i$.(2005 年女子数学奥林匹克试题)

分析与解 (1) 若 $0 < a < 2$,取 n 充分大,使 $2^{n-1} > a^n$,令 $A_i = \{2^{i-1} m \mid m$ 为奇数$\}$($i = 1, 2, \cdots, n-1$),$A_n = \{2^{n-1} m \mid m$ 为正整数$\} = \{2$ 的指数不低于 $n-1$ 的正整数$\}$,则该分拆满足要求.

实际上,当 $0 < i < n$ 时,对 A_i 中的任意两数 $b > c$,设 $b = 2^{i-1} m_b$,$c = 2^{i-1} m_c$,其中 m_b, m_c 为奇数,且 $m_b > m_c$,则有
$$b - c = 2^{i-1} m_b - 2^{i-1} m_c = 2^{i-1}(m_b - m_c)$$
$$\geqslant 2^{i-1} \cdot 2 = 2^i \geqslant a^i.$$

当 $i = n$ 时,对 A_n 中的任意两数 $b > c$,设 $b = 2^{n-1} m_b$,$c = 2^{n-1} m_c$,其中 m_b, m_c 为正整数,且 $m_b > m_c$,则有
$$b - c = 2^{n-1} m_b - 2^{n-1} m_c = 2^{n-1}(m_b - m_c) \geqslant 2^{n-1} \geqslant a^n.$$

(2) 若 $a \geqslant 2$,则不存在合乎条件的 n 产生相应的分拆.

反设存在 n 使 $A_1, A_2, \cdots, A_n$ 满足要求,令 $M = \{1, 2, \cdots, 2^n\}$,可证 $|A_i \cap M| \leqslant 2^{n-i}$.

设 $A_i \cap M = \{x_1, x_2, \cdots, x_m\}$,$x_1 < x_2 < \cdots < x_m$,则由 $x_m \leqslant 2^n$,有 $2^n > x_m - x_1$.

此外,考察间距:由 $x_1, x_2, \cdots, x_m \in A_i \cap M$,结合题给条件,有 $x_i - x_{i-1} \geqslant a^i \geqslant 2^i$. 于是

$$2^n > x_m - x_1 = (x_m - x_{m-1}) + (x_{m-1} - x_{m-2}) + \cdots + (x_2 - x_1)$$
$$\geqslant (m-1)2^i,$$

所以 $m-1 < 2^{n-i}$,即 $m < 2^{n-i}+1$,故 $m \leqslant 2^{n-i}$. 于是

$$\sum_{i=1}^n |A_i \cap M| \leqslant \sum_{i=1}^n 2^{n-i} = 2^n - 1 < 2^n = |M|,$$

从而 $A_1, A_2, \cdots, A_n$ 没有包含 M 的所有数,与 $A_1 \cup A_2 \cup \cdots \cup A_n = \mathbf{N}$ 矛盾.

所以不存在合乎条件的分拆.

故所求的 a 为所有小于 2 的正实数.

例 5 给定 $k \in \mathbf{N}, k > 1$,对 $n \in \mathbf{N}$,定义 $f(n) = n + [(n+n^{\frac{1}{k}})^{\frac{1}{k}}]$,求 f 的值域,其中 $[x]$ 是高斯函数,表示不超过 x 的最大整数.(《美国数学月刊》1991 年 1 月号问题 3340)

分析与解 先考虑间距,确定有哪些正整数 n,使

$$f(n+1) - f(n) \geqslant 2.$$

因为

$$f(n+1) - f(n) \geqslant 2$$
$$\Leftrightarrow [((n+1) + (n+1)^{\frac{1}{k}})^{\frac{1}{k}}] - [(n+n^{\frac{1}{k}})^{\frac{1}{k}}] \geqslant 1$$
$$\Leftrightarrow (n+n^{\frac{1}{k}})^{\frac{1}{k}} < m \leqslant ((n+1) + (n+1)^{\frac{1}{k}})^{\frac{1}{k}}$$
$$(m \in \mathbf{N}, m \geqslant 2, k > 1)$$
$$\Leftrightarrow n + n^{\frac{1}{k}} < m^k \leqslant n + 1 + (n+1)^{\frac{1}{k}}. \qquad ①$$

(此时,$f(n), f(n+1)$ 都取不到 $n+m$.)

若 $n < m^k - m$,即 $n+1 \leqslant m^k - m$,则

$$n + 1 + (n+1)^{\frac{1}{k}} \leqslant (m^k - m) + (m^k - m)^{\frac{1}{k}}$$
$$< m^k - m + (m^k)^{\frac{1}{k}} = m^k,$$

与式①右边矛盾.所以

$$n \geqslant m^k - m. \qquad ②$$

若 $n > m^k - m$,即 $n \geqslant m^k - m + 1$,注意到

$$m^k = [(m-1)+1]^k \geqslant (m-1)^k + k(m-1),$$

所以

$$n + n^{\frac{1}{k}} \geqslant (m^k - m + 1) + (m^k - m + 1)^{\frac{1}{k}}$$
$$\geqslant m^k - m + 1 + [(m-1)^k + k(m-1) - m + 1]^{\frac{1}{k}}$$
$$> m^k - m + 1 + [(m-1)^k]^{\frac{1}{k}} = m^k,$$

这与式①左边矛盾.所以

$$n \leqslant m^k - m. \qquad ③$$

由式①、式②,有 $n = m^k - m$.

对于给定的 n,若还存在 m',使式①成立,则有

$$n = m'^k - m', \quad m^k - m = m'^k - m,$$
$$(m - m')(m^{k-1} + m^{k-2}m' + \cdots + m'^{k-1} - 1) = 0.$$

但 $m, m' \geqslant 2$,所以 $m^{k-1} + \cdots + m'^{k-1} - 1 \neq 0$,故 $m = m'$.

这表明,由 $f(n)$ 到 $f(n+1)$ 至多跳过了一个数,即 $f(n+1) - f(n) \leqslant 2$.

所以,由 $f(n)$ 到 $f(n+1)$ 跳过的数只有 $n + m = m^k (m \geqslant 2)$ 个.

又 $f(1) = 2 > 1$,所以 1 不在 f 的值域中,由此即得 $f(n)$ 的值域为 $\mathbf{N}^* \setminus \{x \mid x = m^k, m \in \mathbf{N}^*\}$.

另解 考察划分序列 $\{i^k - i\}(i \in \mathbf{N}^*)$,它的每一个项把区间 $(0, +\infty)$ 划分为无穷多个互不相交的区间

$$\bigcup_{i=1}^{\infty}(i^k - i, (i+1)^k - (i+1)] = \bigcup_{i=1}^{\infty} I_i,$$

其中 $I_i = (i^k - i, (i+1)^k - (i+1)]$.

对任意 n,可以找到 $a \in \mathbf{N}^*$,使 $n \in I_a$,即

$$a^k - a < n \leqslant (a+1)^k - (a+1),$$
$$a^k - a + 1 \leqslant n \leqslant (a+1)^k - (a+1), \qquad ④$$

所以

$$(a-1)^k < n < (a+1)^k,$$
$$a-1 < n^{\frac{1}{k}} < a+1. \qquad ⑤$$

④+⑤,得
$$a^k < n + n^{\frac{1}{k}} < (a+1)^k,$$

所以 $[(n+n^{\frac{1}{k}})^{\frac{1}{k}}] = a$.

由此,对于 $a^k - a < n < n+1 \leq (a+1)^k - (a+1)$,有
$$f(n)+1 = n+1+[(n+n^{1/k})^{1/k}] = n+1+a$$
$$= n+1+[((n+1)+(n+1)^{\frac{1}{k}})^{\frac{1}{k}}] = f(n+1).$$

又
$$f(a^k-a+1) = a^k-a+1+[((a^k-a+1)+(a^k-a+1)^{\frac{1}{k}})^{\frac{1}{k}}]$$
$$= a^k-a+1+a = a^k+1,$$
$$f((a+1)^k-(a+1)) = (a+1)^k-(a+1)+a = (a+1)^k-1.$$

所以,区间 $[a^k+1,(a+1)^k-1]$ 上的每一个值均可取到. 而由
$$f(a^k-a) = f((a-1+1)^k-(a-1+1))$$
$$= (a-1+1)^k-1 = a^k-1,$$
$$f(a^k-a+1) = a^k+1,$$

知 a^k 取不到,故 $f(n)$ 的值域为 $\mathbf{N}^* \setminus \{x \mid x = m^k, m \in \mathbf{N}^*\}$.

例6 设 $M = \{1,2,3,\cdots,2^m n\}$ $(m,n \in \mathbf{N}^*)$ 是连续 $2^m n$ 个正整数组成的集合,求最小的正整数 k,使得 M 的任何 k 元子集中都存在 $m+1$ 个数 $a_1, a_2, \cdots, a_{m+1}$,满足 $a_i \mid a_{i+1}$ $(i=1,2,\cdots,m)$.

分析与解 记 $A = \{1,2,\cdots,n\}$,任何一个以 i $(1 \leq i \leq n)$ 为首项、2 为公比的等比数列与 A 的交集记为 A_i.

一方面,由于 M 中的 $2^m n - n$ 个元的子集
$$\{n+1, n+2, \cdots, 2^m n\}$$
中,若存在满足要求的 $m+1$ 个数:
$$n+1 \leq a_1 < a_2 < \cdots < a_{m+1} \leq 2^m n,$$
使得 $a_i \mid a_{i+1}$ $(1 \leq i \leq m)$,则 $a_{i+1} \geq 2a_i$,从而

$$a_{m+1} \geqslant 2a_m \geqslant \cdots \geqslant 2^m a_1 \geqslant 2^m(n+1) > 2^m n,$$

矛盾.故不存在满足要求的 $m+1$ 个数,因此所求的 $k \geqslant 2^m n - n + 1$.

另一方面,若 $k = 2^m n - n + 1$,可证明 M 中的任何 k 元子集 T 中,都有 $m+1$ 个数 $a_1, a_2, \cdots, a_{m+1}$,满足 $a_i \mid a_{i+1} (i \leqslant 1 \leqslant m)$.

反证:假设这样的 $m+1$ 个数不存在,考虑 $2i+1$ 为首项($i \leqslant \frac{n-1}{2}$)、2 为公比的等比数列,它与集合 M 的交的元素个数为 $|A_{2i+1}| + m$,由假设知,它至少有 $|A_{2i+1}|$ 个元素不在 T 中,再注意到当 $i \neq j$ 时,$A_{2i+1} \cap A_{2j+1} = \varnothing$,可知 M 中至少有 $\sum\limits_{1 \leqslant i \leqslant \frac{n-1}{2}} |A_{2i+1}|$ 个元素不在 T 中.

注意到 $\bigcup\limits_{1 \leqslant i \leqslant \frac{n-1}{2}} A_{2i+1} = A$,所以

$$|M \backslash S| \geqslant \left| \bigcup\limits_{1 \leqslant i \leqslant \frac{n-1}{2}} A_{2i+1} \right| = |A| = n,$$

从而 $|T| \leqslant |M| - n \leqslant 2^m n - n$,这与 $|T| = 2^m n - n + 1$ 矛盾,故假设不成立.

综上所述,$k_{\min} = 2^m n - n + 1$.

例 7 设 $n \geqslant 2$ 为正整数,在一条直线上有 n 只跳蚤,且它们不全在同一点上,对任意给定的一个正实数 λ,可以定义如下的"移动":

(1) 选取任意两只跳蚤,设它们分别位于点 A 和 B,且 A 位于 B 的左边;

(2) 令位于点 A 的跳蚤跳到该直线上位于点 B 右边的点 C,使得 $\dfrac{BC}{AB} = \lambda$.

试确定所有可能的正实数 λ,使得对于直线上任意给定的点 M 以及这 n 只跳蚤的任意初始位置,总能够经过有限多个移动之后令所有的跳蚤都位于 M 的右边.(2000 年 IMO 试题)

分析与解 要使跳蚤尽可能远地跳向右边，一个合理的策略是在每一个移动中都选取最左边的跳蚤所处的位置作为点 A，最右边的跳蚤所处的位置作为点 B.

按照这一策略，假设在 k 次移动之后，这些跳蚤之间距离的最大值为 d_k. 考察任意两只相邻的跳蚤之间距离的最小值 δ_k，则显然有 $d_k \geq (n-1)\delta_k$.

经过第 $k+1$ 次移动，得到一个新的两只相邻跳蚤之间的距离 λd_k，如果这是新的最小值，则有 $\delta_{k+1} = \lambda d_k$；如果它不是最小值，则显然有 $\delta_{k+1} \geq \delta_k$.

无论哪种情形，总有

$$\frac{\delta_{k+1}}{\delta_k} \geq \min\left\{1, \frac{\delta_{k+1}}{\delta_k}\right\} \geq \{1, (n-1)\lambda\}.$$

因此，只要 $\lambda \geq \dfrac{1}{n-1}$，就有 $\delta_{k+1} \geq \delta_k$ 对任意 k 都成立.

这意味着任意两只相邻跳蚤之间距离的最小值不会减小，于是每次移动之后，最左边的跳蚤所处的位置都以不小于某个正的常数的步伐向右平移，最终，所有的跳蚤都可以跳到任意给定的点 M 的右边.

下面来证明：如果 $\lambda < \dfrac{1}{n-1}$，则对任意初始位置都存在某个点 M，使得这些跳蚤无法跳到点 M 的右边.

将这些跳蚤的位置表示成实数，考虑任意的一系列移动，令 S_k 为第 k 次移动之后，表示跳蚤所在位置的所有实数之和，再令 w_k 为这些实数中最大的一个（即最右边的跳蚤的位置）.

显然有 $S_k \leq n w_k$，我们要证明序列 $\{w_k\}$ 有界.

在第 $k+1$ 次移动时，一只跳蚤从点 A 跳过点 B 落在点 C，分别用实数 a, b, c 表示这三个点，则 $S_{k+1} = S_k + c - a$.

根据移动的定义，$c - b = \lambda(b - a)$，进而得到 $\lambda(c-a) = (1+\lambda)(c-b)$. 于是

2 局部思考

$$S_{k+1} - S_k = c - a = \frac{1+\lambda}{\lambda}(c-b).$$

如果 $c > w_k$,则刚跳过来的这只跳蚤占据了新的最右边位置 $w_{k+1} = c$.

再由 $b \leqslant w_k$ 可得

$$S_{k+1} - S_k = \frac{1+\lambda}{\lambda}(c-b) \geqslant \frac{1+\lambda}{\lambda}(w_{k+1} - w_k).$$

如果 $c \leqslant w_k$,则有 $w_{k+1} - w_k = 0, S_{k+1} - S_k = c - a > 0$,上式仍然成立.

考虑数列 $z_k = \frac{1+\lambda}{\lambda}w_{k+1} - S_k (k = 0,1,2,\cdots)$,则有 $z_{k+1} - z_k \leqslant 0$,即该数列是不增的,因此,对所有的 k 总有 $z_k \leqslant z_0$.

假设 $\lambda < \frac{1}{n-1}$,则 $1+\lambda > n\lambda$,可以把 z_k 写成 $z_k = (n+\mu)w_k - S_k$,其中 $\mu = \frac{1+\lambda}{\lambda} - n > 0$,于是得到不等式

$$z_k = \mu w_k + (nw_k - S_k) \geqslant \mu w_k.$$

所以,对于所有的 k,总有 $w_k \leqslant \frac{z_0}{\mu}$,这意味着最右边跳蚤的位置永远不会超过一个常数,这个常数与 n, λ 和这些跳蚤的初始位置有关,而与如何移动无关.

故所求 λ 的可能值为所有不小于 $\frac{1}{n-1}$ 的实数.

有些问题可能需要用到多次局部思考,我们举一个例子.

例8 电脑屏幕上显示了一个 $2n \times 2n$ 的棋盘,其格子类似于国际象棋盘染色.允许用鼠标任意选择一个矩形(矩形的边都在格线上),然后按鼠标键,则矩形中每个方格都改变颜色(黑变白,白变黑).求最小的操作次数,使得棋盘上的所有格子同色.(1998年美国数学奥林匹克试题推广)

分析与解 这个问题难在棋盘中的格太多,若考察"所有格同

色",则会很困难,太多的对象反而会掩盖问题的本质关系,因此应采用局部思考的策略.

第一次局部思考:将所有格同色转变为任何两个相邻格同色.所以我们只需把眼光集中在一些相邻格上.为了叙述问题方便,把两个相邻格称为一个对子.

什么情况下对子会同色呢?这等价于两个方格变色次数的奇偶性不同.

再定义:两个方格翻转次数之和为对子的特征值.

这样,要使目标状态中所有格同色,只需所有对子特征值为奇数(一个格变色奇数次,另一个格变色偶数次,从而由异色变成同色).

至此,我们将问题的"性态研究"变成了"数值研究".——问题趋于明朗.

注意到初始状态中所有对子的特征值为偶数,最后都要变为奇数,从而至少改变一次奇偶性.于是

$$操作次数 \geqslant \frac{对子改变奇偶性的总次数}{一次操作改变奇偶性的对子数}.$$

如果考虑所有的对子,则有的对子重复次数太多,估计不精确,从而应适当选择部分对子.

第二次局部思考:考察周界(第一行与最后一行以及第一列与最后一列)的一些对子,我们称为"边对子".

因为 $2n \times 2n$ 棋盘的每条边上有 $2n-1$ 个对子,从而共有 $4 \times (2n-1)$ 个边对子,而每次操作,至多改变 4 个边对子的特征值的奇偶性,于是,要使每个边对子的特征值至少改变一次,则操作至少要 $\frac{4 \times (2n-1)}{4} = 2n-1$ 次.

若共操作 $2n-1$ 次,则每个边对子都恰改变一次,每次操作都改变 4 个边对子,但当操作改变 4 个边对子时,所选矩形不可能含有棋盘角上的任何格,从而棋盘角上的 4 格始终不变色,矛盾,于是至少

要操作 $2n$ 次.

下面构造 $2n$ 次操作,使得棋盘上的所有格子同色.

从等号成立的条件入手考虑,若共操作 $2n$ 次,则一定是横向操作与纵向操作各 n 次,每次横向操作尽可能改变 4 个横向对子的奇偶性,每次纵向操作尽可能改变 4 个纵向对子的奇偶性.

由此得到具体的操作方法:先将序号为奇数的行改变颜色,此时同列的格变成同色(图 2.34),再将序号为偶数的列改变颜色,则所有方格变成同色,此时共操作了 $2n$ 次.

综上所述,操作次数的最小值为 $2n$.

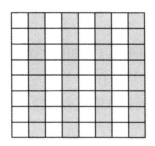

图 2.34

习 题 2

1. 有一个奇异国,共有 n 个人 $a_1, a_2, \cdots, a_n$,对每一个 $i (1 \leqslant i \leqslant n)$,$a_i$ 永远说真话或永远说假话.已知:a_1 说该国没有说真话的人,而 $a_k (k = 2, 3, \cdots, n)$ 则声称该国至多有 $k - 1$ 个说真话的人,求该奇异国说真话的人的个数.

2. 设 m, n 是给定的正整数,在 $m \times n$ 棋盘的每个方格中,按下述规则各填一个数:先将第一行与第一列的 $m + n - 1$ 个格任意填数,然后,对其他任意一个格,设它填的数是 x,而第一行中与 x 同列的数为 y,第一列中与 x 同行的数为 z,第一行第一列中的数为 a,那么,$a + x = y + z$.这样,每个格都可填入唯一的数.当所有格都填好

数后,任取棋盘中的一个矩形,求该矩形两对角顶点两格所填的数的和相等的概率.(原创题)

3. 设 n 是给定的正整数,令 $M = \left\{\dfrac{1}{2^n}, \dfrac{1}{2^{n+1}}, \dfrac{1}{2^{n+2}}, \cdots, \dfrac{1}{4^n}\right\}$,记 M 的所有子集分别为 $M_1, M_2, \cdots, M_t$,对 $1 \leqslant i \leqslant t$,用 $S(M_i)$ 表示集合 M_i 中所有元素的和,其中规定 $S(\varnothing) = 0$,求 $S(M_1) + S(M_2) + \cdots + S(M_t)$.

4. 有一种特别列车,沿途共有 20 个车站(包括起点与终点),因安全需要,规定在同一车站上车的旅客不能在同一车站下车.为了保证上车的旅客都有座位(每个旅客一个座位),问:列车至少要安排多少个座位?(原创题)

5. 有五对孪生兄妹参加 k 个组的活动,若规定:

(1)孪生兄妹不在同一组;

(2)非孪生关系的任意两个人都恰好共同参加过一个组的活动;

(3)有一人只参加两个组的活动.

求 k 的最小值.(1987 年全国高中数学联赛试题)

6. 将正方体各棱用 $1, 2, \cdots, 12$ 编号,对于 $1 \leqslant i < j < k \leqslant 12$,编号为 i, j, k 的线段在图中为一条折线的连续三段,试求这样的三数组 (i, j, k) 的个数的最小值.

7. 网球协会为全体会员排定名次,最强的为第 1 号,其次为第 2 号,等等.已知,在名次相差高于 2 的运动员比赛时,总是高名次的运动员获胜.在由 1024 名最强的选手参加的循环赛中(即参加者为 1 号选手到 1024 号选手),按奥林匹克规则进行:每一轮比赛的每对选手都由抽签决定,胜者进入下一轮.因此,每一轮比赛后参赛者将减少一半.这样一来,第十轮后将决出胜者.试问:胜者的最大号码是多少?(1973 年全苏数学奥林匹克试题)

8. 在平面直角坐标系中,最初在点$(0,0)$处有一只跳蚤.随后它进行了n次跳跃,每一次都沿东、西、南、北四个方向之一(即坐标轴方向).第k次跳跃的长度为$2^{k-1}(k=1,2,\cdots,n)$.求证:对于每种不同的跳法,跳蚤最终到达的位置互不相同.(2009年意大利数学奥林匹克试题)

9. 在一个圆周上给定12个红点,求n的最小值,使得存在以红点为顶点的n个三角形,满足:以红点为端点的每条弦,都是其中某个三角形的一条边.(2009年中国东南地区数学奥林匹克试题)

10. 设$a,b,c>0$,求证:
$$a^3+b^3+c^3 \geqslant \frac{1}{3}(a^2+b^2+c^2)(a+b+c).$$

11. 设a,b,c是三角形的三边,求证:
$$\frac{1}{a}+\frac{1}{b}+\frac{1}{c} \leqslant \frac{1}{a+b-c}+\frac{1}{b+c-a}+\frac{1}{c+a-b}.$$

12. 设a,b,c为正数,$a+b+c=1$,求证:
$$\left(\frac{1}{a}-1\right)\left(\frac{1}{b}-1\right)\left(\frac{1}{c}-1\right) \geqslant 8.$$

13. 设a,b,c为正数,且$(1+a)(1+b)(1+c)=8$,求证:$abc \leqslant 1$.

14. 求证:两个半径小于1的圆,不能覆盖一个半径为1的圆.

15. 求证:两个边长小于1的正三角形不能覆盖一个边长为1的正三角形.

16. 在8×8方格表中标出每一个格的中心,共得到64个点.试问:能否作出13条直线,使得任何直线不通过任何一个点,但却把这64个点彼此隔开?

17. 在如图2.35所示的数表中选出五个数,使它们任何两个既不同行也不同列,求取出的五个数中最小者的最大值.(第20届美国

普特南大学生数学竞赛试题)

11	17	25	19	16
24	10	13	15	3
12	5	14	2	18
23	4	1	8	22
6	20	7	21	9

图 2.35

18. 将 $1,2,\cdots,10$ 排在一个圆周上,如果相邻的三个数的和大于 15,则称这三个数为一个"大组".求大组个数的最小值.

19. 在 8×8 正方形棋盘的每个格中任意填一个自然数,然后进行如下的操作:任取一个 3×3 正方形或 4×4 正方形,将其中的每一个数加 1,能否对任何填数,都能经过适当有限次操作,使所有数都变成 10 的倍数?

20. 给定一个 $n \times n$ 棋盘,每次操作是在棋盘的同一行或同一列的格中放 n 枚围棋子,每次操作中,每个格只能放一枚棋子,但棋子可以放在已有棋子的格中.将 n 枚棋子放下后,若某个格中出现异色的棋子,则在此格中拿去同样多的黑色子与白色子,使此格中只剩下一色的棋子或此格变为空格.至此,称为一次操作.若最初的棋盘中没有棋子,求证:不可能通过有限次操作,使某个格的棋子数恰比其他各个格都多 1.

21. 边长为 $n(n>2)$ 的正三角形被平行于边的直线分割为 n^2 个单位正三角形,能否将这些单位正三角形用 $1,2,\cdots,n^2$ 进行编号,使得对任何 $1 \leq i \leq n^2 - 1$,编号为 i 和 $i+1$ 的两个单位正三角形至少有一个公共点,且对任何 $1 \leq i \leq n^2 - 2$,编号为 i 和 $i+2$ 的两个单位正三角形至少有一个公共点?(2007 年白俄罗斯数学奥林匹克试题)

22. 过 $\triangle ABC$ 的顶点 A,B,C 作其外接圆的切线,切线与其对

边的交点分别为点 X,Y,Z. 求证:X,Y,Z 共线.

23. 在锐角 $\triangle ABC$ 中,$\angle C$ 的角平分线交 AB 于点 L. 从点 L 作边 AC 和 BC 的垂线,垂足分别是点 M 和 N, 设 AN 和 BM 的交点是点 P. 证明:$CP \perp AB$. (2000 年保加利亚冬季数学奥林匹克十年级试题)

24. 在四边形 $ABCD$ 中,设 AB 与 DC 的延长线交于点 E, BC 与 AD 的延长线交于点 F, AC 与 BD 交于点 P, 又点 Q 是线段 AB 上任意一点,直线 QP 交 BF 于点 S, 交 EF 于点 O, 直线 OD 交 BA 于点 M, 直线 QF 交 OM 于点 T. 证明:E,S,T 三点共线.

25. 给定 $\triangle ABC$, 以 AB,BC,CA 为边分别向外作一个矩形 $ABDE,BCHI,ACGF$, 使 $AF:AC = CH:BC = BD:BA$, 设点 M_a, N_a 是 BC,EF 的中点,类似得 M_b,N_b,M_c,N_c. 求证:M_aN_a, M_bN_b, M_cN_c 三线共点. (加拿大 Crux Mathematicorum 杂志 1991 年 10 月号问题 1579)

26. 两人轮流在 8×8 棋盘上将方格涂色,甲每次把任意两个邻格(有公共边)涂黑,乙每次把任一格涂白,最初所有格都是白色,试问:乙能否使他每次涂色后,对任何 5×5 正方形,发生以下情况:

(1) 总有一个角上的格为白色;

(2) 总有两个角上的格为白色.

(第 4 届全俄数学奥林匹克试题)

27. 可以在 $n \times n$ 棋盘内适当放置 n 枚棋子,使任何 $p \times q$ ($pq \geqslant n$) 矩形内至少有一枚棋,求 n 的最大值.

28. 求出所有的整数 $n > 1$, 使存在 n 个正整数 $a_1, a_2, \cdots, a_n$, 满足:形如 $a_i + a_j$ 的数构成模 $\dfrac{n(n+1)}{2}$ 的完系. (1993 年保加利亚数学奥林匹克第 4 轮试题)

29. 一张平面被两族平行直线划分为单位正方形,考察由所分

成的单位正方形形成的 $n\times n$ 的正方形. 将其中至少有一条边位于 $n\times n$ 正方形边界上的所有单位正方形的并集称为这 $n\times n$ 正方形的边框. 给定一个 100×100 的正方形,求证:恰有一个方法,利用 50 个正方形的不重叠的边框就能覆盖它.

30. 设 $P(x)$ 为 $n(n>1)$ 次整系数多项式,k 是一个正整数. 考虑多项式 $Q(x)=P(P(\cdots(P(x))\cdots))$,其中 P 出现 k 次. 证明:最多存在 n 个整数 t,使得 $Q(t)=t$. (2006 年第 47 届 IMO 试题)

习题 2 解答

1. 设说真话的人的个数为 A. 首先,a_1 说的显然是假话,因为如果 a_1 说的是真话,则本身是一个矛盾. 由此可见,至少有一个人说真话. 从个体入手,考察任意一个说真话的人 $a_k(k\geqslant 2)$,则由于 a_k 声称该国至多有 $k-1$ 个说真话的人,所以 $A\leqslant k-1$,进而可知 a_{k+1},a_{k+2},$\cdots$,a_n 说的都是真话,从而 $A\geqslant n-k+1$.

所以 $n-k+1\leqslant k-1$,解得 $k\geqslant\dfrac{n+2}{2}$.

又 k 为整数,所以 $k\geqslant\left[\dfrac{n+2}{2}+\dfrac{1}{2}\right]=\left[\dfrac{n+3}{2}\right]$.

这表明 $a_1,a_2,\cdots,a_{\left[\frac{n+1}{2}\right]}$ 都是说假话的人,所以 $A\leqslant n-\left[\dfrac{n+1}{2}\right]=\left[\dfrac{n}{2}\right]$. 由此可知,$a_{\left[\frac{n+3}{2}\right]}$ 说的是真话,进而 $a_{\left[\frac{n+3}{2}\right]+1}$,$a_{\left[\frac{n+3}{2}\right]+2}$,$\cdots$,$a_n$ 说的都是真话,所以 $A\geqslant\left[\dfrac{n}{2}\right]$. 故 $A=\left[\dfrac{n}{2}\right]$.

2. 1.

设棋盘的第 i 行第 j 列的格为 a_{ij},格 a_{ij} 中填的数也用 a_{ij} 表示,从个体入手,考察棋盘中任一个矩形,设它的 4 个角上的方格为 a_{ij},a_{it},a_{sj},a_{st},其中 $i<s$,$j<t$.

由填数的规则,有

2 局部思考

$$a_{ij} = a_{1j} + a_{i1} - a_{11}, \quad a_{it} = a_{1t} + a_{i1} - a_{11},$$
$$a_{sj} = a_{1j} + a_{s1} - a_{11}, \quad a_{st} = a_{1t} + a_{s1} - a_{11},$$

于是

$$\begin{aligned}a_{ij} + a_{st} &= (a_{1j} + a_{i1} - a_{11}) + (a_{1t} + a_{s1} - a_{11})\\&= a_{1j} + a_{i1} + a_{1t} + a_{s1} - 2a_{11},\\a_{it} + a_{sj} &= (a_{1t} + a_{i1} - a_{11}) + (a_{1j} + a_{s1} - a_{11})\\&= a_{1j} + a_{i1} + a_{1t} + a_{s1} - 2a_{11},\end{aligned}$$

所以 $a_{ij} + a_{st} = a_{it} + a_{sj}$,从而所求的概率为 1.

3. $2 - \dfrac{1}{2^n}$.

从个体入手:对 M 的任一个元素 a,含 a 的子集共有 2^n 个,所以每个元素在"和"中都出现了 2^n 次,故

$$\begin{aligned}&S(M_1) + S(M_2) + \cdots + S(M_t)\\&= 2^n \cdot S(M) = 2^n \cdot \left(\dfrac{1}{2^n} + \dfrac{1}{2^{n+1}} + \dfrac{1}{2^{n+2}} + \cdots + \dfrac{1}{4^n}\right)\\&= 1 + \dfrac{1}{2^1} + \dfrac{1}{2^2} + \cdots + \dfrac{1}{2^n} = 2 - \dfrac{1}{2^n}.\end{aligned}$$

4. 100.

从个体入手:对于固定的 $j(1 \leqslant j \leqslant 19)$,考察列车在第 j 站出发时所需要的座位个数.

考察前 j 个车站中的任意一个车站 A,在站 A 上车的旅客到达第 j 站时不下车的人不多于 $20 - j$,这是因为同在第 i 站上车要在不同的车站下车,而后面只有 $20 - j$ 个站.于是列车在第 j 站出发时,前 j 个车站上车的旅客最多有 $j(20-j)$ 人仍在车上,最多需要 $j(20-j)$ 个座位.

当 j 遍取 $1, 2, \cdots, 19$ 时,$j(20-j)$ 的值分别为 19, 36, 51, 64, 75, 84, 91, 96, 99, 100, 99, 96, 91, 84, 75, 64, 51, 36, 19,故列车有 100 个座位就已足够.

另外,当前 10 个车站各上 10 人,同一车站上车的 10 人都分别在后 10 个车站各下车一人,则当列车从第 10 站出发时,车上有旅客 $10 \times 10 = 100$ 人,这时列车需要 100 个座位.

综上所述,列车至少要安排 100 个座位.

5. 设此 10 人为 $A,a;B,b;C,c;D,d;E,e$.

由(3),可设 A 只参加两个组,记为第一组、第二组.

由条件(2)可知,除 a 外其余 8 人被分成上述两组.显然,每组人数都不超过 4,否则某组有多于 4 个人,归入 4 个孪生兄妹对,由抽屉原理,有孪生兄妹都在该组,与(1)矛盾.

记第一组为 $\{A,B,C,D,E\}$,第二组为 $\{a,b,c,d,e\}$,于是除 A,a 外的其余 8 人中代号为大写字母的不再同组,为小写字母的也不再同组.

从个体出发,考察 B,则 B 应分别与 c,d,e 属于同一组,从而 B 还要属于 3 个不同组,同样,C,D,E 也都还要属于 3 个不同组,于是除前面两组外,至少还要 $3 \times 4 = 12$ 组,连同前面的两组,至少要 14 组(a 可参加其中 4 组).

另一方面,$\{A,B,C,D,E\}$,$\{a,b,c,d,e\}$,$\{a,B,c\}$,$\{B,d\}$,$\{B,e\}$,$\{a,C,b\}$,$\{C,d\}$,$\{C,e\}$,$\{D,b\}$,$\{D,c\}$,$\{a,D,e\}$,$\{E,b\}$,$\{E,c\}$,$\{a,E,d\}$ 满足要求.故所求最小值为 14.

6. 对于折线 A-B-C-D,称点 B,C 为它的中间点,A,B 为它的端点.

从个体入手:考察正方体的任意一个顶点 A,设从 A 出发的三条棱上的标数分别为 x,y,z. 不妨设 $x < y < z$.

设标数为 y 的棱连接另一个顶点 B,由 B 引出的另两条棱的标数分别为 u,v.

如果 $y < u$,则 (x,y,u) 为合乎条件的三数组.

如果 $y > u$,则 (u,y,z) 为合乎条件的三数组.

于是,u 必与 x,y,z 中的两个数构成合乎条件的三数组.

同样,v 必与 x,y,z 中的两个数构成合乎条件的三数组.

由此可知,以 A 为一个中间点,至少找到两条合乎条件的折线.

于是,8 个顶点可以找到 $8\times 2=16$ 条折线.

但每条折线含有两个中间点,被计数两次,于是,至少可以找到 $\frac{1}{2}\cdot 16=8$ 条合乎条件的折线,从而有 8 个合乎条件的三数组.

另外,如图 2.36 所示,我们证明它恰有 8 个合乎条件的三数组.

想象将正方体的上底面缩小然后压缩到下底面,则得到图 2.37,其关系更明显.

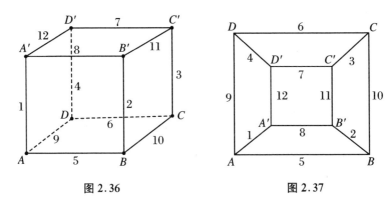

图 2.36　　　　　　　图 2.37

首先,对于一条合乎条件的折线,它的三条棱要么在正方体的三个方向,要么在同一个侧面内.

由于图中同一个面正方形相对两棱的标号要么相差 1,要么相差 3,从而此图中的折线只能含正方体的三个方向,即同一折线中的线段两两不平行.

将 12 条棱分为如下三组:$(1,2,3,4),(5,6,7,8),(9,10,11,12)$,则每条折线至多含每组中的一条线段.

又折线含有三条线段,从而折线恰含每组中的一条线段,于是,

所有折线由下述树图(图 2.38)给出.

```
      1              2              3              4
    8   5          8   5          7   6          8   5
  11  10  12     9   12  9     12   9   11        10
```

图 2.38

共得到 8 个三数组. 于是三数组的个数的最小值为 8.

7. 胜者的最大号码是 20 号.

从个体出发,对任何正整数 k,不计比他强的选手时,k 号选手只可能输给 $k+1$ 号和 $k+2$ 号选手,所以,胜 1 号选手的号数至多为 3,胜 3 号的号数至多为 5⋯⋯因此,冠军的号数不可能低于 $1+2\times 10=21$. 但在冠军号数为 21 时,第一轮比赛后应淘汰 1 号和 2 号选手,他们分别败于 3 号和 4 号选手;在第二轮中 3 号、4 号被淘汰, 5 号、6 号取胜,等等. 依此类推,直到第九轮,在该轮比赛中 19 号和 20 号选手应分别战胜 17 号和 18 号选手,这样,21 号选手将不会进入决赛.

下面举一个第 20 号选手获胜的赛例:全体参赛者按每组 512 人分成两组,第一组中包括第 19 号、20 号及其他 510 名较弱的选手,该组的比赛使得第 20 号选手获胜(显然,这是可能的). 在第二组中有 1 号~18 号选手及其余较弱的选手,在该组比赛中使第 18 号选手获胜,这只要出现前面所说的情况,是可以做到的:第一轮中 3 号、4 号分别战胜 1 号、2 号;第二轮中 5 号、6 号分别战胜 3 号、4 号⋯⋯到第八轮,17 号和 18 号选手分别战胜 15 号和 16 号选手;在第九轮中 18 号选手战胜 17 号选手. 这样,参加决赛的将是第 20 号选手和第 18 号选手,于是,20 号选手可能获胜.

8. 设 $(0,0),(x_1,y_1),\cdots,(x_{n-1},y_{n-1})$ 是跳蚤经过的点. 从个体入手,对于任意的 $k(k<n)$,有 $|x_k|+|y_k|\leqslant \sum_{i=1}^{k}2^{i-1}=2^k-1$,即

跳蚤跳跃 k 次之后,其位置一定在正方形 Q_k 内,且 Q_k 的四个顶点分别为 $(0,2^k),(2^k,0),(0,-2^k),(-2^k,0)$. 因此,点 (x_{k+1},y_{k+1}) 应在 Q_k 平移之后的正方形内,平移的方向是沿 $(0,2^k),(2^k,0)$, $(0,-2^k),(-2^k,0)$ 这四个向量之一. Q_k 沿四个方向平移之后得到四个正方形,而这四个正方形的内部互不相交,因此第 $k+1$ 次跳跃之后的位置互不相同.

9. 设红点集为 $A=\{A_1,A_2,\cdots,A_{12}\}$,从个体出发,过点 A_1 的弦有 11 条,而任一个含顶点 A_1 的三角形,恰含两条过点 A_1 的弦,故这 11 条过点 A_1 的弦,至少要分布于 6 个含顶点 A_1 的三角形中;

同理可知,过点 $A_i(2\leqslant i\leqslant 12)$ 的弦,也各要分布于 6 个含顶点 A_i 的三角形中,这样就需要 $12\times 6=72$ 个三角形,而每个三角形有三个顶点,故都被重复计算了三次,因此至少需要 $\frac{72}{3}=24$ 个三角形.

下面证明 $n=24$ 合乎条件. 不失一般性,考虑周长为 12 的圆周,其十二等分点为红点,以红点为端点的弦共有 $C_{12}^2=66$ 条. 若某弦所对的劣弧长为 k,就称该弦的刻度为 k,于是红端点的弦只有 6 种刻度,其中,刻度为 $1,2,\cdots,5$ 的弦各 12 条,刻度为 6 的弦共 6 条.

如果刻度为 $a,b,c(a\leqslant b\leqslant c)$ 的弦构成三角形的三条边,则必满足以下两条件之一:

或者 $a+b=c$; 或者 $a+b+c=12$.

于是红点三角形边长的刻度组 (a,b,c) 只有如下 12 种可能:
$(1,1,2)$, $(2,2,4)$, $(3,3,6)$, $(2,5,5)$, $(1,2,3)$, $(1,3,4)$, $(1,4,5)$, $(1,5,6)$, $(2,3,5)$, $(2,4,6)$, $(3,4,5)$, $(4,4,4)$.

下面是刻度组的一种搭配:取 $(1,2,3),(1,5,6),(2,3,5)$ 型各六个,$(4,4,4)$ 型四个;这时恰好得到 66 条弦,且其中含刻度为 $1,2,3$, $4,5$ 的弦各 12 条,刻度为 6 的弦共 6 条.

构造如下:先作 $(1,2,3),(1,5,6),(2,3,5)$ 型的三角形各六个,

(4,4,4)型的三角形三个,再用三个(2,4,6)型的三角形来补充.

(1,2,3)型六个:其顶点标号集合为{2,3,5},{4,5,7},{6,7,9},{8,9,11},{10,11,1},{12,1,3};

(1,5,6)型六个:其顶点标号集合为{1,2,7},{3,4,9},{5,6,11},{7,8,1},{9,10,3},{11,12,5};

(2,3,5)型六个:其顶点标号集合为{2,4,11},{4,6,1},{6,8,3},{8,10,5},{10,12,7},{12,2,9};

(4,4,4)型三个:其顶点标号集合为{1,5,9},{2,6,10},{3,7,11};

(2,4,6)型三个:其顶点标号集合为{4,6,12},{8,10,4},{12,2,8}.

其中每种情况下的其余三角形都可由其中一个三角形绕圆心适当旋转而得,这样共得到 24 个三角形,且满足本题条件.

综上所述,n 的最小值为 24.

10. 从局部入手,考察不等式左边两项的和 a^3+b^3,想到先证明如下的二元不等式:$a^3+b^3 \geqslant a^2b+ab^2$.此不等式作差即可证明.由此轮换相加得

$$2(a^3+b^3+c^3) \geqslant a^2(b+c)+b^2(c+a)+c^2(a+b).$$

两边同加上 $a^3+b^3+c^3$,得

$$a^3+b^3+c^3 \geqslant \frac{1}{3}(a^2+b^2+c^2)(a+b+c).$$

11. 因为 a,b,c 是三角形的三边,所以 $a+b-c>0, b+c-a>0, c+a-b>0$,从局部入手,考察不等式右边两项的和 $\frac{1}{a+b-c}+\frac{1}{b+c-a}$,想到先证明如下的二元不等式:

$$\frac{1}{a+b-c}+\frac{1}{b+c-a} \geqslant \frac{2}{\sqrt{(a+b-c)(b+c-a)}}$$
$$\geqslant \frac{4}{(a+b-c)+(b+c-a)} = \frac{2}{b}.$$

轮换相加即证.

12. 原不等式去分母，得$(1-a)(1-b)(1-c)\geqslant 8abc$，即$(a+b)(b+c)(c+a)\geqslant 8abc$. 从局部入手，有 $a+b\geqslant 2\sqrt{ab}$，轮换相乘，得证.

13. 因为 $8=(1+a)(1+b)(1+c)\geqslant 2\sqrt{a}\cdot 2\sqrt{b}\cdot 2\sqrt{c}=8\sqrt{abc}$，故 $abc\leqslant 1$.

14. 注意到一个圆最难盖住的部位是其边界，因此我们先考察圆周（局部）的覆盖. 显然，一个半径小于 1 的圆不能覆盖一个半径为 1 的半圆，这是因为它所覆盖的弧所对的弦长小于 1. 所以，两个半径小于 1 的圆不能覆盖一个半径为 1 的圆.

15. 我们先考察正三角形的三个顶点（局部）的覆盖情况. 显然，一个边长小于 1 的正三角形不能覆盖一个边长为 1 的正三角形的两个顶点，这是因为它所覆盖的区域的直径小于 1. 所以，两个边长小于 1 的正三角形不能覆盖一个边长为 1 的正三角形.

16. 假设可作出这样的 13 条直线，考察位于边界的 28 个点，它们有 28 个空隙，而每条直线最多通过其中的 2 个空隙，13 条直线最多通过其中的 26 个空隙，至少还剩下 2 个空隙，从而没有把这 64 个点彼此隔开.

17. 设取出的五个数中最小者为 x，考察数表中的一个局部：中间的 3×3 子数表（图 2.39），其 9 个数的集合记为 A.

显然，除 A 外数表只有两个行两个列，最多能取出四个数，从而 A 中至少取出一个数，但 A 中的数都不大于 15，所以 $x\leqslant 15$.

另一方面，先取出 15，去掉 15 所在的行和列.

再考察第三列，要使取出的数都不小于 15，必取 25，再去掉 25 所在的行和列.

11	17	25	19	16
24	10	13	15	3
12	5	14	2	18
23	4	1	8	22
6	20	7	21	9

图 2.39

考察第三行,要使取出的数都不小于 15,必取 18,再去掉 18 所在的行和列.

最后,考察第四、第五行,必分别取 23,20.

于是,15,25,18,23,20 合乎要求,此时 $x=15$.

故取出的五个数中最小者的最大值为 15.

18. 如果 8 不属于大组,考察 8 及其附近的数:$a,b,8,c,d$,那么 $a+b\leqslant 7, b+c\leqslant 7, c+d\leqslant 7$,所以 $a,b,c,d\leqslant 6$,且 4,5,6 不同时属于 $\{a,b,c,d\}$.考察 7,9,10 的位置,必产生三个大组.同理可知,当 9 或 10 不属于大组时,也必产生三个大组.而当 8,9,10 都属于大组时,显然至少有三个大组.最后,排列 1,5,6,2,7,4,3,8,10,9 中恰有三个大组,故大组个数的最小值为 3.

19. 不能.按图 2.40 所示,将棋盘中 24 个格染红色,记所有红色格的集合为 A,则 A 中各数的和的奇偶性不变.

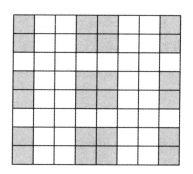

图 2.40

实际上,3×3 正方形或 4×4 正方形中都含有偶数个红格,从而每次操作都使 A 中偶数个格中的数增加 1,于是 A 中各数的和的奇偶性不变.

最终状态,A 中各数的和为偶数,要使操作不能达到,只需在最初的填数中使 A 中各数的和为奇数.

2 局部思考

这显然是可以办到的,比如:在 23 个红色格中填 1,另一个红色格中填 2 即可.

20. 若某个格的棋子数恰比其他各个格都多 1,则称之为奇异格.

考察任意一个 2×2 的子表 A,每次操作的行(列)与 A 有 0 或 2 个公共格,从而 A 中每次操作放入的棋子数为偶数,又由条件,A 中每次取走的棋子数也为偶数,从而 A 中的棋子数恒为偶数,所以 A 中不可能有奇异格,否则,A 中的棋子数为 $4k+1$ 的形式,矛盾.

同样考察其他的 2×2 的子表,也不可能有奇异格,从而 $n\times n$ 棋盘中不可能有奇异格,证毕.

21. 称单位正三角形为格,与原正三角形有一个公共顶点的格为角格.

假设能按要求编号,记编号为 k 的格为 T_k,则 T_k 与 T_{k-1},T_{k-2},T_{k+1},T_{k+2} 都相连(有公共顶点),即 T_k 有四个相连的格,这只要 $k-1,k-2,k+1,k+2$ 都存在,即 $k\notin\{1,2,n^2-1,n^2\}$.

因为任何角格只有三个相连格,从而所有角格的编号都属于 $\{1,2,n^2-1,n^2\}$.

将 $\{1,2,n^2-1,n^2\}$ 划分为两个"抽屉":$\{1,2\}$,$\{n^2-1,n^2\}$,将三个角格的编号归入上述两个抽屉,必有两个编号属于同一抽屉,依题意,这两个编号对应的角格相连,这与 $n>2$ 矛盾($n>2$ 时任何两个角格不相连).

综上所述,合乎条件的编号不存在.

22. 只需证 $\dfrac{BX}{XC}\cdot\dfrac{CY}{YA}\cdot\dfrac{AZ}{ZB}=1$. 期望找到 x,y,z,使

$$\dfrac{BX}{XC}\cdot\dfrac{CY}{YA}\cdot\dfrac{AZ}{ZB}=\dfrac{x}{y}\cdot\dfrac{y}{z}\cdot\dfrac{z}{x}.$$

研究局部:$\dfrac{BX}{XC}$. 可考虑怎样得到包含 BX,XC 的等式. 观察

BX,XC 的位置,发现它们正好是圆的一条割线,从而由圆幂定理,有 $BX \cdot XC = XA^2$,进而 $\dfrac{BX}{XC} = \dfrac{XA^2}{XC^2}$,此式轮换相乘,得

$$\dfrac{BX}{XC} \cdot \dfrac{CY}{YA} \cdot \dfrac{AZ}{ZB} = \dfrac{XA^2}{XC^2} \cdot \dfrac{YB^2}{YA^2} \cdot \dfrac{ZC^2}{ZB^2}.$$

但没有得到最初设想的"三元循环比",再研究局部:$\dfrac{XA^2}{XC^2}$. 观察

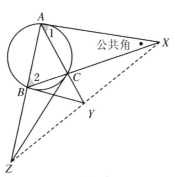

图 2.41

XA,XC 所在位置,它们是 $\triangle XAC$ 的两边,不好构造 A 形、X 形,但可发现常见的相似形:由于 $\angle 1 = \angle 2$(图 2.41),所以 $\triangle XAC \backsim \triangle XBA$,其中注意 AC,AB 是 $\triangle ABC$ 的两边(可轮换),于是选择含有 CA,AB 的相似比:$\dfrac{XA}{XC}$(目标中的比)= $\dfrac{AB}{CA}$(可轮换的比),所以 $\dfrac{XA^2}{XC^2} = \dfrac{AB^2}{CA^2}$,轮换相乘即证.

23. 考察局部:$\dfrac{AH}{HB}$,发现在 $\triangle ABC$ 中,CH 为高,所以 $\dfrac{AH}{HB} = \dfrac{AH/CH}{HB/CH} = \dfrac{\cot \angle A}{\cot \angle B}$;

同理,在 $\triangle CLB$ 中,LN 为高,$\dfrac{BN}{NC} = \dfrac{\cot \angle B}{\cot \angle \dfrac{C}{2}}$;

在 $\triangle CLA$ 中,LM 为高,$\dfrac{CM}{MA} = \dfrac{\cot \angle \dfrac{C}{2}}{\cot \angle A}$.

三式相乘即证.

24. 找相对于点 E,S,T 的梅涅劳斯(Menelaus)三角形. 注意

$ABCD,EFP$ 是原始点,观察待证的梅涅劳斯线上三点 E,S,T,其中 E 已分别与(外围的)B,O 连线,S 已与 BF,OQ 连线,T 已与 QF,OM 连线,梅涅劳斯三角形有两个选择,一是 $\triangle BFQ$,二是 $\triangle OFQ$. 我们选择途径一,证明: $\dfrac{BE}{EQ} \cdot \dfrac{QT}{TF} \cdot \dfrac{FS}{SB}=1$.

考察局部: $\dfrac{BE}{EQ}$,要利用两次梅涅劳斯定理才能得到此比例,但同时也得到了 $\dfrac{FS}{SB}$.

因为 $\triangle AED$ 被直线 FCB 所截(图 2.42),由梅涅劳斯定理有 $\dfrac{AF}{FD} \cdot \dfrac{DC}{CE} \cdot \dfrac{EB}{BA}=1$.

因为 $\triangle BEF$ 被直线 QSO 所截,由梅涅劳斯定理有 $\dfrac{EO}{OF} \cdot \dfrac{FS}{SB} \cdot \dfrac{BQ}{QE}=1$.

再考察 $\dfrac{QT}{TF}$,发现 $\triangle QEF$ 被 MTO 所截,利用梅涅劳斯定理得 $\dfrac{QT}{TF} \cdot \dfrac{FO}{OE} \cdot \dfrac{EM}{MQ}=1$.

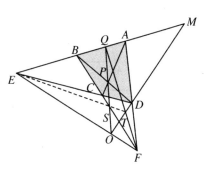

图 2.42

因为 $\triangle BED$ 被直线 APC 所截,由梅涅劳斯定理有 $\dfrac{DP}{PB} \cdot \dfrac{BA}{AE} \cdot \dfrac{EC}{CD}=1$.

因为 $\triangle ADM$ 被直线 EOF 所截,由梅涅劳斯定理有 $\dfrac{MO}{OD} \cdot \dfrac{DF}{FA} \cdot \dfrac{AE}{EM}=1$.

因为 $\triangle BDM$ 被直线 OPQ 所截,由梅涅劳斯定理有 $\dfrac{BP}{PD} \cdot \dfrac{DO}{OM} \cdot$

$\dfrac{MQ}{QB}=1.$

六式相乘,得 $\dfrac{BE}{EQ}\cdot\dfrac{QT}{TF}\cdot\dfrac{FS}{SB}=1.$

在 $\triangle FBQ$ 中,由梅涅劳斯定理的逆定理,有 E、S、T 三点共线.

25. 基本想法是在 $\triangle M_aM_bM_c$ 中使用塞瓦定理,为此,我们从局部入手,用三角法计算 $\dfrac{M_cX_a}{X_aM_b}$,其中 X_a 是 M_bM_c 与 M_aN_a 的交点.

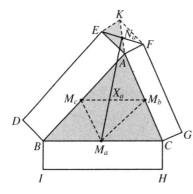

图 2.43

设 $\triangle ABC$ 的三边分别为 a,b,c,则 $\dfrac{AF}{AC}=\dfrac{CH}{BC}=\dfrac{BD}{BA}=t$,$M_aN_a$ 与 M_bM_c 交于点 X_a(图 2.43).

作平行四边形 $EAFK$,则 $\triangle EAK\backsim\triangle ABC$(因为 $\angle AEK$,$\angle BAC$ 都是 $\angle EAF$ 的补角,且夹边成比例).由 $EA\perp AB$,有 $AK\perp BC$,即 $AN_a\perp BC$,且 $\dfrac{AK}{BC}=\dfrac{EA}{AB}=t$.所以 $AN_a=\dfrac{AK}{2}=\dfrac{tBC}{2}$.

作 $N_aP\parallel AB$ 交 BC 于点 P,作 $N_aQ\parallel AC$ 交 BC 于点 Q,则

$$\dfrac{M_cX_a}{X_aM_b}=\dfrac{S_{\triangle M_aM_cN_a}}{S_{\triangle M_aM_bN_a}}=\dfrac{S_{\triangle M_aM_cQ}}{S_{\triangle M_aM_bP}}=\dfrac{M_aQ}{M_aP}=\dfrac{\dfrac{a}{2}+CQ}{\dfrac{a}{2}+BP}$$

$$=\dfrac{\dfrac{a}{2}+AN_a\cot\angle C}{\dfrac{a}{2}+AN_a\cot\angle B}=\dfrac{1+t\cdot\cot\angle C}{1+t\cdot\cot\angle B}.$$

类似地,有

$$\dfrac{M_bX_c}{X_cM_a}=\dfrac{1+t\cdot\cot\angle B}{1+t\cdot\cot\angle A},\quad \dfrac{M_aX_b}{X_bM_c}=\dfrac{1+t\cdot\cot\angle A}{1+t\cdot\cot\angle C}.$$

在 $\triangle M_a M_b M_c$ 中,由 $\dfrac{M_c X_a}{X_a M_b} \cdot \dfrac{M_b X_c}{X_c M_a} \cdot \dfrac{M_a X_b}{X_b M_c} = 1$,命题获证.

另证:先将三线段 $M_a N_a, M_b N_b, M_c N_c$ 缩小一半,用三线段的中点 P_a, P_b, P_c 代替 N_a, N_b, N_c,然后在 $\triangle M_a M_b M_c$ 中使用塞瓦定理.

设点 P_a 为 $M_a N_a$ 的中点,类似得点 P_b, P_c(图2.44),我们只需证明:$P_a M_a, P_b M_b, P_c M_c$ 三线共点.

设点 Q_c 是 $M_b M_a$ 的中点,类似定义 Q_a, Q_b. 连 $P_c Q_c$,则由于 $M_b M_c M_a C$ 是平行四边形,从而点 Q_c 是 $M_c C$ 的中点.

所以,$P_c Q_c \parallel N_c C$,$P_c Q_c$ 垂直平分 $M_a M_b$,且 $P_c Q_c$ 的长与 $M_a M_b$ 的长成正比,可设 $P_c Q_c = k M_a M_b$.

类似地,有 $P_a Q_a = k M_b M_c$,$P_b Q_b = k M_c M_a$.

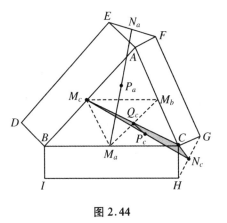

图 2.44

由此可知,在 $\triangle M_a M_b M_c$ 中,向三边作相似的等腰三角形,有 $P_a M_a, P_b M_b, P_c M_c$ 相交于一点,命题获证.

26.(1)可以办到.

考察局部:对任何一条对角线,甲每次只能涂黑其中的一个格.

取定斜 $45°$ 对角线中第 $1, 4, 7, 10, 13$ 条对角线,称这5条对角线中的格为"好格".

因为这5条对角线中任何两条不相邻,甲每次最多能涂黑其中的一个好格,因此,乙每次染色后,总能保证所有好格都是白色的.

因为任何 5×5 正方形中至少有一个角为好格,所以(1)的要求

可以办到.

(2) 不可能办到.

我们先估计棋盘中白格的个数.考察局部:8×8棋盘中有16个5×5正方形(左边界可以位于1,2,3,4列,有4种选择,上边界可以位于1,2,3,4行,有4种选择),其中任何2个正方形没有公共的角格.

由此可见,如果每个正方形至少2个角格为白色,则棋盘中至少要有 $2 \cdot 16 = 32$ 个白格. (*)

下面证明:甲可适当染色,使得棋盘到一定的时刻白格数目至多是32.

实际上,甲每次染一个1×2矩形,32次染色之后可使得所有方格恰染黑一次.

而乙至多将其中32个黑格还原成白格,所以32次染色后棋盘中黑格数目至多是32.记此时的棋盘为 A,则由(*)知, A 中恰有32个白格.

若 A 中有2个白格相邻,甲将此2个格染黑,乙只能将其中1个格还原成白色,此时棋盘中至多有31个白格,与(*)矛盾.

若 A 中任何2个白格不相邻,则黑白格相间,显然存在4角全是黑色的5×5正方形,与(2)矛盾.故(2)不可能办到.

27. n 的最大值为7.

显然 $n=2$ 不是最大的,设 $n>2$.

对任何一个合乎条件的棋盘,由条件可知,每行每列至少有一枚棋,又棋盘中恰放 n 枚棋,所以每行每列恰有一枚棋.

将这 n 枚棋依次编号为 $1,2,\cdots,n$,其中棋 i 在第 i 列.

设1号棋所在的行为 A,取与行 A 相邻的一个行 B,再取一个与行 A 相邻但不与 B 重合或与 B 相邻但不与 A 重合的行 C.

设行 B 中的棋子的编号为 b,则当 $b \leqslant n - \left[\dfrac{n+1}{2}\right]$ 或 $b >$

$\left[\dfrac{n+1}{2}\right]+1$ 时,在 A 行及 B 行可以找到面积不小于 n 的矩形,其中没有棋.

所以 $n-\left[\dfrac{n+1}{2}\right]<b<\left[\dfrac{n+1}{2}\right]+2$.

考虑两个长方形,第一个是由 A,B,C 三行与第 $2,3,\cdots,n-\left[\dfrac{n+1}{2}\right]$ 列交成的,第二个是由 A,B,C 三行与第 $2+\left[\dfrac{n+1}{2}\right],3+\left[\dfrac{n+1}{2}\right],\cdots,n$ 列交成的.

这两个矩形都不含行 A,B 中的棋,若 $n>7$,这两个矩形的面积都不小于 n,但行 C 中只有一枚棋,必有其中一个矩形中没有棋,矛盾,所以 $n\leqslant 7$.

当 $n=7$ 时,如图 2.45 所示的棋盘合乎条件,其中各棋所在的行列坐标依次为 $(1,1),(4,2),(6,3),(2,4),(5,5),(3,6),(7,7)$.

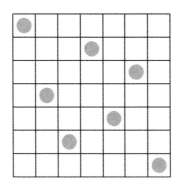

图 2.45

28. 设 $a_1,a_2,\cdots,a_n$ 是合乎条件的 n 个数,不妨设
$$1\leqslant a_1<a_2<\cdots<a_n\leqslant \dfrac{n(n+1)}{2}<a_{n+1}=a_1+\dfrac{n(n+1)}{2},$$
则当 $n\geqslant 3$ 时,所有形如 $a_{i+1}-a_i(1\leqslant i\leqslant n)$ 的数互异.

否则 $a_{i+1}-a_i=a_{j+1}-a_j$,有 $a_{j+1}+a_i=a_{i+1}+a_j$,矛盾.

于是 $a_{i+1}-a_i$ 的取值是 $1,2,\cdots,n$ 的一个排列,设 $a_{t+1}-a_t=1$.

(1) 若 $t>1$,则 $a_{t+2}-a_t$ 和 $a_{t+1}-a_{t-1}$ 中必有一个数不大于 n,即等于某个 $a_{j+1}-a_j$,矛盾.

(2) 若 $t=1$,则 a_3-a_1 与 $a_2+\dfrac{n(n+1)}{2}-a_n$ 中也必有一个不大于 n,同(1),矛盾.

综上可知,当 $n\geqslant 3$ 时,不存在合乎条件的 n 个数.

当 $n=2$ 时,取 $a_1=1,a_2=2$,合乎要求.

故所求的 n 是唯一的,即 $n=2$.

29. 对所给的 100×100 的正方形 $ABCD$,考察它的一个局部:两条对角线 AC 和 BD 经过的 200 个两两不重叠的单位正方形,其中任意两个单位正方形至多可能有一条公共边.

而每一个 $n\times n(n\in \mathbf{N}^*)$ 正方形的边至多能盖住这 200 个单位正方形中的 4 个.题目要求用 50 个不重叠的正方形的边框盖住这 100×100 的正方形,那么,满足题目要求的 50 个正方形的每一个的边框都恰好盖住这 200 个单位正方形中的 4 个,即每一个正方形的边框盖住对角线 AC 上的两个单位正方形,也应盖住对角线 BD 上的两个单位正方形.

现在证明,正方形 $ABCD$ 的 4 个角上的单位正方形一定要为同一个正方形的边框所覆盖.为了方便,若一个单位正方形为某个正方形的边框所覆盖,就称这个单位正方形属于这个正方形的边框.如果顶点 A 和 C 所在的单位正方形属于同一个正方形的边框 K,并且它们位于这边框的相邻的边上,那么这正方形的边框 K 的这两条边的公共顶点 B 或 D 所在的单位正方形也应当属于 K.不妨设点 B 所在的单位正方形属于 K,利用正方形边框关于正方形中心的对称性,则点 D 所在的单位正方形也应当属于这正方形的边框 K,因而 K 盖住

对角线 BD 上两个单位正方形,这两个单位正方形,一个以点 B 为顶点,一个以点 D 为顶点. 如果顶点 A 和 C 所在的单位正方形位于 K 的两条相对平行的边上,则 K 的每条边应当由 100 个单位正方形所组成,所以,顶点 B 和 D 所在的单位正方形也应当属于这正方形的边框. 最后,我们要指出,点 A 和点 C 所在的单位正方形不可能属于两个不同正方形的边框. 用反证法,如果点 A 和点 C 所在的单位正方形分别属于两个不同正方形的边框,由于这两个正方形的边框都要盖住对角线 BD 上的两个单位正方形,那么,这两个正方形必定有重叠的边框. 这与题目条件矛盾. 这样,要满足题目要求,必有一个正方形的边框盖住顶点 A,B,C,D 所在的 4 个单位正方形. 由 100×100 的正方形,去掉这个正方形的边框,得到一个 98×98 的正方形 $A*B*C*D$,对正方形 $A*B*C*D$ 进行类似上述的讨论,必有一个正方形的边框,盖住顶点 $A*B*C*D$ 所在的 4 个单位正方形,如此下去,可知结论成立.

30. 记 $P^{(k)}(x) = P(P(\cdots(P(x))\cdots))$,其中 P 出现 k 次,则 $Q(x) = P^{(k)}(x)$.

设整数 x_0 是 $Q(x)$ 的不动点,则 $Q(x_0) = x_0$,即 $P^{(k)}(x_0) = x_0$,作递推数列:

$$x_{i+1} = P(x_i) \quad (i = 0,1,2,\cdots),$$

由 $P^{(k)}(x_0) = x_0$,知该数列以 k 为周期.

由多项式性质,有

$$x_i - x_{i-1} \mid P(x_i) - P(x_{i-1}),$$

即 $x_i - x_{i-1} \mid x_{i+1} - x_i$,记为 $\Delta_i \mid \Delta_{i+1}$,其中 $\Delta_i = x_i - x_{i-1}(i = 1, 2,\cdots)$.

由于数列 $\{x_i\}$ 是周期数列,所以其间距数列 $\{\Delta_i\}$ 也是周期数列.

若存在 i,使 $|\Delta_i| \neq |\Delta_{i+1}|$,则由 $\Delta_i \mid \Delta_{i+1}$,有

$$|\Delta_1| \leqslant |\Delta_2| \leqslant \cdots \leqslant |\Delta_i| < |\Delta_{i+1}|$$

$$\leqslant |\Delta_{i+2}| \leqslant |\Delta_{i+3}| \leqslant \cdots,$$

与间距数列 $\{x_i - x_{i-1}\}$ 是周期数列矛盾,所以所有 $|\Delta_i|$ 为同一个自然数 u.

令 $x_m = \min\{x_1, x_2, \cdots, x_k\}$,则
$$u = |\Delta_m| = x_{m-1} - x_m, \quad u = |\Delta_{m+1}| = x_{m+1} - x_m,$$
于是 $x_{m+1} = x_{m-1}$.

由递推关系 $x_{i+1} = P(x_i)$ 可知
$$x_{m+2} = P(x_{m+1}) = P(x_{m-1}) = x_m,$$
$$x_{m+3} = P(x_{m+2}) = P(x_m) = x_{m+1},$$
$$\cdots,$$

所以,对于初值 x_0,数列 $\{x_i\}$ 从第 $m-1$ 项开始是以 2 为周期的数列.

又数列 $\{x_i\}$ 是以 k 为周期的纯周期数列,从而数列 $\{x_i\}$ 是以 2 为周期的纯周期数列,我们称 x_0 是 P 的 2-周期点,即由 x_0 定义的数列 $\{x_i\}$,有
$$x_{i+2} = x_i \quad (i = 0, 1, 2, \cdots).$$

由此可见,Q 的每个整数不动点都是 P 的 2-周期点.

(1) 若 Q 的每个整数不动点都是 P 的不动点,则因 $P(x) = x$ 最多 n 个根,结论显然成立.

(2) 设有整数 x_0 使得 $Q(x_0) = x_0$,$P(x_0) \neq x_0$,则 x_0 是 P 的 2-周期点.

设 y_0 是 $Q(x)$ 的任意一个非 x_0 的整数不动点,则 $Q(y_0) = y_0$,令 $y_1 = P(y_0)$ (可能 $y_0 = y_1$),则 $y_0 - x_0 \mid P(y_0) - P(x_0)$,即 $y_0 - x_0 \mid y_1 - x_1$,且 $y_1 - x_1 \mid P(y_1) - P(x_1)$,即 $y_1 - x_1 \mid y_2 - x_2$,而数列 $\{x_i\}$ 是以 2 为周期的,所以 $y_1 - x_1 \mid y_0 - x_0$.

于是 $y_0 - x_0$,$y_1 - x_1$ 相互整除,所以 $(y_0 - x_0) = \pm(y_1 - x_1)$,同理 $(y_1 - x_0) = \pm(y_0 - x_1)$.

若二者同取正号,则 $x_0 = x_1$,与 $P(x_0) \neq x_0$,矛盾.

所以二者必有一个取负号,得到 $y_0 + y_1 = x_0 + x_1$.

注意到 x_0, x_1 是确定的,令 $x_0 + x_1 = c$(常数),则 $y_0 + y_1 = c$,即 $y_0 + P(y_0) = c$.

由 y_0 的任意性,$Q(x)$ 的任何非 x_0 的整数不动点都满足方程 $P(x) + x = c$.

又 x_0 显然满足方程 $P(x) + x = c$,从而 $Q(x)$ 的所有整数不动点都满足方程 $P(x) + x = c$.

由于 P 的次数 n 大于 1,所以这个方程至多有 n 个根,命题获证.

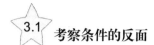
3 反面思考

本章介绍更换角度的一种方式:反面思考.所谓反面思考,就是考虑与原来问题相反的问题,由此发现解题途径.它通常包括两个方面:一是假设原问题是证明某个对象具有某种性质 p,而解题则思考如果某个对象不具有某种性质 p,会出现什么结果,它常与反证法相结合,我们称此时的反面思考为"否定思考";二是假设原问题是考虑集合 A 中的元素,而解题则思考集合 A 的补集 $\bar{A}$ 中的元素,我们称此时的反面思考为"补集思考".

常见的反面思考方式有:考察条件的反面、考察目标的反面、反面剔除等.

3.1 考察条件的反面

如果题中的条件不好直接运用,则可以考虑条件的反面.一般地说,如果某些条件的表述是否定性的、多形式的、全范围型的,则考虑这样条件的反面,可使问题变得简单.

例 1 有一个由 2 个同轴圆柱组成的有盖容器(图 3.1),内面的实心圆柱底面半径为 r,外面的圆柱面的底面半径为 $3r$,容器的高为 $3r$. A,B 两人做这样的游戏:在容器中放入 6 个半径为 r 且质地相同的小球,其中 2 个为红色,2 个为蓝色,2 个为黄色,随意翻动盒子,然

3 反面思考

后将盒子直立在桌面上,当小球全部停止后,如果有两个颜色相同的小球相邻,则 A 胜,否则 B 胜,问 A 胜的概率是多少?(原创题)

分析与解 记两个红球为 A_1, A_2,两个蓝球为 B_1, B_2,两个黄球为 C_1, C_2,在圆周上按逆时针方向排列着 6 个位置,依次编号为 1,2,3,4,5,6,则题中的实验等价于将 6 个球随机地安排在 6 个位置上,每个位置上一个球,任何一个球安排到任何一个位置上的可能性都是一样的.

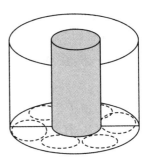

图 3.1

由对称性,不妨设 A_1 在 1 号位,记为 $A_1 = 1$,于是 6 个球任意排列,共有 $5! = 120$ 种可能.

直接计算"有两个颜色相同的小球相邻"的排列数比较困难,我们从反面考虑,计算其中任何相邻 2 个球不同色的排列数,则显然有 $A_2 \neq 2, 6$.

若 $A_2 = 3$,则 2 号位可排 $B_i, C_i (i = 1, 2)$,有 4 种排法,再考察 4 号位,若它与 2 号位同色,则 5,6 号位同色,矛盾,所以 4 号位与 2 号位不同色,有 2 种排法,此时 5,6 号位都只有唯一排法,从而有 $4 \cdot 2 = 8$ 种排法.

若 $A_2 = 5$,由对称性,同样有 8 种排法.

若 $A_2 = 4$,则 2 号位可排 $B_i, C_i (i = 1, 2)$,有 4 种排法,3 号位有 2 种排法(排最后一种颜色),此时 5 号位有 2 种排法,6 号位有唯一排法,从而有 $4 \cdot 2 \cdot 2 = 16$ 种排法.

所以一共有 $8 + 8 + 16 = 32$ 种排法.

由此可见,A 胜的概率是 $1 - \dfrac{32}{120} = \dfrac{11}{15}$.

例 2 设 $X = \{1, 2, 3, \cdots, 1992\}$,试证:存在 X 的 1904 元子集 A,使 A 中不含长为 41 的等差数列.

分析与证明 本题的条件是"否定型"的,比较别扭:怎样的集合 A 才会"不含长为 41 的等差数列"呢？宜从反面入手,考察任意一个长为 41 的等差数列 $a, a+d, a+2d, \cdots, a+40d$,期望每个这样的数列都具有如下性质:该数列中一定有一个项属于某个特定的集合 M,这样一来,在 X 中去掉集合 M,则 $X \backslash M$ 中便没有长为 41 的等差数列.

首先,由于 $0,1,2,\cdots,40$ 构成模 41 的完系,所以当 $(d,41)=1$ 时,上述长为 41 的等差数列各项构成模 41 的完系,从而必有一个项为 41 的倍数.

由此可知,令 $B=\{41, 2\times 41, 3\times 41, \cdots, 48\times 41\}$,则 $X \backslash B$ 中不含有长为 41 的公差 d 与 41 互质的等差数列.

如果 $X \backslash B$ 中含有长为 41 的等差数列 $a_1, a_2, \cdots, a_{41}$,设该数列的公差为 d,则由上面的结论可知,$(d,41) \neq 1$.

但 41 为质数,所以 $41 \mid d$.

注意到 $a_{41} \leqslant 1992$,有
$$1992 \geqslant a_1 + 40d \geqslant 1 + 40d,$$
所以 $d \leqslant 50$,于是 $d=41$.

因为 $a_i \in X \backslash B$,所以 $41 \nmid a_i (1 \leqslant i \leqslant 41)$.

设 $a_1 = 41t + r (t \in \mathbf{N}, 1 \leqslant r \leqslant 40)$,则
$$1992 \geqslant a_1 + 40d = 41t + r + 40d = 41t + r + 40 \times 41,$$
得 $41t \leqslant 352 - r \leqslant 351$,所以 $t \leqslant 8$. 于是 $41 - t > 0$.

这样,数列 $\{a_n\}$ 中必定有一个项为
$$a_{41-t} = a_1 + (40-t)d = 41t + r + (40-t) \times 41 = 1640 + r.$$
由于 $1 \leqslant r \leqslant 40$,从而 $1641 \leqslant a_{41-t} \leqslant 1680$,即数列中必有一个项属于集合 $C = \{1641, 1642, \cdots, 1680\}$.

令 $A = X \backslash (B \cup C)$,则 A 中无长为 41 的等差数列.

注意到 $B \cap C = \varnothing$,从而 $|A| = |X| - |B| - |C| = 1992 - 48 -$

$40 = 1904$,命题获证.

例 3 试问:当且仅当实数 $x_0, x_1, \cdots, x_n (n \geq 2)$ 满足什么条件时,存在实数 $y_0, y_1, \cdots, y_n$ 使得 $z_0^2 = z_1^2 + z_2^2 + \cdots + z_n^2$ 成立?其中 $z_k = x_k + \mathrm{i} y_k$,i 为虚数单位,$k = 0, 1, \cdots, n$,证明你的结论. (1997年全国高中数学联赛试题)

分析与解 若 $z_0^2 = z_1^2 + z_2^2 + \cdots + z_n^2$,则
$$\begin{aligned} z_0^2 &= x_0^2 - y_0^2 + 2 x_0 y_0 \mathrm{i} \\ &= (x_1^2 + x_2^2 + \cdots + x_n^2) - (y_1^2 + y_2^2 + \cdots + y_n^2) \\ &\quad + 2(x_1 y_1 + x_2 y_2 + \cdots + x_n y_n) \mathrm{i}. \end{aligned}$$

所以
$$x_0^2 - y_0^2 = (x_1^2 + x_2^2 + \cdots + x_n^2) - (y_1^2 + y_2^2 + \cdots + y_n^2), \quad ①$$
$$x_0 y_0 = x_1 y_1 + x_2 y_2 + \cdots + x_n y_n. \quad ②$$

直接寻找同时满足式①、式②的实数 $y_0, y_1, \cdots, y_n$ 比较困难,现在从反面思考:$x_0, x_1, \cdots, x_n (n \geq 2)$ 满足什么条件时,没有实数 $y_0, y_1, \cdots, y_n$ 使式①、式②同时成立.

可想象寻找 $x_0, x_1, \cdots, x_n (n \geq 2)$,使 $y_0, y_1, \cdots, y_n$ 满足条件①但不满足条件②. 显然,若 $x_0^2 > x_1^2 + x_2^2 + \cdots + x_n^2$,则 $y_0^2 > y_1^2 + y_2^2 + \cdots + y_n^2$. 此时
$$\begin{aligned} x_0^2 y_0^2 &> (x_1^2 + x_2^2 + \cdots + x_n^2)(y_1^2 + y_2^2 + \cdots + y_n^2) \\ &\geq (x_1 y_1 + x_2 y_2 + \cdots + x_n y_n)^2 = (x_0 y_0)^2, \end{aligned}$$
与式②矛盾.

所以,若存在实数 $y_0, y_1, \cdots, y_n$ 使式①、式②同时成立,则一定有
$$x_0^2 \leq x_1^2 + x_2^2 + \cdots + x_n^2.$$

反之,若 $x_0^2 \leq x_1^2 + x_2^2 + \cdots + x_n^2$ 成立,我们证明一定存在实数 $y_0, y_1, \cdots, y_n$ 使式①、式②同时成立.有以下两种情况:

(1) 当 $x_0^2 = x_1^2 + x_2^2 + \cdots + x_n^2$ 时,由式①可知,$y_0^2 = y_1^2 + y_2^2 + \cdots$

$+ y_n^2$,由此想到取 $y_i = x_i (i = 0, 1, 2, \cdots, n)$,则式①显然成立,下面只需证明式②也成立.

实际上,由柯西不等式等号成立的条件可知
$$x_0^2 y_0^2 = (x_1^2 + x_2^2 + \cdots + x_n^2)(y_1^2 + y_2^2 + \cdots + y_n^2)$$
$$= (x_1 y_1 + x_2 y_2 + \cdots + x_n y_n)^2 = (x_0 y_0)^2,$$
所以式②成立.

(2) 当 $x_0^2 < x_1^2 + x_2^2 + \cdots + x_n^2$ 时,记 $a^2 = x_1^2 + x_2^2 + \cdots + x_n^2 - x_0^2 > 0$,由式①可知 $y_0^2 < y_1^2 + y_2^2 + \cdots + y_n^2$,由此想到取 $y_0 = 0$. 此外,为使计算简单,可取尽可能多的 $y_i = 0 (1 \leqslant i \leqslant n)$,但 y_i 显然不能全为 0,进而由式②可知,至少有 2 个 y_i 不为 0,尝试取
$$y_0 = y_1 = y_2 = \cdots = y_{n-2} = 0,$$
则式①、式②分别变为
$$y_{n-1}^2 + y_n^2 = (x_1^2 + x_2^2 + \cdots + x_n^2) - x_0^2,$$
$$0 = x_{n-1} y_{n-1} + x_n y_n,$$
其中注意 $x_i (1 \leqslant i \leqslant n)$ 不能全为 0,不妨设 $x_n \neq 0$,解上述方程组,得
$$y_{n-1} = \frac{a x_n}{\sqrt{x_{n-1}^2 + x_n^2}}, \quad y_n = -\frac{a x_{n-1}}{\sqrt{x_{n-1}^2 + x_n^2}},$$
此时
$$z_0^2 = x_0^2 - y_0^2 + 2 x_0 y_0 \mathrm{i} = x_0^2.$$
而
$$z_1^2 + z_2^2 + \cdots + z_n^2$$
$$= (x_1^2 + x_2^2 + \cdots + x_n^2) - (y_1^2 + y_2^2 + \cdots + y_n^2)$$
$$+ 2(x_1 y_1 + x_2 y_2 + \cdots + x_n y_n)\mathrm{i}$$
$$= (x_1^2 + x_2^2 + \cdots + x_n^2) - \left(\frac{a^2 x_n^2}{x_{n-1}^2 + x_n^2} + \frac{a^2 x_{n-1}^2}{x_{n-1}^2 + x_n^2}\right)$$
$$+ 2\left(x_{n-1} \frac{a x_n}{\sqrt{x_{n-1}^2 + x_n^2}} - x_n \frac{a x_{n-1}}{\sqrt{x_{n-1}^2 + x_n^2}}\right)\mathrm{i}$$

$$= (x_1^2 + x_2^2 + \cdots + x_n^2) - (x_1^2 + x_2^2 + \cdots + x_n^2 - x_0^2) = x_0^2.$$

仍有 $z_0^2 = z_1^2 + z_2^2 + \cdots + z_n^2$ 成立.

综上所述,所求条件为 $x_0^2 \leqslant x_1^2 + x_2^2 + \cdots + x_n^2$.

例 4 对给定的正整数 $n \geqslant 8$,是否存在 n 阶简单图 G,它的各顶点的度分别为 $4, 5, 6, \cdots, n-4, n-3, n-2, n-2, n-2, n-1, n-1, n-1$?(1985 年奥地利-波兰数学奥林匹克试题)

分析与解 注意到 $n \geqslant 8$,可先看 $n = 8$ 的特例.

通过逐步扩充构造,可得到合乎条件的图如图 3.2 所示.

我们考察这个特例对一般情况有何启发. 显然,图中的边"非常多",这就使我们想到从补集的角度考虑:假定将图中这些边都去掉,而未连边的任何两点之间都连一条边,则得到的图中边"非常少",这就使图的构造变得非常简单(图 3.3),它实际上就是图 3.2 表示的图的补图.

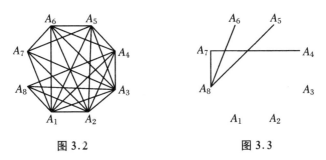

图 3.2　　　　　图 3.3

由此启发我们考虑原问题的等价问题:是否存在一个 $n (n \geqslant 8)$ 阶简单图,使它各顶点的度分别为 $0, 0, 0, 1, 1, 1, 2, 3, \cdots, n-7, n-6, n-5$?

由图 3.3 可知,当 $n = 8$ 时,相应的图存在.

当 $n = 9$ 时,在图 3.3 的基础上新增一点 A_9,使之与 A_8, A_7 都连边,得到的图合乎条件(图 3.4),从而当 $n = 9$ 时,相应的图也存在.

继续增加一个点,我们并不能得到 $n=10$ 的合乎条件的图.于是,我们便对 $n \geqslant 10$ 的图的存在性产生怀疑,从而猜想当 $n>9$ 时,不存在合乎条件的图.

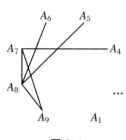

图 3.4

假设当 $n>9$ 时存在合乎条件的图,将图中的点分为 3 个集合:
$$M_1=\{A_1,A_2,A_3\}, \quad M_2=\{A_4,A_5,A_6\},$$
$$M_3=\{A_7,A_8,\cdots,A_n\},$$

其中 M_1 中的点的度为 0,M_2 中的点的度为 1,M_3 中各顶点的度分别为 $2,3,\cdots,n-5$. 此时

$$d(A_n)+d(A_{n-1})+d(A_{n-2})=(n-5)+(n-6)+(n-7)$$
$$=3n-18.$$

注意到 A_n,A_{n-1},A_{n-2} 与 M_2 中的点至多连 3 条边,且 A_n,A_{n-1},A_{n-2} 之间至多连 3 条边,于是,A_n,A_{n-1},A_{n-2} 向 $A_7,A_8,\cdots,A_{n-3}$ 至少连 $(3n-18)-(3+3)=3n-24$ 条边.

但每个点 A_i $(i=7,8,\cdots,n-3)$ 向 A_n,A_{n-1},A_{n-2} 至多连 3 条边,于是 $A_7,A_8,\cdots,A_{n-3}$ 向 A_n,A_{n-1},A_{n-2} 至多连 $3(n-9)=3n-27<3n-24$ 条边,矛盾.

综上所述,当且仅当 $n=8,9$ 时,存在合乎条件的图.

另解 我们先证明 $n\leqslant 9$. 假设 $n\geqslant 10$,并设图中度为 $0,0,0,1,1,1,2,3,\cdots,n-7,n-6,n-5$ 的顶点依次为 $A_1,A_2,\cdots,A_n$,去掉点 A_1,A_2,A_3,则未去掉任何边,得到一个 $n-3$ 阶图 G_{n-3},剩下各顶点的度都不变.

因为 $d(A_n)=n-5$,于是 A_n 仅与 G_{n-3} 中一个点不连,从而 A_3,A_4,A_5 中有 2 个点都与 A_n 连边,不妨设 A_n 与 A_4,A_5 都连边.

再去掉点 A_4,A_5 及其关联的边,由于 $d(A_4)=d(A_5)=1$,从而恰去掉 A_4,A_5 与 A_n 连的 2 条边,得到一个图 G_{n-5},此时

$d'(A_n) = n - 7$ （因为 A_n 已去掉 2 条边），

$d'(A_{n-1}) = n - 6, \quad d'(A_{n-2}) = n - 7.$

考察点 A_{n-1}，因为 $d'(A_{n-1}) = n-6$，所以 A_{n-1} 与 G_{n-5} 中所有点连边．

又去掉点 A_6 及其关联的边，由于 $d'(A_6)=1$，从而恰去掉 A_6 与 A_n 连的一条边，得到一个图 G_{n-6}，此时

$d''(A_n) = n - 7, \quad d''(A_{n-1}) = n - 7, \quad d''(A_{n-2}) = n - 7.$

于是，A_n, A_{n-1}, A_{n-2} 与 G_{n-6} 中所有点连边，从而 G_{n-6} 中除 A_n, A_{n-1}, A_{n-2} 外的每个点的度至少为 3．

如果 $n \geq 10$，则 $A_7 \notin \{A_n, A_{n-1}, A_{n-2}\}$，而 A_7 为 G_{n-6} 中的点，所以 $d(A_7) \geq 3$，但由条件知，$d(A_7) = 2$，矛盾．

例 5 设 W 是一个多边形，s 表示覆盖 W 的半径为 1 的圆的最少个数，t 表示圆心在 W 中且半径为 $\frac{1}{2}$ 的互不相交的圆的最大个数，求证：$s \leq t$．

分析与证明 直接计算 s, t（用有关参数表示）是很困难的，因为 W 的形状并不确定，也无法引入若干参数使之相对确定！从而只能用对应的方法来证明 $s \leq t$．

这有两种途径：一是假定已经确定了"覆盖 W 的半径为 1 的圆的最少个数 s"，我们要证明"圆心在 W 中且半径为 $\frac{1}{2}$ 的互不相交的圆"的个数不少于 s，这只需找到一个对应，使每个"覆盖 W 的半径为 1 的圆"，都对应一个"圆心在 W 中且半径为 $\frac{1}{2}$ 的圆"，而且对应具有如下性质：一是映射为单射，且像集中的圆互不相交；二是假定已经确定了"圆心在 W 中且半径为 $\frac{1}{2}$ 的互不相交的圆的最大个数 t"，我们要证明"覆盖 W 的半径为 1 的圆"的最少个数不多于 t，即能够

用适当的 t 个半径为 1 的圆覆盖 W.

由于第一种途径中很难证明"像集中的圆互不相交",而寻找"t 个半径为 1 的圆覆盖 W"相对较易,所以我们采用第二种途径.

理解条件:"圆心在 W 中且半径为 $\frac{1}{2}$ 的互不相交的圆的最大个数为 t",它表明,存在 t 个互不相交的圆其圆心都在 W 中,但不存在 $t+1$ 个互不相交的圆其圆心都在 W 中,也就是说,在 t 个互不相交的圆中无法再放进一个圆.

因为"无法再放进一个圆"这一事实难以用某种数量关系来刻画,采用反面思考:用适当的数量关系刻画"可以再放进一个圆",这等价于存在点 P,使 P 到已有的 t 个互不相交的圆的圆心 $O_i(i=1,2,\cdots,t)$ 的距离都不小于 1,即 $PO_i \geqslant 1$(图 3.5).

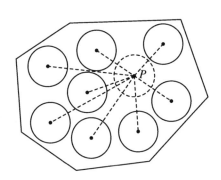

图 3.5

由此可见,W 中不能再放进一个圆,等价于对 W 中任意点 P,都存在 $i(1 \leqslant i \leqslant t)$,使 $PO_i < 1$.

现在,从另一个角度解释 $PO_i < 1 (1 \leqslant i \leqslant t)$.

将"1"看作半径,$O_i (1 \leqslant i \leqslant t)$ 仍看作圆心,则 $PO_i < 1$ 表示点 P 在圆 O_i 内,即圆 O_i 覆盖了点 P,由 P 的任意性可知,以 $O_i(i=1,2,\cdots,t)$ 为圆心的 t 个单位圆覆盖 W.

这样一来,我们找到了一个对应:W 中有 t 个圆,则可构造 t 个

3 反面思考

圆覆盖 W,于是 $s \leqslant t$(覆盖 W 至多需要 t 个圆).

实际上,考察其中 t 个圆心在 W 中且直径为 1 的互不相交的圆 $K_1, K_2, \cdots, K_t$,分别以这 t 个圆的圆心为圆心作 t 个半径为 1 的圆 $O_1, O_2, \cdots, O_t$,我们证明圆 $O_1, O_2, \cdots, O_t$ 覆盖了 W.

假设存在点 P 不被覆盖,则对任何 $i = 1, 2, \cdots, t$,$|PO_i| > 1$,于是,以 P 为圆心、$\frac{1}{2}$ 为半径作圆 P,则圆 P 的圆心在 W 内,且与 K_1,$K_2, \cdots, K_t$ 互不相交,与 t 的最大性矛盾,所以 $s \leqslant t$.

又 $s = t$ 是可能的,比如单位正方形,从而命题获证.

3.2 考察目标的反面

如果解题目标不能或不易直接达到,或者目标涉及的对象在整体对象中占的比例过大,则可以考虑目标的反面.一般地说,如果目标的表述是否定性的、探索性的、全范围型的,则考虑目标的反面,可使问题变得简单.

例 1 有 100 个乒乓球运动员进行冠军决赛,采用每输一场即予淘汰的淘汰制.问决出冠军一人,需要比赛多少场?

分析与解 显然,直接画出比赛安排表,即可知道共比赛多少场,但那样做过程很繁.如果采用反面思考,则问题的答案变得显而易见.

本题的目标是决出冠军一人,从补集的角度考虑,就是要淘汰 99 人.而每淘汰一人则比赛一场,所以共要比 99 场.

例 2 设
$$f(x) = \sum_{i=0}^{n} a_i x^i, \quad g(x) = \sum_{j=0}^{m} b_j x^j$$
是两个整系数多项式,假定乘积 $f(x)g(x)$ 的所有系数都是偶数,但其系数不全被 4 整除,求证:$f(x)g(x)$ 中必有一个多项式是偶系数

多项式,而另一个多项式至少有一个系数是奇数.(第 9 届加拿大数学奥林匹克试题)

分析与证明 考察目标的反面,或者 $f(x),g(x)$ 都是偶系数多项式,或者 $f(x),g(x)$ 都至少有一个系数是奇数.

如果是前者,由于两个偶数的积是 4 的倍数,从而 $f(x)g(x)$ 的所有系数都被 4 整除,矛盾.

如果是后者,不妨设存在奇数 a_i 及奇数 b_j,那么 a_ib_j 为奇数.

设想:为了导出矛盾,应抓住奇数 a_ib_j,它出现在积多项式的某个项中,此项含有 x^{i+j},于是,可考察 x^{i+j} 的系数 c_{i+j},有

$$c_{i+j} = a_ib_j + a_{i-1}b_{j+1} + \cdots = \sum_{\substack{p+q=i+j \\ 0 \leqslant p,q \leqslant i+j}} a_pb_q.$$

新目标:我们要证 $\sum_{\substack{p+q=i+j \\ 0 \leqslant p,q \leqslant i+j}} a_pb_q$ 为奇数,由此与 c_{i+j} 为偶数矛盾.

注意到条件: a_ib_j 为奇数,从而只要证 $\sum_{\substack{p+q=i+j \\ 0 \leqslant p,q \leqslant i+j}} a_pb_q - a_ib_j$ 为偶数,即 $a_{i-1}b_{j+1} + \cdots + a_0b_{i+j} + a_{i+1}b_{j-1} + \cdots + a_{i+j}b_0$ 为偶数.

优化假设,取极端元:设 a_i 是 $a_0, a_1, \cdots, a_n$ 中下标最小的奇数, b_j 是 $b_0, b_1, \cdots, b_m$ 中下标最小的奇数,则

$$2 \mid a_{i-1}, a_{i-2}, \cdots, a_0, \quad 2 \mid b_{j-1}, b_{j-2}, \cdots, b_0.$$

所以 $a_{i-1}b_{j+1} + \cdots + a_0b_{i+j} + a_{i+1}b_{j-1} + \cdots + a_{i+j}b_0$ 为偶数,矛盾.

综上所述,命题获证.

例 3 不限定次数地抛掷一枚硬币,每次正面朝上得 1 分,反面朝上得 2 分,每抛掷一次都累计各次的得分(前面各次抛掷得分之和),求抛掷过程中能出现累计得分恰好为 n 的概率.(第 12 届加拿大数学奥林匹克试题)

分析与解 因为抛掷过程中不出现累计得分恰好为 n 的情况是唯一的:只能是累计得到 $n-1$ 分之后再抛掷一次反面朝上,所以我

们从反面计算抛掷过程中不出现累计得分恰好为 n 的概率 p_n.

首先,要累计得到 $n-1$ 分,其概率为 $1-p_{n-1}$,再抛掷一次反面朝上,其概率为 $\frac{1}{2}$,于是

$$p_n = \frac{1}{2}(1-p_{n-1}) = -\frac{1}{2}p_{n-1} + \frac{1}{2},$$

$$p_n - \frac{1}{3} = -\frac{1}{2}\left(p_{n-1} - \frac{1}{3}\right),$$

因此,$\left\{p_n - \frac{1}{3}\right\}$ 是以 $p_1 - \frac{1}{3} = \frac{1}{2} - \frac{1}{3} = \frac{1}{6}$ 为首项、$-\frac{1}{2}$ 为公比的等比数列,所以

$$p_n - \frac{1}{3} = \frac{1}{6} \cdot \left(-\frac{1}{2}\right)^{n-1},$$

$$p_n = \frac{1}{3} - \frac{1}{3} \cdot \left(-\frac{1}{2}\right)^n,$$

故抛掷过程中能出现累计得分恰好为 n 的概率为

$$1 - p_n = \frac{2}{3} + \frac{1}{3} \cdot \left(-\frac{1}{2}\right)^n.$$

注 本题也可从正面入手,但需要用到"特征方程法"求递归数列通项. 实际上,设抛掷过程中能出现累计得分恰好为 n 的概率为 q_n,因为累计得分恰好为 n 的情况只有如下两种可能:一是累计得到 $n-1$ 分之后再抛掷一次正面朝上,二是累计得到 $n-2$ 分之后再抛掷一次反面朝上,于是

$$q_n = \frac{1}{2}q_{n-1} + \frac{1}{2}q_{n-2},$$

注意到

$$q_1 = \frac{1}{2}, \quad q_2 = \left(\frac{1}{2}\right)^2 + \frac{1}{2} = \frac{3}{4},$$

利用"特征方程法"求得

$$q_n = \frac{2}{3} + \frac{1}{3} \cdot \left(-\frac{1}{2}\right)^n.$$

例4 一项"过关游戏"规则规定:在第 n 关要抛掷一颗骰子 n 次,如果这 n 次抛掷所出现的点数之和大于 2^n,则算过关.问:

(1) 某人在这项游戏中最多能过几关?

(2) 他连过前三关的概率是多少?

(**注** 骰子是一个在各面上分别有 1,2,3,4,5,6 点数的均匀正方体.抛掷骰子落地静止后,向上一面的点数为出现点数.)(2004 年全国高中数学联赛试题)

分析与解 由于骰子是均匀的正方体,所以抛掷后各点数出现的可能性是相等的.

(1) 因骰子出现的点数最大为 6,抛一颗骰子 n 次,点数之和至多为 $6n$.容易证明:当 $n \geq 5$ 时,$6n \leq 2^n$,因此,当 $n \geq 5$ 时,n 次出现的点数之和大于 2^n 是不可能事件,过关的概率为 0.

又若连续 4 次都抛出 6 点,则连过 4 关,所以最多只能连过 4 关.

(2) 在第 n 关的游戏中,抛掷一颗骰子 n 次,基本事件总数为 6^n.

考察事件:"第 n 关过关成功",记第 i 次抛掷骰子得到的点数为 $x_i(1 \leq i \leq n)$,则

$$x_1 + x_2 + \cdots + x_n \geq 2^n + 1.$$

于是,该事件包含的基本事件数就是上述不等式的正整数解的个数,也就是方程

$$x_1 + x_2 + \cdots + x_n = a \qquad ①$$

当 $a \geq 2^n + 1$ 时的所有正整数解的个数之和.

注意到方程①当 $a \geq 2^n + 1$ 时的所有正整数解的个数之和不易计算,从而考察上述事件的反面,设事件 A_n 为"第 n 关过关失败".

易知,事件 A_n 包含的基本事件数就是方程①当 $n \leq a \leq 2^n$ 时的所有正整数解的个数之和(当 $a < n$ 时,方程①无正整数解).

又方程①的正整数解$(x_1, x_2, \cdots, x_n)$的个数就是 a 个 1 分成 n 个非空组的个数,在 a 个 1 形成的 $a-1$ 个"空"(相邻两个 1 之间的位置),选取 $n-1$ 个"空"各放置一个隔板,得到一种分组,从而方程①的正整数解的个数为 C_{a-1}^{n-1},于是,方程①当 $n \leqslant a \leqslant 2^n$ 时的所有正整数解的个数之和为

$$C_{n-1}^{n-1} + C_n^{n-1} + \cdots + C_{2^n-1}^{n-1}.$$

当 $n=1$ 时,事件 A_1 所含基本事件数为 $C_0^0 + C_1^0 = 2$(即出现点数为 1 和 2 这两种情况),于是

$$P(A_1) = \frac{2}{6^1} = \frac{1}{3}.$$

所以过第一关成功的概率为 $1 - P(A_1) = 1 - \frac{1}{3} = \frac{2}{3}$.

当 $n=2$ 时,事件 A_2 所含基本事件数为 $C_1^1 + C_2^1 + C_3^1 = 1 + 2 + 3 = 6$,于是

$$P(A_2) = \frac{6}{6^2} = \frac{1}{6}.$$

所以过第二关成功的概率为 $1 - P(A_2) = 1 - \frac{1}{6} = \frac{5}{6}$.

当 $n=3$ 时,事件 A_3 所含基本事件数为 $C_2^2 + C_3^2 + C_4^2 + \cdots + C_{2^3-1}^2 = 1 + 3 + 6 + 10 + 15 + 21 = 56$,于是

$$P(A_3) = \frac{56}{6^3} = \frac{7}{27}.$$

所以过第三关成功的概率为 $1 - P(A_3) = 1 - \frac{7}{27} = \frac{20}{27}$.

故连过前三关的概率为 $\frac{2}{3} \cdot \frac{5}{6} \cdot \frac{20}{27} = \frac{100}{243}$.

例 5 求证:区间 $[0,1]$ 与正整数集合 $\mathbf{N}^*$ 不等势.

分析与证明 从反面考虑,假定 $[0,1]$ 与 $\mathbf{N}^*$ 可建立一一对应,则 $[0,1]$ 中的所有实数可以排列为一个无穷序列

$$x_1, x_2, x_3, \cdots. \qquad ①$$

将区间$[0,1]$等分为3个小闭区间,其中必有一个小闭区间,记为I_1,使$x_1 \notin I_1$. 显然$|I_1| = \dfrac{1}{3}$.

再将闭区间I_1等分为3个小闭区间,其中必有一个小闭区间,记为I_2,使$x_2 \notin I_2$. 显然$|I_2| = \dfrac{1}{3^2}$,且$x_1 \notin I_2$.

再将闭区间I_2等分为3个小闭区间,其中必有一个小闭区间,记为I_3,使$x_3 \notin I_3$. 显然$|I_3| = \dfrac{1}{3^3}$,且$x_1, x_2 \notin I_3$.

如此下去,存在一系列闭区间$[0,1] \supseteq I_2 \supseteq I_3 \supseteq \cdots \supseteq I_n \supseteq \cdots$,满足$x_1, x_2, \cdots, x_n \notin I_n$,且$|I_n| = \dfrac{1}{3^n}$.

由区间套定理,存在唯一的实数x属于每一个区间I_n.

因为$x \in [0,1]$,所以x属于序列①,于是存在$n \geqslant 1$,使$x = x_n$,但$x_n \notin I_n$,与x属于每一个区间I_n矛盾.

综上所述,$[0,1]$与$\mathbf{N}^*$不等势.

例6 设$f(x) = x^2 + a$,记$f^1(x) = f(x), f^n(x) = f(f^{n-1}(x))$ $(n = 2, 3, \cdots)$,$M = \{a \in \mathbf{R} |$ 对所有正整数$n, |f^n(0)| \leqslant 2\}$. 求证:$M = \left[-2, \dfrac{1}{4}\right]$. (2006年全国高中数学联赛试题)

分析与证明 先理解目标,本题实质是证明:使不等式$|f^n(0)| \leqslant 2$对一切正整数都成立的a的取值范围是$\left[-2, \dfrac{1}{4}\right]$.

再简化有关记号:令$f^n(0) = a_n$,则由题意,有$a_{n+1} = a_n^2 + a$,从而本题实质上是如下一个关于递归数列的命题:

若数列$\{a_n\}$满足$a_1 = a, a_{n+1} = a_n^2 + a$,则当且仅当$a \in \left[-2, \dfrac{1}{4}\right]$时,$|a_n| \leqslant 2 (n \in \mathbf{N}^*)$.

3 反面思考

先考虑必要性:若$|a_n|\leqslant 2(n\in \mathbf{N}^*)$,则$a\in\left[-2,\dfrac{1}{4}\right]$.

实际上,在$|a_n|\leqslant 2$中取$n=1$,得$|a_1|\leqslant 2$,即$|a|\leqslant 2$,所以$-2\leqslant a\leqslant 2$.

下面证明$a\leqslant\dfrac{1}{4}$,从反面考虑.

假设$a_1=a>\dfrac{1}{4}$,则由递归关系可知,对一切$n\in\mathbf{N}^*(n\geqslant 2)$,有

$$a_n = a_{n-1}^2 + a \geqslant a > \dfrac{1}{4},$$

于是

$$a_n - a_{n-1} = a_{n-1}^2 + a - a_{n-1} = \left(a_{n-1}-\dfrac{1}{2}\right)^2 + a - \dfrac{1}{4} \geqslant a - \dfrac{1}{4},$$

迭代,得

$$a_n \geqslant a_{n-1} + a - \dfrac{1}{4} \geqslant a_{n-2} + 2\left(a-\dfrac{1}{4}\right) \geqslant \cdots$$

$$\geqslant a_1 + (n-1)\left(a-\dfrac{1}{4}\right) \to +\infty,$$

这与$|a_n|\leqslant 2$矛盾,所以$a\in\left[-2,\dfrac{1}{4}\right]$.

先考虑充分性:若$a\in\left[-2,\dfrac{1}{4}\right]$,则$|a_n|\leqslant 2(n\in\mathbf{N}^*)$.

为了便于估计$|a_n|$的范围,我们可能要知道a_n的符号,这就要先确定a的符号,于是,我们将$a\in\left[-2,\dfrac{1}{4}\right]$分割为两个部分$-2\leqslant a<0$与$0\leqslant a\leqslant\dfrac{1}{4}$来讨论.

(1) 当$-2\leqslant a<0$时,我们要证明$|a_n|\leqslant 2(n\in\mathbf{N}^*)$,可考虑数学归纳法.

当$n=1$时,$a_1=a\in\left[-2,\dfrac{1}{4}\right]$,所以$|a_1|=|a|\leqslant 2$,结论成立.

设当 $n=k$ 时结论成立,即 $|a_k| \leqslant 2$,那么当 $n=k+1$ 时,有
$$|a_{k+1}| = |a_k^2 + a| \leqslant |a_k^2| + |a|.$$
此时,利用归纳假设的结论 $|a_k| \leqslant 2$,不能由上式得到 $|a_{k+1}| \leqslant 2$.

由此可见,不等式 $|a_k^2 + a| \leqslant |a_k^2| + |a|$ 放缩过宽. 实际上,由于 $a<0$,从而 a_k^2, a 异号,所以
$$|a_{k+1}| = |a_k^2 + a| = ||a_k^2| - |a|| \leqslant ?$$
此时,利用归纳假设的结论 $|a_k| \leqslant 2$,由上式也不能得到 $|a_{k+1}| \leqslant 2$.

由此可见,不能直接考察 $|a_{k+1}|$,而应先考虑 a_{k+1} 的范围,我们需要证明 $-2 \leqslant a_{k+1} \leqslant 2$. 这样,一方面,注意到 $-2 \leqslant a < 0$,我们有
$$a_{k+1} = a_k^2 + a \geqslant a \geqslant -2.$$
另一方面,注意到 $-2 \leqslant a < 0$,有 $a^2 + a \leqslant -a$,从而由归纳假设,有
$$a_{k+1} = a_k^2 + a \leqslant a^2 + a \leqslant -a \leqslant 2.$$
所以 $-2 \leqslant a_{k+1} \leqslant 2$,结论成立.

(2) 当 $0 \leqslant a \leqslant \dfrac{1}{4}$ 时,我们要证明 $|a_n| \leqslant 2 (n \in \mathbf{N}^*)$,仍考虑数学归纳法.

当 $n=1$ 时,$a_1 = a \in \left[0, \dfrac{1}{4}\right]$,所以 $|a_1| = |a| \leqslant 2$,结论成立.

设当 $n=k$ 时结论成立,即 $|a_k| \leqslant 2$,那么当 $n=k+1$ 时,有
$$|a_{k+1}| = |a_k^2 + a| = a_k^2 + a.$$
此时,直接利用归纳假设的结论 $|a_k| \leqslant 2$,不能由上式得到 $|a_{k+1}| \leqslant 2$.

由此可见,我们需要证明更强的命题:引入参数 p,证明"$|a_n| \leqslant p(n \in \mathbf{N}^*)$",其中 p 是待定常数,$0 < p < 2$.

此外,为了保证 $|a_1| \leqslant p$ 成立,而 $|a_1| = a \leqslant \dfrac{1}{4}$,所以我们进一步限定 $p \geqslant \dfrac{1}{4}$.

3 反面思考

这样,当 $n=1$ 时,$|a_1|=a\leqslant\dfrac{1}{4}\leqslant p$,结论成立.

设当 $n=k$ 时结论成立,即 $|a_k|\leqslant p$,那么当 $n=k+1$ 时,有
$$|a_{k+1}|=|a_k^2+a|=a_k^2+a\leqslant p^2+\dfrac{1}{4},$$

我们再限定 p,使 $p^2+\dfrac{1}{4}\leqslant p$,即 $\left(p-\dfrac{1}{2}\right)^2\leqslant 0$,解得 $p=\dfrac{1}{2}$.

于是,对所有正整数 n,都有 $|a_n|\leqslant\dfrac{1}{2}<2$.

综上所述,命题获证.

注 如果本题没有给出答案 $M=\left[-2,\dfrac{1}{4}\right]$,而是要求 M,则需要引入两个参数 t 和 p:

首先由 $|a|=|a_1|\leqslant 2$,知 $-2\leqslant a\leqslant 2$,于是可设 $M=[-2,t]$,并设当 $0\leqslant a\leqslant t$ 时,有 $|a_n|\leqslant p(n\in\mathbf{N}^*)$. 那么,当 $n=k+1$ 时,有
$$|a_{k+1}|=|a_k^2+a|=a_k^2+a\leqslant p^2+t,$$

至此,限定 $p^2+t\leqslant p$ 即可,此时
$$t\leqslant p-p^2=p(1-p)\leqslant\left(\dfrac{p+1-p}{2}\right)^2=\dfrac{1}{4},$$

取 $t=\dfrac{1}{4},p=\dfrac{1}{2}$ 即可.

例 7 设 $\{a_1,a_2,\cdots,a_8\}$ 是 $S=\{1,2,\cdots,17\}$ 的一个八元子集.

(1) 试证:存在正整数 k,使方程 $a_i-a_j=k(1\leqslant i,j\leqslant 8)$ 至少有三组不同的解;

(2) 给出一个 S 的七元子集 $M=\{a_1,a_2,\cdots,a_7\}$,使对任何正整数 k,方程 $a_i-a_j=k(1\leqslant i,j\leqslant 7)$ 都没有三组不同的解.

(第 31 届加拿大数学奥林匹克试题)

分析与证明 (1) 由于 S 的八元子集 $\{a_1,a_2,\cdots,a_8\}$ 并不确定,从而从正面寻找方程 $a_i-a_j=k(1\leqslant i,j\leqslant 8)$ 的三组不同的解并不

容易,所以我们从反面入手.

假设对任何正整数 k,方程 $a_i - a_j = k(1 \leqslant i, j \leqslant 8)$ 都没有三组不同的解,不妨设 $a_1 < a_2 < \cdots < a_8$,考察如下三个方程:
$$a_i - a_j = 1, \quad a_p - a_q = 2, \quad a_s - a_t = 3,$$
它们都至多有两组解,于是,令 $d_i = a_{i+1} - a_i (i = 1, 2, \cdots, 7)$,则各 d_i 中至多有两个 1,也至多有两个 2,至多有两个 3,于是
$$16 = 17 - 1 \geqslant a_8 - a_1 = (a_8 - a_7) + (a_7 - a_6) + \cdots + (a_2 - a_1)$$
$$\geqslant 1 + 1 + 2 + 2 + 3 + 3 + 4 = 16,$$
上述不等式等号成立,从而各 d_i 中恰好有两个 1,两个 2,两个 3 和一个 4.

考察数列 $d_1, d_2, \cdots, d_7$,它具有如下性质:

(ⅰ) 其中的两个 1 不相邻.

否则,不妨设 $a_2 - a_1 = 1, a_3 - a_2 = 1$,两式相加,得 $a_3 - a_1 = 2$,又有两个 d_i 为 2,从而方程 $a_i - a_j = 2$ 至少有三个不同的解,矛盾.

(ⅱ) 其中的 1 与 2 不相邻.

否则,不妨设 $a_2 - a_1 = 1, a_3 - a_2 = 2$,两式相加,得 $a_3 - a_1 = 3$,又有两个 d_i 为 3,从而方程 $a_i - a_j = 3$ 至少有三个不同的解,矛盾.

(ⅲ) 如果 1 与 3 相邻,则两个 2 不相邻.

否则,不妨设 $a_2 - a_1 = 1, a_3 - a_2 = 3, a_{j+1} - a_j = 2, a_{j+2} - a_{j+1} = 2$,前两式相加,得 $a_3 - a_1 = 4$,后两式相加,得 $a_{j+2} - a_j = 4$,又有一个 d_i 为 4,从而方程 $a_i - a_j = 4$ 至少有三个不同的解,矛盾.

由此可见,数列 $d_1, d_2, \cdots, d_7$ 本质上只有如下两种形式:
$$A = (1, 4, x, y, z, 3, 1),$$
$$B = (1, 4, 1, 3, x, y, z),$$
其中 x, y, z 中有两个 2,一个 3.

对于数列 A,由于 1, 3 相邻,从而 x, y, z 中有两个 2 不相邻,于是

$$A = (1,4,2,3,2,3,1),$$

但此时,由 $a_2 - a_1 = 1, a_3 - a_2 = 4$,两式相加,得 $a_3 - a_1 = 1 + 4 = 5$.

类似地,有 $a_5 - a_3 = 2 + 3 = 5, a_7 - a_5 = 2 + 3 = 5$,从而方程 $a_i - a_j = 5$ 至少有三个不同的解,矛盾.

对于数列 B,由于 $1,3$ 相邻,从而 x,y,z 中有两个 2 不相邻,于是

$$B = (1,4,1,3,2,3,2),$$

但此时,由 $1 + 4 = 3 + 2 = 3 + 2$,同样知方程 $a_i - a_j = 5$ 至少有三个不同的解,矛盾.

所以(1)成立.

另证 从反面入手,假设对任何正整数 k,方程 $a_i - a_j = k (1 \leqslant i, j \leqslant 8)$ 都没有三组不同的解,不妨设 $a_1 < a_2 < \cdots < a_8$,考察如下六个方程:

$$a_i - a_j = 1, \quad a_p - a_q = 2, \quad \cdots, \quad a_s - a_t = 6,$$

它们都至多有两组解,于是,令 $x_i = a_{i+1} - a_i (i = 1, 2, \cdots, 7), y_j = a_{j+2} - a_j (j = 1, 2, \cdots, 6)$,则各 x_i, y_j 这 $7 + 6 = 13$ 个数中至多有两个 1,两个 2,$\cdots$,两个 6,于是

$$\sum_{i=1}^{7} x_i + \sum_{j=1}^{6} y_j \geqslant 2(1 + 2 + \cdots + 6) + 7 = 49.$$

另一方面

$$\begin{aligned}
\sum_{i=1}^{7} x_i + \sum_{j=1}^{6} y_j &= \sum_{i=1}^{7}(a_{i+1} - a_i) + \sum_{j=1}^{6}(a_{j+2} - a_j) \\
&= (a_8 - a_1) + (a_8 + a_7 - a_2 - a_1) \\
&= 2(a_8 - a_1) + (a_7 - a_2) \\
&\leqslant 2(17 - 1) + (16 - 2) = 46.
\end{aligned}$$

以上两个不等式互相矛盾.

(2) 采用逐增构造:从 1 开始,依次在 $1, 2, \cdots, 17$ 中选出七个元

素属于 M 即可.

首先,可取 $1,2,3 \in M$,由于 $4-3=3-2=2-1$,从而不能再取 4,但可取 $5 \in M$,同样可知,不取 6 和 7,但可取 $8 \in M$,如此下去,可取 $12,17 \in M$,容易验证,$M=\{1,2,3,5,8,12,17\}$ 合乎条件.

当然,构造并不是唯一的,比如,$M=\{1,2,4,7,11,16,17\}$ 也合乎条件.

有时候,我们需要对条件与目标同时进行反面思考.我们看下面的两个例子.

例 8 在一个 6×6 棋盘中已经摆好了一些 1×2 的骨牌,每个骨牌盖住了两个相邻的方格.求证:如果棋盘上至少还有 14 个空格,则至少还能放进一块骨牌.(1986 年匈牙利中学生数学竞赛试题)

分析与证明 解题的目标为:棋盘至少还能放进一块骨牌,这等价于至少有两个相邻的空格.

由于直接找相邻的空格比较困难,可考虑目标的反面:假设任何两个空格都不相邻(可视为增设的条件),在这样的假设下,我们发现棋盘上"空格"的分布是较为"稀疏"的.

再注意到题目原有的条件:至少有 14 个空格,而由上面的假设,这 14 个空格在棋盘上"稀疏"分布,这似乎只要证明:棋盘上容不下 14 个"稀疏"的空格.但若从正面考察其"稀疏"分布状态,却难以发现矛盾,我们再对条件进行反面思考.

由于至少有 14 个空格,从补集的角度考虑,至多有 $36-14=22$ 个方格被骨牌盖住,这等价于棋盘上至多放 11 块骨牌.

下面来估计棋盘中的骨牌数.

从条件入手,由假设,任何两个空格不相邻,从而每个空格的邻格都有骨牌盖住.

这样一来,一个空格对应若干张骨牌,这是因为一个空格有多个邻格,但不同的空格对应的骨牌可能是相同的,从而上述对应中有重复计数.

为了避免重复,只考察每个空格在同一个方向上对应的骨牌即可,比如空格上方的骨牌.

但并非每个空格上方都有骨牌,因为第一行的上方没有方格,于是我们只考察部分空格,即位于后五行的空格.

但后五行未必有 14 个空格,因为第一行中可能有空格.显然,由于任何两个空格不相邻,第一行至多 3 个空格,从而后五行中至少有 $14-3=11$ 个空格,这些空格中每一个的上方都有一张骨牌,得到 11 张骨牌.

这些牌是互不相同的,否则有两个空格上方是同一块骨牌,则这两个空格相邻,矛盾.

由此可见,棋盘第六行的上方至少有 11 张骨牌.又由前述,棋盘上至多放 11 块骨牌,于是棋盘上所有骨牌都在第六行的上方.

这样一来,第六行没有骨牌,当然还可再放进一块骨牌,矛盾.

例 9 给定正整数 $n(n \geqslant 2)$,求 $|X|$ 的最小值,使得对 X 的任意 n 个二元子集 $B_1, B_2, \cdots, B_n$,都存在 X 的一个 n 元子集 Y,满足:对 $i=1,2,\cdots,n$,都有 $|Y \cap B_i| \leqslant 1$,这里 $|A|$ 表示有限集合 A 的元素个数.(2006 年中国西部地区数学奥林匹克试题)

分析与解 本题实际上是比较简单的,但原来的证明很复杂.

首先要证明 $|X| \geqslant C$(其中 C 待定为常数).但本题的条件非常烦琐,宜从反面验证 $|X|=r$ 时,X 不满足题中条件(X 具有"条件反面"的性质),由此推出 $|X| \neq r$.

对于条件:"X 的任意 n 个二元子集 $B_1, B_2, \cdots, B_n$,都存在 X 的一个 n 元子集 Y,有 $|Y \cap B_i| \leqslant 1 (i=1,2,\cdots,n)$",其反面为:"$X$ 存在一组二元子集 $B_1, B_2, \cdots, B_n$,对 X 的任何 n 元子集 Y,都存在 $i(1 \leqslant i \leqslant n)$,使 $|Y \cap B_i| > 1$".

显然,其"反面"合乎抽屉原理特征:将 Y 的元素归入 B_i,必有两

个元素属于同一个 B_i,这只需其中 $n-1$ 个抽屉包含 X 的所有元素即可,即 $B_1 \bigcup B_2 \bigcup \cdots \bigcup B_{n-1} = X$,由此可发现:$|X|_{\min} = 2n-1$.

当 $|X| = r \leqslant 2n-2$ 时,令 $X = \{1, 2, \cdots, r\}$,取 X 的 n 个二元子集:

$$B_1 = \{1, 2\}, \quad B_2 = \{3, 4\}, \quad \cdots,$$

$$B_{n-1} = \{2n-3, 2n-2\}, \quad B_n = \{2n-1, 2n\},$$

其中的元素按模 r 理解(大于 r 的元素取其除以 r 所得的余数).

因为 $|X| = r \leqslant 2n-2$,所以 $B_1 \bigcup B_2 \bigcup \cdots \bigcup B_{n-1} = X$,对 X 的任何 n 元子集 Y,因为 $|Y| = n > n-1$,由抽屉原理,Y 中至少有两个元素属于同一个 $B_i (1 \leqslant i \leqslant n-1)$,此时 B_i 为 X 的二元子集,且 $|Y \cap B_i| = 2 > 1$,矛盾,所以 $|X| \geqslant 2n-1$.

另一方面,要证 $|X| = 2n-1$ 符合题意,这时,由子集族直接构造 X 的一个 n 元子集 Y 即可.

要在 X 的 $2n-1$ 个元素中选取 n 个元素构成合乎要求的子集 Y,从反面考虑,可在 X 中去掉 $n-1$ 个元素,由剩下的元素构成 Y 即可.

为了使剩下的元素合乎要求,自然的想法是:在每个 B_i 中都去掉一个元素,这样就去掉了 n 个元素,剩下元素的个数:$(2n-1) - n = n-1$,不足 n 个.

于是,希望有某两个 B_i, B_j 有一个公共元素,这样就可以保证只去掉一个元素,且每个 B_i 都去掉一个元素.

是否存在 $B_i \cap B_j \neq \varnothing$,这是显然的,它属于抽屉原理的简单情形.

因为 $|X| = 2n-1$,对 X 的任意 n 个二元子集 $B_1, B_2, \cdots, B_n$,有 $|B_1| + |B_2| + \cdots + |B_n| = 2n > |X|$,所以,必存在 B_i, B_j,使 $B_i \cap B_j \neq \varnothing$.

不妨设 $B_{n-1} \cap B_n \neq \varnothing$,取 $a_0 \in B_{n-1} \cap B_n$,此外,对 $i = 1, 2, \cdots,$

$n-2$,取 $a_i \in B_i$(a_i 可能与 a_j 相等),在 X 中去掉 $a_0, a_1, a_2, \cdots, a_{n-2}$,则至多去掉 $n-1$ 个元素,至少剩下 n 个元素,在剩下的元素中取 n 个元素构成 Y.

由于每个 B_i 都去掉一个元素,从而 $|Y \cap B_i| \leqslant 1$,Y 合乎条件. 综上所述,$|X|_{\min} = 2n-1$.

例10 给定正整数 $n \geqslant 5$,设 $X = \{a_1, a_2, \cdots, a_n\}$ 是 n 个不同正整数的集合,对 X 中的任何两个不同的非空子集 A, B,有 $S(A) \neq S(B)$,其中 $S(M)$ 表示集合 M 的所有元素的和. 对所有满足上述条件的集合 X,求 $\sum\limits_{i=1}^{n} \dfrac{1}{a_i}$ 的最大值.(1994年上海市数学竞赛试题)

分析与解 先考虑如何运用条件:$S(A) \neq S(B)$,它是"否定型"的,从而可从条件的反面入手,探索在什么情况下,必定存在 X 的不同非空子集 A, B,使 $S(A) = S(B)$.

因为 X 有 $2^n - 1$ 个不同的非空子集 A,对应着 $2^n - 1$ 个"和"$S(A)$,显然,由抽屉原理,存在 $S(A) = S(B)$ 的一个充分条件是:$S(A)$ 的取值种数少于 $2^n - 1$,而 $S(A)$ 是正整数,从而只需 $S(X) = a_1 + a_2 + \cdots + a_n \leqslant 2^n - 2$.

由此可见,对满足题设条件的任何集合 X,有
$$a_1 + a_2 + \cdots + a_n \geqslant 2^n - 1.$$

更一般地,对任何 k($1 \leqslant k \leqslant n$),有
$$a_{i_1} + a_{i_2} + \cdots + a_{i_k} \geqslant 2^k - 1. \qquad ①$$

实际上,若 $a_{i_1} + a_{i_2} + \cdots + a_{i_k} \leqslant 2^k - 2$,则 $P = \{a_{i_1}, a_{i_2}, \cdots, a_{i_k}\}$ 的任何子集 A,有 $S(A) \leqslant 2^k - 2$. 但 P 有 $2^k - 1$ 个非空子集,由抽屉原理,必定存在 P 的不同非空子集 A, B,使 $S(A) = S(B)$,矛盾.

现在考察解题目标,要使 $\sum\limits_{i=1}^{n} \dfrac{1}{a_i}$ 尽可能大,只需使 a_i($1 \leqslant i \leqslant n$)尽可能小. 不妨设 $a_1 < a_2 < \cdots < a_n$,自然的想法是依次考虑

$a_1, a_2, \cdots, a_n$ 的尽可能小的取值. 但由式①, 对每一个 $k(1 \leqslant k \leqslant n)$, 我们有

$$a_1 + a_2 + \cdots + a_k \geqslant 2^k - 1 = 2^0 + 2^1 + 2^2 + \cdots + 2^{k-1}.$$

由此可猜想, $\sum_{i=1}^{n} \frac{1}{a_i}$ 的最大值在 $(a_1, a_2, \cdots, a_n) = (2^0, 2^1, 2^2, \cdots, 2^{n-1})$ 时达到, 此时

$$\sum_{i=1}^{n} \frac{1}{a_i} = \sum_{i=1}^{n} \frac{1}{2^{i-1}} = 2 - \frac{1}{2^{n-1}}.$$

下面证明: $\sum_{i=1}^{n} \frac{1}{a_i} \leqslant \sum_{i=1}^{n} \frac{1}{2^{i-1}} = 2 - \frac{1}{2^{n-1}}.$

考虑上式左右两边的差

$$H = \sum_{i=1}^{n} \frac{1}{2^{i-1}} - \sum_{i=1}^{n} \frac{1}{a_i} = \sum_{i=1}^{n} \left(\frac{1}{2^{i-1}} - \frac{1}{a_i} \right)$$

$$= \sum_{i=1}^{n} \frac{a_i - 2^{i-1}}{2^{i-1} a_i} = \sum_{i=1}^{n} \frac{x_i}{2^{i-1} a_i},$$

其中 $x_i = a_i - 2^{i-1} (i = 1, 2, \cdots, n)$.

由式①可知, 上式分子的部分和

$$S_k = \sum_{i=1}^{k} x_k = \sum_{i=1}^{k} a_k - \sum_{i=1}^{k} 2^{k-1} = \sum_{i=1}^{k} a_k - (2^k - 1) \geqslant 0,$$

由此想到阿贝尔变换, 记 $S_0 = 0$, 则有

$$H = \sum_{i=1}^{n} \frac{x_i}{2^{i-1} a_i} = \sum_{i=1}^{n} \frac{S_i - S_{i-1}}{2^{i-1} a_i} = \sum_{i=1}^{n} \frac{S_i}{2^{i-1} a_i} - \sum_{i=1}^{n} \frac{S_{i-1}}{2^{i-1} a_i}$$

$$= \sum_{i=1}^{n} \frac{S_i}{2^{i-1} a_i} - \sum_{i=0}^{n-1} \frac{S_i}{2^i a_{i+1}} = \frac{S_n}{2^{n-1} a_n} + \sum_{i=1}^{n-1} \frac{S_i}{2^{i-1} a_i} - \sum_{i=1}^{n-1} \frac{S_i}{2^i a_{i+1}}$$

$$= \frac{S_n}{2^{n-1} a_n} + \sum_{i=1}^{n-1} S_i \left(\frac{1}{2^{i-1} a_i} - \frac{1}{2^i a_{i+1}} \right).$$

因为 $\frac{S_n}{2^{n-1} a_n} \geqslant 0, S_i \geqslant 0, \frac{1}{2^{i-1} a_i} - \frac{1}{2^i a_{i+1}} \geqslant 0$, 所以 $H \geqslant 0$.

综上所述, $\sum_{i=1}^{n} \frac{1}{a_i}$ 的最大值为 $2 - \frac{1}{2^{n-1}}$.

**反面剔除**

如果我们要在某个集合 A 中寻找具有性质 p 的元素,而性质 p 比较别扭,不方便运用到相关对象中,但性质 p 的反面运用起来却很方便,此时,我们可以在集合 A 中寻找不具有性质 p 的元素,最后在 A 中提出这些元素,便得到 A 中具有性质 p 的元素.

例1 从 $0,1,2,3,4,5,6,7,8,9$ 这十个数中取出三个数,使其和为不小于 10 的偶数,求不同的取法种数.(1998年全国高中数学联赛试题)

分析与解 先求"三个数的和为偶数"的方法种数 S_1,然后剔除其中和为小于 10 的偶数的方法数.

注意到和为偶数,只能含有偶数个奇数.

当有零个奇数时,有 C_5^3 种方法;当有两个奇数时,有 $C_5^2 C_5^1$ 种方法,所以 $S_1 = C_5^3 + 5C_5^2 = 6C_5^2 = 60$.

在上述方法数中,设其和小于 10 的方法数为 S_2.

当有零个奇数时,其三个数只有两种可能:$(0,2,4),(0,2,6)$,共有两种方法.

当有两个奇数时,若两个奇数为 $(1,3)$,则另一个偶数可以是 $0,2,4$,得到三种方法;

若两个奇数为 $(1,5)$,则另一个偶数可以是 $0,2$,得到两种方法;

若两个奇数为 $(1,7)$,则另一个偶数只可以是 0,得到一种方法;

若两个奇数为 $(3,5)$,则另一个偶数只可以是 0,得到一种方法.

所以 $S_2 = 2+3+2+1+1 = 9$.

综上所述,合乎条件的方法数 $S = S_1 - S_2 = 60 - 9 = 51$.

例2 平面上有 11 个互异的点,过每两个点作一条直线,恰得到 48 条不同的直线,求此 11 点构成的不同三角形的个数.

分析与解 我们先考虑 11 个点中任取 3 个点的方法总数 $C_{11}^3 =$

165,然后再剔除其中不构成三角形的三点组的个数.

显然,当且仅当这3个点共线时,3个不同的点不构成三角形,于是,我们要考虑上述11个点中有哪些三点共线的三点组.

由11个点中每两个点连线,共得到 $C_{11}^2 = 55$ 条直线,但由题意,只有48条不同的直线,说明其中有7条直线被重复计算.

设上述48条直线中至少通过3个已知点的直线有 k 条,设这 k 条直线上的已知点的个数分别为 $a_1 \leqslant a_2 \leqslant \cdots \leqslant a_k (a_i \geqslant 3)$.

对于第 i 条直线,其上有 a_i 个已知点,由每两个点连线可知,此直线被计算了 $C_{a_i}^2$ 次,从而多计算了 $C_{a_i}^2 - 1$ 条直线.于是

$$7 = \sum_{i=1}^{k}(C_{a_i}^2 - 1) \geqslant \sum_{i=1}^{k}(C_3^2 - 1) = 2k \quad (因为 a_i \geqslant 3),$$

故 $k \leqslant 3$.

(1) 当 $k=1$ 时,$7 = C_{a_1}^2 - 1$,矛盾.

(2) 当 $k=3$ 时,有

$$10 = C_{a_1}^2 + C_{a_2}^2 + C_{a_3}^2.$$

如果 $a_3 = 3$,则 $a_1 = a_2 = 3$,于是

$$10 = C_3^2 + C_3^2 + C_3^2 = 9,$$

矛盾.所以 $a_3 \geqslant 4$,故

$$10 = C_{a_1}^2 + C_{a_2}^2 + C_{a_3}^2 \geqslant C_3^2 + C_3^2 + C_4^2 = 12,$$

矛盾.

(3) 当 $k=2$ 时,由 $7 = C_{a_1}^2 + C_{a_2}^2 - 2$,得 $a_1 = 3, a_2 = 4$.

故三角形的个数为 $C_{11}^3 - C_3^3 - C_4^3 = 160$.

例3 求所有首项系数为1的实系数多项式 $p(x)$,使其满足如下条件:

(1) $p(x)$ 非常数,且其所有的根均为互不相同的实数;

(2) 若 a, b 为 $p(x)$ 的实数根,则 $a + b + ab$ 也为 $p(x)$ 的实数根.

(2013年泰国数学奥林匹克试题)

3 反面思考

分析与解 为求多项式 $p(x)$,可先求多项式 $p(x)$ 的所有根,由此得到多项式 $p(x)$ 的标准分解形式.

为求多项式 $p(x)$ 的所有根,由题意,多项式 $p(x)$ 的根为实数,所以可从反面考虑哪些实数不能为多项式 $p(x)$ 的根.

注意到当 $a=b$ 时,$a+b+ab=a^2+2a$,从而若 a 为 $p(x)$ 的根,则 $f(a)=a^2+2a$ 也为 $p(x)$ 的实数根.

记 $f^1(x)=f(x)=x^2+2x$,$f^n(x)=f(f^{n-1}(x))$,那么由上面的讨论可知,$a,f^1(a),f^2(a),\cdots,f^n(a),\cdots$ 都是 $p(x)$ 的根.

由此可见,若 a 使 $a,f^1(a),f^2(a),\cdots,f^n(a),\cdots$ 互不相同,则 a 不是 $p(x)$ 的根.

首先,选取 a 满足 $f(a)\neq a$,即 $a^2+2a\neq a$,此时 $a\neq 0,-1$.

此外,选取 a 满足 $f^2(a)\neq f(a)$,由上面的讨论,这等价于 $f(a)\neq 0,-1$,即 $a^2+2a\neq 0,-1$,此时 $a\neq 0,-1,-2$.

所以,我们猜想,除 $a=0,-1,-2$ 可能是 $p(x)$ 的根之外,$p(x)$ 没有其他的根.讨论如下:

(1) 若 $a>0$,则 $f(a)=a^2+2a>a>0$,而 $f(x)=x^2+2x$ 在 $(0,+\infty)$ 上递增,所以 $f(f(a))>f(a)$,如此下去,有
$$0<a<f^1(a)<f^2(a)<\cdots<f^n(a)<\cdots,$$
所以 $p(x)$ 有无数个根,矛盾.

(2) 若 $-1<a<0$,则 $f(a)=a^2+2a<|a|+2a=-a+2a=a<0$,而 $f(x)=x^2+2x$ 在 $(-1,0)$ 上递增,所以 $f(f(a))<f(a)$,如此下去,有
$$0>a>f^1(a)>f^2(a)>\cdots>f^n(a)>\cdots,$$
所以 $p(x)$ 有无数个根,矛盾.

(3) 若 $-2<a<-1$,则 $f(a)=a^2+2a=a(a+2)<0$,$f(a)=a^2+2a=(a+1)^2-1>-1$,所以 $-1<f(a)<0$.

由(2)的结论,有

$$0 > f^1(a) > f^2(a) > \cdots > f^n(a) > \cdots,$$

所以 $p(x)$ 有无数个根,矛盾.

(4) 若 $a < -2$,则 $f(a) = a^2 + 2a = a(a+2) > 0$,由(1)的结论,有

$$0 < f^1(a) < f^2(a) < \cdots < f^n(a) < \cdots,$$

所以 $p(x)$ 有无数个根,矛盾.

故 $a \in \{0, -1, -2\}$.

至此,容易验证,合乎条件的 $p(x)$ 为

$$x, \quad x+1, \quad x(x+1), \quad x(x+2), \quad x(x+1)(x+2).$$

例 4 有 11 个五元集合 $M_1, M_2, \cdots, M_{11}$,对任何 $1 \leqslant i < j \leqslant 11$,有 $M_i \cap M_j \neq \varnothing$. 设 r 是 $M_1, M_2, \cdots, M_{11}$ 中其交非空的集合的个数的最大值,对所有满足上述条件的五元集合 $M_1, M_2, \cdots, M_{11}$,求 r 的最小值.(1994 年 IMO 罗马尼亚国家队选拔考试题)

分析与解 我们要找到常数 c,使 $r \geqslant c$.

先明确 r 的意义,令 $M = M_1 \cup M_2 \cup \cdots \cup M_{11}$,不妨设 $M = \{x_1, x_2, \cdots, x_n\}$,记 $r_i (i = 1, 2, \cdots, n)$ 为 x_i 在 $M_1, M_2, \cdots, M_{11}$ 中出现的次数,即 x_i 属于其中 r_i 个集合,则 $r = \max\{r_1, r_2, \cdots, r_n\}$.

要证明 $r \geqslant c$,只需证明存在 $i(1 \leqslant i \leqslant n)$,使 $r_i \geqslant c$.

首先,从整体上考虑,借助集合元素关系表,我们有

$$\sum_{i=1}^n r_i = \sum_{j=1}^{11} |M_j| = \sum_{j=1}^{11} 5 = 55.$$

此外,由题意,$|M_i \cap M_j| \geqslant 1$,于是

$$\sum_{i=1}^n C_{r_i}^2 = \sum_{1 \leqslant i < j \leqslant n} |A_i \cap A_j| \geqslant \sum_{1 \leqslant i < j \leqslant n} 1 = C_{11}^2 = 55.$$

所以

$$55 \leqslant \frac{1}{2} \sum_{i=1}^n r_i (r_i - 1)$$

$$\leqslant \frac{1}{2}\sum_{i=1}^{n} r_i(r-1) = \frac{r-1}{2}\sum_{i=1}^{n} r_i = \frac{r-1}{2} \cdot 55,$$

故 $r \geqslant 3$.

下面从反面剔除 $r=3$.

如果 $r=3$,则有以下两种情况:

(1) 所有 $r_i = 3(i=1,2,\cdots,n)$,此时

$$55 = \sum_{i=1}^{n} r_i = \sum_{i=1}^{n} 3 = 3n,$$

所以 $3|55$,矛盾.

(2) 存在某个 $r_i \leqslant 2(1 \leqslant i \leqslant n)$,不妨设 $r_1 \leqslant 2$,即 x_1 至多出现两次,从而至少有 $M_1, M_2, \cdots, M_{11}$ 中的 9 个集合不含 x_1.

不妨设 $x_1 \in M_1 = \{x_1, x_2, x_3, x_4, x_5\}$,且 $x_1 \notin M_3 \bigcup M_4 \bigcup \cdots \bigcup M_{11}$,依题意,有

$$M_1 \bigcap M_j \neq \varnothing \quad (j=3,4,\cdots,11),$$

取 $y_j \in M_1 \bigcap M_j (j=3,4,\cdots,11)$,注意到 $y_j \neq x_1$,所以 $y_j \in \{x_2, x_3, x_4, x_5\}$.

因为 $j=3,4,\cdots,11$ 有 9 个取值,从而 x_2, x_3, x_4, x_5 在 $M_3, M_4, \cdots, M_{11}$ 中至少出现 9 次,由抽屉原理,必有一个 $x_i (2 \leqslant i \leqslant 5)$ 在 $M_3, M_4, \cdots, M_{11}$ 中至少出现 $\left[\frac{9}{4}\right]+1 = 3$ 次,又 x_i 在 M_1 中出现,从而 $r_i \geqslant 3+1 = 4$,与 $r=3$ 矛盾.

所以 $r \geqslant 4$.

最后,当 $r=4$ 时,下述 11 个五元子集合乎条件:

$$M_1 = M_2 = \{1,2,3,4,5\}, \quad M_3 = \{1,6,7,8,9\},$$
$$M_4 = \{1,10,11,12,13\}, \quad M_5 = \{2,6,9,10,14\},$$
$$M_6 = \{3,7,11,14,15\}, \quad M_7 = \{4,8,9,12,15\},$$
$$M_8 = \{5,9,13,14,15\}, \quad M_9 = \{4,5,6,11,14\},$$
$$M_{10} = \{2,7,11,12,13\}, \quad M_{11} = \{3,6,8,10,13\}.$$

综上所述,r 的最小值为 4.

习 题 3

1. 有 A,B 两人做游戏:连续旋转一枚硬币若干次,当正(或反)面向上的次数累计达到 5 次时游戏结束.游戏结束时,如果正面向上的次数累计达到 5 次,则 A 胜,否则 B 胜.求旋转不足 9 次就决出胜负的概率.(原创题)

2. 甲、乙进行乒乓球比赛,采用 11 分制,即:对每一个球,胜者得 1 分,负者得 0 分,当一方累计得分达到 11 分时,如果另一方得分不足 10 分,则达到 11 分者获胜;如果另一方得分为 10 分,则比赛继续进行,直至一方得分多于另一方至少 2 分时,得分高者获胜.已知甲、乙两人的水平相当,即对每一个球,甲胜、乙胜的概率都是 $\frac{1}{2}$,求一局比赛结束时,获胜者的得分是 11 分的概率.(原创题)

3. 由 n^3 个棱长为 1 的小正方体垒成边长为 n 的大正方体,n 为偶数.以随意方式对 $\frac{3}{2}n^2$ 个单位正方体作记号.证明:可找到一个直角三角形,其顶点在有标记的小正方体中心,且直角边平行于大正方体的棱.(1991 年全俄数学奥林匹克十一年级试题)

4. 在梯形 $ABCD$ 的底 AB,CD 上各取一点 M,K,$\triangle ABK$ 与 $\triangle CDM$ 的公共部分为四边形 P,当梯形 $ABCD$ 给定而点 M,K 变化时,求 S_P 的最大值及点 M,K 满足的条件.

5. 一支队伍的人数是 5 的倍数,且超过 1 000 人.若按每排 4 人编队,则最后差 3 人;若按每排 3 人编队,则最后差 2 人;若按每排 2 人编队,则最后差 1 人.问:这支队伍至少有多少人?

6. 今有一角纸币、二角纸币、五角纸币各 1 张,一元纸币 4 张,五元纸币 2 张,用这些纸币任意付款,一共可以付出多少种不同数额的款项?

7. 将平面上的所有点都染红色或蓝色,求证:存在同色的三个

点,以其为顶点的三角形的三边的长分别为 $1,2,\sqrt{3}$.(2013年泰国数学奥林匹克试题)

8. 已知若干个小圆排列在一个单位圆 Γ 内,小圆的周长之和不小于 π,且圆 Γ 的圆心不在任何一个小圆内.试证:存在一个圆 Γ 的同心圆,其圆周至少与两个小圆相交.(2013年白俄罗斯数学奥林匹克试题)

9. 设 A 是任意一个集合,M 是 A 的所有子集构成的集合,求证:A 与 M 不等势.

10. 四面体的顶点和各棱的中点共有 10 个点,在其中取 4 个不共面的点,求不同的取法种数.(1997年高考理科试题)

11. 求直角坐标平面上,满足不等式组:$y \leqslant 3x, y \geqslant \dfrac{x}{3}, x+y \leqslant 100$ 的整点的个数.(1995年全国高中数学联赛试题)

习题 3 解答

1. 从反面考察旋转 9 次才结束游戏的情形,此时,前 8 次旋转中正面向上和反面向上各有 4 次,其概率为 $\dfrac{C_8^4}{2^8} = \dfrac{35}{128}$,于是旋转不足 9 次就结束游戏的概率等于 $1 - \dfrac{35}{128} = \dfrac{93}{128}$.

2. $1 - \dfrac{C_{20}^{10}}{2^{20}}$.

我们只需求一方先达到 11 分时还不能获胜的概率 p,此时,前 20 个球的比分是 10∶10,由此可见,在前 20 个球中,安排 10 个位置为甲胜,有 C_{20}^{10} 种可能,而所有可能的胜负情况有 2^{20} 种可能,于是 $p = \dfrac{C_{20}^{10}}{2^{20}}$.

注意:不能考虑第 21 次比分为 11∶10,这是因为其中的 11 分不能任意安排,比如,前 11 次都是甲得分,则无法得到比分 11∶10.

3. 把着色小正方体中心称作"色点",其他小正方体中心为"非色点". 过每个"色点"作三条两两垂直且分别平行于大正方体三棱的直线. 假如从其中一点 A 出发的三条直线中有两条分别穿过"色点" B,C,那么,$\triangle ABC$ 便是所要求的直角三角形. 否则,从每一"色点"出发的直线中至少有两条各通过 $n-1$ 个非色点,于是所有直线总共至少通过 $2(n-1) \cdot \dfrac{3}{2}n^2 = 3(n^3-n^2)$ 个非色点. 而每一个非色点至多被三条不同方向的直线穿过,故被直线穿过的不同的非色点不少于 $(n-1)n^2 = n^3 - n^2$ 个,但大正方形中非色点个数只有 $n^3 - \dfrac{3}{2}n^2 < 3(n^3-n^2)$ 个,矛盾.

4. 我们从反面来计算 S_P.

设 $AM = a_1, BM = a_2, a_1 + a_2 = a, DK = b_1, CK = b_2, b_1 + b_2 = b$(图 3.6),则

$$\dfrac{AE}{EK} = \dfrac{AM}{DK} = \dfrac{a_1}{b_1}, \quad \dfrac{AE}{AK} = \dfrac{a_1}{a_1 + b_1}.$$

所以

$$\dfrac{S_{\triangle AEM}}{S_{\triangle ABK}} = \dfrac{AM \cdot AE}{AB \cdot AK} = \dfrac{a_1}{a_1 + a_2} \cdot \dfrac{a_1}{a_1 + b_1},$$

故

$$S_{\triangle AEM} = \dfrac{a_1^2 S_{\triangle ABK}}{(a_1 + a_2)(a_1 + b_1)}.$$

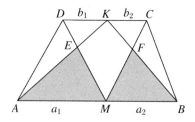

图 3.6

同理

$$S_{\triangle BMF} = \frac{a_2^2 S_{\triangle ABK}}{(a_1+a_2)(a_2+b_2)}.$$

所以

$$S_P = S_{\triangle ABK} - S_{\triangle AEM} - S_{\triangle BMF}$$
$$= S_{\triangle ABK}\left(1 - \frac{a_1^2}{(a_1+a_2)(a_1+b_1)} - \frac{a_2^2}{(a_1+a_2)(a_2+b_2)}\right).$$

由柯西(Cauchy)不等式,有

$$\left(\frac{a_1^2}{a_1+b_1} + \frac{a_2^2}{a_2+b_2}\right)((a_1+b_1)+(a_2+b_2)) \geqslant (a_1+a_2)^2,$$

所以

$$S_P \leqslant S_{\triangle ABF}\left(1 - \frac{1}{a_1+a_2}\frac{(a_1+a_2)^2}{(a_1+b_1)+(a_2+b_2)}\right)$$
$$= S_{\triangle ABF}\left(1 - \frac{a_1+a_2}{a_1+b_1+a_2+b_2}\right)$$
$$= S_{\triangle ABF}\left(1 - \frac{a}{a+b}\right) = \frac{abh}{2(a+b)}.$$

上述不等式当且仅当 $\frac{a_1^2}{a_1+b_1}:(a_1+b_1) = \frac{a_2^2}{a_2+b_2}:(a_2+b_2)$ 时等号成立,即 $\frac{a_1}{a_1+b_1} = \frac{a_2}{a_2+b_2}$,也即 $\frac{a_1}{b_1} = \frac{a_2}{b_2}$. 所以 S_P 的最大值为 $\frac{abh}{2(a+b)}$.

另解:设 $\frac{AB}{CD} = t$, $\frac{AM}{AB} = p_1$, $\frac{BM}{AB} = p_2$, $p_1 + p_2 = 1$, $\frac{DK}{CD} = q_1$, $\frac{CK}{CD} = q_2$, $q_1 + q_2 = 1$(图 3.7),则

$$\frac{AM}{DK} = \frac{p_1 t}{q_1}, \quad \frac{EM}{DM} = \frac{AM}{AM+DK} = \frac{p_1 t}{p_1 t + q_1}.$$

所以

$$S_{\triangle EMK} = \frac{EM}{DM} \cdot S_{\triangle KDM} = \frac{p_1 t}{p_1 t + q_1} \cdot \frac{DK}{AB+CD} \cdot S_{四边形 ABCD}$$

$$= \frac{t}{1+t} \cdot \frac{p_1 q_1}{p_1 t + q_1} \cdot S_{\text{四边形}ABCD}.$$

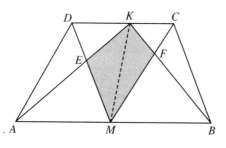

图 3.7

同理

$$S_{\triangle FMK} = \frac{t}{1+t} \cdot \frac{p_2 q_2}{p_2 t + q_2} \cdot S_{\text{四边形}ABCD}.$$

由柯西(Cauchy)不等式,有 $\left(\dfrac{t}{q} + \dfrac{1}{p}\right)(tq+p) \geqslant (t+1)^2$,即 $\dfrac{pq}{pt+q} \leqslant \dfrac{p+qt}{(t+1)^2}$,所以

$$S_P = S_{\triangle EMK} + S_{\triangle FMK} = \frac{t}{1+t} \cdot \left(\frac{p_1 q_1}{p_1 t + q_1} + \frac{p_2 q_2}{p_2 t + q_2}\right) \cdot S_{\text{四边形}ABCD}$$

$$\leqslant \frac{t}{1+t} \cdot \frac{p_1 + p_2 + (q_1 + q_2)t}{(t+1)^2} S_{\text{四边形}ABCD} = \frac{t}{(t+1)^2} S_{\text{四边形}ABCD}.$$

上述不等式等号成立,等价于 $tq_i : \dfrac{t}{q_i} = p_i : \dfrac{1}{p_i}$,即 $p_i = q_i$ ($i=1,2$). 所以 S_P 的最大值为 $\dfrac{t}{(t+1)^2} S_{\text{四边形}ABCD}$.

我们还有以下更简单的解法:显然, $S_{\triangle AED} = S_{\triangle AMD} - S_{\triangle AME} = S_{\triangle AMK} - S_{\triangle AME} = S_{\triangle EMK}$.

由 $AB // CD$,得 $\dfrac{S_{\triangle DEK}}{S_{\triangle AEM}} = \dfrac{DK^2}{AM^2}$,即 $S_{\triangle DEK} = \dfrac{DK^2}{AM^2} S_{\triangle AEM}$.

又 $S_{\triangle AED} \cdot S_{\triangle MEK} = S_{\triangle DEK} \cdot S_{\triangle AEM}$,所以

3 反面思考

$$S_{\triangle MEK} = \sqrt{S_{\triangle DEK} \cdot S_{\triangle AEM}} = \sqrt{\frac{DK^2}{AM^2} \cdot S_{\triangle AEM}^2} = \frac{DK}{AM} S_{\triangle AEM}.$$

同理

$$S_{\triangle MEK} = \frac{AM}{DK} S_{\triangle DEK}.$$

所以

$$S_{\text{四边形}AMKD} = S_{\triangle AEM} + S_{\triangle DEK} + 2S_{\triangle MEK} = \left(\frac{AM}{DK} + \frac{DK}{AM} + 2\right) S_{\triangle MEK}.$$

同理

$$S_{\text{四边形}BMKC} = \left(\frac{BM}{KC} + \frac{KC}{BM} + 2\right) S_{\triangle MFK}.$$

所以

$$S_P = S_{\triangle EMK} + S_{\triangle FMK} = \frac{S_{\text{四边形}AMKD}}{\frac{AM}{DK} + \frac{DK}{AM} + 2} + \frac{S_{\text{四边形}BMKC}}{\frac{BM}{KC} + \frac{KC}{BM} + 2}$$

$$\leqslant \frac{S_{\text{四边形}ABCD}}{\frac{AB}{CD} + \frac{CD}{AB} + 2} = \frac{t}{(t+1)^2} S_{\text{四边形}ABCD} \quad \left(\text{其中 } t = \frac{AB}{CD}\right),$$

故 S_P 的最大值为 $\dfrac{t}{(t+1)^2} S_{\text{四边形}ABCD}$.

5. 1 045.

从条件"若按每排4人编队,则最后差3人"的反面来考虑,可理解为"若按每排4人编队,则最后多1人". 同理,按3人、2人编队都可理解为多1人,即总人数被12除余1. 这样一来,原题就化为:一个5的倍数大于1 000,且它被12除余1. 问:这个数最小是多少?

因为5的倍数且除以12余1的最小自然数是25,而人数超过1 000,[3,4,5]=60,所以最少有 25+60×17=1 045(人).

6. 119种.

从最低币值1角到最高币值14元8角,共148个不同的币值. 从中剔除那些不能由这些纸币构成的币值,应该剔除的币值为

$(i+0.4)(i=0,1,2,\cdots,14)$元及$(j+0.9)(j=0,1,2,3,\cdots,13)$元,一共29种币值.所以,一共可以付出$148-29=119$(种)不同的币值.

7. 考察目标的反面,假设不存在这样的同色三角形,在平面上任取一个边长为2的正三角形$\triangle PQR$,则P,Q,R中至少有两个点同色,不妨设P,Q为红色.

以PQ为直径作圆,在圆周上取四点A_1,A_2,A_3,A_4,使$PA_1A_2QA_3A_4$构成一个正六边形.

因为$\triangle PQA_1$三边长:$PA_1=1$,$PQ=2$,$QA_1=\sqrt{3}$,从而点A_1是蓝色.由对称性,点$A_i(2\leqslant i\leqslant 4)$也为蓝色,于是$\triangle A_1A_2A_3$是蓝色三角形,但其三边长:$A_1A_2=1$,$A_2A_3=2$,$A_1A_3=\sqrt{3}$,矛盾.

8. 设题中的小圆的半径依次为$r_1,r_2,\cdots,r_k$,则由已知条件,有$2\pi(r_1+r_2+\cdots+r_k)\geqslant \pi$,于是$r_1+r_2+\cdots+r_k\geqslant \dfrac{1}{2}$.

将圆Γ(包括其中的小圆)绕其圆心旋转一周,在此旋转过程中,半径为r_i的小圆形成的轨迹是以大圆Γ的圆心为圆心的圆环,其宽度$d_i=2r_i(1\leqslant i\leqslant k)$.若所有的圆环没有公共点,则$2(r_1+r_2+\cdots+r_k)=d_1+d_2+\cdots+d_k<1$,矛盾.

9. 从反面考虑,假定A与M建立了一一对应,则对A的每一个元素a,都存在A的子集M_a,使$a\to M_a$(其中$M_a\in M$).

构造新集合$B=\{a\mid a\notin M_a,a\in A\}$.

因为B是A的子集,所以$B\in M$,由于A与M建立了一一对应,必存在A的一个元素b,使$b\to B$.注意到前面的约定,$b\to M_b$,所以$B=M_b$.

考察b与B的关系:

(1) 如果$b\in B$,则由B中元素的性质,$b\notin M_b$,即$b\notin B$,矛盾.

(2) 如果$b\notin B$,即$b\notin M_b$,则由B的定义,b应在B中,矛盾.

于是,A 与 M 不能建立一一对应.

10. 先计算所有共面的 4 点组(称为好组),然后从反面剔除这些 4 点组.

四面体同一个面上有 6 个点,从中取 4 个点,得到 $C_6^4 = 15$ 个好组.而四面体有 4 个面,从而共有 $15 \cdot 4 = 60$ 个好组.

若在四面体的某一个面上取 3 个点,在另一个面上取 1 个点,使所取的 4 个点共面,则先取的 3 个点只能在同一条棱上,这 3 个点和任何一个点都构成好组,但每条棱只能得到 1 个异于上述好组的好组,共得到 6 个新的好组.

若在某一个面上取 2 个点,在另一个面上取 2 个点,使所取的 4 个点共面,则同一面上的两点只能是棱的中点,这 4 个点构成得到平行四面体一组对棱的一个平行四边形,每一组对棱有一个这样的平行四边形,从而共有 3 个新的好组.

在所有 4 点组中剔除这些好组,得到不共面的 4 点组的个数为 $C_{10}^4 - 60 - 6 - 3 = 210 - 69 = 141$.

11. 直线 $x + y = 100$ 与坐标轴围成的区域(含边界)上的整点的个数共有 $1 + 2 + \cdots + 101 = 5\,151$(个).

而直线 $y = \dfrac{x}{3}$,$x + y = 100$ 与 x 轴围成的区域(边界不包括 $y = \dfrac{x}{3}$)上的整点共有 $(1+1+1+1) + (2+2+2+2) + \cdots + (25+25+25+25) = 1\,300$(个).

又直线 $y = 3x$,$x + y = 100$ 与 y 轴围成的区域(边界不包括 $y = 3x$)上的整点共有 $(1+1+1+1) + (2+2+2+2) + \cdots + (25+25+25+25) = 1\,300$(个).

所以符合条件的整点的个数有 $5\,151 - 2\,600 = 2\,551$(个).

4 逆向思考

本章介绍更换角度的一种方式:逆向思考.所谓逆向思考,就是按照原来问题某个角度的一个相反方向来思考,由此发现解题途径.它通常包括如下两个方面:一是问题描述过程上的逆向思考,二是解题推理过程上的逆向思考.

常见的逆向思考方式有:逆推、逆命题、逆转程序等.

4.1 逆推

所谓逆推,就是根据目标的结构特征,想象在什么前提下可以产生这一结果,由此发现实现解题目标所需要证明的一个子命题,我们称之为解题的"中间点". 其思考方式为:"要证明……只需证明……",或"要使……只需……",它实际上就是不断寻找使问题结论成立的一些充分条件.所不同的是,充分条件往往有多种选择,而逆推往往只有唯一的方式.

此外,逆推还表现为某种操作方式的逆向操作.

例1 设点 O 是 $\triangle ABC$ 所在平面上的一点,记 $BC = a$, $CA = b$, $AB = c$, 若 $a\overrightarrow{OA} + b\overrightarrow{OB} + c\overrightarrow{OC} = \mathbf{0}$, 求证:点 O 是 $\triangle ABC$ 的内心.

分析与证明 采用逆推技巧,要证点 O 是 $\triangle ABC$ 的内心,由对

4 逆向思考

称性,只需证明 AO 是 $\angle BAC$ 的角平分线.实际上,由条件,得

$$\overrightarrow{AO} = \frac{b}{a}\overrightarrow{OB} + \frac{c}{a}\overrightarrow{OC}.$$

由此可见,AO 在 $\angle BOC$ 内,所以直线 OA 与 BC 相交.设 AO 与 BC 的交点为 D,继续逆推:要证 AO 是 $\angle BAC$ 的角平分线,由角平分线性质,只需证明: $\dfrac{b}{c} = \dfrac{CD}{BD}$.

为此,应在条件等式 $a\overrightarrow{OA} + b\overrightarrow{OB} + c\overrightarrow{OC} = \mathbf{0}$ 中构造 $\overrightarrow{BD}, \overrightarrow{CD}$,这只需将 $\overrightarrow{OB}, \overrightarrow{OC}$ 分别换成 $\overrightarrow{OD} + \overrightarrow{DB}, \overrightarrow{OD} + \overrightarrow{DC}$ 即可.于是,由条件,有

$$\begin{aligned} \mathbf{0} &= a\overrightarrow{OA} + b\overrightarrow{OB} + c\overrightarrow{OC} \\ &= a\overrightarrow{OA} + b(\overrightarrow{OD} + \overrightarrow{DB}) + c(\overrightarrow{OD} + \overrightarrow{DC}), \end{aligned}$$

$$a\overrightarrow{OA} + (b+c)\overrightarrow{OD} = b\overrightarrow{BD} + c\overrightarrow{CD}. \qquad ①$$

注意到 B, D, C 共线,如果 $b\overrightarrow{BD} + c\overrightarrow{CD} \neq \mathbf{0}$,则存在常数 $p \neq 0$,$q \neq 0$,使

$$b\overrightarrow{BD} + c\overrightarrow{CD} = p\overrightarrow{BC}, \quad a\overrightarrow{OA} + (b+c)\overrightarrow{OD} = q\overrightarrow{OA},$$

代入式①,得 $p\overrightarrow{BC} = q\overrightarrow{OA}$,所以 $\overrightarrow{OA}$ 与 $\overrightarrow{BC}$ 共线,矛盾.所以

$$b\overrightarrow{BD} + c\overrightarrow{CD} = \mathbf{0}, \quad b\overrightarrow{BD} = -c\overrightarrow{CD},$$

$$b \cdot BD = c \cdot CD, \quad \frac{b}{c} = \frac{CD}{BD},$$

故 AO 是 $\angle BAC$ 的角平分线.

同理,BO 是 $\angle ABC$ 的角平分线,CO 是 $\angle ACB$ 的角平分线,故点 O 是 $\triangle ABC$ 的内心.

例2 数列 $\{a_n\}$ 定义如下:对任何正整数 n,$a_{n+1} = a_n^2 - na_n + 1$. 证明:存在无数个 a_1 的取值,使对一切正整数 n,有 $\sum\limits_{i=1}^{n} \dfrac{1}{a_i+1} < \dfrac{1}{2}$.

分析与证明 采用逆推技巧,要证明题中的不等式,需要将"和"式化简,但采用恒等变形无法将"和"式化简,而我们要证明的是一个不等式,从而想到对"和"式中的项采用"放缩"变形:引入等比数列

$\{b_n\}$，期望对每一个 $i(i=1,2,\cdots,n)$，有

$$\frac{1}{a_i+1} < \frac{1}{b_i}. \quad ①$$

由熟知的等比数列的部分和：$\sum_{i=1}^{n}\frac{1}{2^i}=1-\frac{1}{2^n}<1$，想到式①成立的一个充分条件：

$$\frac{1}{a_i+1} \leqslant \frac{1}{2(a_{i-1}+1)}. \quad ②$$

因为由式②累乘，可得

$$\frac{1}{a_i+1} \leqslant \frac{1}{(a_1+1)\cdot 2^{i-1}},$$

进而

$$\sum_{i=1}^{n}\frac{1}{a_i+1} \leqslant \sum_{i=1}^{n}\frac{1}{2^{i-1}(a_1+1)} = \frac{1}{a_1+1}\sum_{i=1}^{n}\frac{1}{2^{i-1}}$$
$$< \frac{1}{a_1+1}\cdot 2 = \frac{2}{a_1+1}.$$

由此可见，只要式②成立，便存在无数个 $a_1 \geqslant 3$，使原不等式成立.

下面只需证明式②，即对一切正整数 n，有 $a_n \geqslant 2a_{n-1}+1$.

继续逆推：利用题给递归关系

$$a_{n+1} = a_n^2 - na_n + 1 = a_n(a_n - n) + 1,$$

发现使"$a_{n+1} \geqslant 2a_n + 1$"成立的一个充分条件是 $a_n - n \geqslant 2$，即

$$a_n \geqslant n+2. \quad ③$$

下面用数学归纳法证明式③.

当 $n=1$ 时，式③成立. 设式③对 n 成立，即 $a_n \geqslant n+2$，那么

$$a_{n+1} = a_n^2 - na_n + 1 = a_n(a_n-n) + 1 \geqslant 2a_n + 1$$
$$\geqslant 2(n+2) + 1 = 2n+5 > 2(n+1)+1,$$

所以式③对 $n+1$ 成立.

综上所述，存在无数个 $a_1 \geqslant 3$，使原不等式成立，命题获证.

例3 一根长为 L（L 为整数）的木棒可适当锯成长为整数的两

段,然后其中的一段又可适当锯成长为整数的两段,但要求任何时刻任意两段的比都小于2.例如,长为4的木棒只能锯成长为2的两段:$4=2+2$,然后不能再锯;长为7的木棒能锯成长为3,4的两段:$7=3+4$,然后长为4的木棒又能锯成长为2的两段:$7=3+4=3+2+2$,此时不能再锯.问:长为30的木棒至多能锯成多少段?(2010年清华大学自主招生试题)

分析与解 先构造长为30的木棒的尽可能多的分割,发现分割为6段是可以的,锯法如下:

$$30 = 12+18 = 12+8+10 = 6+6+8+10$$
$$= 6+6+8+5+5 = 6+6+4+4+5+5.$$

下面证明不能锯成7段.

用反证法.假定锯成了7段,设长度分别为 $a_1 \leqslant a_2 \leqslant \cdots \leqslant a_7$,则 $a_1+a_2+\cdots+a_7 = 30, a_7 < 2a_1$.

下面讨论 $a_1, a_2, \cdots, a_7$ 的可能取值,先进行不等式控制.

将各数统一放缩到 a_7,有 $30 = a_1+a_2+\cdots+a_7 \leqslant 7a_7$,得 $a_7 \geqslant 5$.

此外,易知 $a_7 \leqslant 6$,否则 $a_7 \geqslant 7$,从而 $a_1 \geqslant 4$,于是

$$30 = a_1+a_2+\cdots+a_7 \geqslant 4 \cdot 6+7 = 31,$$

矛盾.

所以 $a_7 = 5$ 或 6.

下面采用逆推的策略,即对任何一个分割状态,都有它的前一分割状态,如此逆推下去,直至产生矛盾.

(1) 当 $a_7 = 5$ 时,$a_1 > \frac{1}{2}a_7 = \frac{5}{2}$,所以 $a_1 \geqslant 3$,此时

$(a_1, a_2, \cdots, a_7)$
$= (3,3,4,5,5,5,5), (3,4,4,4,5,5,5), (4,4,4,4,4,5,5).$

若 $(a_1, a_2, \cdots, a_7) = (3,3,4,5,5,5,5)$,则由 $(3,3,4,5,5,5,5)$

逆推,必定将其中的两段合并为一段.但要使任何两段之比小于2,从而前一时刻只能是最小的两段相加:$3+3=6$,得到$(6,4,5,5,5,5)$.再逆推,得到$(6,9,5,5,5,5)$,但此时不能再逆推,因为两条长度最小的段相加都是另一个长度最小的段的2倍,矛盾.

若$(a_1,a_2,\cdots,a_7)=(3,4,4,4,5,5,5)$,则由$(3,4,4,4,5,5,5)$逆推,必定将其中最小的两段合并为一段,得到$(7,4,4,4,5,5,5)$.再逆推,得到$(7,8,5,5,5,5)$,但此时不能再逆推,因为两条长度最小的段相加都是另一个长度最小的段的2倍,矛盾.

若$(a_1,a_2,\cdots,a_7)=(4,4,4,4,4,5,5)$,此时不能逆推,因为两条长度最小的段相加都是另一个长度最小的段的2倍,矛盾.

(2)当$a_7=6$时,$a_1>\dfrac{1}{2}a_6=3$,所以$a_1\geq 4$,$(a_1,a_2,\cdots,a_7)=(4,4,4,4,4,4,6)$,此时不能逆推,是因两条长度最小的段相加都是另一个长度最小的段的2倍,矛盾.

最后,显然不能锯成多于7段.否则先必须锯成7段,但这是不可能的.

综上所述,长为30的木棒至多能锯成6段.

例4 两个罐子中共放有4 007个球,每个罐子中都至少放有1个球,每一秒钟都将放有偶数个球的罐子的一半球倒入另一个罐子.设k为小于4 007的自然数,求证:必有某个时刻,其中一个罐子中恰有k个球.(1993年圣彼得堡数学奥林匹克试题)

分析与证明 注意$4\,007=2\cdot 2\,003+1$,而$2\,003,4\,007$都是质数,于是原问题可以推广为:两个罐子中共放有$2p+1$个球,其中p和$2p+1$都是质数,设k为小于$2p+1$的自然数,则结论同样成立.

设操作足够多次(比如p次)后,某个状态中第一个罐子有x个球,第二个罐子有y个球$(x+y=2p+1)$,记这一状态为(x,y).

由于最初的每个罐子都至少放有1个球,由操作的条件可知,以后每一个状态中每个罐子都至少放有 1 个球,从而 $0<x<2p+1$, $0<y<2p+1$.

下面采用逆推的策略:显然,(x,y) 的前一状态为 $(2x,2y-2p-1)$ 或 $(2y,2x-2p-1)$,如果我们将每个数按模 $2p+1$ 来理解,则 (x,y) 的前一状态的两种情况都可记为 $(2x,2y)$.

由此往前递推,可依次得 p 个状态为

(x,y), $(2x,2y)$, $(2^2 x,2^2 y)$, $\cdots$, $(2^p x,2^p y)$.

下面证明 $x,y,2x,2y,2^2 x,2^2 y,\cdots,2^{p-1}x,2^{p-1}y \pmod{2p+1}$ 是 $1,2,\cdots,2p$ 的一个排列.

先证明其中任何数都不被 $2p+1$ 整除.

实际上,若 $2p+1 \mid 2^j x (0 \leqslant j \leqslant p-1)$,由于 $2p+1$ 是质数,有 $(2p+1, 2^j)=1$,所以 $2p+1 \mid x$,与 $0<x<2p+1$ 矛盾,因此,对任何 $0 \leqslant j \leqslant p-1, 2p+1 \nmid 2^j x$.

同理,对任何 $0 \leqslant j \leqslant p-1, 2p+1 \nmid 2^j y$.

再证明其中任何两个数关于模 $2p+1$ 不同余.

实际上,若 $2^i x \equiv 2^j x \pmod{2p+1}$ 或 $2^i x \equiv 2^j y \equiv 2^j(-x) \pmod{2p+1}$,其中 $0 \leqslant i < j \leqslant p-1$,由于 $2p+1$ 是质数,有 $(2p+1,x)=(2p+1,y)=1$,所以 $2^i \equiv 2^j \pmod{2p+1}$ 或 $2^i \equiv -2^j \pmod{2p+1}$,故 $2^{j-i} \equiv \pm 1 \pmod{2p+1}$,即 $2^{2j-2i} \equiv 1 \pmod{2p+1}$.

设 m 是使得 $2^m \equiv 1 \pmod{2p+1}$ 的最小正整数,因为 $2p+1$ 是质数,由欧拉定理,有 $2^{2p} \equiv 1 \pmod{2p+1}$,于是,由 m 的最小性,有 $m \mid 2p$.

但 p 是质数,所以由 $m \mid 2p$,有 $m \in \{1,2,p,2p\}$.

而 p 是质数,有 $p \geqslant 2$,于是 $2p+1 \geqslant 5$,所以 $2^1 \not\equiv 1 \pmod{2p+1}$,$2^2 \not\equiv 1 \pmod{2p+1}$,即 $m \geqslant 3$,所以 $m \in \{p,2p\}$.

如果 $m=p$,由 m 的最小性,有 $m \mid 2j-2i$,即 $p \mid 2j-2i$.但 $0 \leqslant$

$i < j \leqslant p-1$,有 $(p, j-i) = 1$,所以 $p \mid 2$,于是 $p = 2, m = 2$,故 $2^2 \equiv 1 \pmod{5}$,矛盾.

如果 $m = 2p$,由 m 的最小性,有 $m \mid 2j - 2i$,即 $2p \mid 2j - 2i$,也即 $p \mid j - i$,与 $0 \leqslant i < j \leqslant p-1$ 矛盾.

综上所述,$x, y, 2x, 2y, 2^2 x, 2^2 y, \cdots, 2^{p-1} x, 2^{p-1} y \pmod{2p+1}$ 是 $1, 2, \cdots, 2p$ 的一个排列,从而必定有一个数为 k.

综上所述,命题获证.

另证 按模 $2p+1$ 的余数进行运算,设第一个罐子中有 x 个球,第二个罐子中有 y 个球,于是每一秒钟,数对 (x, y) 都变为 $\left(\dfrac{x}{2}, 2p+1-\dfrac{x}{2}\right)$,注意到我们只需考虑模 $2p+1$ 的余数,有 $y = -x$,从而数对可记为 $\left(\dfrac{x}{2}, \dfrac{y}{2}\right)$.

由此可见,第 k 秒,数对变为 $\left(\dfrac{x}{2^k}, \dfrac{y}{2^k}\right)$,其中 $\dfrac{x}{2^k}$ 的意义是 $2^k \mid x + t \cdot (2p+1)$.

设 m 是使得 $2^m \equiv 1 \pmod{2p+1}$ 的最小正整数,因为 $2p+1$ 是质数,由欧拉定理,有 $2^{2p} \equiv 1 \pmod{2p+1}$,这表明 $m \mid 2p$.

但 p 是质数,所以由 $m \mid 2p$,有 $m \in \{1, 2, p, 2p\}$.

于是,可将 $1, 2, \cdots, 2p$ 按如下方式每 m 个分为一组: $\left\{x, \dfrac{x}{2}, \dfrac{x}{4}, \cdots, \dfrac{x}{2^{m-1}}\right\}$,其中 m 满足 $\dfrac{x}{2^m} = x$.

而 p 是质数,有 $p \geqslant 2$,于是 $2p + 1 \geqslant 5$,所以 $2^1 \not\equiv 1 \pmod{2p+1}$,$2^2 \not\equiv 1 \pmod{2p+1}$,即 $m \geqslant 3$,所以 $m \in \{p, 2p\}$.

如果 $m = 2p$,则 $1, 2, \cdots, 2p$ 只分为一个组,但 $k < 2p+1$,所以 k 在该组中,x 也在该组中,这表明只要经过若干秒,在第一个罐中就刚好有 k 个球.

如果 $m = p$,我们先证明余数 $-1 \equiv 2p$ 与 1 不在同一组.

实际上,如果对于某个自然数 r,有 $2^r \equiv -1 \pmod{2p+1}$,则 $2^{2r} \equiv 1 \pmod{2p+1}$. 此时,由 m 的最小性,$m|2r$,即 $p|2r$,但 p 是质数,所以 $p|r$.

于是 $2^r = 2^{pt} = (2^p)^t = (2^m)^t \equiv 1^t \equiv 1 \pmod{2p+1}$,矛盾.

由此可知,余数 k 与 $-k$ 被分在不同的组中,但只有两个组,所以余数 x 必与它们中的一个在同一个组中,证毕.

例 5 在黑板上写有三个整数,然后擦去一个数,用留下的两个数的和减去 1 所得到的差代替所擦去的数,若干次操作以后,黑板上写有 17,1 967,1 983,问最初黑板上的三个数能否是:

(1) 2,2,2;

(2) 3,3,3?

(第 17 届全俄数学奥林匹克试题)

分析与解 若最初黑板上所写的数是 $\{2,2,2\}$ 或 $\{3,3,3\}$,则操作过程中,黑板上写的数都是正整数,这是因为对任何两个选取的自然数 a,b,代替它的数 $a+b-1>0$.

考察非初始状态的任意一个状态 (a,b,c),其中 c 是代替擦去的数后得到的数,假设 (a,b,c) 的前一状态为 (a,b,x),那么,由操作的定义可知,$c=a+b-1$.

于是,对于任何非初始状态的状态,它必具有 $(a,b,a+b-1)$ 的形式,其中 $a+b-1$ 是三数组中的最大数.

如果 (a,b,c) 的前一状态 (a,b,x) 仍不是初始状态,那么,它也应具有上述形式,这有以下三种情况:

(i) $x=a+b-1$;

(ii) $b=a+x-1$;

(iii) $a=b+x-1$.

对于(i),x 为最大数,此时对 (a,b,x) 进行的操作为:$\{a,b,a+b-1\} \to \{a,b,a+b-1\}$,此为恒等变换,这种操作可以认为没

有进行,因为我们可假定每次操作得到与前一状态不同的状态.

对于(ii), b 为最大数,因为 $b = a + x - 1 \geq a$,所以
$$x = b - a + 1 = \max\{a, b\} - \min\{a, b\} + 1.$$

对于(iii), a 为最大数,因为 $a = b + x - 1 \geq b$,所以
$$x = a - b + 1 = \max\{a, b\} - \min\{a, b\} + 1.$$

由此可知,不论哪种情形,其前一状态中擦去的数 x 唯一确定:是另两数中最大者减去最小者加 1.

所以,对任何非初始状态的三数组 $(p \leq q \leq r)$,它的前一状态唯一确定(其中最大数 r 是新增加的数),为 $\{q - p + 1, p, q\}$.

由此进行逐步逆推,有

$(17, 1\,967, 1\,983) \to (17, 1\,951, 1\,967) \to (17, 1\,935, 1\,951) \to \cdots$(每次逆推等价于将三数组中的最大数减少 32,直至最大数小于 $32) \to (17, 15, 31) \to (3, 15, 17) \to (3, 13, 15) \to (3, 13, 11) \to \cdots \to (3, 3, 5)$.

如果 $(3, 3, 5)$ 继续按上述方式逆推,则又得到 $(3, 3, 5)$,由此可见,它的前一状态为初始状态,不能按上述方式逆推.

现在,我们只需讨论 $(2, 2, 2)$ 和 $(3, 3, 3)$ 中,谁按原规则操作一次可以得到 $(3, 3, 5)$.

显然,由 $(2, 2, 2)$ 只能得到 $(2, 2, 3)$,而由 $(3, 3, 3)$ 可以得到 $(3, 3, 5)$,故初始状态只能是 $(3, 3, 3)$.

例 6 设 n 是大于 1 的整数,有 n 个灯 $L_0, L_1, \cdots, L_{n-1}$,作环状排列,今进行一系列操作 $S_1, S_2, S_3, \cdots$,其中操作 S_i 定义如下:如果 L_{i-1} 是开的,则 S_i 恰改变 L_i 的开关状态;如果 L_{i-1} 是关的,则 S_i 不改变任何灯的开关状态(下标按模 n 理解),假设开始时全部灯都是开的.求证:

(1) 存在一个正整数 $M(n)$,使得经过 $M(n)$ 次操作 $S_1, S_2, \cdots, S_{M(n)}$ 后,全部灯再次为开的.

4 逆向思考

(2) 若 n 为 2^k 型数,则经过 n^2-1 次操作 $S_1,S_2,\cdots,S_{n^2-1}$ 后,全部灯都是开的.

(3) 若 n 为 2^k+1 型数,则经过 n^2-n+1 次操作 $S_1,S_2,\cdots,S_{n^2-n+1}$ 后,全部灯都是开的.

(1995 年 IMO 试题)

分析与证明 我们用 n 元数组 $a=(a_0,a_1,\cdots,a_{n-1})$ 表示 n 个灯的开关状态,容易想到,用数 a_i 的奇、偶对应灯的开、关.

由于整数加一个偶数不改变其奇偶性,而"L_{i-1} 是关时操作 S_i 不改变任何灯的开关状态",所以令灯 L_i 是关的对应 a_i 为偶.进一步,考虑模 2,则当灯 L_i 是关的,令 $a_i=0$,否则 $a_i=1$,那么,操作 S_i 相当于将 a_{i-1} 加到 a_i 上去(其中数组的数按模 2 理解,而字母的下标按模 n 理解).

于是,数组 $a=(a_0,a_1,\cdots,a_{n-1})$ 经过 n 次操作 $S_1,S_2,\cdots,S_n$ 后,依次变为

$a=(a_0,a_1,\cdots,a_{n-1}) \rightarrow (a_0,a_0+a_1,a_2,\cdots,a_{n-1})$
$\rightarrow (a_0,a_0+a_1,a_0+a_1+a_2,a_3,\cdots,a_{n-1}) \rightarrow \cdots$
$\rightarrow (a_0,a_0+a_1,a_0+a_1+a_2,\cdots,a_0+a_1+a_2+\cdots+a_{n-1})$
$\rightarrow (a_1+a_2+\cdots+a_{n-1},a_0+a_1,a_0$
$\quad +a_1+a_2,\cdots,a_0+a_1+a_2+\cdots+a_{n-1})$
$=(b_0,b_1,\cdots b_{n-1})=b.$

定义 $g(a_0,a_1,\cdots,a_{n-1})=(b_0,b_1,\cdots,b_{n-1})$,其中
$b_0=a_1+a_2+\cdots+a_{n-1}$, $b_1=a_0+a_1$,
$b_2=a_0+a_1+a_2$, $\cdots$, $b_{n-1}=a_0+a_1+a_2+\cdots+a_{n-1}$,
即连续 n 次操作合成为一个大操作 g,解得
$$a_0=b_0+b_{n-1}, \quad a_1=b_0+b_1+b_{n-1},$$
$$a_2=b_2+b_1, \quad \cdots, \quad a_{n-1}=b_{n-1}+b_{n-2}.$$

所以,$g^{-1}(b)=a$ 是由 b 唯一确定的,即 g 是可逆的.

(1) 对于状态 $(a_0, a_1, \cdots, a_{n-1})$，每个分量只有 2 种取值，从而只有 2^n 种不同状态，所以必存在 $i < j, g^i(a) = g^j(a)$.

但 g 是可逆的，所以 $a = g^0(a) = g^{j-i}(a)$，取 $M(n) = j - i$ 即可.

(2) $(1, 1, \cdots, 1)$ 经过 $n^2 - 1$ 次操作 $S_1, S_2, \cdots, S_{n^2-1}$ 后又变为 $(1, 1, \cdots, 1)$，等价于 $(1, 1, \cdots, 1)$ 经过 n^2 次操作 $S_1, S_2, \cdots, S_{n^2}$ 后变为 $(0, 1, 1, \cdots, 1)$.

又每连续 n 次操作 $S_{kn+1}, S_{kn+2}, \cdots, S_{kn+n}$ 为一个 g 操作，所以它又等价于 $(1, 1, \cdots, 1)$ 经过 n 次 g 操作后变为 $(0, 1, 1, \cdots, 1)$，于是，只需证明
$$g^n(1, 1, \cdots, 1) = (0, 1, 1, \cdots, 1).$$
再注意到 g 是可逆的，所以只要证明
$$g^{n-1}(1, 1, \cdots, 1) = g^{-1}(0, 1, 1, \cdots, 1) = (1, 0, 0, \cdots, 0).$$
注意到 $n = 2^k$，所以只要证明对任何正整数 k，有
$$g^{2^k-1}(1, 1, \cdots, 1) = (1, 0, 0, \cdots, 0),$$
其中的数组是 2^k 元数组.

对 k 归纳：当 $k = 1$ 时，$g^{2^1-1}(1, 1, \cdots, 1) = g^1(1, 1, \cdots, 1) = (1, 0, 0, \cdots, 0)$，结论成立.

设结论对正整数 k 成立，即
$$g^{2^k-1}(\underbrace{1, 1, \cdots, 1}_{2^k \text{个} 1}) = (1, 0, 0, \cdots, 0).$$

考虑 $k+1$ 的情形，用归纳法容易证明，对任何正整数 m，有
$$g^m(\underbrace{1, 1, \cdots, 1}_{2^k}, \underbrace{0, 0, \cdots, 0}_{2^k}) = (g^m(\underbrace{1, 1, \cdots, 1}_{2^k}), \underbrace{0, 0, \cdots, 0}_{2^k}).$$

考察 $g^{2^{k+1}-1}(\underbrace{1, 1, \cdots, 1}_{2^{k+1} \text{个} 1})$ 的规律：
$$g(\underbrace{1, 1, \cdots, 1}_{2^{k+1} \text{个} 1}) = (1, 0, 1, 0, \cdots, 1, 0) = (g(\underbrace{1, 1, \cdots, 1}_{2^k \text{个} 1}), g(\underbrace{1, 1, \cdots, 1}_{2^k \text{个} 1})),$$

$$g^2(\underbrace{1,1,\cdots,1}_{2^{k+1}\text{个}1}) = g(g(\underbrace{1,1,\cdots,1}_{2^k\text{个}1}),g(\underbrace{1,1,\cdots,1}_{2^k\text{个}1}))$$

$$= (g^2(\underbrace{1,1,\cdots,1}_{2^k\text{个}1}),g^2(\underbrace{1,1,\cdots,1}_{2^k\text{个}1})),$$

如此下去,有

$$g^{2^k-1}(\underbrace{1,1,\cdots,1}_{2^{k+1}\text{个}1}) = (g^{2^k-1}(\underbrace{1,1,\cdots,1}_{2^k\text{个}1}),g^{2^k-1}(\underbrace{1,1,\cdots,1}_{2^k\text{个}1}))$$

$$= (\underbrace{1,0,\cdots,0}_{2^k},\underbrace{1,0,\cdots,0}_{2^k}),$$

$$g^{2^k}(\underbrace{1,1,\cdots,1}_{2^{k+1}\text{个}1}) = g(\underbrace{1,0,\cdots,0}_{2^k},\underbrace{1,0,\cdots,0}_{2^k})$$

$$= (\underbrace{1,1,\cdots,1}_{2^k},\underbrace{0,0,\cdots,0}_{2^k}),$$

$$g^{2^{k+1}-1}(\underbrace{1,1,\cdots,1}_{2^{k+1}\text{个}1}) = g^{2^k-1}(g^{2^k}(\underbrace{1,1,\cdots,1}_{2^{k+1}\text{个}1}))$$

$$= g^{2^k-1}(\underbrace{1,1,\cdots,1}_{2^k},\underbrace{0,0,\cdots,0}_{2^k})$$

$$= (g^{2^k-1}(\underbrace{1,1,\cdots,1}_{2^k}),\underbrace{0,0,\cdots,0}_{2^k})$$

$$= (1,0,0,\cdots,0).$$

(3) 当 $n=2^k+1$ 时,$n-2=2^k-1$,可化归为(2)的情形.

又 $n^2-n+1=n(n-2)+n+1$,所以经过 n^2-n+1 次操作 $S_1,S_2,\cdots,S_{n^2-n+1}$ 后变为 $(1,1,\cdots,1)$,等价于经过 $n-2$ 个 g 操作后变为 $(0,0,1,0,\cdots,0)$. 所以,只需证明

$$g^{n-2}(1,1,\cdots,1) = (0,0,1,0,\cdots,0).$$

而 $n=2^k+1$,所以只要证明对任何正整数 k,有

$$g^{2^k-1}(\underbrace{1,1,\cdots,1}_{2^k+1\text{个}1}) = (0,0,1,0,\cdots,0),$$

这同(2)可证.

例7 已知 A,B 两人轮流在黑板上写自然数: $n_1,n_2,\cdots$,最初,

黑板上已经写有一个自然数 $n_0(n_0>1)$,A 接着写 n_1,B 再写 $n_2,\cdots$.

对 $k\geq 0$,A 每次写的数 n_{2k+1} 应满足:$n_{2k}\leq n_{2k+1}\leq n_{2k}^2$;

对 $k\geq 1$,B 每次写的数 n_{2k} 应满足:$\dfrac{n_{2k-1}}{n_{2k}}$ 为某个质数的方幂.

规定:若 A 写出数 1 990,则 A 胜;若 B 写出 1,则 B 胜.问:谁有必胜策略?(第 31 届 IMO 试题)

分析与解 先考察 A,B 进行的操作的实际意义.A 每次写的数都受到前一个数的大小限制;而对于 B,操作必须满足 $\dfrac{n_{2k-1}}{n_{2k}}=p^r$,即 $n_{2k}=\dfrac{n_{2k-1}}{p^r}$ 为自然数,这表明 B 所写的数受前一个数的质因数限制.

由上面的分析可知,B 要写出 $n_{2k}=1$,则他的前一数 n_{2k-1} 为质数的方幂,于是,A 不能写出质数的方幂,否则,A 输.

只要 A 不写出质数的方幂,则 A 可保持不输,现在来看看 A 能否必写出 1 990.

假设 A 在某一步写出了 1 990,他的前一数为 n,则 $n\leq 1990\leq n^2$,即 $45\leq n\leq 1990$.这表明,当 B 写出的数 n 满足 $45\leq n\leq 1990$ 时,A 可写出 1 990.

这样,A 有必胜策略的一个充分条件是:使 B 写出的数 n 满足 $45\leq n\leq 1990$,如果最开始的数 n_0 满足 $45\leq n_0\leq 1990$,则 A 第一步就可写出 $n_1=1990$,A 胜.

进而可以逆推出其他初始情况,分类讨论如下:

(1) 若 $45\leq n_0\leq 1990$,则 A 一开始就可写出 $n_1=1990$,A 胜.

(2) 若 $n_0>1990$,此时,A 是否可适当写出一个数,使 B 最终写出数 n_{2k} 满足:$45\leq n_{2k}\leq 1990$? 通过尝试,发现 A 写的数应满足:

(ⅰ)不是质数的方幂,否则 B 写出 1,B 胜.

(ⅱ)A 写出 n_1 后,应使 B 写的数比 n_0 小,由此逼出 $n_{2k}\leq$

4 逆向思考

1 990(但要大于 45).

（iii）注意到 B 只能减少 A 写出的数的一个质数方幂,于是 A 可写出形如 $p_1^r p_2$ 的数. 这样,B 也只能写出形如 $p_1^s p_2^t$ 的数($s \leqslant r$, $t \leqslant 1$,但其中等号不同时成立),其中应使 $p_1, p_2 \in (45, 1\,990)$,取 $p_1 = 47, p_2 = 53$ 即可,于是,对任何 $n_0 > 1\,990$,总可以找到非负整数 k,使 $47^k \times 53 \leqslant n_0 \leqslant 47^{k+1} \times 53$,分类讨论如下：

① 若存在 k,使 $n_0 = 47^k \times 53$,则由 $n_0 > 1\,990$,知 $k \geqslant 1$. 此时,A 取 $n_1 = n_0 = 47^k \times 53$,则 B 所取的 n_2 必满足: $47 \leqslant n_2 < n_1 = n_0$.

② 若存在 k,使 $47^k \times 53 < n_0 < 47^{k+1} \times 53$,则 A 取 $n_1 = 47^{k+1} \times 53$,那么,B 所取的 n_2 只能是如下形式之一: $47^t (t \leqslant k+1)$ 或 53 或 $53 \times 47^t (t \leqslant k)$.

不论哪种形式,都有 $47 \leqslant n_2 \leqslant 47^k \times 53 < n_0$,于是,不论哪种情况,都可使 $47 \leqslant n_2 < n_0$.

若仍有 $n_2 > 1\,990$,仿上,A 可适当选取数 n_3,使 $47 \leqslant n_4 < n_2$,如此下去,由于 n_{2k} 严格递减,最终必有 $47 \leqslant n_{2k} < 1\,990$.

(3) 综上所述,只要有 k,使 $n_{2k} \geqslant 45$,则 A 有必胜策略.

对于 n_0 的其他取值,A 应适当取数,使 B 最终写出 n_{2k},使 $n_{2k} \geqslant 45$.

注意到 $n_{2k-1} = n_{2k} p^r \geqslant 45 p^r$,则 n_{2k} 除含有质数方幂 p^r 外,其他的数的积不少于 45. 因此,A 所取的数 n_{2k-1} 应满足: 去掉任何一个质数方幂后,剩下的数大于 45.   （*）

但由于 $n_0 \leqslant 44, n_1$ 不可能取到相当大,我们尽可能使 n_1 小,而且满足(*).

比如,取 $n_1 = 2^2 \times 3 \times 5 \times 7 = 420$,则 n_1 去掉任何一个质数方幂后还大于 44,于是,A 取 $n_1 = 420$. 但为了使 A 可取 420,必须 n_0 满足 $n_0 \leqslant 420 \leqslant n_0^2$,即 $n_0 \geqslant 21$. 于是,又得到一种可行的情况.

(4) 当 $n_0 \geqslant 21$ 时,A 取 $n_1 = 420$,则 $n_2 \geqslant 60$. 由(3),A 胜.

类似分析,可逆推出如下情况:

(5) 当 $13 \leqslant n_0 \leqslant 20$ 时,A 取 $n_1 = 2^3 \times 3 \times 7$,则 $n_2 \geqslant 21$,由(4),A 胜.

(6) 当 $11 \leqslant n_0 \leqslant 12$ 时,A 取 $n_1 = 3 \times 5 \times 7$,则 $n_2 \geqslant 15$,由(5),A 胜.

(7) 当 $8 \leqslant n_0 \leqslant 10$ 时,A 取 $n_1 = 2^2 \times 3 \times 5$,则 $n_2 \geqslant 12$,由(6),A 胜.

(8) 若 $n_0 \leqslant 7$,有以下几种情况:

（ⅰ）$n_0 = 2$,此时必有 $n_1 \in \{2, 3, 4\}$,B 可取 $n_2 = 1$,B 胜.

（ⅱ）$n_0 = 3$,此时 $3 \leqslant n_1 \leqslant 9$,B 可取 $n_2 = 1$ 或 2,由（ⅰ），B 胜.

（ⅲ）$n_0 = 4$,此时 $4 \leqslant n_1 \leqslant 16$,且 n_1 具有 $p^r, 2p^r, 3p^r$ 的形式,B 可取 $n_2 = 1$ 或 2 或 3,由（ⅰ）和（ⅱ），B 胜.

（ⅳ）$n_0 = 5$,此时 $5 \leqslant n_1 \leqslant 25$,且 n_1 具有 $p^r, 2p^r, 3p^r, 4p^r$ 的形式,B 可取 $n_2 = 1, 2, 3, 4$,由（ⅰ）~（ⅲ），B 胜.

（ⅴ）$n_0 = 6$ 或 7,此时 $6 \leqslant n_1 \leqslant 49$,由于 n_1 不能取具有 $p^r, 2p^r, \cdots, 5p^r$ 的形式的数,否则 B 胜,从而 n_1 只能为 30 或 42.

若 A 取 $n_1 = 30$,则因为 $30 = 2 \times 3 \times 5$,而 B 取的数 n_2 不能大于 7,否则 A 胜,所以 B 只能取 $n_2 = 6$;若 A 取 $n_1 = 42$,则因为 $42 = 2 \times 3 \times 7$,而 B 取的数 n_2 不能大于 7,否则 A 胜,所以 B 只能取 $n_2 = 6$.

当 B 取 $n_2 = 6$ 时,$6 \leqslant n_3 \leqslant 36$,所以,$n_3$ 只能为 30,n_4 只能为 6,如此循环,构成平局:

6 或 7 → 30 或 42 → 6 → 30 → 6 → 30 → 6 → ⋯.

综上所述,当 $n_0 = 2, 3, 4, 5$ 时,B 有必胜策略;当 $n_0 \geqslant 8$ 时,A 有必胜策略;当 $n_0 = 6, 7$ 时,A,B 都有不输的策略.

4.2 逆命题

我们知道,当一个命题成立时,它的逆命题未必成立,所以我们不能用逆命题的证明来代替原命题的证明.但有时候,考察原命题的逆命题,却给我们证明原命题带来许多方便.

例1 平面上任意给定三条两两平行的直线,试证:存在一个正三角形,使每条直线上各有正三角形的一个顶点.

分析与证明 要在三条平行直线上作一个正三角形,使每条直线上各有一个顶点是比较困难的.而反过来考虑其逆命题:过正三角形的三个顶点作三条两两平行的直线则很容易.

现在,我们只需使所作的图形与题目要求的图形相似即可,为此,应使所作的三条平行线之间的距离之比等于题中给定的三条平行线之间的距离之比.

设给定的三条平行线中,相邻两条平行线之间的距离分别为 a, b(图4.1),现在作一个边长为 $a+b$ 的正△ABC,在 BC 边上取一个点 D,使 $BD=a$, $DC=b$,作直线 AD,再分别过点 B, C 作直线与 AD 平行(图4.2),此三条平行线与题目给定的三条平行线相似.

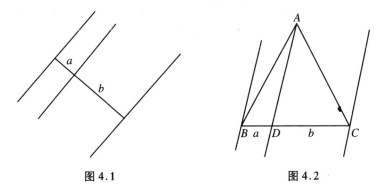

图4.1　　　　　　图4.2

按一定的比例放缩,即可得到合乎要求的图形,命题获证.

例2 对给定的△ABC,其每个内角的三等分线交成的△PQR 称为△ABC 的莫勒(Morley)三角形(图4.3).试作出一个△ABC 及其莫勒三角形△PQR.

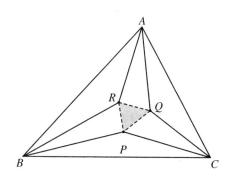

图 4.3

分析与解 假定先作一个△ABC,然后作其莫勒三角形△PQR 是不可能完成的,因为我们已经知道,利用尺规作图,无法作角的三等分线.

我们知道,△ABC 的莫勒三角形为正三角形.于是,可考虑逆命题:先作正△PQR,再作对应的△ABC,使△PQR 是△ABC 的莫勒三角形.

显然,关键是确定点 A,B,C,这就要作出有关辅助点 X,Y,Z,其中 X,Y,Z 是延长△ABC 每个内角的三等分线交成的点(图4.4),这样,反过来由 X,Y,Z 可得到 P,Q,R.

如何确定 X,Y,Z? 由对称性,我们只需考虑如何确定点 X,这只需确定∠XRQ 和∠XQR.

易知,∠XRQ = ∠XQR,这是因为 PR = PQ,且点 P 是△XBC 的内心,所以 PX 平分∠RXQ,故△XBP≌△XCP.

记∠XRQ = ∠XQR = α,∠YRP = ∠YPR = β,∠ZQP = ∠ZPQ = γ,下面求 α,β,γ.

在 $\triangle XBC$ 中，$\angle X = \pi - \dfrac{2}{3}(\angle B + \angle C)$.

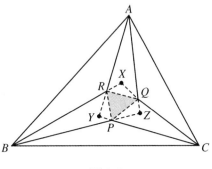

图 4.4

在 $\triangle XRQ$ 中，$2\alpha = \pi - \angle X = \dfrac{2}{3}(\angle B + \angle C)$，所以

$$\alpha = \dfrac{1}{3}(\angle B + \angle C) = \dfrac{1}{3}(\pi - \angle A).$$

同理可知，$\beta = \dfrac{1}{3}(\pi - \angle B)$，$\gamma = \dfrac{1}{3}(\pi - \angle C)$，依此作图即可.

于是，任取角 $\alpha, \beta, \gamma > 0$，使 $\alpha + \beta + \gamma = 60°$，这只需作一个正三角形的一个内角的两条内射线，将该内角分割为三个角即可.

在 QR 的垂直平分线上取点 X，使 X 在 $\triangle PQR$ 外，且 $\angle RXQ = 2\alpha + 60°$. 这样，点 X 被确定，同样可定出点 Y, Z.

再在射线 XR 上取点 B，使得 $\angle PBR = \beta$. 同样定出点 A, C，则 $\triangle ABC$ 为所求.

实际上，由于 $PQ = PR$，$XQ = XR$，所以 XP 平分 $\angle BXC$. 又

$$\angle BPC = \angle BXC + \angle XBP + \angle XCP$$
$$= 2\alpha + 60° + \beta + \gamma = 120° + \alpha$$
$$= 90° + \dfrac{1}{2}(2\alpha + 60°) = 90° + \dfrac{1}{2}\angle BXC.$$

设 $\triangle BXC$ 的内心为点 I，则 $\angle BIC = 90° + \dfrac{1}{2}\angle BXC$，于是 B, I，

C, P 共圆,但 $\angle BXC$ 的平分线和此圆在 $\triangle BXC$ 内的交点只有一个,所以 P, I 重合,点 P 是 $\triangle BXC$ 的内心.

于是 $\angle BCP = \gamma, \angle CBP = \beta$.

故 $\triangle PQR$ 是 $\triangle ABC$ 的 Morley 三角形.

例 3 设 A, B, C 是一个三角形的三内角,实数 x 满足:
$$\cos(x+\angle A)\cos(x+\angle B)\cos(x+\angle C) + \cos^3 x = 0,$$
求证: $\tan x = \cot\angle A + \cot\angle B + \cot\angle C$.

分析与证明 由条件,有
$$\cos(x+\angle A)\cos(x+\angle B)\cos(x+\angle C) + \cos^3 x = 0,$$
$$\cos(x+\angle A)\cos(x+\angle B)\cos(x+\angle C) = -\cos^3 x,$$
$$\frac{\cos(x+\angle A)}{\cos x} \cdot \frac{\cos(x+\angle B)}{\cos x} \cdot \frac{\cos(x+\angle C)}{\cos x} = -1,$$
$$(\cos\angle A - \tan x \cdot \sin\angle A)(\cos\angle B - \tan x \cdot \sin\angle B)$$
$$\cdot (\cos\angle C - \tan x \cdot \sin\angle C) = -1,$$
$$\sin\angle A \sin\angle B \sin\angle C (\tan x - \cot\angle A)(\tan x - \cot\angle B)$$
$$\cdot (\tan x - \cot\angle C) = 1. \qquad ①$$

现考虑原命题的逆命题:若 $\tan x = \cot\angle A + \cot\angle B + \cot\angle C$,则式①成立.实际上
$$\sin\angle A \sin\angle B \sin\angle C (\cot\angle B + \cot\angle C)$$
$$\cdot (\cot\angle C + \cot\angle A)(\cot\angle A + \cot\angle B)$$
$$= \sin\angle A \sin\angle B \sin\angle C$$
$$\cdot \frac{\sin(\angle B + \angle C)}{\sin\angle B \sin\angle C} \frac{\sin(\angle C + \angle A)}{\sin\angle C \sin\angle A} \frac{\sin(\angle A + \angle B)}{\sin\angle A \sin\angle B}$$
$$= \sin\angle A \sin\angle B \sin\angle C$$
$$\cdot \frac{\sin\angle A}{\sin\angle B \sin\angle C} \frac{\sin\angle B}{\sin\angle C \sin\angle A} \frac{\sin\angle C}{\sin\angle A \sin\angle B} = 1. \qquad ②$$

由此可见,当 $\tan x = \cot\angle A + \cot\angle B + \cot\angle C$ 时,式①成立.

4 逆向思考

但遗憾的是,关于 $\tan x$ 的方程①未必只有唯一的实数解(三次方程有三个根)! 当然,我们可先分离出因式:

$$\tan x - (\cot \angle A + \cot \angle B + \cot \angle C),$$

通过带余除法找到另外的因式,但其计算量之大可想而知. 有无简单的方法是我们所关心和盼望的,经过探索,发现如下解法:由式①、式②,得

$$\sin \angle A \sin \angle B \sin \angle C (\tan x - \cot \angle A)$$
$$\cdot (\tan x - \cot \angle B)(\tan x - \cot \angle C)$$
$$= \sin \angle A \sin \angle B \sin \angle C (\cot \angle B + \cot \angle C)$$
$$\cdot (\cot \angle C + \cot \angle A)(\cot \angle A + \cot \angle B),$$

所以式①等价于

$$(\tan x - \cot \angle A)(\tan x - \cot \angle B)(\tan x - \cot \angle C)$$
$$= (\cot \angle B + \cot \angle C)(\cot \angle C + \cot \angle A)$$
$$\cdot (\cot \angle A + \cot \angle B). \qquad ③$$

令 $\tan x = t, \cot \angle A = p, \cot \angle B = q, \cot \angle C = r$,则有 $pq + qr + rp = 1$. 于是

$$(\cot \angle B + \cot \angle C)(\cot \angle C + \cot \angle A)(\cot \angle A + \cot \angle B)$$
$$= (p + q)(q + r)(r + p)$$
$$= (pq + pr + q^2 + qr)(r + p) = (1 + q^2)(r + p)$$
$$= q(qr + qp) + (r + p) = q(1 - pr) + (r + p)$$
$$= p + q + r - pqr.$$

又

$$(\tan x - \cot \angle A)(\tan x - \cot \angle B)(\tan x - \cot \angle C)$$
$$= (t - p)(t - q)(t - r)$$
$$= t^3 - (p + q + r)t^2 + (pq + qr + rp)t - pqr$$
$$= t^3 - (p + q + r)t^2 + t - pqr,$$

所以式③变为

$$t^3 - (p+q+r)t^2 + t - pqr = p+q+r-pqr,$$
$$t^3 - (p+q+r)t^2 + t - (p+q+r) = 0,$$
$$(t-(p+q+r))(t^2+1) = 0,$$
$$t = p+q+r,$$

故 $\tan x = \cot\angle A + \cot\angle B + \cot\angle C$.

另证

$\cos(x+\angle A)\cos(x+\angle B)\cos(x+\angle C)$

$= \dfrac{1}{2}(\cos(2x+\angle A+\angle B)+\cos(\angle A-\angle B))\cos(x+\angle C)$

$= \dfrac{1}{2}\cos(2x+\angle A+\angle B)\cos(x+\angle C)$

$\quad + \dfrac{1}{2}\cos(\angle A-\angle B)\cos(x+\angle C)$

$= \dfrac{1}{4}(\cos(3x+\angle A+\angle B+\angle C)$

$\quad + \cos(x+\angle A+\angle B-\angle C))$

$\quad + \dfrac{1}{4}(\cos(x+\angle C+\angle A-\angle B)$

$\quad + \cos(x+\angle C-\angle A+\angle B))$

$= \dfrac{1}{4}(\cos(3x+\pi)+\cos(x+\pi-2\angle C))$

$\quad + \dfrac{1}{4}(\cos(x+\pi-2\angle B)+\cos(x+\pi-2\angle A))$

$= -\dfrac{1}{4}\cos 3x - \dfrac{1}{4}\cos(x-2\angle C)$

$\quad - \dfrac{1}{4}\cos(x-2\angle B) - \dfrac{1}{4}\cos(x-2\angle A)$

$= -\dfrac{1}{4}(4\cos^3 x - 3\cos x) - \dfrac{1}{4}\cos(x-2\angle C)$

$\quad - \dfrac{1}{4}\cos(x-2\angle B) - \dfrac{1}{4}\cos(x-2\angle A)$

4 逆向思考

$$= -\cos^3 x + \frac{3}{4}\cos x - \frac{1}{4}\cos(x - 2\angle C)$$
$$- \frac{1}{4}\cos(x - 2\angle B) - \frac{1}{4}\cos(x - 2\angle A),$$

所以,由条件,得

$3\cos x - \cos(x - 2\angle C) - \cos(x - 2\angle B) - \cos(x - 2\angle A) = 0,$

$3\cos x = \cos(x - 2\angle C) + \cos(x - 2\angle B) + \cos(x - 2\angle A)$

$\qquad = \cos x \cos 2\angle C + \sin x \sin 2\angle C$

$\qquad + \cos x \cos 2\angle B + \sin x \sin 2\angle B$

$\qquad + \cos x \cos 2\angle A + \sin x \sin 2\angle A,$

$\cos x(3 - \cos 2\angle A - \cos 2\angle B - \cos 2\angle C)$

$\qquad = \sin x(\sin 2\angle A + \sin 2\angle B + \sin 2\angle C),$

$\tan x = \dfrac{3 - \cos 2\angle A - \cos 2\angle B - \cos 2\angle C}{\sin 2\angle A + \sin 2\angle B + \sin 2\angle C}.$

容易证明:

$$\frac{2(\sin^2 \angle A + \sin^2 \angle B + \sin^2 \angle C)}{\sin 2\angle A + \sin 2\angle B + \sin 2\angle C} = \cot \angle A + \cot \angle B + \cot \angle C.$$

④

实际上

$\qquad \dfrac{2(\sin^2 \angle A + \sin^2 \angle B + \sin^2 \angle C)}{\sin 2\angle A + \sin 2\angle B + \sin 2\angle C}$

$\qquad = \cot \angle A + \cot \angle B + \cot \angle C$

$\Leftrightarrow 2(\sin^2 \angle A + \sin^2 \angle B + \sin^2 \angle C)$

$\qquad = (\cot \angle A + \cot \angle B + \cot \angle C)$

$\qquad \cdot (\sin 2\angle A + \sin 2\angle B + \sin 2\angle C)$

$\Leftrightarrow \sin^2 \angle A + \sin^2 \angle B + \sin^2 \angle C$

$\qquad = (\cot \angle A + \cot \angle B + \cot \angle C)$

$\qquad \cdot \left(\dfrac{1}{2}\sin 2\angle A + \dfrac{1}{2}\sin 2\angle B + \dfrac{1}{2}\sin 2\angle C\right)$

$$\Leftrightarrow \quad \sum \sin^2 \angle A = \sum \cot \angle A \cdot \frac{1}{2} \sin 2\angle A$$
$$+ \sum \cot \angle A \cdot \frac{1}{2}(\sin 2\angle B + \sin 2\angle C)$$

$$\Leftrightarrow \quad \sum \sin^2 \angle A = \sum \cos^2 \angle A + \sum \cot \angle A$$
$$\cdot \sin(\angle B + \angle C)\cos(\angle B - \angle C)$$

$$\Leftrightarrow \quad -\sum \cos 2\angle A = \sum \cot \angle A \cdot \sin \angle A \cos(\angle B - \angle C)$$

$$\Leftrightarrow \quad -\sum \cos 2\angle A = \sum \cos \angle A \cos(\angle B - \angle C)$$

$$\Leftrightarrow \quad -\sum \cos 2\angle A = \sum (\cos \angle A \cos \angle B \cos \angle C$$
$$+ \cos \angle A \sin \angle B \sin \angle C)$$

$$\Leftrightarrow \quad 4\cos \angle A \cos \angle B \cos \angle C + 1$$
$$= 3\cos \angle A \cos \angle B \cos \angle C + \sum \cos \angle A \sin \angle B \sin \angle C$$

$$\Leftrightarrow \quad \cos \angle A \cos \angle B \cos \angle C + 1 = \sum \cos \angle A \sin \angle B \sin \angle C$$

$$\Leftrightarrow \quad \cos \angle A \cos \angle B \cos \angle C + 1$$
$$= \cos \angle A \cos \angle B \cos \angle C (\sum \tan \angle B \tan \angle C)$$

$$\Leftrightarrow \quad \sec \angle A \sec \angle B \sec \angle C + 1 = \sum \tan \angle B \tan \angle C$$

($\sum$ 表示对 $\angle A, \angle B, \angle C$ 轮换求和).

而

$$\sum \tan \angle B \tan \angle C$$
$$= \tan \angle C(\tan \angle B + \tan \angle A) + \tan \angle A \tan \angle B$$
$$= \tan \angle C \cdot \tan(\angle A + \angle B)(1 - \tan \angle A \tan \angle B)$$
$$+ \tan \angle A \tan \angle B$$
$$= -\tan^2 \angle C(1 - \tan \angle A \tan \angle B) + \tan \angle A \tan \angle B$$
$$= -\tan^2 \angle C + \tan^2 \angle C \tan \angle A \tan \angle B + \tan \angle A \tan \angle B$$
$$= -\tan^2 \angle C + (\tan^2 \angle C + 1)\tan \angle A \tan \angle B$$

$$= -\tan^2 \angle C + \sec^2 \angle C \tan \angle A \tan \angle B$$

$$= 1 - \sec^2 \angle C + \sec^2 \angle C \tan \angle A \tan \angle B$$

$$= 1 + \sec^2 \angle C (\tan \angle A \tan \angle B - 1)$$

$$= 1 + \sec^2 \angle C \left(\frac{\sin \angle A}{\cos \angle A} \frac{\sin \angle B}{\cos \angle B} - 1 \right)$$

$$= 1 + \sec^2 \angle C \left(\frac{\sin \angle A}{\cos \angle A} \frac{\sin \angle B}{\cos \angle B} - \frac{\cos \angle A}{\cos \angle A} \frac{\cos \angle B}{\cos \angle B} \right)$$

$$= 1 + \sec^2 \angle C \frac{-\cos(\angle A + \angle B)}{\cos \angle A \cos \angle B}$$

$$= 1 + \sec^2 \angle C \frac{\cos \angle C}{\cos \angle A \cos \angle B}$$

$$= 1 + \sec \angle A \sec \angle B \sec \angle C.$$

所以式④成立.

例 4 在正 300 边形 $A_1 A_2 \cdots A_{300}$ 的每个顶点处放一个数 1 或 -1,允许进行如下操作:在这些顶点中任取 k 个顶点,使它们构成正 k 边形($k \geq 2$,每次操作中 k 的取值可以不同. 而当 $k = 2$ 时,正二边形是指关于正 300 边形的中心对称的两个顶点). 将此 k 边形的顶点处的数都改变符号. 如果可以经过有限次操作,使所有的数都变为 1,则称原来放数的方法是好的,求好的放数法的种数.

分析与解 记各个顶点所放数均为 1 的状态为 M,对于某两个放数的状态 A, B,若可通过若干次操作使 A 变为 B,则称 A 与 B 是等价的.

用 $F(i_1, i_2, \cdots, i_k)$ 表示下标为 $i_1, i_2, \cdots, i_k$ 的 k 个点进行的操作. 同样,若某一系列的操作可用另一系列的操作代替,则称它们是等价的.

题目要求的是:与目标状态 M 等价的最初状态有多少种?

注意到操作是可逆的,因而只需讨论其逆命题:对 M 进行操作,共可以得到多少种不同的状态.

首先证明,任何一个操作都可与对正二边形、正三边形和正五边形的一系列操作等价.

实际上,考察操作 $F(i_1, i_2, \cdots, i_k)$,由于正 k 边形是正 300 边形的子多边形,所以 $k \mid 300$.

注意到 $300 = 2^2 \times 3 \times 5^2$,所以 k 只含有质因数 $2, 3, 5$,即 $k = 2^a 3^b 5^c$.

对于 $k = 2, 3, 5$ 的操作,仅有以下三种等价操作:

(1) $k = 2$ 的系列操作与 $k = 3$ 的系列操作等价,即

$F(i, 150 + i) + F(50 + i, 200 + i) + F(100 + i, 250 + i)$

$\Leftrightarrow F(i, 100 + i, 200 + i) + F(50 + i, 150 + i, 250 + i)$.

(2) $k = 2$ 的系列操作与 $k = 5$ 的系列操作等价,即

$F(i, 150 + i) + F(30 + i, 180 + i) + F(60 + i, 210 + i)$
$\quad + F(90 + i, 240 + i) + F(120 + i, 270 + i)$

$\Leftrightarrow F(i, 60 + i, 120 + i, 180 + i, 240 + i)$
$\quad + F(30 + i, 90 + i, 150 + i, 210 + i, 270 + i)$.

(3) $k = 3$ 的系列操作与 $k = 5$ 的系列操作等价,即

$F(i, 100 + i, 200 + i) + F(20 + i, 120 + i, 220 + i)$
$\quad + F(40 + i, 140 + i, 240 + i) + F(60 + i, 160 + i, 260 + i)$
$\quad + F(80 + i, 180 + i, 280 + i)$

$\Leftrightarrow F(i, 60 + i, 120 + i, 180 + i, 240 + i)$
$\quad + F(20 + i, 80 + i, 140 + i, 200 + i, 260 + i)$.

由(1)知,不需考虑操作 $F(i, 100 + i, 200 + i)$ 与 $F(50 + i, 150 + i, 250 + i)$ 同时发生的状态,因为其中的一个可由另一个和一系列 $k = 2$ 的操作代替.

由(2)知,不需考虑操作 $F(i, 60 + i, 120 + i, 180 + i, 240 + i)$ 与 $F(30 + i, 90 + i, 150 + i, 210 + i, 270 + i)$ 同时发生的状态,因为其中的一个可由另一个和一系列 $k = 2$ 的操作代替.

4 逆向思考

因此,在 100 个正三边形中只需考虑其中的 50 个操作,60 个正五边形中只需考虑其中的 30 个操作.

又操作 $F(i,150+i)(i=1,2,\cdots,150)$,$F(i,100+i,200+i)$ $(i=1,2,\cdots,50)$,$F(i,60+i,120+i,180+i,240+i)(i=1,2,\cdots,30)$ 中任何两个系列操作都不等价,且任何 $k=2,3,5$ 的系列操作都可在其中找到一系列操作与之等价,故共有 2 230 种与 M 等价的状态,其中注意任何一个操作进行奇数次操作与进行一次操作等价,进行偶数次与进行 0 次操作等价,因而只需考虑每个操作进行了 1 次和 0 次两种情况,即最初好的放数方法有 2 230 种.

4.3 逆转程序

有些问题中,题目已给出了某种操作程序,要讨论某种状态是否出现,或者实现某种状态有多少种不同的操作方法.此时,如果原来的程序相对复杂,则可考虑与原来程序相反的一个程序,研究在此程序下问题的相应结果,然后通过某种对应关系,找到问题在原程序下的结果.

例 1 有 4 段链条,每段链条有 3 个封闭的环(图 4.5).现在要打开其中的 3 个环,使 4 段链条接成一个有 12 个环的大圆圈(图 4.6),应打开哪 3 个环?

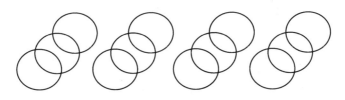

图 4.5

分析与解 题中给的操作是将 3 段链条接合成一个大圆环圈.如果将这一程序逆转,即考察如何将一个有 12 个环的大圆环圈分割为 4 段链条,则问题变得容易得多.

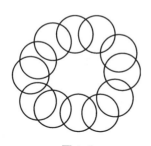

图 4.6

实际上,为了尽可能少打开环,而相连的环只能有 3 个环,从而每隔 3 个环打开一个环即可.

由此可见,将图 4.5 中某一段的 3 个环全部打开,每一个打开的环用于连接另外的某两个段即可.

例 2 由 8 个单位立方体组成一个 $2 \times 2 \times 2$ 的大立方体,今要沿小立方体的表面将大立方体分割成两个全等的几何体,共有多少种分割方法? 其中若两种分割方法切出来的几何体一样,则认为这两种方法是相同的.

分析与解 按题中给定的方向,将大立方体分割为两个全等的几何体,其分割方法相当复杂.

如果将这一过程反过来,思考两个怎样的完全相同的由单位立方体构成的几何体能拼合成一个大立方体,则问题变得非常简单.

实际上,由如下"树图"(图 4.7)可知,单位立方体拼合成几何体只有如图 4.7 所示的 4 种可能.

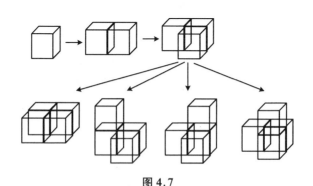

图 4.7

4 逆向思考

上述每一种可能都是合乎条件的分割,从而共有 4 种不同的分割方法.

例3 有 10 张分别标有数 $1,2,3,\cdots,10$ 的卡片叠在一起,先抽出最上面的一张,发现其上面的标数为 1.然后将下一张移到最底层,抽出的一张不再放回,再抽出最上面的一张,发现其上面的标数为 2.继续将下一张移到最底层,再抽出最上面的一张,发现其上面的标数为 3.以后每将下一张移到最底层再抽出最上面一张,且第 $k(k=1, 2,\cdots,10)$ 次抽出的卡片上的标数为 k.问最初卡片上的标数从上至下分别是什么?(原创题)

分析与解 本题已知按照相应规则抽出来的数依次是 $1,2,3, \cdots,10$,求原来卡片上的数的排列顺序.现在将问题逆转过来,假设原来卡片上的数的排列顺序为 $1,2,\cdots,10$,问抽出来的数依次是什么,这是很容易小到的,只需按规则操作,直至抽出所有的数即可.

操作过程中得到的序列依次为(序列的第一个数就是相应操作中抽出的数):

$$1,2,3,4,5,6,7,8,9,10$$
$$3,4,5,6,7,8,9,10,2$$
$$5,6,7,8,9,10,2,4$$
$$7,8,9,10,2,4,6$$
$$9,10,2,4,6,8$$
$$2,4,6,8,10$$
$$6,8,10,4$$
$$10,4,8$$
$$8,4$$
$$4$$

于是,依次抽出来的数分别是 $1,3,5,7,9,2,6,10,8,4$.现在,再将问题逆回去,要求抽出来的数依次为 $1,2,\cdots,10$.

将这两组数对应排列如下：

1,2,3,4,5,6,7,8,9,10

1,3,5,7,9,2,6,10,8,4

显然,对于第一行中的数 i,如果第二行中对应列上的数为 j,则表明 i 应放在最初排列的第 j 个位置,于是,1 在最初排列中是第 1 位,2 在最初排列中是第 3 位,3 在最初排列中是第 5 位,…,10 在最初排列中是第 4 位,故原来卡片上的数的顺序为

1,6,2,10,3,7,4,9,5,8.

例 4 有 2^n 张分别标有数 $1,2,3,\cdots,2^n$ 的卡片叠在一起,先抽出最上面的一张,发现其上面的标数为 1.然后将下一张移到最底层,抽出的一张不再放回,再抽出最上面的一张,发现其上面的标数为 2.继续将下一张移到最底层,再抽出最上面的一张,发现其上面的标数为 3.以后每将下一张移到最底层再抽出最上面一张,且第 $k(k=1,2,\cdots,2^n)$ 次抽出的卡片上的标数为 k.问最初卡片上的标数从上至下分别是什么？（原创题）

分析与解 本题已知按照相应规则抽出来的数依次是 $1,2,3,\cdots,2^n$,求原来卡片上的数的排列顺序.现在将问题逆转过来,假设原来卡片上的数的排列顺序为 $1,2,\cdots,2^n$,问抽出来的数依次是什么,这是很容易办到的,只需按规则操作,直至抽出所有的数即可.

操作过程中得到的序列依次为（序列的第一个数就是相应操作中抽出的数）：

$1,2,3,\cdots,2^n-1,2^n$

$3,4,5,\cdots,2^n,2$

$5,6,7,\cdots,2^n,2,4$

……

$2^n-1,2^n,2,4,\cdots,2^n-1$

$2,4,\cdots,2^n-1,2^n$

4 逆向思考

由此可见,序列$(1,2,3,\cdots,2^n-1,2^n)$操作2^{n-1}次之后,依次取出的数是全部奇数:$1,3,5,\cdots,2^n-1$,剩下的数列为$(2,4,6,\cdots,2^n-2,2^n)$.

将该数列记为$2\times(1,2,3,\cdots,2^{n-1}-1,2^{n-1})$,则根据上面的结果,对之操作$2^{n-2}$次之后,依次取出的数是全部"$2\times$奇数":$2\times1,2\times3,2\times5,\cdots,2\times(2^{n-1}-1)$,剩下的数列为$(4,8,\cdots,2^n-4,2^n)$.

如此下去,可知依次抽出来的数分别是$[1,3,\cdots,2^n-1]$,$[2\times1,2\times3,\cdots,2\times(2^{n-1}-1)]$,$[2^2\times1,2^2\times3,\cdots,2^2\times(2^{n-2}-1)]$,$\cdots$,$[2^{n-3}\times1,2^{n-3}\times3,\cdots,2^{n-3}\times(2^3-1)]$,$[2^{n-2}\times1,2^{n-2}\times3]$,$2^{n-1}\times1$.

最后剩下一个数2^n,它被最后抽出.

现在,将问题逆回去,要求抽出来的数依次为$1,2,\cdots,2^n$.

将这两组数对应排列成上下两行,第一行中的数依次为$1,2,\cdots,2^n$,而第二行中的数则是上述操作中依次抽出的数.

显然,对于第一行中的数i,如果第二行中对应列上的数为j,则表明i应放在最初排列的第j个位置,于是,1在最初排列中第1位,2在最初排列中是第3位,3在最初排列中是第5位,$\cdots$,2^n在最初排列中是第2^n位.

比如,$n=4$时,$2^4=16$,相应上下两行数为

1,2,3,4,5,6,7,8,9,10,11,12,13,14,15,16,

1,3,5,7,9,11,13,15,2,6,10,14,4,12,8,16,

故原来卡片上的数的顺序为

1,9,2,13,3,10,4,15,5,11,6,14,7,12,8,16.

习 题 4

1. 在凸n边形$A_1A_2\cdots A_n$的各顶点处都随意放置一个数1或-1,现进行如下操作:每个顶点处的数都同时换成与该顶点相邻的

两个顶点处的数的乘积,即 A_i 处的数换成 A_{i-1},A_{i+1} 处的数的乘积 ($i=1,2,\cdots,n$),假定经过一次操作后,各顶点处的数分别为 $a_1,a_2,\cdots,a_n$. 求证:一定存在正整数 r,操作 r 次之后,各顶点处的数又分别为 $a_1,a_2,\cdots,a_n$.

2. 设 n 是大于 1 的整数,问:有多少个 $1,2,3,\cdots,n$ 的排列 $a_1,a_2,\cdots,a_n$,使得 $1|a_1-a_2, 2|a_2-a_3, 3|a_3-a_4, \cdots, n-1|a_{n-1}-a_n$?

3. 求方程 $x^2+y^2+1=3xy$ 的正整数解.

4. 求方程 $x^2+y^2+z^2=3xyz$ 的正整数解. (马尔科夫 (Markoff) 方程)

5. 设函数 $f(x)$ 对所有的实数 x 都满足 $f(x+2\pi)=f(x)$,求证:存在 4 个函数 $f_i(x)(i=1,2,3,4)$ 满足:

(1) $f_i(x)$ 是偶函数 ($1 \leqslant i \leqslant 4$),且对任意的实数 x,有 $f_i(x+\pi)=f_i(x)$;

(2) 对任意的实数 x,有 $f(x)=f_1(x)+f_2(x)\cos x+f_3(x) \cdot \sin x+f_4(x)\sin 2x$.

(2007 年全国高中数学联赛试题)

6. 对于 $\triangle ABC$,如果点 D,E,F 分别是边 BC,CA,AB 的内点,则称 $\triangle DEF$ 为 $\triangle ABC$ 的内接三角形. 求证:对于给定的 $\triangle ABC$,其内接正三角形有无数个.

7. 求证:对于给定的 $\triangle ABC$,存在其内接 $\triangle DEF$,使 $FD \perp BC$,$DE \perp CA$,$EF \perp AB$.

8. 求证:对于给定的 $\triangle ABC$,存在无数个内接 $\triangle DEF$,使 $\triangle DEF \backsim \triangle ABC$.

9. 有一个黑箱和 n 个编号为 $1,2,\cdots,n$ 的白箱,开始黑箱空着,n 个白箱中共有 n 个球,每次操作 T:若 k 号白箱恰有 k 个球,则将此 k 个球放入 $1,2,\cdots,k-1$ 号白箱及黑箱各一个球. 求证:存在唯一的初始状态,使有限次操作以后球全在黑箱中.

4 逆向思考

10. 将正整数乘以 2,按任意顺序重新排列它的各位数字(但 0 不能排在首位)称为一次操作.证明:不能经过有限次操作,由 1 得出 811.(1995 年圣彼得堡初中数学竞赛七年级试题)

11. 在凸 n 边形 $A_1A_2\cdots A_n$ 的各顶点处都随意放置一个数 1 或 -1,现进行如下操作:每个顶点处的数都同时换成与该顶点相邻的两个顶点处的数的乘积,即 A_i 处的数换成 A_{i-1},A_{i+1} 处的数的乘积($i=1,2,\cdots,n$),假定经过一次操作后,各顶点处的数分别为 $a_1,a_2,\cdots,a_n$.求证:一定存在正整数 r,操作 r 次之后,各顶点处的数又分别为 $a_1,a_2,\cdots,a_n$.

12. 有两堆糖果,两人轮流取糖,每个人取出其中一堆,并将另一堆又分成两小堆,如果某人取出其中一堆后,另一堆只有一块无法再分,则此人获胜.若最初两堆糖分别有 33 块和 35 块,问谁有必胜策略?(第 31 届莫斯科数学奥林匹克试题)

习题 4 解答

1. 各顶点放置数的不同情况只有有限种,于是,必定存在正整数 $p,q(p<q)$,操作 p 次之后各顶点处的数与操作 q 次之后各顶点处的数完全相同.

如果 $p=1$,则结论成立.

如果 $p>1$,则由此逆推:操作 $p-1$ 次之后各顶点处的数与操作 $q-1$ 次之后各顶点处的数完全相同,操作 $p-2$ 次之后各顶点处的数与操作 $q-2$ 次之后各顶点处的数完全相同,$\cdots$,操作 1 次之后各顶点处的数与操作 $q-p+1$ 次之后各顶点处的数完全相同,结论成立.

2. 我们先确定最后的两项 a_{n-1},a_n,然后逐步求出前面的项.

由 $n-1 \mid a_{n-1}-a_n$,$1 \leqslant a_{n-1},a_n \leqslant n$,得 $(a_{n-1},a_n)=(1,n)$ 或 $(n,1)$.

对合乎条件的排列 $a_1,a_2,\cdots,a_n$，将各 a_i 换成 $n+1-a_i$，则得到另一种满足条件的排列，于是，不妨设 $(a_{n-1},a_n)=(1,n)$.

由 $n-2\mid a_{n-2}-a_{n-1}$，得 $n-2\mid a_{n-2}-1$，但 $a_{n-2}\notin\{1,n\}$，有 $2\leqslant a_{n-2}\leqslant n-1$，$1\leqslant a_{n-2}-1\leqslant n-2$，所以 $a_{n-2}-1=n-2$，得 $a_{n-2}=n-1$.

由 $n-3\mid a_{n-3}-a_{n-2}$，得 $n-3\mid a_{n-3}-n+1$，所以 $n-3\mid a_{n-3}-2$，但 $a_{n-3}\notin\{1,n-1,n\}$，有 $2\leqslant a_{n-3}\leqslant n-2$，$-1\leqslant a_{n-3}-2\leqslant n-4$，所以 $a_{n-3}-2=0$，得 $a_{n-3}=2$.

假设排列的最后 $2t$ 个项为 $t,n-t+1,t-1,n-t+2,\cdots,2,n-1,1,n$.

设 t 的前一项为 x，则由 $n-2t\mid a_{n-2t}-a_{n-2t+1}$，得 $n-2t\mid x-t$，所以 $n-3\mid a_{n-3}-2$，但 $t+1\leqslant x\leqslant n-t$，$1\leqslant x-t\leqslant n-2t$，所以 $x-t=n-2t$，得 $x=n-t$. 类似可得 x 的前一项为 $t+1$.

由此可知，当 n 为奇数时，排列为 $\frac{n+1}{2},\frac{n-1}{2},\frac{n+3}{2},\frac{n-3}{2},\cdots,n-2,2,n-1,1,n$.

当 n 为偶数时，排列为 $\frac{n}{2},\frac{n+2}{2},\frac{n-2}{2},\frac{n+4}{2},\cdots,3,n-2,2,n-1,1,n$.

将上述排列中的 a_i 换成 $n+1-a_i$，则得到另一种满足条件的排列，故所有合乎条件的排列有 2 个.

3. 设 (x,y) 为方程的正整数解. 若 $x=y$，则方程变为 $2x^2+1=3x^2$，所以 $x=1$，即原方程的解为 $x=y=1$.

若 $x\neq y$，由对称性，不妨设 $x<y$，且 (x,y) 是原方程的正整数解，则 y 是关于 t 的方程

$$t^2-3xt+x^2+1=0 \qquad ①$$

的一个根 $t=y$（其中 $t>x$，于是 $t\geqslant x+1$），设它的另一个根为 t'，则 $t+t'=3$，$tt'=x^2+1$. 于是 $t'=3x-t$ 为整数且 $t'>0$，所以 (t',x)

也是方程①的正整数解.

这表明,若$(x,t)(x<t)$是原方程的正整数解,则$(3x-t,x)$也是原方程的正整数解,又$0<t'=\dfrac{x^2+1}{t}\leqslant\dfrac{x^2+1}{x+1}\leqslant x$,于是

$$(x,t)(x<t) \to (3x-t,x)(3x-t\leqslant x). \quad ②$$

这样,由一个$x<y$的解(x,y),利用公式②,可得到另一个解(t',x),其中$t'\leqslant x$.

若$t'\neq x$,则$\min(x,y)=x>t'=\min(t',x)$,再利用式②,又可得到方程的另一个解.如此下去,必定到某个时刻,得到形如(x,x)的解,即$(1,1)$.

于是,原方程的所有解可由$(1,1)$递推而得到:

$$(1,1),(1,2),(2,5),(5,13),\cdots.$$

一般地,设(x_n,x_{n+1})是原方程的解$(x_n\leqslant x_{n+1})$,令$x_{n+2}=3x_{n+1}-x_n$,则(x_{n+1},x_{n+2})亦是原方程的解,解此递归关系,便得到原方程的全部解.

4. 设(x,y,z)为方程的正整数解,不妨设$x\geqslant y\geqslant z$.若$x=y=z$,则原方程变为$3x^2=3x^3$,解得$x=1$,即原方程的解为$x=y=z=1$.

若$x=y>z$,则原方程变为$2x^2+z^2=3x^2z$,所以$x^2|z^2$,矛盾.

若$x>y=z$,则原方程变为$x^2+2y^2=3xy^2$,所以$y^2|x^2$.

令$x=ay(a>0)$,方程变为$2+a^2=3ay$.所以$a|2$,故$a=2$或$a=1$.但$x>y$,所以$a=2$,解得$x=2,y=z=1$.

若$x>y>z$,则x是方程

$$f(t)=t^2-3tyz+y^2+z^2=0 \quad ①$$

的一个根,设它的另一个根为x',则$x+x'=3yz,xx'=y^2+z^2$.于是$x'=3yz-x$为整数且$x'>0$,所以(x',y,z)也是方程①的正整数解.

因为$f(t)=(t-x)(t-x')$,所以$(y-x)(y-x')=f(y)=$

$2y^2 - 3y^2z + z^2 = (2-2z)y^2 + (z^2 - zy^2) < 0$. 但 $y - x < 0$,所以 $y - x' > 0$, $\max\{x', y, z\} = y < x = \max\{x, y, z\}$. 这样,由一个 $x > y > z$ 的解 (x, y, z),利用公式①可得到另一个解 (x', y, z),其中 $y = \max\{x', y, z\}$.

若 x', y, z 互异,则再利用式①,又可得到方程的另一个解.

如此下去,必定到某个时刻,得到形如 (x, y, y) 或 (x, x, x) 的解,即 $(2, 1, 1)$ 或 $(1, 1, 1)$.

于是,原方程的所有解可由 $(2, 1, 1)$ 和 $(1, 1, 1)$ 逆推而得到.

注意到由 (y, x', z) 可逆推出 $(3yz - x', y, z)$ 和 $(3yx' - z, y, x')$,即 x' 与 z 的大小不确定,从而可以交换得到其他解.

5. 从目标看,要找到代数函数 $p_1(x), p_2(x), p_3(x), p_4(x)$,使
$$f(x) = p_1(x) + p_2(x) + p_3(x) + p_4(x)$$
$$= p_1(x) + \frac{p_2(x)}{\cos x} \cdot \cos x + \frac{p_3(x)}{\sin x} \cdot \sin x + \frac{p_4(x)}{\sin 2x} \cdot \sin 2x,$$
令
$$f_1(x) = p_1(x), \quad f_2(x) = \frac{p_2(x)}{\cos x},$$
$$f_3(x) = \frac{p_3(x)}{\sin x}, \quad f_4(x) = \frac{p_4(x)}{\sin 2x},$$

其中 $p_1(x), p_2(x), p_3(x), p_4(x)$ 还要满足:

(1) 奇偶性: $p_1(x)$ 偶, $p_2(x)$ 偶, $p_3(x)$ 奇, $p_4(x)$ 奇;

(2) 周期性: $p_1(x+\pi) = p_1(x)$, $p_2(x+\pi) = -p_2(x)$(因为 $\cos(x+\pi) = -\cos x$), $p_3(x+\pi) = -p_3(x)$, $p_4(x+\pi) = p_4(x)$.

先看(1),此时一个显然的结论是,对任何以 T 为周期的函数 $f(x)$,有
$$f(x) = \frac{f(x) + f(-x)}{2} + \frac{f(x) - f(-x)}{2},$$

其中 $g(x) = \dfrac{f(x)+f(-x)}{2}$ 是以 T 为周期的偶函数，$h(x) = \dfrac{f(x)-f(-x)}{2}$ 是以 T 为周期的奇函数.

现在要进一步分拆 $g(x)$ 和 $h(x)$，使之同时满足(1)和(2).

再看(2)，此时一个显然的结论是，对任何以 T 为周期的函数 $g(x)$，令

$$G_1(x) = g(x) + g\left(x + \dfrac{T}{2}\right), \quad G_2(x) = g(x) - g\left(x + \dfrac{T}{2}\right),$$

则

$$G_1\left(x + \dfrac{T}{2}\right) = G_1(x), \quad G_2\left(x + \dfrac{T}{2}\right) = -G_1(x).$$

取 $T = 2\pi$，可想到令

$$p_1(x) = g(x) + g(x+\pi), \quad p_2(x) = g(x) - g(x+\pi),$$
$$p_3(x) = h(x) - h(x+\pi), \quad p_4(x) = h(x) + h(x+\pi).$$

最后，适当延拓定义域即可.

记 $g(x) = \dfrac{f(x)+f(-x)}{2}$，$h(x) = \dfrac{f(x)-f(-x)}{2}$，则 $f(x) = g(x) + h(x)$，且 $g(x)$ 是偶函数，$h(x)$ 是奇函数.

容易验证：对任意的 $x \in \mathbf{R}$，有 $g(x+2\pi) = g(x)$，$h(x+2\pi) = h(x)$.

令

$$f_1(x) = \dfrac{g(x) + g(x+\pi)}{2},$$

$$f_2(x) = \begin{cases} \dfrac{g(x) - g(x+\pi)}{2\cos x} & \left(x \neq k\pi + \dfrac{\pi}{2}\right), \\ 0 & \left(x = k\pi + \dfrac{\pi}{2}\right), \end{cases}$$

$$f_3(x) = \begin{cases} \dfrac{h(x) - h(x+\pi)}{2\sin x} & (x \neq k\pi), \\ 0 & (x = k\pi), \end{cases}$$

$$f_4(x) = \begin{cases} \dfrac{h(x) + h(x+\pi)}{2\sin 2x} & (x \neq \dfrac{k\pi}{2}), \\ 0 & (x = \dfrac{k\pi}{2}), \end{cases}$$

其中 k 为任意整数.

容易验证 $f_i(x)(i=1,2,3,4)$ 是偶函数,且对任意的 $x \in \mathbf{N}$,$f_i(x+\pi) = f_i(x)(i=1,2,3,4)$.

下面证明对任意的 $x \in \mathbf{R}$,有 $f_1(x) + f_2(x)\cos x = g(x)$.

当 $x \neq k\pi + \dfrac{\pi}{2}$ 时,方程显然成立;

当 $x = k\pi + \dfrac{\pi}{2}$ 时,因为

$$f_1(x) + f_2(x)\cos x = f_1(x) = \dfrac{g(x) + g(x+\pi)}{2},$$

而

$$g(x+\pi) = g\left(k\pi + \dfrac{3\pi}{2}\right) = g\left(k\pi + \dfrac{3\pi}{2} - 2(k+1)\pi\right)$$

$$= g\left(-k\pi - \dfrac{\pi}{2}\right) = g\left(k\pi + \dfrac{\pi}{2}\right) = g(x),$$

所以对任意的 $x \in \mathbf{R}$,$f_1(x) + f_2(x)\cos x = g(x)$.

下面证明对任意的 $x \in \mathbf{R}$,有 $f_3(x)\sin x + f_4(x)\sin 2x = h(x)$.

当 $x \neq \dfrac{k\pi}{2}$ 时,方程显然成立;

当 $x = k\pi$ 时,$h(x) = h(k\pi) = h(k\pi - 2k\pi) = h(-k\pi) = -h(k\pi)$,所以 $h(x) = h(k\pi) = 0$,而此时 $f_3(x)\sin x + f_4(x)\sin 2x = 0$,所以 $h(x) = f_3(x)\sin x + f_4(x)\sin 2x$;

当 $x = k\pi + \dfrac{\pi}{2}$ 时,$h(x+\pi) = h\left(k\pi + \dfrac{3\pi}{2}\right) = h\left(k\pi + \dfrac{3\pi}{2} - 2(k+1)\pi\right)$

4 逆向思考

$$= h\left(-k\pi - \frac{\pi}{2}\right) = -h\left(k\pi + \frac{\pi}{2}\right) = -h(x), 所以 f_3(x)\sin x =$$
$$\frac{h(x) - h(x+\pi)}{2} = h(x), 又 f_4(x)\sin 2x = 0, 从而有 h(x) = f_3(x)$$
$\sin x + f_4(x)\sin 2x$.

于是,对任意的 $x \in \mathbf{R}$,有 $f_3(x)\sin x + f_4(x)\sin 2x = h(x)$.

综上所述,结论得证.

6. 考察逆命题:先任意作一个正三角形 $\triangle DEF$,再过点 D 作直线与 BC 平行,过点 E 作直线与 CA 平行,过点 F 作直线与 AB 平行,设三直线交成一个 $\triangle A'B'C'$,由于 $\triangle A'B'C'$ 与 $\triangle ABC$ 的对应边互相平行,所以 $\triangle A'B'C' \sim \triangle ABC$,按适当的比例伸缩,可使 $\triangle A'B'C' \cong \triangle ABC$,此时,$\triangle DEF$ 经伸缩后得到的三角形就是 $\triangle ABC$ 的内接正三角形.

现在,将最初任意作的正三角形 $\triangle DEF$ 任意旋转一定的角度,按上述方法,又可作出 $\triangle ABC$ 的内接正三角形.注意旋转是任意的,从而可作出无数个 $\triangle ABC$ 的内接正三角形.

7. 因为 $\angle DEF$,$\angle A$ 都是 $\angle AEF$ 的余角,从而 $\angle DEF = \angle A$.
同理 $\angle EFD = \angle B$,$\angle FDE = \angle C$,于是 $\triangle DEF \sim \triangle ABC$.

考察逆命题:先作 $\triangle DEF$,使其与 $\triangle ABC$ 相似,再过点 D 作与 BC 垂直的直线,过点 E 作与 CA 垂直的直线,过点 F 作与 AB 垂直的直线,设三直线交成一个 $\triangle A'B'C'$,由上面的论证,$\triangle A'B'C' \sim \triangle DEF$,又 $\triangle DEF \sim \triangle ABC$,所以 $\triangle A'B'C' \sim \triangle ABC$,按适当的比例伸缩,可使 $\triangle A'B'C' \cong \triangle ABC$,此时,$\triangle DEF$ 经伸缩后得到的三角形就是 $\triangle ABC$ 的合乎要求的内接三角形.

8. 考察逆命题:先作 $\triangle DEF$,使其与 $\triangle ABC$ 相似,再过点 D 任作直线 l_1,然后过点 E 作直线 l_2,使 l_2 到 l_1 的角等于 $\angle C$,最后过点 F 作直线 l_3,使 l_3 到 l_2 的角等于 $\angle A$,设三直线交成一个 $\triangle A'B'C'$,由于 $\triangle A'B'C'$ 与 $\triangle DEF$ 有两个内角对应相等,所以 $\triangle A'B'C' \sim$

△DEF，又△DEF∽△ABC，所以△A'B'C'∽△ABC，按适当的比例伸缩，可使△A'B'C'≌△ABC，此时，△DEF 经伸缩后得到的三角形就是△ABC 的合乎要求的内接三角形.

由直线 l_1 的任意性，可知△ABC 的合乎要求的内接三角形有无数个.

9. 每次操作黑箱增加一个球，最后黑箱中有 n 个球，从而恰操作 n 次.

对某一状态 $a=(a_0,a_1,a_2,\cdots,a_n)$，操作一次后的状态记为 $a'=(a'_0,a'_1,a'_2,\cdots,a'_n)$，我们证明，$a$ 由 a' 唯一确定.

首先注意到操作一次后，必有某个白箱的球数变为 0，设 i 是使 $a'_i=0$ 的最小下标，又设操作是对第 k 个箱子进行的，那么
$$a'=(a_0+1,a_1+1,\cdots,a_{k-1}+1,0,a_{k+1},a_{k+2},\cdots,a_n).$$

注意到 $a_0+1,a_1+1,\cdots,a_{k-1}+1>0$，从而 $i=k$. 由此可知，a' 只能由前一状态对第 i 个箱子操作得到，从而前一状态为 $a=(a_0-1,a_1-1,\cdots,a_{i-1}-1,i,a_{i+1},a_{i+2},\cdots,a_n)$，即 a' 的前一状态 a 是唯一确定的. 由此可知，最初状态是唯一确定的.

10. 本题的操作方式虽然是不确定的，但所有可能的操作方式也只有少数几种，从而也可模拟操作：列举所有可能的操作结果.

注意到操作时数的位数不减(重新排列数位不减少数字)，从而一旦达到四位数就可以忽略以后的操作(肯定不会出现 811)，从而解题一定能获得成功. 但由于各种情况较多，过程较为烦琐. 如果采用逆向考虑：探索能否通过 811，采用"逆"操作得到 1，则问题变得容易解决.

原操作的"逆"操作是：将一个数的数字重新排列得到一个偶数(因为原操作乘以 2 只能得到偶数)，然后除以 2.

对于 811，要重新排列数字得到偶数，只能是 118，所以"逆"操作一次后只能得到 59. 而 59 无法再进行"逆"操作，即没有数可以操作得到 59，从而不可能由 811 通过"逆"操作得到 1，故按原操作，不能

由 1 得出 811.

11. 各顶点放置数的不同情况只有有限种,于是,必定存在正整数 $p,q(p<q)$,操作 p 次之后各顶点处的数与操作 q 次之后各顶点处的数完全相同.

如果 $p=1$,则结论成立.

如果 $p>1$,则由此逆推:操作 $p-1$ 次之后各顶点处的数与操作 $q-1$ 次之后各顶点处的数完全相同,操作 $p-2$ 次之后各顶点处的数与操作 $q-2$ 次之后各顶点处的数完全相同,$\cdots$,操作 1 次之后各顶点处的数与操作 $q-p+1$ 次之后各顶点处的数完全相同,结论成立.

12. 用 (m,n) 表示两堆糖分别有 m,n 块的状态,若先走者获胜,则称为胜局,否则为负局.我们先证明如下结论:

(1) $(n,1)$ 是胜局.

(2) $(2,2),(2,3),(3,3)$ 都是负局.

实际上,取出其中任何一堆,另一堆分成两堆时必有其中一堆为 1,得到胜局,对方获胜.

(3) 当 m,n 中有一个属于区间 $[4,6]$ 时,(m,n) 是胜局.

实际上,若 $m\in[4,6]$,则先取出 n 块,将另一堆中的 m 块分成 $(2,2),(2,3),(3,3)$ 之一,得到负局.

综合 (1) 和 (3),当 m,n 中有一个属于 $\{1,4,5,6\}$ 时,(m,n) 是胜局.

(4) 进一步可知,当 m 和 $n\in\{2,3,7,8\}$ 时,(m,n) 是负局.

实际上,其中任何一个数分为两个数时,只能是如下胜局之一:$(1,1),(1,2),(1,6),(2,5),(3,4),(1,7),(2,6),(3,5),(4,4)$.

(5) 当 m,n 中有一个属于 $\{9,10,11\}$ 时,(m,n) 是胜局.

实际上,剩下 9,10,11 块,都可以分成如下负局之一:$(2,7),(3,7),(3,8)$.

综合(1)、(3)、(5),当 m,n 中有一个属于 $\{1,4,5,6,9,10,11\}$ 时,(m,n) 是胜局.

(6) 当 m,n 都属于 $\{2,3,7,8,12,13\}$ 时,(m,n) 是负局.

实际上,剩下 12,13 块,只能分成如下胜局之一:$(1,11),(2,9)$, $\cdots,(6,6),(1,12),(2,11),\cdots,(6,7)$.

注意到上述情况,猜想:m,n 都属于 $A=\{x\mid x\equiv 2,3\pmod 5\}$ 时,(m,n) 为负局;m,n 中有一个属于 $B=\{x\mid x\equiv 0,1,4\pmod 5\}$ 时,(m,n) 为胜局.

下面证明操作具有如下的性质:

(1) 对于局势 (m,n),其中 m,n 都属于 $A=\{x\mid x\equiv 2,3\pmod 5\}$,操作一次,不论如何操作,得到局势 (m',n'),则必有 m',n' 中有一个属于 $B=\{x\mid x\equiv 0,1,4\pmod 5\}$.

实际上,若操作将 $5k+i(i=2$ 或 $3)$ 分拆为 m',n' 两部分,即 $m'+n'=5k+i(m'n'\neq 0)$.

若 $m'\in B$,则然;若 $m'\in A$,令 $m'=5p+j(j=2$ 或 $3)$,那么 $n'=5k+i-m'=(5k+i)-(5p+j)=5(k-p)+i-j$,而 $i-j=-1,0,1$,所以 $n'\in B$.

(2) 对于局势 (m,n),其中 m 或 $n\in A'=\{x\mid x\equiv 0,1,4\pmod 5\}$,则可适当操作一次,得到局势 (m',n'),使 m',n' 都属于 $A=\{x\mid x\equiv 2,3\pmod 5\}$.

实际上,不妨设 $m\in B$,令 $m=5k+i(i=0,1,4)$.

若 $i=0$,则将 m 分拆成 $5(k-1)+2$ 与 3 即可.

若 $i=1$,则将 m 分拆成 $5(k-1)+3$ 与 3 即可.

若 $i=4$,则将 m 分拆成 $5(k-1)+2$ 与 2 即可.

综上所述,m,n 都属于 $A=\{x\mid x\equiv 2,3\pmod 5\}$ 时,(m,n) 为负局;m,n 中有一个属于 $B=\{x\mid x\equiv 0,1,4\pmod 5\}$ 时,(m,n) 为胜局.

5 差异思考

本章介绍更换角度的一种方式:差异思考.所谓差异思考,就是寻找问题某些对象之间的不同点,由此发现解题途径.

从某种意义上讲,解题过程就是不断发现差异、逐步实现条件与目标和谐统一的转化过程,因此,发现题中相关对象间的差异,继而思考如何消除这些差异,常可找到解题的突破口.

差异可分为内部差异与外部差异两种.如果我们将数学问题系统的各个部分,比如:初始状态、目标状态、题设条件、相关知识、基本方法等,都称为问题系统的子系统,那么,所谓内部差异,就是同一子系统中各对象之间的差异,而外部差异,就是不同子系统中有关对象之间的差异.消除内部差异,可以减少研究对象、减少研究对象的不同表现形式,协调各对象之间的相互关系,使问题得到简化.消除外部差异,则可创造运用条件、知识、方法的前提,实现问题的转化.

常见的差异思考方式有:数值差异、元素差异、结构差异等.

 数值差异

所谓数值差异,就是各个对象在有关数值上存在的差异,常见的数值差异有:系数差异、指数差异、项数差异等.

例1 计算:

$$\frac{1}{1+x^{p-q}+x^{p-r}} + \frac{1}{1+x^{q-r}+x^{q-p}} + \frac{1}{1+x^{r-p}+x^{r-q}}.$$

分析与解 分式相加的关键是"通分",但本题如果将各分式分母的积作为公分母,则其计算相当复杂.现在,我们观察各分式分母中 x 的指数.

在第一个分式中,x 的指数分别为 $p-q, p-r$,在第二个分式中,x 的指数分别为 $q-r, q-p$,在第三个分式中,x 的指数分别为 $r-p, r-q$,如果我们只观察其带"负号"的指数,则分别为 $-q, -r$;$-r, -p$;$-p, -q$.从总体上看,带"负号"的指数是 $-p, -q, -r$,而第一个分式缺少 $-p$,第二个分式缺少 $-q$,第三个分式缺少 $-r$.如果我们对每一个分式都补充其缺省的部分,则可消除其差异.

对于第一个分式,要补充带负号的指数 $-p$,只需利用分式的基本性质,分子、分母同乘以 x^{-p} 即可,这样

$$\frac{1}{1+x^{p-q}+x^{p-r}} = \frac{x^{-p}}{x^{-p}+x^{-q}+x^{-r}}.$$

至此,即可发现各分母的公分母为 $x^{-p}+x^{-q}+x^{-r}$,进而求得原式的值为

$$\frac{x^{-p}}{x^{-p}+x^{-q}+x^{-r}} + \frac{x^{-q}}{x^{-p}+x^{-q}+x^{-r}} + \frac{x^{-r}}{x^{-p}+x^{-q}+x^{-r}} = 1.$$

例2 已知 $\frac{3}{2} \leqslant x \leqslant 5$,求证:$2\sqrt{x+1} + \sqrt{2x-3} + \sqrt{15-3x}$ $< 2\sqrt{19}$.(2003年全国高中数学联赛试题)

分析与证明 若直接利用 Cauchy 不等式,则有
$$2\sqrt{x+1} + \sqrt{2x-3} + \sqrt{15-3x}$$
$$\leqslant \sqrt{(2^2+1^2+1^2)(x+1+2x-3+15-3x)}$$
$$= \sqrt{6 \times 13}.$$

但 $2\sqrt{19} = \sqrt{4 \times 19} = \sqrt{76} < \sqrt{6 \times 13}$,上述变形放缩过宽.

观察不等式左边各个根式的系数,有两个系数为1,另一个系数

为 2,而运用 Cauchy 不等式时,系数 2 产生了"2^2",从而导致放缩过宽,现在消除问题当前状态内部的系数差异:将系数 2 修改为 1,即 $2\sqrt{x+1}$ 分拆为 $\sqrt{x+1}+\sqrt{x+1}$,这样,再由 Cauchy 不等式,有

$$2\sqrt{x+1}+\sqrt{2x-3}+\sqrt{15-3x}$$
$$=\sqrt{x+1}+\sqrt{x+1}+\sqrt{2x-3}+\sqrt{15-3x}$$
$$\leqslant \sqrt{(1^2+1^2+1^2+1^2)(x+1+x+1+2x-3+15-3x)}$$
$$=\sqrt{4(x+14)} \leqslant 2\sqrt{5+14}=2\sqrt{19}.$$

若不等式等号成立,则

$$\sqrt{x+1}=\sqrt{x+1}=\sqrt{2x-3}=\sqrt{15-3x},$$

此方程无解,所以等号不成立,故原不等式获证.

例 3 设 n 是大于 2 的自然数,求证:$\dfrac{1+\dfrac{1}{2}+\cdots+\dfrac{1}{n}}{n} > \sqrt[n]{n+1}-1$.

分析与证明 先化为"和大于积"的基本不等式形式,原不等式等价于

$$n+\left(1+\frac{1}{2}+\frac{1}{3}+\cdots+\frac{1}{n}\right) > n\cdot\sqrt[n]{n+1}.$$

观察上式右边的系数"n",想到左边应为 n 项,于是,将左边的 n 拆成 $1+1+\cdots+1$,与后面各项相加,由平均值不等式,得

$$\text{左}=(1+1)+\left(1+\frac{1}{2}\right)+\left(1+\frac{1}{3}\right)+\cdots+\left(1+\frac{1}{n}\right)$$
$$=2+\frac{3}{2}+\frac{4}{3}+\cdots+\frac{n+1}{n} \geqslant n\cdot\sqrt[n]{n+1}.$$

其中等号不成立,这是因为各项不相等,命题获证.

例 4 设 n 为自然数,求证:$\left(1+\dfrac{1}{n}\right)^n < \left(1+\dfrac{1}{n+1}\right)^{n+1}$.

分析与证明 这是一个常用的不等式,在一般的数学分析书中

都是用二项式定理来证明的,利用均值不等式证明则过程简单,直截了当.

先将不等式整理为"积小于和"的基本形式:
$$\sqrt[n+1]{\left(1+\frac{1}{n}\right)^n} < 1+\frac{1}{n+1}.$$

观察不等式的左边,发现其根指数与被开方数的因子个数存在差异,分别为 $n+1$ 与 n.

为了利用均值不等式,先应消除指数与因子个数之间的差异,由于根指数 $n+1$ 难以变成 n,而将因子个数 n 变成 $n+1$ 是很容易的,配一个因子 1 即可. 于是

$$\sqrt[n+1]{\left(1+\frac{1}{n}\right)^n} = \sqrt[n+1]{\left(1+\frac{1}{n}\right)^n \cdot 1} \leqslant \frac{n\left(1+\frac{1}{n}\right)+1}{n+1} = 1+\frac{1}{n+1}.$$

注意到 $1+\frac{1}{n} \neq 1$,从而上式中等号不成立,命题获证.

例 5 设 $k, n \in \mathbf{N}, 1 < k \leqslant n, x_1, x_2, \cdots, x_n \in \mathbf{R}^+$,且 $x_1 + x_2 + \cdots + x_k = x_1 x_2 \cdots x_k$. 求证:$x_1^{n-1} + x_2^{n-1} + \cdots + x_k^{n-1} \geqslant kn$.(1989 年德国数学奥林匹克试题)

分析与证明 先由 k 元均值不等式,得

$$\begin{aligned} x_1^{n-1} + x_2^{n-1} + \cdots + x_k^{n-1} &\geqslant k \cdot \sqrt[k]{(x_1 x_2 \cdots x_k)^{n-1}} \\ &= k \cdot (x_1 x_2 \cdots x_k)^{\frac{n-1}{k}}. \end{aligned} \quad ①$$

现在,我们来建立关于"$x_1 x_2 \cdots x_k$"的不等式,注意到条件中给出了一个含有"$x_1 x_2 \cdots x_k$"的等式,将其转化为关于"$x_1 x_2 \cdots x_k$"的不等式即可.

这就要将等式中的 $x_1 + x_2 + \cdots + x_k$ 转化为(包括放缩变形) $x_1 x_2 \cdots x_k$ 的形式,这直接利用 k 元均值不等式即可. 于是

$$x_1 x_2 \cdots x_k = x_1 + x_2 + \cdots + x_k \geqslant k(x_1 x_2 \cdots x_k)^{\frac{1}{k}},$$

所以 $x_1 x_2 \cdots x_k \geqslant k^{\frac{k}{k-1}}$.

5 差异思考

将之代入式①,得

$$x_1^{n-1} + x_2^{n-1} + \cdots + x_k^{n-1} \geqslant k \cdot (x_1 x_2 \cdots x_k)^{\frac{n-1}{k}}$$
$$\geqslant k \cdot (k^{\frac{k}{k-1}})^{\frac{n-1}{k}} = k \cdot k^{\frac{n-1}{k-1}}.$$

上式与目标比较,即可发现只需证明:

$$k^{\frac{n-1}{k-1}} \geqslant n.$$

再将上述不等式整理成"积小于和"的基本形式:

$$\sqrt[n-1]{n^{k-1}} \leqslant k.$$

由不等式左边根指数为 $n-1$,想到根号下应有 $n-1$ 个因子,从而应配上 $n-k$ 个1,有

$$\sqrt[n-1]{n^{k-1}} = \sqrt[n-1]{n^{k-1} \cdot 1^{n-k}} \leqslant \frac{(k-1)n + (n-k)}{n-1} = k.$$

综上所述,命题获证.

例6 设 $a_i \in \mathbf{R}, n > 1$,且 $A + \sum_{i=1}^{n} a_i^2 < \frac{(\sum_{i=1}^{n} a_i)^2}{n-1}$,求证:$A < 2a_i a_j$.(第38届普特南数学竞赛试题)

分析与证明 本题的目标是 $A < 2a_i a_j$,由对称性只需证明:$A < 2a_1 a_2$. 从条件出发,向目标靠近,有

$$A < \frac{(\sum_{i=1}^{n} a_i)^2}{n-1} - \sum_{i=1}^{n} a_i^2,$$

于是,我们只需证明:

$$\frac{(\sum_{i=1}^{n} a_i)^2}{n-1} \leqslant 2a_1 a_2 + \sum_{i=1}^{n} a_i^2.$$

发现差异:由不等式左边分母的系数"$n-1$",想到不等式右边应看成是 $n-1$ 个项的和,但右边有 $n+1$ 个项,这就要将其中的3个项合并为一个项以利用Cauchy不等式.

注意到不等式右边有一个独特的项 $2a_1a_2$,从而应将 $a_1^2+a_2^2$ 与 $2a_1a_2$ 合并在一起,这样,从右边入手,我们有

$$2a_1a_2 + \sum_{i=1}^{n}a_i^2 = (a_1+a_2)^2 + a_3^2 + \cdots + a_n^2$$
$$\geqslant \frac{1}{n-1}((a_1+a_2)+a_3+\cdots+a_n)^2$$
$$= \frac{\left(\sum_{i=1}^{n}a_i\right)^2}{n-1}.$$

综上所述,命题获证.

 元素差异

所谓元素差异,就是各个对象包含的元素(通常是组成对象的字母)存在的差异. 比如,某个对象含有某个特定的字母,而另一个对象却不含有该特定的字母等.

例 1 设 $x,y \in \mathbf{R}$,求证:
$$\cos^2(x-3y) + \cos^2 3y - 2\cos(x-3y)\cos x\cos 3y = \sin^2 x.$$

分析与证明 先对问题进行系统整理,将有关对象按其特点分类组合:等式左边的表现形式比较混乱,既含有角度 x,y 的和差,又含有角度 x,y 的单角与倍角形式,而等式右边只含有角度 x,y 的单角,于是,应将等式左边仅含有角度 x,y 的单角与倍角形式的部分移到等式右边,这样,等式变为

$$\cos^2(x-3y) - 2\cos(x-3y)\cos x\cos 3y = \sin^2 x - \cos^2 3y. \quad ①$$

至此,再观察等式的左边,其内部存在角度差异:有的角是 $x-3y$,而有的角是 $x,3y$. 为了消除差异,可设想将 $x-3y$ 转化为 $x,3y$,或将 $x,3y$ 转化为 $x-3y$.

如果采用前者,则势必展开 $\cos(x-3y)$,此时,等式左边的表达

式非常烦琐,因而只能采用后者:将 $x,3y$ 转化为 $x-3y$,这只需将 $2\cos x\cos 3y$ 积化和差即可. 于是

式① 左边 $= \cos^2(x-3y) - \cos(x-3y)$
$\cdot (\cos(x+3y) + \cos(x-3y))$
$= -\cos(x-3y)\cos(x+3y).$

将上式与式①右边比较,发现它们的主要差异是角度差异,此时,展开 $\cos(x-3y), \cos(x+3y)$ 比较方便,从而考虑将 $x-3y$ 转化为 $x, 3y$,得

$-\cos(x-3y)\cos(x+3y) = \sin^2 x\sin^2 3y - \cos^2 x\cos^2 3y.$

继续将上式与式①右边比较,发现它们的主要差异是函数差异:x 的单角函数应为正弦,而 y 的 3 倍角函数应为余弦,于是,利用

$$\sin^2 3y = 1 - \cos^2 3y, \quad \cos^2 x = 1 - \sin^2 x,$$

得

$\sin^2 x\sin^2 3y - \cos^2 x\cos^2 3y$
$= \sin^2 x(1 - \cos^2 3y) - (1 - \sin^2 x)\cos^2 3y$
$= \sin^2 x - \sin^2 x\cos^2 3y - \cos^2 3y + \sin^2 x\cos^2 3y$
$=$ 式① 右边.

综上所述,命题获证.

例 2 设 $\sin x = a\sin y, \tan x = b\tan y$,求证:$\cos^2 x = \dfrac{a^2 - 1}{b^2 - 1}$.

分析与证明 考察条件与目标的元素差异:条件中含有角度 x,y,而目标中只含有角度 x,从而解题的关键是在条件中消去角度 y.

为了在条件中消去角度 y,先观察条件中含有 y 的对象:$\sin y$,$\tan y$,需建立这两者之间的关系,以此消去 y.

联想到与 $\sin y$ 和 $\tan y$ 联系密切的、具有"消去 y"的功能的恒等式:

$$\csc^2 y - \cot^2 y = 1,$$

此式左边含有 y，右边不含 y，从而从左边到右边具有"消去 y"的功能，这样，将 $\sin x = a\sin y, \tan x = b\tan y$，变形得
$$\csc y = a\csc x, \quad \cot y = b\cot x,$$
所以
$$a^2\csc^2 x - b^2\cot^2 x = \csc^2 y - \cot^2 y = 1.$$

至此，将上式与目标比较，角度差异已消除，尚存在函数差异，这只需利用"切割化弦"，将 $\csc x, \cot x$ 都化为 $\cos x$ 即可，于是
$$1 = a^2\csc^2 x - b^2\cot^2 x = \frac{a^2}{\sin^2 x} - \frac{b^2\cos^2 x}{\sin^2 x}$$
$$= \frac{a^2}{1 - \cos^2 x} - \frac{b^2\cos^2 x}{1 - \cos^2 x},$$
解此关于 $\cos^2 x$ 的方程，得
$$\cos^2 x = \frac{a^2 - 1}{b^2 - 1}.$$

例 3 设 $x = a^{\frac{1}{1-\log_a y}}, y = a^{\frac{1}{1-\log_a z}}$，求证：$z = a^{\frac{1}{1-\log_a x}}$.

分析与证明 本题显然不能用"$z \to a^{\frac{1}{1-\log_a x}}$"的解题路线，而只能用"$x = a^{\frac{1}{1-\log_a y}}, y = a^{\frac{1}{1-\log_a z}} \to z = a^{\frac{1}{1-\log_a x}}$"的路线. 那么当前状态 $x = a^{\frac{1}{1-\log_a y}}, y = a^{\frac{1}{1-\log_a z}}$ 与目标 $z = a^{\frac{1}{1-\log_a x}}$ 之间的明显差异是所含字母不同：当前状态含有 a, x, y, z，而目标状态不含 y，于是，应将当前状态中的 y 消去.

因为 $y = a^{\frac{1}{1-\log_a z}}$，所以 $\log_a y = \frac{1}{1-\log_a z}$，即
$$\frac{1}{1 - \log_a y} = \frac{\log_a z - 1}{\log_a z},$$
故
$$x = a^{\frac{1}{1-\log_a y}} = a^{\frac{\log_a z - 1}{\log_a z}} \Rightarrow \log_a x = \frac{\log_a z - 1}{\log_a z} = 1 - \frac{1}{\log_a z}$$
$$\Rightarrow \frac{1}{\log_a z} = 1 - \log_a x$$

$$\Rightarrow \log_a z = \frac{1}{1-\log_a x} \Rightarrow z = a^{\frac{1}{1-\log_a x}}.$$

例 4 设 $x = t^{\frac{1}{t-1}}, y = t^{\frac{t}{t-1}}(t>0, t\neq 1)$,求证:$x^y = y^x$.

分析与证明 因为目标中不含 t,从而本题的关键显然是要消去 t,但如何消元,似乎并不容易,因为条件之间存在差异,需要通过构造两个条件之间的相同结构,才能进行"代入"消元. 由

$$y = t^{\frac{t}{t-1}} = t^{1+\frac{1}{t-1}} = t \cdot t^{\frac{1}{t-1}} = tx,$$

得 $t = \dfrac{y}{x}$. 所以

$$x = t^{\frac{1}{t-1}} = \left(\frac{y}{x}\right)^{\frac{1}{\frac{y}{x}-1}} = \left(\frac{y}{x}\right)^{\frac{x}{y-x}},$$

至此,两边取对数,即可化简得到所证结果. 实际上

$$\lg x = \frac{x}{y-x} \lg \frac{y}{x} \Rightarrow (y-x)\lg x = x(\lg y - \lg x)$$

$$\Rightarrow y\lg x = x\lg y \Rightarrow x^y = y^x.$$

例 5 (1) 设 $a, b, c \in \mathbf{R}^+$,$(a^2+b^2+c^2)^2 > 2(a^4+b^4+c^4)$,求证:$a, b, c$ 构成一个三角形的三边.

(2) 设 $a_1, a_2, \cdots, a_n \in \mathbf{R}^+$, $n>2$, $(a_1^2+a_2^2+\cdots+a_n^2)^2 > (n-1)(a_1^4+a_2^4+\cdots+a_n^4)$,求证:$a_i, a_j, a_k (i<j<k)$ 构成一个三角形的三边.

(第 3 届 CMO 试题)

分析与证明 (1) 很容易,因为 a, b, c 构成三角形三边的充要条件是 $a+b-c>0, b+c-a>0, c+a-b>0$,于是,我们期望不等式两边作差后出现这些因式. 不妨设 $a \geqslant b \geqslant c$,由题给条件得

$$0 > 2(a^4+b^4+c^4) - (a^2+b^2+c^2)^2$$

$$= a^4+b^4+c^4 - 2(a^2b^2+b^2c^2+c^2a^2)$$

$$= (a^2+b^2-c^2)^2 - 4a^2b^2$$

$$= (a^2+b^2-c^2+2ab)(a^2+b^2-c^2-2ab)$$

$$= ((a+b)^2 - c^2)((a-b)^2 - c^2)$$
$$= (a+b+c)(a+b-c)(a-b+c)(a-b-c).$$

因为 $a+b+c>0, a+b-c>0, a-b+c>0$，所以 $a-b-c<0$，即 $b+c>a$，故 a,b,c 构成一个三角形的三边．

另解 a,b,c 构成三角形三边的充要条件为 $|a-b|<c<a+b$，即 $(a-b)^2<c^2<(a+b)^2$．

我们视 a,b 为常数，由题给条件求出 c 的范围即可．将题给条件不等式整理成关于 c^2 的二次不等式，有
$$c^4 - 2(a^2+b^2)c^2 + a^4 + b^4 - 2a^2b^2 < 0,$$
相应的二次方程的两根为 $(a-b)^2, (a+b)^2$，所以
$$(a-b)^2 < c^2 < (a+b)^2,$$
故 a,b,c 构成一个三角形的三边．

(2) 利用(1)的结果，并注意到对称性，我们只需证明：
$$(a_1^2 + a_2^2 + a_3^2)^2 > 2(a_1^4 + a_2^4 + a_3^4) \qquad ①$$
观察条件：
$$(a_1^2 + a_2^2 + \cdots + a_n^2)^2 > (n-1)(a_1^4 + a_2^4 + \cdots + a_n^4).$$

将其与目标不等式①比较，发现其差异是上式含有 $a_4, a_5, \cdots, a_n$，须消去，于是要将不等式左边的 $(a_1^2 + a_2^2 + \cdots + a_n^2)^2$ 适当"展开"，化为 4 次方和的形式，以便与不等式右边的相关项抵消．显然不能用恒等变形，否则展开式太繁，只能用 Cauchy 不等式进行放缩变形．

先尝试直接利用 Cauchy 不等式，则有
$$(n-1)\sum_{i=1}^n a_i^4 < \left(\sum_{i=1}^n a_i^2\right)^2 \leqslant \sum_{i=1}^n 1^2 \sum_{i=1}^n (a_i^2)^2 = n \sum_{i=1}^n a_i^4.$$

此时不等式右边虽然出现了期望的 $\sum_{i=1}^n a_i^4$，但不等式两边的系数分别为 $n-1, n$，从而无法抵消 $a_i^4 (i \geqslant 4)$．

从系数考虑，由于不等式左边的系数是 $n-1$，从而期望利用

Cauchy 不等式后,得到的系数也是 $n-1$,这就要将式子 $\left(\sum_{i=1}^{n} a_i^2\right)$ 看成是 $n-1$ 个项的和.

如何并项？注意到解题目标式①中含有 $(a_1^2 + a_2^2 + a_3^2)^2$,因而应将 $a_1^2 + a_2^2 + a_3^2$ 看成一项,但此时只有 $n-2$ 项,为了得到 $n-1$ 项,还须将 $a_1^2 + a_2^2 + a_3^2$ 平均分割为两项的和,于是,由条件得

$$(n-1)\sum_{i=1}^{n} a_i^4 < \left(\sum_{i=1}^{n} a_i^2\right)^2$$
$$= \left(\frac{1}{2}(a_1^2 + a_2^2 + a_3^2) + \frac{1}{2}(a_1^2 + a_2^2 + a_3^2) + a_4^2 + \cdots + a_n^2\right)^2$$
$$\leqslant \left(\frac{1}{4}(a_1^2 + a_2^2 + a_3^2)^2 + \frac{1}{4}(a_1^2 + a_2^2 + a_3^2)^2 + a_4^4 + \cdots + a_n^4\right)$$
$$\cdot (1^2 + 1^2 + \cdots + 1^2),$$

约去系数 $n-1$,得

$$\sum_{i=1}^{n} a_i^4 < \frac{1}{2}(a_1^2 + a_2^2 + a_3^2)^2 + a_4^4 + \cdots + a_n^4,$$
$$a_1^4 + a_2^4 + a_3^4 < \frac{1}{2}(a_1^2 + a_2^2 + a_3^2)^2,$$
$$(a_1^2 + a_2^2 + a_3^2)^2 > 2(a_1^4 + a_2^4 + a_3^4),$$

由(1)的结论可知,a_1, a_2, a_3 构成一个三角形的三边,再由对称性,$a_i, a_j, a_k (i<j<k)$ 构成一个三角形的三边,故结论成立.

 结构差异

所谓结构差异,就是各个对象的构成形式上存在的差异. 比如,某个对象是若干个元素相加的"和"的形式,而另一个对象却是若干个元素相乘的"积"的形式等.

例 1 设 $2^{6a} = 3^{3b} = 6^{2c}$,求证：$2ac = b(3a-c)$.

分析与证明 本题显然不能用从左至右："$2ac \to b(3a-c)$"的

解题路线,而只能采用整体目标"$2^{6a} = 3^{3b} = 6^{2c} \to 2ac = b(3a-c)$"的路线.

那么当前状态 $2^{6a} = 3^{3b} = 6^{2c}$ 与目标 $2ac = b(3a-c)$ 之间,所含字母没有差异,都同时含有 a,b,c. 但具有结构差异:当前状态是"指数式",而目标状态是"多项式",于是,应将当前状态中的指数"放"下来,这利用对数性质即可. 于是,由

$$2^{6a} = 3^{3b} = 6^{2c},$$

得

$$6a\lg 2 = 3b\lg 3 = 2c\lg 6.$$

进一步将当前状态与目标比较,差异是目标没有对数值 $\lg 2$, $\lg 3$, $\lg 6$. 如何消去它们?发掘隐含条件:$\lg 2 + \lg 3 = \lg 6$. 令

$$6a\lg 2 = 3b\lg 3 = 2c\lg 6 = k,$$

由此可"解脱"$\lg 2, \lg 3, \lg 6$,然后相加:

$$\lg 2 = \frac{k}{6a}, \quad \lg 3 = \frac{k}{3b}, \quad \lg 6 = \frac{k}{2c},$$

于是

$$\frac{k}{6a} + \frac{k}{3b} = \frac{k}{2c}, \quad 2ac = b(3a-c).$$

另解 注意到条件指数式中的"底"都是 6 的因数,从而可取以 6 为底的对数. 这样,由

$$2^{6a} = 3^{3b} = 6^{2c},$$

得

$$6a\log_6 2 = 3b\log_6 3 = 2c \Rightarrow \log_6 2 = \frac{2c}{6a}, \log_6 3 = \frac{2c}{3b}$$

$$\Rightarrow \frac{2c}{6a} + \frac{2c}{3b} = 1$$

$$\Rightarrow 2ac = b(3a-c).$$

例 2 设 $x, y, z \in \mathbf{R}$,求证:

5 差异思考

$$\sin(x+y-z) + \sin(x-y+z) + \sin(-x+y+z)$$
$$= \sin(x+y+z) + 4\sin x \sin y \sin z.$$

分析与证明 首先,考察等式两边角度差异,等式左边含有的角都是 x,y,z 的和或差,而等式右边既含有 x,y,z 的和也含有 x,y,z 的单角正弦.由此可见,应将 $\sin(x+y+z)$ 移到等式的左边,以实现同一边所含角度形式的统一.这样,等式变为

$$\sin(x+y-z) + \sin(x-y+z)$$
$$+ \sin(-x+y+z) - \sin(x+y+z)$$
$$= 4\sin x \sin y \sin z.$$

再观察上述等式左右两边的结构差异,左边是若干个正弦值的和,而右边是若干个正弦值的积,利用三角中的"和差化积"公式,可以消除这一差异.于是

$$\sin(x+y-z) + \sin(x-y+z)$$
$$+ \sin(-x+y+z) - \sin(x+y+z)$$
$$= 2\sin x \cos(y-z) + 2\cos(y+z)\sin(-x)$$
$$= 2\sin x (\cos(y-z) - \cos(y+z))$$
$$= 4\sin x \sin y \sin z.$$

例 3 设 a,b,c,d 为正数,且 $a>c+d, b>c+d$,求证:$ab>ac+bd$.

分析与证明 本题显然只能选择这样的路线:$a>c+d, b>c+d \to ab>ac+bd$.

为消除结构差异,考虑如何由条件凑出目标左边的"ab",这有如下一些途径:

(1) 条件中两个不等式相乘;

(2) 第一个不等式乘以 b 或第二个不等式乘以 a.

通过尝试,只能选择后者,这样,有

$$ab > bc + bd, \quad ab > ac + ad,$$

至此,矛盾实现了转化,只需证明 $bc+bd$, $ac+ad$ 中有一个不小于 $ac+bd$,这作差比较即可:
$$bc+bd-(ac+bd)=bc-ac=c(b-a),$$
$$ac+ad-(ac+bd)=ad-bd=d(a-b),$$
上述两个差中至少一个非负,从而结论成立.

另证 为消除结构差异,考虑如何由条件凑出目标右边的"$ac+bd$",由此想到构造两个因式的积:$(a-d)(c-b)$. 于是,将条件变为
$$a-d>c, \quad b-c>d,$$
两不等式相乘,得
$$ab+cd-ac-bd>cd \Rightarrow ab-ac-bd>0$$
$$\Rightarrow ab>ac+bd.$$
后一种证法不需分类,一气呵成,它来源于消除目标不同位置的结构差异!

例4 设 $a_i, b_i \in \mathbf{R}^+$, $\sum_{i=1}^{n} a_i = \sum_{i=1}^{n} b_i$, 求证: $\sum_{i=1}^{n} \dfrac{a_i^2}{a_i+b_i} \geqslant \dfrac{1}{2}\sum_{i=1}^{n} a_i$. (1991年亚太地区数学竞赛试题)

分析与证明 不等式左边是"分式"结构,而右边是"整式"结构,从不等式的左边到右边,需要"去分母". 这里的"去分母"并非恒等变形,而是利用不等式进行放缩变形.

考察局部: $\dfrac{a_i^2}{a_i+b_i}$, 为了去掉分母,对之配上一项 a_i+b_i, 这样,由平均值不等式,有
$$\sum_{i=1}^{n}\left(\dfrac{a_i^2}{a_i+b_i}+(a_i+b_i)\right) \geqslant \sum_{i=1}^{n} 2a_i. \qquad ①$$
但由此不能导出原不等式,究其原因,是因为不等式①的等号不能达到:原不等式在 $a_i=b_i$ 时等号成立,而此时 $\dfrac{a_i^2}{a_i+b_i} \neq a_i+b_i$, 因

而应进行系数修正. 注意到 $a_i = b_i$ 时,$\frac{a_i^2}{a_i+b_i} = \frac{a_i}{2}$,而 $a_i + b_i = 2a_i$,于是 $\frac{a_i^2}{a_i+b_i}$ 只可能与 $\frac{1}{4}(a_i+b_i)$ 相等. 所以

$$\sum_{i=1}^{n}\left(\frac{a_i^2}{a_i+b_i} + \frac{1}{4}(a_i+b_i)\right) \geqslant \sum_{i=1}^{n} a_i,$$

移项即得原不等式.

例 5 设 $x, y, z \in \mathbf{R}^+$,求证:$\sum \frac{x}{\sqrt{x^2+8yz}} \geqslant 1$. (第 42 届 IMO 试题)

分析与证明 观察结构差异,可知不等式从左边到右边,需要将分式化为整式. 考察 $\frac{x}{\sqrt{x^2+8yz}}$,为了利用平均值不等式"约去"分子、分母,使之变成一个常数,想到配一个项:$\frac{\sqrt{x^2+8yz}}{x}$,但要进行系数修正:原不等式在 $x = y = z$ 时等号成立,此时 $\frac{x}{\sqrt{x^2+8yz}} = \frac{1}{3}$,而 $\frac{\sqrt{x^2+8yz}}{x} = 3$,应配上修正系数 $\frac{1}{9}$,于是

$$\sum\left(\frac{x}{\sqrt{x^2+8yz}} + \frac{\sqrt{x^2+8yz}}{9x}\right) \geqslant \sum\left(2\sqrt{\frac{x}{\sqrt{x^2+8yz}} \cdot \frac{\sqrt{x^2+8yz}}{9x}}\right) = 2. \quad ①$$

又

$$\sum\left(\frac{x}{\sqrt{x^2+8yz}} - \frac{\sqrt{x^2+8yz}}{9x}\right) = \sum \frac{9x^2 - (x^2+8yz)}{9x \cdot \sqrt{x^2+8yz}}$$

$$\geqslant \sum \frac{8x^2 - 8yz}{M}$$

$$= \frac{8(\sum x^2 - \sum yz)}{M} \geqslant 0, \quad ②$$

其中 $M = \max\{9x \cdot \sqrt{x^2+8yz}, 9y \cdot \sqrt{y^2+8zx}, 9z \cdot \sqrt{z^2+8xy}\}$.

① + ②,得 $\sum \dfrac{x}{\sqrt{x^2+8yz}} \geq 1$.

例 6 设 $x, y, z \in \mathbf{R}^+, x+y+z=1$,求证:$\sum \dfrac{x^4}{y(1-y)} \geq \dfrac{1}{6}$.

分析与证明 观察结构差异,可知不等式从左边到右边,需要将分式化为整式.考察 $\dfrac{x^4}{y(1-y)}$,为了利用平均值不等式"约去"分母,须配上两个项:$y+(x+z)$,为了将分子中的 x^4 变成一次式 x,以便利用条件 $x+y+z=1$,需要使用四元平均值不等式,因而要求整体上有 4 个项,现在已有 3 个项:$\dfrac{x^4}{y(1-y)}, y, x+z$,还需配上一个常数项 1,因此一共要对 $\dfrac{x^4}{y(1-y)}$ 配上 3 个项:$y+(x+z)+1$.

最后,还要进行系数修正:原不等式在 $x=y=z=\dfrac{1}{3}$ 时等号成立,此时 $\dfrac{x^4}{y(1-y)}=\dfrac{1}{18}$,于是,$y$ 应配上修正系数 $\dfrac{1}{6}$,$x+z$ 应配上修正系数 $\dfrac{1}{12}$,常数项"1"应配上修正系数 $\dfrac{1}{18}$,于是

$$\dfrac{x^4}{y(1-y)} + \dfrac{y}{6} + \dfrac{x+z}{12} + \dfrac{1}{18} \geq \dfrac{2x}{3},$$

此式轮换相加即证.

例 7 设 $a_i, b_i \in \mathbf{R}^+, \sum_{i=1}^n a_i^2 = (\sum_{i=1}^n b_i^2)^3$,求证:$\sum_{i=1}^n \dfrac{b_i^3}{a_i} \geq 1$.

分析与证明 不等式左边是"分式"结构,而右边是"整式"(常数)结构,从不等式的左边到右边,需要"去分母".

考察整体和:$\sum_{i=1}^n \dfrac{b_i^3}{a_i}$,为了去掉分母,可对之配上因式 $\sum_{i=1}^n a_i$;再

考虑到分子 b_i^3 的开方,想到所配因式应含有因子 b_i,使 b_i 的指数变成偶数(便于开平方),于是应从整体上配上因式:$\sum_{i=1}^{n} a_i b_i$.这样,利用 Cauchy 不等式,得

$$\sum_{i=1}^{n} a_i b_i \sum_{i=1}^{n} \frac{b_i^3}{a_i} \geqslant (\sum_{i=1}^{n} b_i^2)^2,$$

$$\sum_{i=1}^{n} \frac{b_i^3}{a_i} \geqslant \frac{(\sum_{i=1}^{n} b_i^2)^2}{\sum_{i=1}^{n} a_i b_i}. \qquad ①$$

至此,为了利用条件:$\sum_{i=1}^{n} a_i^2 = (\sum_{i=1}^{n} b_i^2)^3$,应构造出 $(\sum_{i=1}^{n} b_i^2)^3$.于是,对式 ① 右边的"分子"采用先平方再开方的技巧,并利用上述条件,得

$$\sum_{i=1}^{n} \frac{b_i^3}{a_i} \geqslant \frac{(\sum_{i=1}^{n} b_i^2)^2}{\sum_{i=1}^{n} a_i b_i} = \frac{\sqrt{(\sum_{i=1}^{n} b_i^2)^4}}{\sum_{i=1}^{n} a_i b_i} = \frac{\sqrt{(\sum_{i=1}^{n} b_i^2)^3 \sum_{i=1}^{n} b_i^2}}{\sum_{i=1}^{n} a_i b_i}$$

$$= \frac{\sqrt{\sum_{i=1}^{n} a_i^2 \sum_{i=1}^{n} b_i^2}}{\sum_{i=1}^{n} a_i b_i} \geqslant 1.$$

综上所述,不等式获证.

例 8 设正数 a,b,c,x,y,z 满足:$cy+bz=a$,$az+cx=b$,$bx+ay=c$,求函数

$$f(x,y,z) = \frac{x^2}{1+x} + \frac{y^2}{1+y} + \frac{z^2}{1+z}$$

的最小值.(2005 年全国高中数学联赛试题)

分析与解 本题原来的解答很繁,我们这里先给出一个简单的解法.

由条件得 $x = \dfrac{b^2 + c^2 - a^2}{2bc}$，于是

$$\dfrac{x^2}{1+x} = \dfrac{(b^2+c^2-a^2)^2}{2bc((b+c)^2-a^2)},$$

所以

$$f(x,y,z) = \sum \dfrac{x^2}{1+x} = \sum \dfrac{(b^2+c^2-a^2)^2}{2bc((b+c)^2-a^2)}.$$

我们的目标是：$\sum \dfrac{(b^2+c^2-a^2)^2}{2bc((b+c)^2-a^2)} \geqslant C$（常数），为消除目标左右两边的结构差异，需要去分母，想到从整体上配因式 $\sum 2bc((b+c)^2-a^2)$，这样，利用 Cauchy 不等式，得

$$\sum 2bc((b+c)^2-a^2) \cdot \sum \dfrac{(b^2+c^2-a^2)^2}{2bc((b+c)^2-a^2)}$$
$$\geqslant \left(\sum (b^2+c^2-a^2)\right)^2 = (a^2+b^2+c^2)^2.$$

现在估计所配因式的范围：

$$\sum 2bc((b+c)^2 - a^2)$$
$$= \sum 2bc(b^2 + c^2 + 2bc - a^2)$$
$$= \sum 4b^2c^2 + \sum 2bc(b^2 + c^2 - a^2)$$
$$\leqslant \sum 4b^2c^2 + \sum (b^2 + c^2)(b^2 + c^2 - a^2)$$
$$= \sum 4b^2c^2 + \sum (b^2+c^2)^2 - \sum (b^2+c^2)a^2$$
$$= \sum 2b^2c^2 + \sum (b^2+c^2)^2$$
$$= \sum 4b^2c^2 + \sum (b^4 + c^4)$$
$$= 2\left(\sum 2b^2c^2 + \sum a^4\right) = 2(a^2+b^2+c^2)^2,$$

所以

$$f(x,y,z) = \sum \dfrac{(b^2+c^2-a^2)^2}{2bc((b+c)^2-a^2)}$$

5 差异思考

$$\geqslant \frac{(a^2+b^2+c^2)^2}{\sum 2bc((b+c)^2-a^2)} \geqslant \frac{(a^2+b^2+c^2)^2}{2(a^2+b^2+c^2)^2} \geqslant \frac{1}{2}.$$

又当 $a=b=c$，即 $x=y=z=\frac{1}{2}$ 时，$f(x,y,z)=\frac{1}{2}$，故 $f(x,y,z)$ 的最小值是 $\frac{1}{2}$.

另解 由条件得 $x=\dfrac{b^2+c^2-a^2}{2bc}$ 等，注意到 $x>0$，从而 $(b+c)^2 > b^2+c^2 > a^2$，所以 a,b,c 构成一个锐角三角形，且 $x=\cos\angle A$ 等，于是

$$f(x,y,z) = \sum \frac{x^2}{1+x} = \sum \frac{\cos^2\angle A}{1+\cos\angle A} = \sum \frac{\cos^2\angle A}{2\cos^2\frac{\angle A}{2}}.$$

下面证明 $\sum \dfrac{\cos^2\angle A}{\cos^2\frac{\angle A}{2}} \geqslant 1$.

在 $\triangle ABC$ 中，对任何实数 u,v,w，都有

$$u^2+v^2+w^2 \geqslant 2vw\cos\angle A + 2wu\cos\angle B + 2uv\cos\angle C.$$

令 $u=\tan\dfrac{\angle A}{2}$ 等，有

$$\sum \tan^2 \frac{\angle A}{2}$$

$$\geqslant 2\sum \tan\frac{\angle B}{2}\tan\frac{\angle C}{2}\cos\angle A$$

$$= 2\sum \tan\frac{\angle B}{2}\tan\frac{\angle C}{2}\left(1-2\sin^2\frac{\angle A}{2}\right)$$

$$= 2\sum \tan\frac{\angle B}{2}\tan\frac{\angle C}{2} - 4\sum \tan\frac{\angle B}{2}\tan\frac{\angle C}{2}\sin^2\frac{\angle A}{2}$$

$$= 2 - 4\sum \tan\frac{\angle B}{2}\tan\frac{\angle C}{2}\sin^2\frac{\angle A}{2}$$

$$= 1 - 4\sin\frac{\angle A}{2}\sin\frac{\angle B}{2}\sin\frac{\angle C}{2}\sum\frac{\sin\frac{\angle A}{2}}{\cos\frac{\angle B}{2}\cos\frac{\angle C}{2}}$$

$$= 2 - 4\sin\frac{\angle A}{2}\sin\frac{\angle B}{2}\sin\frac{\angle C}{2}\sum\frac{\frac{1}{2}\sin\angle A}{\cos\frac{\angle A}{2}\cos\frac{\angle B}{2}\cos\frac{\angle C}{2}}$$

$$= 2 - 2\sin\frac{\angle A}{2}\sin\frac{\angle B}{2}\sin\frac{\angle C}{2}\frac{\sum\sin\angle A}{\cos\frac{\angle A}{2}\cos\frac{\angle B}{2}\cos\frac{\angle C}{2}}$$

$$= 2 - 8\sin\frac{\angle A}{2}\sin\frac{\angle B}{2}\sin\frac{\angle C}{2}.$$

因为

$$\sin\frac{\angle A}{2} = \cos\frac{\angle B + \angle C}{2} = \cos\frac{\angle B}{2}\cos\frac{\angle C}{2} - \sin\frac{\angle B}{2}\sin\frac{\angle C}{2}$$

$$= \sqrt{\cos^2\frac{\angle B}{2}\cos^2\frac{\angle C}{2}} - \sin\frac{\angle B}{2}\sin\frac{\angle C}{2}$$

$$= \sqrt{\left(1 - \sin^2\frac{\angle B}{2}\right)\left(1 - \sin^2\frac{\angle C}{2}\right)} - \sin\frac{\angle B}{2}\sin\frac{\angle C}{2},$$

移项,得

$$\left(\sin\frac{\angle A}{2} + \sin\frac{\angle B}{2}\sin\frac{\angle C}{2}\right)^2 = \left(1 - \sin^2\frac{\angle B}{2}\right)\left(1 - \sin^2\frac{\angle C}{2}\right),$$

$$\sum\sin^2\frac{\angle A}{2} + 2\sin\frac{\angle A}{2}\sin\frac{\angle B}{2}\sin\frac{\angle C}{2} = 1,$$

于是,由上式得

$$\sum\tan^2\frac{\angle A}{2} \geq 2 - 4\left(1 - \sum\sin^2\frac{\angle A}{2}\right) = 4\sum\sin^2\frac{\angle A}{2} - 2,$$

$$\sum\sec^2\frac{\angle A}{2} \geq 4\sum\sin^2\frac{\angle A}{2} + 1,$$

$$\sum\left[\frac{1}{\cos^2\frac{\angle A}{2}} - 4\sin^2\frac{\angle A}{2}\right] \geq 1,$$

5 差异思考

通分整理即为 $\sum \dfrac{\cos^2 \angle A}{\cos^2 \dfrac{\angle A}{2}} \geqslant 1$. 于是

$$f(x,y,z) = \sum \dfrac{\cos^2 \angle A}{2\cos^2 \dfrac{\angle A}{2}} \geqslant \dfrac{1}{2}.$$

又当 $a = b = c, x = y = z = \dfrac{1}{2}$ 时,$f(x,y,z) = \dfrac{1}{2}$,从而 $f(x,y,z)$ 的最小值是 $\dfrac{1}{2}$.

注 有趣的是,本题化为 $f(x,y,z) = \sum \dfrac{x^2}{1+x} = \sum \dfrac{\cos^2 \angle A}{1+\cos \angle A}$,却不能使用 Cauchy 不等式,而 $f(x,y,z)$ 化为 $\sum \dfrac{(b^2+c^2-a^2)^2}{2bc((b+c)^2-a^2)}$,则可使用 Cauchy 不等式,这是因为后者对分子、分母约去了公因子 $2bc$,从而放缩更精细些.

这道题目初看起来比较平易,给人一种立刻想到直接使用 Cauchy 不等式的通畅思路的惊喜,殊不知,这是一个极大的误区,本题的难度和技巧正好在这里设置了较好的陷阱.

实际上,由 Cauchy 不等式知

$$\begin{aligned} f(x,y,z) &= \dfrac{x^2}{1+x} + \dfrac{y^2}{1+y} + \dfrac{z^2}{1+z} \geqslant \\ &= \dfrac{(x+y+z)^2}{3+x+y+z} = \dfrac{u^2}{3+u} \quad (\text{记 } u = x+y+z) \\ &= u + 3 + \dfrac{9}{u+3} - 6 = x + \dfrac{9}{x} - 6 \quad (x = u+3 > 3). \end{aligned}$$

到此,在 $x > 3$ 的情况下,无法求得函数 $f(x) = x + \dfrac{9}{x}$ 的最小值.

例 9 设 $a, b, c > 0$,求证:$\dfrac{a}{b+c} + \dfrac{b}{c+a} + \dfrac{c}{a+b} +$

$\sqrt{\dfrac{ab+bc+ca}{a^2+b^2+c^2}} \geqslant \dfrac{5}{2}$. (2011 年西班牙数学奥林匹克试题)

分析与证明 不等式左边明显可分为两部分 $A = \dfrac{a}{b+c} + \dfrac{b}{c+a}$

$+ \dfrac{c}{a+b}$ 与 $B = \sqrt{\dfrac{ab+bc+ca}{a^2+b^2+c^2}}$，这两部分都是 a,b,c 的对称式，但结构存在差异，所以，我们先将其中一部分向另一部分靠拢，以消除不等式左边的"内部差异".

考察 $\dfrac{a}{b+c} + \dfrac{b}{c+a} + \dfrac{c}{a+b}$，从约分考虑，可配上因子 $(b+c) + (c+a) + (a+b)$，于是

$$((b+c)+(c+a)+(a+b))\left(\dfrac{a}{b+c}+\dfrac{b}{c+a}+\dfrac{c}{a+b}\right)$$
$$\geqslant (a+b+c)^2,$$
$$A = \dfrac{a}{b+c}+\dfrac{b}{c+a}+\dfrac{c}{a+b} \geqslant \dfrac{(a+b+c)^2}{2ab+2bc+2ca}$$
$$= 1 + \dfrac{a^2+b^2+c^2}{2ab+2bc+2ca} = 1 + \dfrac{1}{2B^2},$$

所以

$$A + B \geqslant 1 + \dfrac{1}{2B^2} + B = 1 + \dfrac{1}{2B^2} + \dfrac{B}{2} + \dfrac{B}{2} \geqslant 1 + \dfrac{3}{2} = \dfrac{5}{2},$$

不等式获证.

例 10 设 $x_i \in \mathbf{R}^+$, $x_i y_i - z_i^2 > 0 (i = 1,2)$，求证：

$$\dfrac{8}{(x_1+x_2)(y_1+y_2)-(z_1+z_2)^2} \leqslant \dfrac{1}{x_1 y_1 - z_1^2} + \dfrac{1}{x_2 y_2 - z_2^2}.$$

(第 11 届 IMO 试题)

分析与证明 不等式稍作变形，即可呈现 Cauchy 不等式的结构：去掉不等式左边的分母，不等式等价于

$$((x_1+x_2)(y_1+y_2)-(z_1+z_2)^2) \cdot \sum_{i=1}^{2} \dfrac{1}{x_i y_i - z_i^2} \geqslant 8. \quad ①$$

5 差异思考

为了消除式①两边的结构差异,考虑去掉 $\sum_{i=1}^{2}\dfrac{1}{x_iy_i-z_i^2}$ 中的分母 $x_iy_i-z_i^2$,可从整体上配因式 $\sum_{i=1}^{2}(x_iy_i-z_i^2)$.

但不等式①中已有因式 $(x_1+x_2)(y_1+y_2)-(z_1+z_2)^2$,从而应将其向所需要配的因式 $x_1y_1-z_1^2,x_2y_2-z_2^2$ 转化.

为了产生 $x_iy_i-z_i^2$,可先思考如何产生 x_iy_i,想到利用 Cauchy 不等式:

$$(x_1+x_2)(y_1+y_2)-(z_1+z_2)^2$$
$$\geqslant (\sqrt{x_1y_1}+\sqrt{x_2y_2})^2-(z_1+z_2)^2$$
$$= (\sqrt{x_1y_1}+\sqrt{x_2y_2}+z_1+z_2)(\sqrt{x_1y_1}+\sqrt{x_2y_2}-z_1-z_2)$$
$$= (\sqrt{x_1y_1}+z_1+\sqrt{x_2y_2}+z_2)(\sqrt{x_1y_1}-z_1+\sqrt{x_2y_2}-z_2)$$
$$\geqslant (\sqrt{x_1y_1-z_1^2}+\sqrt{x_2y_2-z_2^2})^2.$$

所以

$$((x_1+x_2)(y_1+y_2)-(z_1+z_2)^2)\cdot\sum_{i=1}^{2}\dfrac{1}{x_iy_i-z_i^2}$$
$$\geqslant (\sqrt{x_1y_1-z_1^2}+\sqrt{x_2y_2-z_2^2})^2$$
$$\quad \cdot\left(\dfrac{1}{(\sqrt{x_1y_1-z_1^2})^2}+\dfrac{1}{(\sqrt{x_2y_2-z_2^2})^2}\right)$$
$$\geqslant (\sqrt{x_1y_1-z_1^2}+\sqrt{x_2y_2-z_2^2})^2$$
$$\quad \cdot\dfrac{\left(\dfrac{1}{\sqrt{x_1y_1-z_1^2}}+\dfrac{1}{\sqrt{x_2y_2-z_2^2}}\right)^2}{2}$$
$$\geqslant \dfrac{(\sqrt{1}+\sqrt{1})^4}{2}=8,$$

不等式获证.

有些问题,需要依次消除多种形式的差异.

例 11 计算 $\tan 20° + 4\sin 20°$. (1993 年高考理科试题)

分析与解

$$\tan 20° + 4\sin 20° = \frac{\sin 20° + 2\sin 40°}{\cos 20°} \quad \text{(消除函数差异)}$$

$$= \frac{\sin 20° + 2\sin(60° - 20°)}{\cos 20°} \quad \text{(消除角度差异)}$$

$$= \frac{\sin 20° + 2\sin 60°\cos 20° - 2\cos 60°\sin 20°}{\cos 20°}$$

（消除运算结构差异）

$$= \frac{2\sin 60°\cos 20°}{\cos 20°} = 2\sin 60° = \sqrt{3}.$$

例 12 设 $\tan\alpha\tan\beta = \dfrac{1}{\sqrt{3}}$，求 $(2 - \cos 2\alpha)(2 - \cos 2\beta)$.

分析与解 先从条件入手，消除其与目标的函数差异，利用"切割"化"弦"，得

$$\frac{\sin\alpha\sin\beta}{\cos\alpha\cos\beta} = \frac{1}{\sqrt{3}}.$$

考察目标，消除其与条件的运算结构差异，得
$$(2 - \cos 2\alpha)(2 - \cos 2\beta) = 4 + \cos 2\alpha\cos 2\beta - 2(\cos 2\alpha + \cos 2\beta).$$

再消除条件与目标的角度差异，需要利用半角公式，先平方可避免讨论符号：

$$\frac{\sin^2\alpha\sin^2\beta}{\cos^2\alpha\cos^2\beta} = \frac{1}{3} \Rightarrow 3\sin^2\alpha\sin^2\beta = \cos^2\alpha\cos^2\beta.$$

$$3(1 - \cos 2\alpha)(1 - \cos 2\beta) = (1 + \cos 2\alpha)(1 + \cos 2\beta)$$
$$\Rightarrow \cos 2\alpha\cos 2\beta - 2(\cos 2\alpha + \cos 2\beta) = -1,$$

故原式 $= 4 - 1 = 3$.

另解 从目标入手，直接消除目标与条件的函数差异，将"弦"化"切"即可：

$$(2 - \cos 2\alpha)(2 - \cos 2\beta) = \left(2 - \frac{1 - \tan^2\alpha}{1 + \tan^2\alpha}\right)\left(2 - \frac{1 - \tan^2\beta}{1 + \tan^2\beta}\right)$$

5 差异思考

$$= \frac{1+3\tan^2\alpha}{1+\tan^2\alpha} \cdot \frac{1+3\tan^2\beta}{1+\tan^2\beta}$$

$$= \frac{1+3\tan^2\alpha+3\tan^2\beta+9\tan^2\alpha\tan^2\beta}{1+\tan^2\alpha+\tan^2\beta+\tan^2\alpha\tan^2\beta}$$

$$= \frac{4+3\tan^2\alpha+3\tan^2\beta}{\frac{4}{3}+\tan^2\alpha+\tan^2\beta} = 3.$$

例 13 设 $\alpha, \beta \in \left(0, \dfrac{\pi}{2}\right)$，且 $3\sin^2\alpha + 2\sin^2\beta = 1$，$3\sin 2\alpha - 2\sin 2\beta = 0$，求 $\alpha + 2\beta$ 的值.

分析与解 先消除目标与条件的运算结构差异，想到计算 $\sin(\alpha+2\beta)$，从而目标变为 $\sin(\alpha+2\beta) = \sin\alpha\cos 2\beta + \cos\alpha\sin 2\beta = C$（常数）.

采用 $\sin(\alpha+2\beta) = \sin\alpha\cos 2\beta + \cos\alpha\sin 2\beta \to C$ 的解题路线，则当前状态与目标状态存在元素差异，需要在当前状态中消去 α, β，这只需考虑如何恰当利用题给的条件等式.

先消去 β 比较容易，因为由题给条件，可将当前状态中的 $\sin 2\beta$，$\cos 2\beta$ 用 α 的三角函数表示：

$$\sin 2\beta = \frac{3}{2}\sin 2\alpha, \quad \cos 2\beta = 1 - 2\sin^2\beta = 3\sin^2\alpha. \quad ①$$

将式①代入当前状态，得

$$\sin(\alpha+2\beta) = \sin\alpha\cos 2\beta + \cos\alpha\sin 2\beta = 3\sin\alpha.$$

至此，目标变为：$\sin\alpha = C'$（常数）.

将此子目标与题给条件比较，发现解题的本质是在两条件等式中消去 β，这利用 $\sin^2 2\beta + \cos^2 2\beta = 1$ 即可. 于是，将式①代入此式，得

$$1 = \sin^2 2\beta + \cos^2 2\beta = \left(\frac{3}{2}\sin 2\alpha\right)^2 + (3\sin^2\alpha)^2$$

$$= 9\sin^2\alpha\cos^2\alpha + 9\sin^4\alpha = 9\sin^2\alpha,$$

解得 $\sin\alpha = \dfrac{1}{3}$.

所以 $\sin(\alpha+2\beta) = 3\sin\alpha = 1$,由此得 $\alpha+2\beta = \dfrac{\pi}{2}$.

反思:如果我们最初在消除目标与条件的运算结构差异时,注意到余弦与正弦处于平行地位,不选择计算 $\sin(\alpha+2\beta)$,而改为计算 $\cos(\alpha+2\beta)$,则当前状态所出现的函数种类数目是相同的.此时

$$\cos(\alpha+2\beta) = \cos\alpha\cos 2\beta - \sin\alpha\sin 2\beta$$
$$= \cos\alpha \cdot 3\sin^2\alpha - \sin\alpha \cdot \dfrac{3}{2}\sin\alpha = 0.$$

同样得到 $\alpha+2\beta = \dfrac{\pi}{2}$,且解答过程出乎意料的简单.

再反思:能否有其他的解题路线?答案是肯定的,我们可选择这样的解题路线:$3\sin^2\alpha + 2\sin^2\beta = 1$,$3\sin 2\alpha - 2\sin 2\beta = 0 \to \alpha+2\beta = \angle C$(常数).

先消除条件与目标的角度差异,将条件中的角 $2\alpha,\beta$,分别化为 $\alpha,2\beta$,有

$$3\sin^2\alpha = 1 - 2\sin^2\beta = \cos 2\beta, \quad 6\sin\alpha\cos\alpha = 2\sin 2\beta.$$

再消除函数差异,减少函数种类(逐步逼近目标),两式相除,得

$$\tan\alpha = \cot 2\beta = \tan(90°-2\beta).$$

至此,不难去掉三角函数符号:由 $\tan x$ 在 $\left(-\dfrac{\pi}{2},\dfrac{\pi}{2}\right)$ 上的单调性知 $\alpha = \dfrac{\pi}{2}-2\beta$,故 $\alpha+2\beta = \dfrac{\pi}{2}$.

例 14 设 $\alpha,\beta\in\left(0,\dfrac{\pi}{2}\right)$,且 $\cos\alpha = \sqrt{\dfrac{2}{3}}$,$\cos\beta = \dfrac{\sqrt{6}+1}{2\sqrt{3}}$,求 $\alpha-\beta$ 的值.

分析与解 解题目标是 $\alpha-\beta = \angle C$(常数),为消除目标状态与当前状态(条件)之间的运算结构差异,可考虑计算 $\sin(\alpha-\beta)$ 或

$\cos(\alpha-\beta)$,这势必要计算 $\sin\beta$,过程很复杂. 能否避免求 $\sin\beta$?

变换目标,将 β 单独放在等式的一边,目标变为 $\alpha-\angle C=\beta$,为消除目标状态与当前状态(条件)之间的运算结构差异,可由 $\cos(\alpha-\angle C)=\cos\beta$,寻找常数 $\angle C$. 由条件,有

$$\frac{\sqrt{6}+1}{2\sqrt{3}}=\cos\beta=\cos(\alpha-\angle C)=\cos\alpha\cos\angle C+\sin\alpha\sin\angle C$$
$$=\sqrt{\frac{2}{3}}\cos\angle C+\sqrt{\frac{1}{3}}\sin\angle C.$$

注意到

$$\frac{\sqrt{6}+1}{2\sqrt{3}}=\sqrt{\frac{2}{3}}\cdot\frac{\sqrt{3}}{2}+\sqrt{\frac{1}{3}}\cdot\frac{1}{2}=\sqrt{\frac{2}{3}}\cos\frac{\pi}{6}+\sqrt{\frac{1}{3}}\sin\frac{\pi}{6},$$

所以 $\angle C=\frac{\pi}{6}$ 时上式成立,即

$$\cos\beta=\cos\left(\alpha-\frac{\pi}{6}\right).$$

又因为 $\alpha,\beta\in\left(0,\frac{\pi}{2}\right)$,且 $\cos\alpha=\sqrt{\frac{2}{3}}<\frac{\sqrt{3}}{2}$,所以 $\alpha>\frac{\pi}{6}$,因此 $\alpha-\frac{\pi}{6},\beta\in\left(0,\frac{\pi}{2}\right)$,而 $\cos x$ 在 $\left(0,\frac{\pi}{2}\right)$ 单调,所以 $\alpha-\frac{\pi}{6}=\beta$,即 $\alpha+\beta=\frac{\pi}{6}$.

例 15 在 $\triangle ABC$ 中,$\tan\angle A,\tan\angle B,\tan\angle C$ 成等差数列,且 $f(\cos 2\angle C)=\cos(\angle B+\angle C-\angle A)$. 求函数 $f(x)$ 的解析式.

分析与解 对于函数 $f(x)$,它的解析式中只能含有一个字母 x,但题给条件中含有 3 个字母 $\angle A,\angle B,\angle C$,所以要建立 $\angle A,\angle B,\angle C$ 之间的关系,进而消元.

因为 $\angle B+\angle C=\pi-\angle A$,所以由题给条件得

$$\cos(\angle B+\angle C-\angle A)=\cos(\pi-\angle A-\angle A)=-\cos 2\angle A,$$

故

$$f(\cos 2\angle C) = -\cos 2\angle A. \qquad ①$$

下面还要进一步消元,先建立 $\angle A, \angle C$ 之间的关系.由于 $\tan\angle A, \tan\angle B, \tan\angle C$ 成等差数列,所以

$$\tan\angle A + \tan\angle C = 2\tan\angle B = -2\tan(\angle A + \angle C)$$
$$= \frac{2\tan\angle A + 2\tan\angle C}{\tan\angle A \tan\angle C - 1},$$

$$\tan\angle A \tan\angle C = 3, \quad \tan\angle A = 3\cot\angle C.$$

上式表明,若条件中含有 $\tan\angle A$,则可消去 $\angle A$,化为 $\angle C$ 的函数.但题给条件式①中含有的是 $\cos 2\angle A$,须将其先化为 $\tan\angle A$,即 $\cos 2\angle A = \dfrac{1-\tan^2\angle A}{1+\tan^2\angle A}$,将其代入式①,得

$$f(\cos 2\angle C) = \frac{\tan^2\angle A - 1}{1 + \tan^2\angle A} = \frac{9\cot^2\angle C - 1}{1 + 9\cot^2\angle C} = \frac{9 - \tan^2\angle C}{9 + \tan^2\angle C}.$$
$$\qquad ②$$

注意到式②中左右两边所含的函数不同,应消除差异,将式②变为

$$f\!\left(\frac{1-\tan^2\angle C}{1+\tan^2\angle C}\right) = \frac{9-\tan^2\angle C}{9+\tan^2\angle C}. \qquad ③$$

至此,已化为一个标准的函数方程问题,利用代入法易解.

令 $\dfrac{1-\tan^2\angle C}{1+\tan^2\angle C} = x$,则 $\tan^2\angle C = \dfrac{1-x}{1+x}$,将之代入式③,得

$$f(x) = \frac{9 - \dfrac{1-x}{1+x}}{9 + \dfrac{1-x}{1+x}} = \frac{4 + 5x}{5 + 4x}.$$

经检验,$f(x)$ 合乎条件.

习 题 5

1. 设 p 为正数,t 为大于 1 的有理数,求证:$(1+p)^t > 1 + tp$.
(伯努利不等式)

5 差异思考

2. 设 n 为自然数,求证:$\left(1+\dfrac{1}{n}\right)^{n+1} > \left(1+\dfrac{1}{n+1}\right)^{n+2}$.

3. 设 $a,b,c \in \mathbf{R}^+$,求证:$a^8+b^8+c^8 \geqslant a^2 b^2 c^2(a^2+b^2+c^2)$.

4. 设 $a,b,c \in \mathbf{R}^+$,$abc=1$,求证:$\sum \dfrac{1}{a^3(b+c)} \geqslant \dfrac{3}{2}$.(第36届 IMO 试题)

5. 设 $a_i \in \mathbf{R}^+$,求证:$\sum_{i=1}^{n} \dfrac{a_i^2}{a_i+1} \geqslant \sum_{i=1}^{n} a_i$.(1984年全国高中数学联赛试题)

6. 设 $a_i \in \mathbf{N}$ 且 a_i 互异,求证:$\sum_{i=1}^{n} \dfrac{a_i}{i^2} \geqslant \sum_{i=1}^{n} \dfrac{1}{i}$.(第20届 IMO 试题)

7. 设点 P 是 $\triangle ABC$ 内一点,点 P 到三边 a,b,c 之距为 x,y,z,求 $\dfrac{a}{x}+\dfrac{b}{y}+\dfrac{c}{z}$ 的最小值.(第22届 IMO 试题)

8. 设 $p_i \in \mathbf{R}^+$,Δ 为 $\triangle A_1 A_2 A_3$ 的面积,求证:$\sum_{i=1}^{3} \dfrac{p_i a_i^2}{p_{i+1}+p_{i+2}} \geqslant 2\sqrt{3}\Delta$.(乔治(George)不等式,1986)

9. 设 $a_i \in \mathbf{R}^+$,求证:$\dfrac{\left(\sum_{i=1}^{n} a_i\right)^2}{2\sum_{i=1}^{n} a_i^2} \leqslant \sum_{i=1}^{n} \dfrac{a_i}{a_{i+1}+a_{i+2}}$.(1992年 IMO 加拿大国家队训练试题)

10. 设 $a_i \in \mathbf{R}^+$,求证:$\sum_{i=1}^{n} \dfrac{a_i^3}{a_{i+1}} \geqslant \dfrac{\left(\sum_{i=1}^{n} a_i\right)^2}{n}$.

11. 求最大的常数 k,使对任何 $x,y,z \in \mathbf{R}^+$,有 $\sum \dfrac{x}{\sqrt{y+z}} \geqslant k\sqrt{x+y+z}$.(1994年通讯赛试题)

12. 求证:用一个正整数除以一个比它小的正整数,被除数一定大于余数的 2 倍.

13. 设 $x_i \in \mathbf{R}^+, x_i y_i - z_i^2 > 0 (1 \leqslant i \leqslant n)$,求证:$\dfrac{n^3}{\sum\limits_{i=1}^{n} x_i \sum\limits_{i=1}^{n} y_i - \left(\sum\limits_{i=1}^{n} z_i\right)^2}$
$\leqslant \sum\limits_{i=1}^{n} \dfrac{1}{x_i y_i - z_i^2}.$(第 11 届 IMO 试题推广)

14. 设实系数多项式 $f(x) = x^n + a_1 x^{n-1} + \cdots + a_0$ 的 n 个实根为 $b_1, b_2, \cdots, b_n (n > 1)$,求证:对任何实数 $x > \max\{b_1, b_2, \cdots, b_n\}$,都有 $f(x+1) \geqslant \dfrac{2n^2}{\sum\limits_{i=1}^{n} \dfrac{1}{x - b_i}}.$

15. 设 $x_1, x_2, \cdots, x_n \in \mathbf{R}, a_1, a_2, \cdots, a_n, b_1, b_2, \cdots, b_n \in \mathbf{N}$,令
$a = \dfrac{\sum\limits_{i=1}^{n} a_i x_i}{\sum\limits_{i=1}^{n} a_i}, b = \dfrac{\sum\limits_{i=1}^{n} b_i x_i}{\sum\limits_{i=1}^{n} b_i}$,求证:存在 $1 \leqslant p \neq q \leqslant n$,使 $|a-b|$
$\leqslant |a - x_p| \leqslant |x_p - x_q|.$

16. 设正实数 a, b, c 满足 $abc = 1$,求证:对于整数 $k \geqslant 2$,有 $\dfrac{a^k}{a+b} + \dfrac{b^k}{b+c} + \dfrac{c^k}{c+a} \geqslant \dfrac{3}{2}.$(2007 年中国东南地区数学奥林匹克试题)

17. 若 $x, y, z \in \mathbf{R}^+$ 且 $x + y + z = 1$,求证:$\dfrac{x^4}{y(1-y^2)} + \dfrac{y^4}{z(1-z^2)} + \dfrac{z^4}{x(1-x^2)} \geqslant \dfrac{1}{8}.$

18. 计算 $\dfrac{\cos 20°}{\sin 20° - 2\cos 10°}.$

19. 设 $\alpha, \beta \in \left(0, \dfrac{\pi}{4}\right)$ 且 $3\sin \beta = \sin(2\alpha + \beta), 4\tan \dfrac{\alpha}{2} = 1 - \tan^2 \dfrac{\alpha}{2}$,求 $\alpha + \beta$ 的值.

20. 计算 $\dfrac{2\cos 10° - \sin 20°}{\sin 70°}$.

21. 已知 $\alpha, \beta \neq k\pi + \pi/2 (k \in \mathbf{Z})$，且 $\cos 2\alpha + \sin^2 \beta = 0$，求 $\tan^2 \alpha - 2\tan^2 \beta$.

22. 设 a, b, c 为实数，i 为虚数单位，求方程 $x^2 + a\mathrm{i}x + (b + c\mathrm{i}) = 0$ 有实根的充要条件.

习题 5 解答

1. 因为 $t > 1$，不妨设 $t = \dfrac{m}{n}$（$m > n$, m, n 为自然数），将不等式化为"积≤和"的形式：$\sqrt[m]{(1+tp)^n} < 1 + p$. 由根指数 m 想到根号下配上 $m - n$ 个 1，有

$$\sqrt[m]{(1+tp)^n} = \sqrt[m]{(1+tp)^n \cdot 1^{m-n}} < \dfrac{n(1+tp) + (m-n)}{m}$$
$$= 1 + p.$$

2. 先将不等式化为"积≤和"的形式：$\sqrt[n+1]{\left(1+\dfrac{1}{n+1}\right)^{n+2}} < 1 + \dfrac{1}{n}$. 由根指数 $n+1$ 想到根号下应有 $n+1$ 个因子，从而须将两个因子合并为一个. 于是

$$\sqrt[n+1]{\left(1+\dfrac{1}{n+1}\right)^{n+2}} = \sqrt[n+1]{\left(1+\dfrac{1}{n+1}\right)\cdots\left(1+\dfrac{1}{n+1}\right)\cdot\left(1+\dfrac{1}{n+1}\right)^2}$$
$$\leqslant \dfrac{n\left(1+\dfrac{1}{n+1}\right) + \left(1+\dfrac{1}{n+1}\right)^2}{n+1}$$
$$= 1 + \dfrac{n+2}{(n+1)^2} + \dfrac{1}{(n+1)^3}$$
$$= 1 + \dfrac{n^2 + 3n + 3}{(n+1)^3} < 1 + \dfrac{1}{n}.$$

最后一步是因为 $\frac{n^2+3n+3}{(n+1)^3} < \frac{1}{n} \Leftrightarrow n(n^2+3n+3) < (n+1)^3$,显然成立,从而上式中等号不成立.

3. 先将原不等式化为"和≥和"的结构,得

$$\frac{a^6}{b^2c^2} + \frac{b^6}{c^2a^2} + \frac{c^6}{a^2b^2} \geqslant a^2 + b^2 + c^2.$$

下面通过多个"局部不等式"的叠加来完成证明,考察 $\frac{a^6}{b^2c^2}$,为了约去分母,似乎应配上一个项 b^2c^2,但它却与不等式右边的结构不同(无法与右边的项合并),从而应配上两项 b^2+c^2,这样利用局部基本不等式,有

$$\frac{a^6}{b^2c^2} + b^2 + c^2 \geqslant 3\left(\frac{a^6}{b^2c^2} \cdot b^2c^2\right)^{\frac{1}{3}} = 3a^2.$$

此式轮换相加即证.

4. 考察左边的一个项 $\frac{1}{a^3(b+c)}$,为了去掉分母中的因式 $b+c$,可对其配上一个项 $b+c$,再注意到分母中的因式 a^3 不方便"开方",要将其变成 a^2,所配项要添加一个因式 a,从而所配的项为 $a(b+c)$.为了照顾到等号成立,需对所配的项添加一个修正系数 $\frac{1}{4}$,变为 $\frac{a(b+c)}{4}$.于是,有

$$\sum \left(\frac{1}{a^3(b+c)} + \frac{a(b+c)}{4}\right) \geqslant \sum \frac{1}{a}.$$

所以

$$\sum \frac{1}{a^3(b+c)} \geqslant \sum \frac{1}{a} - \sum \frac{ab}{2} \geqslant \sum \frac{1}{a} - \sum \frac{1}{2c}$$

$$= \sum \frac{1}{2a} \geqslant \frac{1}{2} \cdot \frac{3}{\sqrt[3]{abc}} = \frac{3}{2}.$$

5. 利用局部不等式,有 $\frac{a_i^2}{a_{i+1}} + a_{i+1} \geqslant 2a_i$,轮换相加即证.

5 差异思考

另证:利用整体不等式,有

$$(a_2 + \cdots + a_n + a_1)\sum_{i=1}^n \frac{a_i^2}{a_{i+1}} \geqslant \left(\sum_{i=1}^n a_i\right)^2,$$

约分即证.

6. 利用局部不等式,有 $\dfrac{a_i}{i^2} + \dfrac{1}{a_i} \geqslant \dfrac{2}{i}$,轮换相加即证.

另证:利用整体不等式,有

$$\sum_{i=1}^n \frac{1}{a_i} \sum_{i=1}^n \frac{a_i}{i^2} \geqslant \left(\sum_{i=1}^n \frac{1}{i}\right)^2,$$

约分即证.

7. 为了去掉 $\dfrac{a}{x} + \dfrac{b}{y} + \dfrac{c}{z}$ 中的分母,想到配上因式 $x + y + z$,但 $x + y + z$ 不是常数,而利用题设条件可以发现 $ax + by + cz = 2S_{\triangle ABC}$(常数),从而应将所配因式修正为 $ax + by + cz$,于是,利用整体不等式,有

$$(ax + by + cz)\left(\frac{a}{x} + \frac{b}{y} + \frac{c}{z}\right) \geqslant (a + b + c)^2.$$

所以 $\dfrac{a}{x} + \dfrac{b}{y} + \dfrac{c}{z} \geqslant \dfrac{(a+b+c)^2}{2S_{\triangle ABC}}$,等号在 $ax : \dfrac{a}{x} = by : \dfrac{b}{y} = cz : \dfrac{c}{z}$,即 $x = y = z$ 时成立. 故 $\dfrac{a}{x} + \dfrac{b}{y} + \dfrac{c}{z}$ 的最小值为 $\dfrac{(a+b+c)^2}{2S_{\triangle ABC}}$.

8. 引入新变量 $p = p_1 + p_2 + p_3$,将不等式左边简化为

$$\sum_{i=1}^3 \frac{p_i a_i^2}{p_{i+1} + p_{i+2}} = \sum_{i=1}^3 \frac{p_i a_i^2}{p - p_i} = \sum_{i=1}^3 \frac{((p_i - p) + p) a_i^2}{p - p_i}$$

$$= p \sum_{i=1}^3 \frac{a_i^2}{p - p_i} - \sum_{i=1}^3 a_i^2.$$

注意到其中 $\sum_{i=1}^3 a_i^2$ 为常数,因而只需估计 $\sum_{i=1}^3 \dfrac{a_i^2}{p - p_i}$. 为了约去分母,可从整体上配因式 $\sum_{i=1}^3 (p - p_i)$,于是

$$\sum_{i=1}^{3}(p-p_i)\sum_{i=1}^{3}\frac{a_i^2}{p-p_i}\geqslant\left(\sum_{i=1}^{3}a_i\right)^2,$$

所以

$$2p\sum_{i=1}^{3}\frac{a_i^2}{p-p_i}\geqslant\left(\sum_{i=1}^{3}a_i\right)^2,$$

即

$$p\sum_{i=1}^{3}\frac{a_i^2}{p-p_i}\geqslant\frac{1}{2}\left(\sum_{i=1}^{3}a_i\right)^2,$$

进而

$$\sum_{i=1}^{3}\frac{p_i a_i^2}{p-p_i}\geqslant\frac{1}{2}\left(\sum_{i=1}^{3}a_i\right)^2-\sum_{i=1}^{3}a_i^2\geqslant 2\sqrt{3}\Delta.$$

其中最后一步利用了费恩斯列尔-哈德维格尔不等式：

$$\sum a^2\geqslant 4\sqrt{3}\Delta+\sum(a-b)^2 \Leftrightarrow \left(\sum a\right)^2\geqslant 4\sqrt{3}\Delta+2\sum a^2$$

$$\Leftrightarrow \frac{1}{2}\left(\sum a\right)^2\geqslant 2\sqrt{3}\Delta+\sum a^2$$

$$\Leftrightarrow \frac{1}{2}\left(\sum a\right)^2-\sum a^2\geqslant 2\sqrt{3}\Delta.$$

9. 由去分母,想到配 $\sum_{i=1}^{n}(a_{i+1}+a_{i+2})$;由分子 a_i 的开方,想到因子含有 a_i,于是应配上因式 $\sum_{i=1}^{n}a_i(a_{i+1}+a_{i+2})$. 利用 Cauchy 不等式,得

$$\sum_{i=1}^{n}a_i(a_{i+1}+a_{i+2})\sum_{i=1}^{n}\frac{a_i}{a_{i+1}+a_{i+2}}\geqslant\left(\sum_{i=1}^{n}a_i\right)^2.$$

又所配因式

$$\sum_{i=1}^{n}a_i(a_{i+1}+a_{i+2})=\sum_{i=1}^{n}a_i a_{i+1}+\sum_{i=1}^{n}a_i a_{i+2}$$

$$\leqslant\sum_{i=1}^{n}\frac{a_i^2+a_{i+1}^2}{2}+\sum_{i=1}^{n}\frac{a_i^2+a_{i+2}^2}{2}=2\sum_{i=1}^{n}a_i^2.$$

代入上式即证.

5 差异思考

10. 先将不等式化为：$\sum_{i=1}^{n} \dfrac{a_i^3}{a_{i+1} \sum_{i=1}^{n} a_i} \geqslant \dfrac{\sum_{i=1}^{n} a_i}{n}$. 从去分母的角度考虑，每个局部应配上 $a_{i+1} + \sum_{i=1}^{n} a_i$，再作系数修正，所配的项为 $\dfrac{a_{i+1}}{n} + \dfrac{\sum_{i=1}^{n} a_i}{n^2}$，这样，有 $\dfrac{a_i^3}{a_{i+1} \sum_{i=1}^{n} a_i} + \dfrac{a_{i+1}}{n} + \dfrac{\sum_{i=1}^{n} a_i}{n^2} \geqslant \dfrac{3 a_i}{n}$，求和即证.

另证：考察局部 $\dfrac{a_i^3}{a_{i+1}}$，为了去分母，应配上 a_{i+1}，为了照顾分子 a_i^3 运用不等式后的开方，还应配上 a_i. 于是，第 i 个项应配上一项 $a_i a_{i+1}$，利用 Cauchy 不等式，有

$$\sum_{i=1}^{n} \left(\dfrac{a_i^3}{a_{i+1}} + a_i a_{i+1} \right) \geqslant \sum_{i=1}^{n} 2 \sqrt{\dfrac{a_i^3}{a_{i+1}} \cdot a_i a_{i+1}} = 2 \sum_{i=1}^{n} a_i^2.$$

注意到所配的项

$$\sum_{i=1}^{n} a_i a_{i+1} \leqslant \sum_{i=1}^{n} \dfrac{a_i^2 + a_{i+1}^2}{2} = \sum_{i=1}^{n} a_i^2,$$

所以

$$\sum_{i=1}^{n} \dfrac{a_i^3}{a_{i+1}} \geqslant 2 \sum_{i=1}^{n} a_i^2 - \sum_{i=1}^{n} a_i a_{i+1} \geqslant 2 \sum_{i=1}^{n} a_i^2 - \sum_{i=1}^{n} a_i^2$$

$$= \sum_{i=1}^{n} a_i^2 \geqslant \dfrac{\left(\sum_{i=1}^{n} a_i \right)^2}{n}.$$

还可从整体配因式：考察整体 $\sum_{i=1}^{n} \dfrac{a_i^3}{a_{i+1}}$，为了去分母，应配上 a_{i+1}，为了照顾分子 a_i^3 运用不等式后的开方，还应配上 a_i，于是从整体上配上因式 $\sum_{i=1}^{n} a_i a_{i+1}$，利用 Cauchy 不等式，有

$$\sum_{i=1}^{n} a_i a_{i+1} \sum_{i=1}^{n} \frac{a_i^3}{a_{i+1}} \geqslant \left(\sum_{i=1}^{n} \sqrt{a_i a_{i+1}} \cdot \sqrt{\frac{a_i^3}{a_{i+1}}}\right)^2 = \left(\sum_{i=1}^{n} a_i^2\right)^2.$$

注意到

$$\sum_{i=1}^{n} a_i a_{i+1} \leqslant \sum_{i=1}^{n} \frac{a_i^2 + a_{i+1}^2}{2} = \sum_{i=1}^{n} a_i^2,$$

所以

$$\sum_{i=1}^{n} \frac{a_i^3}{a_{i+1}} \geqslant \frac{\left(\sum_{i=1}^{n} a_i\right)^2}{\sum_{i=1}^{n} a_i a_{i+1}} \geqslant \frac{\left(\sum_{i=1}^{n} a_i\right)^2}{\sum_{i=1}^{n} a_i^2} = \sum_{i=1}^{n} a_i^2 \geqslant \frac{\left(\sum_{i=1}^{n} a_i\right)^2}{n}.$$

11. 取 $x = y = z = 1$，得 $k \leqslant \sqrt{\frac{3}{2}}$. 下面证明：$\sum \frac{x}{\sqrt{y+z}} \geqslant \sqrt{\frac{3}{2}} \cdot \sqrt{x+y+z}$. 为了利用 Cauchy 不等式，可从整体配因式，有

$$\sum x \sqrt{y+z} \sum \frac{x}{\sqrt{y+z}} \geqslant (x+y+z)^2.$$

现在，需要估计所配因式：$\sum x \sqrt{y+z}$，对此，不妨设 $x \leqslant y \leqslant z$，则 $\sqrt{y+z} \geqslant \sqrt{z+x} \geqslant \sqrt{x+y}$，于是由切比雪夫不等式，得

$$\sum x \sqrt{y+z} \leqslant \frac{1}{3} \cdot \sum x \sum \sqrt{y+z} = \frac{1}{3} \cdot \sum x \sum (\sqrt{y+z} \cdot 1)$$

$$\leqslant \frac{1}{3} \cdot \sum x \sqrt{\sum (y+z) \sum 1^2} = \sqrt{\frac{2}{3}} (x+y+z)^{\frac{3}{2}}.$$

代入上式即证. 故 k 的最大值为 $\sqrt{\frac{3}{2}}$.

另解：估计所配因式（不用切比雪夫不等式）

$$\left(\sum x \sqrt{y+z}\right)^2 = \left(\sum \sqrt{x} \sqrt{x} \sqrt{y+z}\right)^2 = \left(\sum \sqrt{x} \cdot \sqrt{xy+xz}\right)^2$$

$$\leqslant \sum (\sqrt{x})^2 \sum (\sqrt{xy+xz})^2$$

$$= \sum x \sum (xy + xz) = 2 \sum x \sum xy$$

$$= \frac{2}{3}\sum x\big(2\sum xy + \sum xy\big)$$

$$\leqslant \frac{2}{3}\sum x\big(2\sum xy + \sum x^2\big)$$

$$= \frac{2}{3}\sum x\big(\sum x\big)^2 = \frac{2}{3}\big(\sum x\big)^3.$$

12. 设 $a>b(a,b\in \mathbf{N})$，令 $a=bq+r(0\leqslant r<b)$，我们要证明：$a>2r$.

从条件到目标，要"消掉"b,q. 如果 $q=0$，则 $a=bq+r=r<b$，矛盾，所以 $q\geqslant 1$，于是 $a=bq+r>rq+r=r(q+1)\geqslant 2r$，结论成立.

13. 原不等式等价于

$$\Big(\sum_{i=1}^{n}x_i\sum_{i=1}^{n}y_i-\Big(\sum_{i=1}^{n}z_i\Big)^2\Big)\sum_{i=1}^{n}\frac{1}{x_iy_i-z_i^2}\geqslant n^3.$$

利用 Cauchy 不等式，得

$$\sum_{i=1}^{n}x_i\sum_{i=1}^{n}y_i-\Big(\sum_{i=1}^{n}z_i\Big)^2\geqslant\Big(\sum_{i=1}^{n}\sqrt{x_i}\sqrt{y_i}\Big)^2-\Big(\sum_{i=1}^{n}z_i\Big)^2$$

$$=\sum_{i=1}^{n}(\sqrt{x_iy_i}+z_i)\sum_{i=1}^{n}(\sqrt{x_iy_i}-z_i)$$

$$\geqslant\Big(\sum_{i=1}^{n}\sqrt{x_iy_i-z_i^2}\Big)^2.$$

所以

$$\Big(\sum_{i=1}^{n}x_i\sum_{i=1}^{n}y_i-\Big(\sum_{i=1}^{n}z_i\Big)^2\Big)\sum_{i=1}^{n}\frac{1}{x_iy_i-z_i^2}$$

$$\geqslant\Big(\sum_{i=1}^{n}\sqrt{x_iy_i-z_i^2}\Big)^2\sum_{i=1}^{n}\frac{1}{x_iy_i-z_i^2}$$

$$=\Big(\sum_{i=1}^{n}\sqrt{x_iy_i-z_i^2}\Big)^2\Big(\sum_{i=1}^{n}\frac{1}{(\sqrt{x_1y_1-z_1^2})^2}\Big)$$

$$\geq (\sum_{i=1}^{n} \sqrt{x_i y_i - z_i^2})^2 \frac{(\sum_{i=1}^{n} \frac{1}{\sqrt{x_i y_i - z_i^2}})^2}{n} \geq \frac{(\sum_{i=1}^{n} \sqrt{1})^4}{n} = n^3.$$

14. 因为
$$f(x) = (x - b_1)(x - b_2)\cdots(x - b_n),$$
$$f(x + 1) = (x + 1 - b_1)(x + 1 - b_2)\cdots(x + 1 - b_n)$$

是乘积形式，而 $\sum_{i=1}^{n} \frac{1}{x - b_i}$ 通过平均值不等式可以化为乘积形式，想到将 $f(x+1)$ 与 $\sum_{i=1}^{n} \frac{1}{x - b_i}$ 搭配. 我们只需证明：$f(x+1) \sum_{i=1}^{n} \frac{1}{x - b_i} \geq 2n^2$.

实际上

$$f(x+1) \sum_{i=1}^{n} \frac{1}{x - b_i} \geq f(x+1) \cdot n \cdot \sqrt[n]{\prod_{i=1}^{n} \frac{1}{x - b_i}}$$

$$= n \cdot \sqrt[n]{\prod_{i=1}^{n} \frac{(1 + x - b_i)^n}{x - b_i}}$$

$$\geq n \cdot \sqrt[n]{\prod_{i=1}^{n} \frac{1 + n(x - b_i) + C_n^2(x - b_i)^2}{x - b_i}}$$

$$= n \cdot \sqrt[n]{\prod_{i=1}^{n} \left(n + \frac{1}{x - b_i} + C_n^2(x - b_i)\right)}$$

$$\geq n \cdot \sqrt[n]{\prod_{i=1}^{n} (n + 2\sqrt{C_n^2})},$$

注意到 $2\sqrt{C_n^2} \geq n$，等价于 $C_n^2 \geq \left(\frac{n}{2}\right)^2$，等价于 $\frac{n^2 - n}{2} \geq \frac{n^2}{4}$，等价于 $n^2 \geq 2n$，而 $n \geq 2$，所以 $2\sqrt{C_n^2} \geq n$ 成立，故

$$f(x+1) \sum_{i=1}^{n} \frac{1}{x - b_i} \geq n \cdot \sqrt[n]{\prod_{i=1}^{n} (n + 2\sqrt{C_n^2})}$$

5 差异思考

$$\geqslant n \cdot \sqrt[n]{\prod_{i=1}^{n}(n+n)} \geqslant n \cdot \sqrt[n]{\prod_{i=1}^{n} 2n} = 2n^2.$$

15. 先证存在 $1 \leqslant p \leqslant n$，$|a-b| \leqslant |a-x_p|$，其特点是保留 a，去掉 b，即将 b 换作 $\dfrac{\sum\limits_{i=1}^{n} b_i x_i}{\sum\limits_{i=1}^{n} b_i}$，于是

$$|a-b| = \left| a - \frac{\sum\limits_{i=1}^{n} b_i x_i}{\sum\limits_{i=1}^{n} b_i} \right| = \left| \frac{a\sum\limits_{i=1}^{n} b_i - \sum\limits_{i=1}^{n} b_i x_i}{\sum\limits_{i=1}^{n} b_i} \right|$$

$$= \left| \frac{\sum\limits_{i=1}^{n}(a-x_i) b_i}{\sum\limits_{i=1}^{n} b_i} \right| \leqslant \frac{\sum\limits_{i=1}^{n} |a-x_i| b_i}{\sum\limits_{i=1}^{n} b_i}.$$

至此，与目标比较，只需约去 $\sum\limits_{i=1}^{n} b_i$，这就要将 $a-x_i$ 提到和式之外，采用统一放缩即可达到目的. 不妨设 $|a-x_p| = \max\{|a-x_1|,\cdots, |a-x_n|\}$，则

$$|a-b| \leqslant \frac{\sum\limits_{i=1}^{n} |a-x_i| b_i}{\sum\limits_{i=1}^{n} b_i} \leqslant \frac{|a-x_p| \sum\limits_{i=1}^{n} b_i}{\sum\limits_{i=1}^{n} b_i} = |a-x_p|.$$

再证存在 $1 \leqslant p \neq q \leqslant n$，使 $|a-x_p| \leqslant |x_p - x_q|$. 此时要保留 x_p 而去掉 a，即将 a 换作 $\dfrac{\sum\limits_{i=1}^{n} a_i x_i}{\sum\limits_{i=1}^{n} a_i}$，这样

$$|a-x_p| = \left| \frac{\sum\limits_{i=1}^{n} a_i x_i}{\sum\limits_{i=1}^{n} a_i} - x_p \right| = \left| \frac{\sum\limits_{i=1}^{n} a_i x_i - x_p \sum\limits_{i=1}^{n} a_i}{\sum\limits_{i=1}^{n} a_i} \right|$$

$$= \frac{\left|\sum_{i=1}^{n}(x_i - x_p)a_i\right|}{\sum_{i=1}^{n}a_i} \leqslant \frac{\sum_{i=1}^{n}|x_i - x_p|a_i}{\sum_{i=1}^{n}a_i}.$$

至此,期望约去 $\sum_{i=1}^{n}a_i$,这就要将 $x_i - x_p$ 提到和式之外,同样利用统一放缩可达到目的. 不妨设,对上述选定的 p,$|x_q - x_p| = \max\{|x_1 - x_p|,\cdots,|x_n - x_p|\}$,则

$$|a - x_p| = \frac{\sum_{i=1}^{n}|x_i - x_p|a_i}{\sum_{i=1}^{n}a_i} \leqslant \frac{\sum_{i=1}^{n}|x_q - x_p|a_i}{\sum_{i=1}^{n}a_i}$$

$$= \frac{|x_p - x_q|\sum_{i=1}^{n}a_i}{\sum_{i=1}^{n}a_i} = |x_p - x_q|.$$

16. 考察局部项 $\frac{a^k}{a+b}$,由其分子 a^k 为 k 次幂的形式,想到利用 k 元平均值不等式,通过开 k 次方使其幂指数变成1,这就要对 $\frac{a^k}{a+b}$ 配 $k-1$ 个项. 再注意到 $\frac{a^k}{a+b}$ 的分母为 $a+b$,从去分母的角度考虑,所配的项中有一个为 $a+b$,由此可见,所配的 $k-1$ 个项具有如下形式:$(a+b)+\underbrace{1+1+\cdots+1}_{k-2\text{个}1}$. 下面进行系数修正:从等号成立的角度考虑,原不等式在 $a=b=c=1$ 时等号成立,此时 $\frac{a^k}{a+b}$ 的权重为 $\frac{1}{2}$,而 $a+b$ 的权重为2,"1"的权重为1,于是,$a+b$ 要配一个修正系数 $\frac{1}{4}$,"1"要配一个修正系数 $\frac{1}{2}$. 于是

$$\frac{a^k}{a+b} + \frac{1}{4}(a+b) + \underbrace{\frac{1}{2} + \frac{1}{2} + \cdots + \frac{1}{2}}_{k-2\text{个}\frac{1}{2}} \geqslant k \cdot \sqrt[k]{\frac{a^k}{2^k}} = \frac{k}{2}a,$$

所以

$$\frac{a^k}{a+b} \geq \frac{k}{2}a - \frac{1}{4}(a+b) - \frac{k-2}{2},$$

同理可得

$$\frac{b^k}{b+c} \geq \frac{k}{2}b - \frac{1}{4}(b+c) - \frac{k-2}{2},$$

$$\frac{c^k}{c+a} \geq \frac{k}{2}c - \frac{1}{4}(c+a) - \frac{k-2}{2}.$$

三式相加可得

$$\frac{a^k}{a+b} + \frac{b^k}{b+c} + \frac{c^k}{c+a}$$

$$\geq \frac{k}{2}(a+b+c) - \frac{1}{2}(a+b+c) - \frac{3}{2}(k-2)$$

$$= \frac{k-1}{2}(a+b+c) - \frac{3}{2}(k-2)$$

$$\geq \frac{3}{2}(k-1) - \frac{3}{2}(k-2) = \frac{3}{2}.$$

17. 注意到 $x = y = z = \frac{1}{3}$ 时不等式取等号,此时 $\frac{x^4}{y(1-y^2)} = \frac{1}{24}.$

于是

$$\frac{x^4}{y(1-y^2)} + \frac{1}{8}y + \frac{1}{16}(1-y) + \frac{1}{32}(1+y)$$

$$\geq 4\sqrt[4]{\frac{x^4}{y(1-y^2)} \cdot \frac{1}{8}y \cdot \frac{1}{16}(1-y) \cdot \frac{1}{32}(1+y)} = \frac{1}{2}x,$$

$$\frac{x^4}{y(1-y^2)} \geq \frac{1}{2}x - \frac{3}{32}y - \frac{3}{32}.$$

同理

$$\frac{y^4}{z(1-z^2)} \geq \frac{1}{2}y - \frac{3}{32}z - \frac{3}{32}, \quad \frac{z^4}{x(1-x^2)} \geq \frac{1}{2}z - \frac{3}{32}x - \frac{3}{32}.$$

相加得

$$\frac{x^4}{y(1-y^2)} + \frac{y^4}{z(1-z^2)} + \frac{z^4}{x(1-x^2)}$$

$$\geq \frac{1}{2}(x+y+z) - \frac{3}{32}(y+z+x) - \frac{9}{32}$$

$$= \frac{1}{2} - \frac{3}{32} - \frac{9}{32} = \frac{1}{8},$$

原不等式得证.

18.

$$\frac{\cos 20°}{\sin 20° - 2\cos 10°}$$

$$= \frac{\cos 20°}{\sin 20° - 2\cos(30° - 20°)} \quad (消除角度差异)$$

$$= \frac{\cos 20°}{\sin 20° - 2\cos 30°\cos 20° - 2\sin 30°\sin 20°} \quad (消除运算结构差异)$$

$$= \frac{\cos 20°}{-2\cos 30°\cos 20°} = -\frac{1}{2\cos 30°} = -\frac{\sqrt{3}}{3}.$$

19. 要求 $\alpha + \beta$ 的值,可先求 $\alpha + \beta$ 的某个三角函数值 $R(\alpha + \beta)$,但若直接展开计算 $R(\alpha + \beta)$,则难于构造出条件中所含的角度,因此应在题设中构造 $R(\alpha + \beta)$.

消除角的差异: $\beta = (\alpha + \beta) - \alpha, 2\alpha + \beta = (\alpha + \beta) + \alpha$,于是,由题设的第一个条件得 $\sin(\alpha + \beta)\cos\alpha = 2\cos(\alpha + \beta)\sin\alpha$,所以 $\tan(\alpha + \beta) = 2\tan\alpha$,至此,我们只需求出 $\tan\alpha$ 的值.

题设第二个条件中含有 $\tan\frac{\alpha}{2}$,消除角的差异,得

$$\tan\alpha = \frac{2\tan\frac{\alpha}{2}}{1 - \tan^2\frac{\alpha}{2}} = \frac{2\tan\frac{\alpha}{2}}{4\tan\frac{\alpha}{2}} = \frac{1}{2},$$

所以 $\tan(\alpha + \beta) = 2\tan\alpha = 1$. 因为 $\alpha, \beta \in \left(0, \frac{\pi}{4}\right)$,所以 $\alpha + \beta \in \left(0, \frac{\pi}{2}\right)$,故 $\alpha + \beta = \frac{\pi}{4}$.

5 差异思考

20. 先消除角度差异，$20° \to 10°$，则

$$\frac{2\cos 10° - \sin 20°}{\sin 70°} = \frac{2\cos 10° - 2\sin 10°\cos 10°}{\cos 20°}$$

$$= \frac{2\cos 10°(1 - \sin 10°)}{\cos 20°},$$

此路不通. 调整策略，这样消除角度差异：$10° \to 30° - 20°$，则

$$\frac{2\cos 10° - \sin 20°}{\sin 70°} = \frac{2\cos(30° - 20°) - \sin 20°}{\cos 20°}$$

$$= \frac{2\cos 30°\cos 20°}{\cos 20°} = \sqrt{3}.$$

21. 因为

$$\cos 2\alpha = \frac{1 - \tan^2\alpha}{1 + \tan^2\alpha}, \quad \sin^2\beta = \frac{1}{\csc^2\beta} = \frac{\tan^2\beta}{1 + \tan^2\beta},$$

所以

$$\frac{1 - \tan^2\alpha}{1 + \tan^2\alpha} + \frac{\tan^2\beta}{1 + \tan^2\beta} = 0.$$

去分母，得

$$1 + \tan^2\beta - \tan^2\alpha - \tan^2\alpha\tan^2\beta + \tan^2\beta + \tan^2\alpha\tan^2\beta$$
$$= 1 - \tan^2\alpha + 2\tan^2\beta.$$

所以 $\tan^2\alpha - 2\tan^2\beta = 1$.

22. 设 p 是方程的实根，则 $p^2 + ap\mathrm{i} + (b + c\mathrm{i}) = 0$，所以 $p^2 + b = 0$，$ap + c = 0$. 下面要消去参数 p，得到 a, b, c 之间的关系.

注意我们不能由第二个等式得 $p = -\dfrac{c}{a}$，因为有可能 $a = 0$. 如果分类讨论，则较繁，能否不分类也能消去参数 p？——在第二个等式中构造 p^2 即可：由第二式得 $ap = -c$，平方得 $a^2p^2 = c^2$，结合第一式消去 p^2 得 $a^2b + c^2 = 0$.

但要注意消去参数后，参数对字母的限定也被消去，限定必须找回来，否则消参前后的结论不等价. 由第一式有 $b \leqslant 0$（注意 $a^2b + c^2$

$=0$ 得 $a^2b=-c^2\leqslant 0$,但并不能导出 $b\leqslant 0$,这是因为 $a=0$ 时,b 可取任意实数),于是,我们有 $a^2b+c^2=0$ 且 $b\leqslant 0$.

反之,若 $a^2b+c^2=0$ 且 $b\leqslant 0$,则直接验证可知,当 $a\neq 0$ 时,$p=-\dfrac{c}{a}$ 是原方程的实根. 当 $a=0$ 时,由 $a^2b+c^2=0$ 得 $c=0$,原方程变为 $x^2=-b$,因为 $-b\geqslant 0$,所以原方程有实根 $\sqrt{-b}$. 故所求的充要条件是 $a^2b+c^2=0$ 且 $b\leqslant 0$.

中国科学技术大学出版社中学数学用书

高中数学竞赛教程/严镇军　单墫　苏淳　等
中外数学竞赛/李炯生　王新茂　等
第51—76届莫斯科数学奥林匹克/苏淳　申强
名牌大学学科营与自主招生考试绿卡·数学真题篇
　　/李广明　张剑
重点大学自主招生数学备考用书/甘志国
同中学生谈排列组合/苏淳
趣味的图论问题/单墫
有趣的染色方法/苏淳
组合恒等式/史济怀
集合/冯惠愚
不定方程/单墫　余红兵
概率与期望/单墫
组合几何/单墫
算两次/单墫
几何不等式/单墫
解析几何的技巧/单墫
构造法解题/余红兵
重要不等式/蔡玉书
有趣的差分方程(第2版)/李克正　李克大
抽屉原则/常庚哲
母函数(第2版)/史济怀
从勾股定理谈起(第2版)/盛立人　严镇军
三角恒等式及其应用(第2版)/张运筹
三角不等式及其应用(第2版)/张运筹
反射与反演(第2版)/严镇军

数列与数集/朱尧辰

同中学生谈博弈/盛立人

趣味数学100题/单墫

向量几何/李乔

面积关系帮你解题(第3版)/张景中

磨光变换/常庚哲

周期数列(第2版)/曹鸿德

微微对偶不等式及其应用(第2版)/张运筹

递推数列/陈泽安

根与系数的关系及其应用(第2版)/毛鸿翔

怎样证明三角恒等式(第2版)/朱尧辰

帮你学几何(第2版)/臧龙光

帮你学集合/张景中

向量、复数与质点/彭翕成

初等数论/王慧兴

漫话数学归纳法(第4版)/苏淳

从特殊性看问题(第4版)/苏淳

凸函数与琴生不等式/黄宣国

国际数学奥林匹克240真题巧解/张运筹

Fibonacci数列/肖果能

数学奥林匹克中的智巧/田廷彦

极值问题的初等解法/朱尧辰

巧用抽屉原理/冯跃峰

统计学漫话(第2版)/陈希孺　苏淳

学数学.第1卷/李潜

学数学.第2卷/李潜

学数学.第3卷/李潜

学数学.第4卷/李潜